Otto Roquette

Siebzig Jahre

Geschichte meines Lebens, Erster Band

Otto Roquette

Siebzig Jahre
Geschichte meines Lebens, Erster Band

ISBN/EAN: 9783743412897

Hergestellt in Europa, USA, Kanada, Australien, Japan

Cover: Foto ©ninafisch / pixelio.de

Manufactured and distributed by brebook publishing software (www.brebook.com)

Otto Roquette

Siebzig Jahre

Siebzig Jahre.

Geschichte meines Lebens.

Von

Otto Roquette.

Erster Band.

Darmstadt.
Verlag von Arnold Bergstraeßer.
1894.

G. Otto's Hof-Buchdruckerei in Darmstadt.

Einleitung.

Ich beabsichtige nicht, mich zu entschuldigen, daß ich es unternommen habe, meine Lebensgeschichte selbst zu erzählen. Und jetzt, da sie niedergeschrieben ist, fühle ich keine Reue, es gethan zu haben, vielmehr freue ich mich dieser Arbeit als eines guten Werkes, auch wenn sie nur Wenigen als ein solches erscheinen sollte. Immer habe ich Biographieen besonders gern gelesen, in erster Reihe eigenhändig aufgezeichnete Lebenserinnerungen. Die Lesewelt stimmt darin mit mir im Ganzen überein, wenngleich der Reiz, von eigenthümlichen Schicksalen zu vernehmen, hinter Geheimnisse zu kommen, Aufregendes zu erfahren, bei ihr der Beweggrund zu sein pflegt. Meine Erlebnisse haben sich nicht auf den hohen Wogen der Tagesereignisse abgespielt. Ohne mich verbergen zu wollen, mußte ich mit den Gaben, welche die Natur mir verliehen hatte, in meiner Weise zu schalten, und ein glücklicher Instinkt hielt mich ab, nach Lebenszielen, die außerhalb meiner Befähigung lagen, oder gar nach einer Weltrolle zu ringen. Wenn aber selbst der mit aufrichtigem und ernstem Wollen Strebende auch wohl in Bahnen geräth, auf welchen er viel für sich erwartet hatte, um sich plötzlich auf einem Irrwege zu erkennen, so sind solche Erfahrungen auch mir nicht erspart geblieben. Ich habe dergleichen hart

büßen müssen, und mir nachher das Gebiet, für das ich ge=
schaffen war, enger und enger abgesteckt. Nicht nach Ruhm
und großem Namen habe ich gestrebt, sondern nach dem
inneren Genügen, etwas Künstlerisches zu gestalten, meine
Kunst nach meinen Mitteln zu entwickeln. Ich weiß, daß
das meiste von dem, was ich geschaffen, weit hinter den
Zielen, die ich mir ausersehen, geblieben ist, aber ich beklage
nicht, mich an immer neuen Aufgaben versucht zu haben.

Das Vorurteil, welches gegen eigenhändige Aufzeich=
nungen doch auch vorhanden ist, kenne ich wohl. Es heißt:
der Erzähler dichte allerhand hinzu, und stelle die Ereignisse
so dar, wie er sie betrachtet wissen wolle, er könne sie nicht
objektiv genug ansehen, sei zu vielen Erinnerungsmängeln
unterworfen. Wer aber, wie ich, auch Biographieen Anderer
verfaßt hat, der weiß, wie willkommen dafür auch die ge=
ringsten Bruchstücke solcher Aufzeichnungen sind, wie rathlos
man oft den Mangel derselben bei der Darstellung innerer
und äußerer Vorgänge empfindet.

An die Erzählung meiner Lebensgeschichte ging ich wohl
vorbereitet. Der wiederholte Ortswechsel meiner Familie,
wobei sie sich öfters fremd in neuen Umgebungen sah, be=
wirkte, daß sie sich fester in ihren eigenen Kreis schloß, und
nährte und vertiefte das Familiengefühl, so daß keine Tra=
dition verzettelt wurde, sondern als ein oft gemusterter Haus=
schatz auf jede Wanderschaft mitging. Die Familienchronik
blieb Allen geläufig, und was etwa dem Einzelnen undeut=
lich geworden, konnte durch Erzählung immer aufgefrischt
werden. An amtlichen Urkunden, Kirchenbüchern, welche
über die ältere Zeit befragt werden konnten, fehlte es auch
nicht. Ich aber kam frühe darauf, Tagebücher zu führen,
die, wenn sie gleich nur aus aufgereihten Notizen bestanden,
immer gute Dienste leisten konnten.

Wenn nun der Hochgeborene mit Stolz auf die Reihe

seiner Ahnen blickt, und sich, einer historischen Familie an=
zugehören, freut, so darf auch der Bürgerliche, selbst der von
Bauern Abstammende mit Genugthuung auf seine Vorfahren
zurückblicken, sofern er in ihnen tüchtige Menschen erkannt
hat. Um so mehr, wenn die Folge vom Großvater zu den
Enkeln nicht ein Sinken, sondern ein Aufsteigen und Wachsen
menschlicher Entwickelung darstellt. Kann ich meine Familie
nicht eine historische nennen, so ist doch durch ein geschicht=
liches Ereignis ihr Name aus dem Dunkel geweckt und zu=
erst genannt worden. Ein historischer Akt war es, der sie
von ihrer ursprünglichen Heimat loslöste und sie in die Ver=
bannung trieb. Auf dem neuen Boden wandelte sie sich
von Generation zu Generation aus einer französischen zu
einer deutschen Familie; zu einer so deutschen, daß endlich
nur der Name noch an ihre außerdeutsche Herkunft erinnert.
Die ersten Spuren ihrer Herkunft werden aber erst mit ihrer
Einwanderung in Deutschland sichtbar. Ich bin diesen
Spuren nachgegangen, und beginne meine Geschichte mit der
meiner Vorfahren, soweit dieselbe urkundlich nachzuweisen ist.

Erstes Kapitel.

Die Familie, der ich angehöre, stammt aus dem südlichen Frankreich, dem Bas Languedoc, wo sie in dem Dorfe Sausé, in der Nähe von Montpellier angesessen war. Ihren Namen soll sie von dem Grund und Boden hergenommen haben, mit welchem sie ihre von altersher gewohnte Thätigkeit und ihren Erwerb verbunden wußte. Denn sie gehörte zu den Landgenossen der Winzer, Weinbauern, und zog auf dem Felsengrunde (roc, roche, roquets) und den steinigen Hügeln die Reben, welche die süßen und feurigen Weine des Languedoc liefern. Die Gegend ist berühmt durch ihre Schönheit, das Klima durch seine Milde, der Boden durch seine Fruchtbarkeit. Oelbäume, Feigen, alle edleren Früchte gedeihen hier in Fülle, und in den ebneren Gegenden das Getreide; um die Dörfer Wälder von Nußbäumen und Kastanien. Die Vorfahren hatten hier vielleicht einen nur bescheidenen Besitz, aber daß sie ihre schöne Heimat für immer verlassen würden, um eine rauhere in weiter Fremde dafür einzutauschen, dachte wohl keiner. Die Entscheidung mochte plötzlich und unerwartet kommen.

Sie gehörten der reformierten Kirche an, welcher durch die Aufhebung des Ediktes von Nantes in Frankreich keine Duldung mehr zugestanden werden sollte. Wer zur katholischen Kirche nicht zurückkehren wollte, sich aber zur Auswanderung verstand, mochte noch glimpflich das Vaterland verlassen. Wer sich weder zu dem Einen noch zum Andern entschließen konnte, unterlag der Gewalt. Die alten Hugenottenverfolgungen begannen von Neuem. Durch die Dragonerbekehrungen des allerchristlichsten Königs wurden viele Tausende friedlicher und fleißiger Menschen in ganz Frankreich ihres Besitzes beraubt; Häuser und Dörfer verschwanden in Flammen, und die Vertriebenen wanderten der Landesgrenze zu, die Mehrzahl nach Deutschland.

Es hatten sich aber seit mehr als zehn Jahren, bedroht durch die Unduldsamkeit und Gefahren, welchen sie durch ihre Religion ausgesetzt waren, viele französische Familien in der Pfalz angesiedelt, welche durch die Vertriebenen von 1685 neuen Zuzug erhielten. Doch war ihnen auch hier kein dauernder Aufenthalt beschieden. Der furchtbare Raubkrieg Ludwigs XIV., welcher durch seine Mordbrenner Turenne und Melac die Pfalz wiederholt verwüstete, vertrieb die französischen Reformierten noch einmal.

Viele von ihnen wählten das hessische Städtchen Geismar zum Aufenthalt, wo sie, durch zuwandernde Flüchtlinge aus den Niederlanden verstärkt, eine reformierte Gemeinde von fünfzig Familien, mit einem eigenen Pastor, Jaques Clement, bildeten. Freilich sollte auch dies nur eine Wanderstation für einige Jahre sein.

Denn da sie vernahmen, daß der Kurfürst Friedrich III. von Brandenburg, gleich seinem großen Vater, den um ihres Glaubens willen Verfolgten seine Marken gern zur Niederlassung öffnete und ihnen Hülfe bot, so beauftragten sie zwei ihrer angesehensten Gemeindeglieder, Pierre Letienne und Jean Jaques Tavernier, mit dem Kurfürsten zu verhandeln, ob er sie als seine rechtmäßigen Unterthanen aufnehmen wolle. Die Abgesandten gingen nach Cleve, wo der Kurfürst damals residirte, und darauf, wohl im Auftrage des

Kurfürsten, nach der Uckermark, um sich dort einen Ort zur Ansiedlung für die Gemeinde auszusuchen.

Was sie wohl bewogen haben mag, gerade das Städtchen Straßburg für geeignet zu halten? Denn hatte dasselbe schon unter den Schrecken des dreißigjährigen Krieges wiederholt gelitten, so war es in dem neuen Kriege zwischen Schweden und Brandenburg erst recht herunter gekommen. Im Jahre 1674 hatten die Schweden sich hier sogar festgesetzt, als Herren gewirtschaftet, um es als eine Einöde zurück zu lassen. Darüber waren sechzehn Jahre vergangen. Es zeigte sich als ein so verwahrlostes, fast unbewohntes Nest, daß die Einwanderer unter Anderem ein Haus fanden, von dessen Herd, auf welchem ein halbes Menschenalter hindurch kein Feuer gebrannt hatte, ein Hollunderstrauch Wurzel gefaßt, durch den Schornstein hinaus gewachsen war, um oben blühende Zweige breit über das Dach auszustrecken. Schön war die neue Heimat nicht, welche die Abgesandten für ihr Volk ausgewählt hatten. Aber der blühende Hollunderstrauch über dem feuerlosen Herde durfte ihnen als Symbol eines neuen Lebens auf der verheerten Stätte gelten. Vielleicht war es auch gerade die Verkommenheit von Straßburg, wo Häuser, Grund und Boden, wenn immer in mangelhaftem Zustande, sich leicht und wohlfeil zum Erwerb darboten, wodurch die Unterhändler sich bestimmen ließen. Für fleißige, betriebsame Leute, zumal sie nicht mittellos ankamen, gab es hier umzuschaffen und zu kultivieren. Auch die Nachbarschaft von Prenzlau, wo sich seit länger als zehn Jahren bereits eine französische Kolonie befand, mochte bei der Wahl mitsprechen. Kurz, die Abgesandten entschieden sich für Straßburg, und das Dekret des Kurfürsten, zugleich das Privilegium der Einwanderer, wurde am 5. Januar 1691 ausgestellt.

Die Gemeinde brach von Geismar auf, vermutlich

gruppenweise, und wird bis zum Sommer sich in Straßburg
schon einigermaßen häuslich eingerichtet haben. Es waren
zweihundert und vierundvierzig Personen, welche sich um
Henri de Baudan, ihren ersten Pastor und Berater
schaarten. Die Kirchenbücher beginnen mit dem Frühjahr
1691. Schon im April wird darin der erste Todesfall, im
Oktober die erste Taufe, aber erst im Jahre 1692 die erste
Heirat verzeichnet. Die Einwanderung war jedoch noch nicht
abgeschlossen. Nachzügler fanden sich bis zum Schlusse des
Jahrhundert noch ein*.

In der Liste dieser achtundsechzig Familiennamen findet
sich der Name Roquette noch nicht. Erst später, etwa um
1698 kam ein junger Mann Namens Jaques Roquette
allein nach Straßburg. Ob mit der Absicht, sich hier nieder=
zulassen, ist nicht zu entscheiden, aber er blieb, und wurde
in die Gemeinde aufgenommen. Was den einsamen Wan=
derer bewogen, seinen Weg nach dieser Gegend zu richten,
darüber giebt auch die ungeschriebene Familienchronik keine
Auskunft. Vielleicht war er schon lange umhergeirrt, ohne ein
Unterkommen bei Landsleuten zu finden. Verwandte hatte
er unter den eingewanderten Franzosen sicher nicht. Denn

---

* Diese Angaben verdanke ich dem derzeitigen (1883) Prediger
der französischen reformierten Kirche zu Straßburg i. d. U. Herrn
Dr. Tarnagrocki. Nicht nur leistete er mir die eingehendste Hülfe in
der Durchforschung der Kirchenbücher, welche seit 1691 vollständig
vorhanden sind, zur Feststellung des Geschlechtsregisters der Familie,
sondern auch durch seine Monographie, „Die französische Kolonie"
in Straßburg i. d. Uckermark. Dieselbe ist abgedruckt in der heut
bereits schwer zugänglichen Zeitschrift: „Die Kolonie". Organ für
die äußeren und inneren Angelegenheiten der französischen reformierten
Gemeinden. Begründet von Dr. E. Maret zu Berlin, im Auftrage
des Vereins Réunion herausgegeben von W. Bonnel, Rektor zu
Berlin. Eigenthum des Vereins. Jahrgang IV. 1882. Die Zeit=
schrift ist eingegangen.

von diesen, welche eine Reihe von Jahren in der Pfalz zu=
gebracht, deren jüngere Generation sogar in der Pfalz ge=
boren war, stammte keine einzige aus dem Bas Languedoc.
Nur der Prediger de Baudan, aus Nimes gebürtig, war
sein Landsmann aus dem südlichen Frankreich, und vielleicht
bestimmte dieser ihn zum Bleiben. Jaques war geboren in
Sausé, wie das Kirchenbuch sagt (nach der Tradition hieß
der Ort Gosé), bei Montpellier. Das erste mußte als ur=
kundlich freilich Recht behalten. Da aber, wie der Historiker
der Kolonie selbst eingesteht, die Namen oft so verschieden=
artig eingetragen sind, daß es für ein und denselben manch=
mal drei Schreibungen giebt, die kaum noch eine Aehnlich=
keit mit einander haben, so soll die Version Gosé nicht über=
gangen sein*. Seine Eltern hießen Bertram Roquette und
Louise Martine. Ob sie noch lebten, als er allein in die
Fremde ging? Ob sie mit ihm auswanderten oder ver=
trieben wurden, und inzwischen gestorben waren? Die
Familientradition fußt auf der Thatsache, daß ihr Gehöft
in Flammen aufgegangen, als sie von den Dragonern des
Königs in das Elend gejagt wurden. Ganz mittellos war
aber Jaques nicht, als er in Straßburg anlangte. Kurze
Zeit darauf ist er auch bereits Besitzer von Haus und Hof
und Feld. Am 12. Februar 1699, ein Jahr nach seiner
Ankunft in Straßburg, verheirathete er sich mit Susanne
Fouquet, gebürtig aus Pelikam in der Pfalz, seit einem
Jahre Wittwe des François Salomé. Da sie auf der

---

* Dörfer mit ähnlich klingenden Namen finden sich im Languedoc
noch zwei, nämlich: Saussan, 15 Kil. von Montpellier, und Sausset
an der Rhonemündung. Letzteres freilich nicht mehr in der Nähe
von Montpellier (Dictionnaire Géographique de la France par
A. Joanne. Paris, Hachette & Cie. 1869). — Vermutlich aber sucht
man vergeblich nach der alten Heimstätte, da das Dorf ja zerstört
und niedergebrannt, daher nicht mehr vorhanden ist.

Wanderstation der Flüchtigen in der Pfalz geboren war, mußte sie eine noch sehr junge Wittwe sein. Sie gehörte zu der am zahlreichsten vertretenen französischen Familie, einem ganzen Komplex von Familien, denn die Fouquets waren als siebzehn Personen in Straßburg eingewandert.

Jaques Roquette wurde der Stammvater der neuen Familie in Deutschland. Susanne schenkte ihm am 20. Juni 1703 einen Sohn, welcher in der Taufe ebenfalls den Namen Jaques erhielt. Dieser zweite, in Deutschland geborene, Jaques wurde der Großvater meines Großvaters, mein Ur-Ur-Großvater.

Ungern trennen wir uns von alten Ueberlieferungen, die durch unsre ganze Jugend geklungen, und uns lieb geworden sind. Immer hieß es, daß unsre Vorfahren Winzer auf den sonnigen Steinhügeln ihrer alten Heimat gewesen. Nun aber nennt das Kirchenbuch Jaques' Vater einen „tisserand de serges", also Weber eines damals vielgetragenen Stoffes. Damit ist aber nicht gesagt, daß Jaques ebenfalls ein Weber gewesen sein müßte. Es konnte eine große Familie von Weinbauern sein, in welcher Einer auch wohl Weber geworden, ja der Weber konnte sogar nebenbei noch sein Weinland besitzen und durch den Sohn bestellen lassen. Da sich urkundlich nichts gegen die Tradition im Ganzen aufbringen läßt, so ist kein Grund, warum sie nicht fortbestehen sollte. Ja, die Thatsachen kommen ihr sogar zu Hülfe. Denn da in jener Zeit die Weinkultur in der Uckermark und weiterhin überall betrieben wurde, so setzte Jaques das Geschäft auch in dieser Gegend nur fort. Freilich mag die Bemerkung, die ein Chronist von einer andern Gegend macht: „Wächst gut Wein dort, wer gern Essig trinkt" — auch auf das uckermärkische Gewächs anzuwenden gewesen sein. Jaques konnte also seine Versuche im Rebenbau wohl anstellen, bis er, der die Ernten des Bas Languedoc

noch nicht vergessen hatte, erschreckt wurde über die Produkte,
die seiner Mühe erwachsen waren. Er bestellte dann seinen
Boden mit Kohl, Rüben und Getreide, und lebte als Acker=
wirth bis zu seinem fünfzigsten Jahre. Wenn er vielleicht
klein angefangen hat, so muß sich bis zu seinem Tode
(1712) sein Besitzstand merklich verbessert haben, denn sein
Sohn, den er als neunjährig hinterließ, tritt später schon
ansehnlicher auf.

Jaques II Roquette verheiratete sich am 11. März
1728 mit Susanne Bertrand, Tochter des Charles Bertrand
und seiner Frau Susanne Villeaume. Er hatte aus dieser
Ehe viele Kinder, welche in verschiedene Handwerke über=
gingen. Er selbst war Maurermeister. Für seine Kirche
erwarb er sich einen Namen dadurch, daß er mit einem
seiner Verwandten, Jakob Fouquet, und zwei anderen
Bürgern aus der Gemeinde die innere Galerie über der
Thür erbauen ließ. Als er nach einer langen Ehe Wittwer
geworden, verheiratete er sich (dreiunddreißig Jahre nach
seiner ersten Heirat) zum zweitenmal, und zwar wieder mit
einer Bertrand, Elisabeth, der Tochter des verstorbenen
Samuel Bertrand, eines Bäckers. Der Sohn dieser zweiten
Ehe, zugleich sein jüngstes Kind, wurde geboren am 4. Dec.
1768, und getauft auf den Namen Louis. Er war ein
Knabe von 5 Jahren, als Jaques 1778 starb.

Louis Roquette (welcher mein Großvater werden
sollte) und seine Mutter verblieben wohl nicht in der gün=
stigsten Lage, da der Verstorbene so viele Kinder erster Ehe
hatte ausstatten müssen. Dafür wurde der älteste Bruder
des Knaben, ein Glaser, dreißig Jahre älter als er, sogar
viel älter als Frau Elisabeth, sein Vormund und der Be=
rater der jungen Stiefmutter. Es war seit Beginn der
Einwanderung durch reichliche Stipendien und Fonds für
die direkten Abkömmlinge der Refugié's gesorgt worden, da=

her denn ein Recht auf Unterstützung geltend gemacht werden
konnte. Da der ältere Bruder ein Mann in gesetzten Jahren
war, pflegte der Knabe ihn mon oncle zu nennen, ja im
höchsten Alter sprach mein Großvater noch gern von „mon
oncle Glaser".

Wenn in Straßburg die Kirche und Schule auch noch
französisch gehalten wurden, so mischte sich das Deutsche doch
mehr und mehr in die Verkehrssprache. Denn nachdem die
Stadt nach einem Menschenalter nicht nur wieder bewohnbar
geworden, sondern durch die Einwandrer in lebhaften Aufschwung gekommen war, so erhielt sie raschen Zuzug von
deutschen Familien, und jede jüngere Generation der Kolonie
vervollkommnete sich in der uckermärkischen Redeweise. Es
mußten bereits Maßregeln getroffen werden, das Französische
nicht eingehen zu lassen.

Mit Louis Roquette beginnt eine neue Wendung der
Familiengeschichte. Er war der erste, der die gelehrte Laufbahn einschlug, und Theologie studierte. Damit verläßt
seine Nachkommenschaft das Handwerk und die Ackerscholle,
betritt die Kirchenkanzel, die Advokaten= und Richterstufe,
sowie den Lehrstuhl, und gewinnt im Handelsstande Besitz
und Ansehn. Sie löst sich von Straßburg los, um sich
durch ganz Deutschland zu verbreiten, verliert damit den
Zusammenhang mit dem uckermärkischen Grundstamm, bis
zur Unkenntniß der alten verwandtschaftlichen Beziehungen,
um vom Großvater her ein neues, sehr umfangreiches Ge-
schlechtsregister aufzuweisen. Aber auch das Bewußtsein
französischer Abkunft verschwindet damit. Die neue Familie
fühlt sich deutsch, will nur deutsch sein, ja der ganze Familien=
charakter erhält einen grunddeutschen Zuschnitt. Nur die
alten Traditionen werden mit Vorliebe festgehalten, und die
Geschichte der Vorfahren, freilich gemischt mit manchen

mythischen Zuthaten, gehört zu den beliebtesten Erzählungen bei Kind und Kindeskind.

Nach Vollendung seiner Universitätsstudien wurde Louis Roquette im Jahre 1794 als Prediger der französischen reformierten Kirche, oder vielmehr der „wallonischen", wie die ältere Bezeichnung lautet, in Straßburg angestellt, um vorerst neun Jahre in einer ziemlich sorgenvollen Stellung zu verharren. Er verheiratete sich (21. Januar 1796) mit Louise Charlotte Schulz, der Tochter eines Töpfermeisters und dessen Ehefrau Regine Sophie, geb. Zwergin. Mit dieser Großmutter kam ein deutscher, der in Norddeutschland sogar recht populäre Name Schulz, zuerst in die Familie. Ihre beiden ältesten Kinder Louis Jean (geb. 22. Dec. 1796) mein Vater, und eine Tochter wurden hier in Straß= burg geboren. Aus dieser Zeit ist neuerdings ein Schrift= stück abgedruckt worden* dessen dereinstige Veröffentlichung der würdige Herr sich wohl nicht hätte träumen lassen. Es ist ein Brief an den König, vom 28. März 1799.

„Majestät! Der fortwährende Wechsel der Pastoren dieser Kirche beweist wohl, daß ihre Lage schon immer sehr traurig gewesen ist, aber meine gegenwärtige Lage ist uner= träglich seitdem die Pfarrwohnung unbewohnbar geworden, und ich dadurch gezwungen bin, 50 Thaler Miethe zu geben. Ich wage unterthänigst Ew. Majestät zu bitten, die Lage eines seiner Pastoren zu berücksichtigen, welcher mit dem besten Willen von der Welt nicht im Stande ist für die notwendigsten Bedürfnisse seiner Familie zu sorgen, und sich von den bittersten Sorgen bedrückt sieht. Ich würde schon lange zur Gnade Ew. Majestät meine Zuflucht genommen haben, aber die Hoffnung, meine Lage auf die eine oder die

---

* „Die franz. Kolonie in Straßburg i. b. U." VI. Juli 1882 S. 52.

Weise sich bessern zu sehen, hat mich diesen Schritt bis auf diesen Augenblick verschieben lassen, wo ich die Möglichkeit sehe, mein Loos zu verbessern, und wo es unverzeihlich sein würde, ruhig zu bleiben, und Ew. Majestät nicht vor Augen einen Plan zu stellen, der ohne viele Schwierigkeiten verwirklicht werden könnte, und welcher, indem er die Pfarrstellen verbessert, zu gleicher Zeit zur Verbesserung der Schulen dieser Stadt dienen könnte: Die deutsch-reformierte Pfarrstelle dieser Stadt wird wahrscheinlich in kurzem vakant, und ich möchte, daß diese Stelle mit der französischen kombinirt würde, was mir um so thunlicher erscheint, da beide vereinigte Kolonien zusammen kaum eine beträchtliche Kolonie bilden würden, und die deutsch-reformirte Pfarrstelle, obleich besser als die französische, doch auch nur mäßig ist. Uebrigens bin ich überzeugt, daß diese Vereinigung in kurzem doch geschehen muß, vorausgesetzt, daß sie jetzt nicht geschieht, weil ich genügende Gründe habe zu glauben, daß für mich kein Nachfolger da sein wird, wenn ich irgend wo anders hinberufen werde; denn welcher Mann kann in gegenwärtiger Zeit eine Stelle annehmen, wo ihm, nach der Mietszahlung, 220 Thlr. übrig bleiben, zum Unterhalt an einem Orte, der ihm nicht die mindesten Hilfsquellen bietet. Ich wage Ew. Majestät inständigst zu bitten, dem französischen Oberkonsistorium sowohl, wie dem deutsch-reformirten Kirchendirektorium allergnädigst befehlen zu wollen, sich über die Kombinierung dieser beiden Stellen vereinigen zu wollen" u. s. w.

Das Gesuch wurde abgelehnt, dem Bittsteller aber eingeschärft: "Uebrigens sind die Einkünfte Ihrer Stelle, 266 Thlr. 22 Gr., nicht geringer, als die der meisten andern französischen Pfarrer, und Sie haben außerdem im vergangenen Jahre aus dem Extraordinarienfonds eine Gratifikation von 40 Thalern erhalten". — Unter dieses Mini-

sterialreskript schrieb der Empfänger: „Die 266 Thlr. 22 Gr.
Einkünfte meiner Stelle sind mir unbekannt". Er stellt
eine Berechnung auf, nach welcher er 17 Thlr. 18 Gr.
weniger erhielt.

Die Unionsversuche zerschlugen sich. Durch den un-
günstigen Bescheid jedoch nicht abgeschreckt, bewarb sich der
junge Pfarrer jetzt um die deutsch-reformirte Stelle, wurde
aber auch diesmal abgewiesen. Fortan wird er die Blicke
wohl mehr über Straßburg hinaus gerichtet haben. Als er
einige Jahre darauf die Berufung zu einer viel besseren
Pfarrstellung in Frankfurt an der Oder erhielt, siedelte
er 1805 dorthin über. Damit brach er die Brücke zu dem
alten Familienverbande ab, um von Frankfurt a. d. Oder
einen neuen und selbständigen Stammbaum ausgehen zu
lassen. — Außer den beiden in Straßburg geborenen, erblickten im Pfarrhause zu Frankfurt a. O. noch elf Kinder
das Licht der Welt, und von diesen dreizehn blieben fünf
Söhne und drei Töchter am Leben. In diesem Pfarrhause
wohnte der Großvater während der ganzen Zeit seiner Amts-
thätigkeit bis über sein achtzigstes Lebensjahr hinaus.

Sein Erstgeborner, Louis Jean, besuchte das Gymnasium in Frankfurt, und ging sechzehnjährig auf die Universität nach Halle, um die Rechte zu studieren. Er machte
1815 als Husar den Feldzug mit und zog nach Paris ein.
Nach der Rückkehr nahm er seine Studien auf, und zwar
in Breslau. Aus älterer Freunde und seinen eigenen je-
weiligen Berichten ist zu entnehmen, daß er ein lustiger und
flotter Bruder Studio gewesen, bei schmalen Mitteln der
liebenswürdigste Gesellschafter, der beste Fechter und Tänzer.
Glaublich ist es, daß er schon damals durch seine bloße
Gegenwart jeden Kreis belebte, ja beherrschte, und die Ent-
schiedenheit, das gesunde Kraftgefühl, die geistige Regsamkeit,
der unwiderstehliche Humor, der sein Wesen bis in die

späteste Zeit auszeichnete, schon in der Jugend seine Anziehung
ausgeübt habe. Nach Vollendung seiner Studien kehrte er
nach Frankfurt zurück, und begann, im Pfarrhause wohnend,
seine juristische Laufbahn als Referendar.

Schon als Knabe hatte Louis Roquette ein kleines
Mädchen gekannt, Marie Antoinette Barraud, die
Tochter einer ebenfalls in Frankfurt ansässigen Refugié=
familie. Denn diese hielten überall eng zusammen, zu Rat
und That, und durch den Zug gemeinsamer Herkunft. Jetzt
fand er Antoinette Barraud als erwachsenes Mädchen in der
Gesellschaft wieder, als eine junge Schönheit gefeiert, und
trotz etwas beengter äußerer Verhältnisse, wegen ihrer vor=
züglichen Gesangstimme in den besten Kreisen begehrt. Auch
der junge Referendar wurde in diesen Kreisen gern gesehen,
und, konnte er zur Musik nichts beitragen, so entschädigte
er durch gesellschaftliche Talente anderer Art. Nicht lange,
so waren Louis Roquette und Antoinette Barraud Verlobte.

Die Familie Barraud war erst vor kurzem nach Frank=
furt gezogen. Sie gehörte zu der großen französischen
Kolonie in Berlin, woselbst auch Antoinette (1802) geboren
worden war. In welchem Jahre die Barrauds in Deutsch=
land eingetroffen, aus welcher Gegend sie stammten, ist nicht
ermittelt. Ueber ihre französische Vergangenheit gingen nur
einige Mythen, die zwar häufig erwähnt, aber nie ohne
unterdrücktes Lachen aufgenommen wurden, wenn Dieser oder
Jener aus der Verwandtschaft mit seinem Glauben daran
festhielt. So von einem veröbeten Ahnenschlosse irgendwo
in Frankreich, sogar versehen mit einer spukenden und noch
zu erlösenden weißen Frau, und von einstmaligem großen
Besitzstand. Der Endbuchstabe des Namens Barraud sollte
von einem „de“, als Verbindungsglied zu einem glänzenderen
Namen übrig geblieben sein. Zu solchen Mythen bildete
der neue, bescheidene Stand der Glücksgüter einen Gegensatz,

der nicht ohne Humor betrachtet werden konnte. Die
Jüngeren trieben ein übermütiges Spiel mit unverbürgten
Traditionen, die Alten lachten. Aber so bürgerlich diese
Familie war, es ist nicht zu leugnen, daß ein aristokratischer
Zug durch die Mehrzahl der Angehörigen ging, und nicht
im besten Sinne, denn er ließ manchen zu Schaden kommen,
trieb andre in Sonderbarkeiten, über die später zu berichten
sein wird.

Der Großvater Barraud mag nicht lange vor der
Schlacht bei Jena mit seiner Familie von Berlin nach
Frankfurt gekommen sein. Er war Kaufmann, scheint aber
wenig Geschick für diesen Stand gehabt zu haben. Er zog
nach Frankfurt als Agent für das Geschäft seines Schwagers
in Berlin. Bald aber wurde er eine begehrte und einfluß=
reiche Person. Denn sein gutes Französisch machte ihn zum
Dolmetscher während der langen Occupation durch die Fran=
zosen, und er wurde von den Behörden, wie in Privatange=
legenheiten, besonders der immer wiederkehrenden fremd=
ländischen Einquartierung gegenüber, zu Hülfe gezogen. Er
starb im rüstigsten Mannesalter, gleich nach dem Befreiungs=
kriege und hinterließ eine Wittwe mit zwei Söhnen und vier
Töchtern; die älteste, Antoinette, noch dem Kindesalter nicht
entwachsen, während das jüngste Kind nur eben geboren
war, in der bedrängtesten Lage. Glücklicherweise war eine
Schwester von ihm an einen sehr wohlhabenden Kaufmann
in Berlin verheiratet, der sich der Verlassenen annahm,
und in dessen Hause Antoinette zeitweise ihre Jugend glück=
lich verlebte. Im Uebrigen stand der Prediger Roquette in
Frankfurt den Hinterbliebenen mit Rat und That freund=
schaftlich bei.

Die Großmutter Barraud war von deutscher Herkunft,
als Mädchen einst Charlotte Wendt genannt. Daß sie in
ihrer Jugend hervorragend schön gewesen, habe ich später von

älteren Leuten oft wiederholen hören. Und sie war es noch
im Alter. Ich erinnere mich dieser Großmutter sehr wohl;
dieser großen, dunklen, tiefliegenden Augen, aus welchen ein
Gemisch von Strenge und Güte sprach, dieser edlen Züge,
die doch die bittersten Lebenserfahrungen nicht verhehlen
konnten; dieses Mundes, der, wenn er lächelte, von rühren=
dem Wohlwollen sprach. Ihre Söhne haben ihr viel Herze=
leid angethan (der ältere erschoß sich, der jüngere verkam
in andrer Weise), die Töchter waren es, die ihr durch Liebe
und Hilfe alles Verlorene zu ersetzen suchten. Ich habe sie
nie anders gesehen, als in ihrer immer gleichen sauberen
Haube, deren breiter gebrannter Strich das Gesicht ein=
rahmte, und wie es als Familienporträt den Enkeln ver=
blieben ist. Ihr Wesen hatte etwas Kühles, oft Starres,
immer Vornehmes und Zurückhaltendes. Fühlte sie sich
aber angeregt, dann thaute sie auf, und zeigte in den
spätesten Jahren noch eine immer fesselnde Anmut der Unter=
haltung. Da sie während meiner Knabenzeit oft Monate,
auch wohl Jahre, in meinem elterlichen Hause verlebte, wie
oft hörte ich von Andern die Worte: „Sie ist eine reizende
alte Frau!"

Zu den mannigfachen Unglücksfällen ihrer Jugend kam
noch, daß sie schon in den ersten Jahren ihrer Ehe einen
schweren Fall that, von welchem sie für ihre Lebenszeit
hinkend blieb. Viele Jahre mußte sie an einer Krücke gehen,
dann an einem Stocke, endlich genügte ein starker Sonnen=
schirm. Doch brachte sie ihre Gänge niemals über einige
hundert Schritte hinaus. Das hinderte sie nicht, Reisen zu
unternehmen, die damals noch für sehr weit galten; zu
meinen Eltern, sowie zu einer jüngeren Tochter Nanette, die
sich an einen Juristen Namens Nötel (später Chefpräsident
in Breslau) verheiratet hatte.

Damals aber, als sie in trübseligen Verhältnissen plötz=

lich Wittwe geworden, mußte sie daran denken, für ihren und ihrer Kinder Unterhalt etwas zu erwerben. Obgleich nur erst an der Krücke durch die Zimmer wankend, legte sie eine Schule an, in welche bald alle Bekannten ihr die Kinder schickten. Ihre Tochter Antoinette konnte sie mit der Zeit in ihrem Amte unterstützen, bis später die zweite Tochter, Julie, der Schule einen Aufschwung gab, und ein Erziehungsinstitut nebst Seminar für Lehrerinnen daraus zu schaffen verstand.

Die beiden Refugié=Familien, vorwiegend die zahlreiche Kinderschaar, wurden bald mit einander vertrauter, während Louis und Antoinette einige Zeit auf ihre Vereinigung zu warten hatten. Diese aber beschleunigte man, als der Refe= rendar zum Assessor ernannt und als solcher nach Krotoschin, einer kleinen Stadt in der Provinz Posen, hart an der schlesischen Grenze, versetzt wurde. Zwar lächelte man be= trübt, daß der Assessor seine junge Frau so weit, „bis unter die Polacken“, führen sollte, aber die Vermählten gingen getrost in die Fremde, die ihnen zwar nicht verlockend und schön geschildert worden, mit der sie es aber wagen wollten, da sie ihr Glück und ihren Lebensmut mit sich führten. Sie waren noch sehr jung, Louis Roquette fünfundzwanzig, An= toinette wenig über achtzehn Jahre.

Zweites Kapitel.

Am Ostermontage des Jahres 1824 den 19. April kam ich in Krotoschin zur Welt, und zwar als der Zweitgeborene, da ein älterer Knabe schon vor meiner Geburt gestorben war. Auch ich galt für tot, und Schreck und Angst waren

bei meiner Ankunft groß. Der Arzt mußte mich lange
nötigen, ehe ich mich zum Leben entschloß, und auch die ge-
wöhnliche erste Nahrung wurde von mir verschmäht, bis
man mir den Gaumen mit Rheinwein eingerieben hatte.
Mein Vater deutete später scherzweise gern darauf hin und
nahm es für eine günstige Vorbedeutung. — Es war eine
warme Frühlingsnacht da ich zur Welt gekommen. Die
junge Wöchnerin schlief nicht, und glaubte plötzlich den Nacht-
wächter in der Entfernung pfeifen zu hören. Sie zählte,
und sagte verwundert: „Der Wächter hat mehr als Mitter-
nacht gepfiffen, ich habe bis siebzehn gezählt!" Die
Wärterin aber lachte und rief: „Das ist nicht der Nacht-
wächter, das sind ja die Nachtigallen, die im Garten so laut
schlagen!" — Diese Nachtigallenschläge bei meiner Geburt
und der Tropfen Rheinwein, der meine erste Nahrung gewesen, ist in späterer Zeit, da ich von beiden schon gesungen
hatte, und meine Mutter die Geschichte einmal zum Besten
gegeben, von Familienmitgliedern und Freunden, bei Ge-
burtstagen und sonstigen Festen, in Prosa und Versen, als
nachträgliche Prophezeiung unzähligemal wieder dargebracht
worden.

Die Großeltern scheuten die Reise nach Krotoschin —
„in die Wüste" — nicht, und der Großvater vollzog selbst
die Taufe an mir. Bis dahin hatte mein Vater mich nicht
anders als dem Tage meiner Geburt nach, Ostermontag
genannt, und hoffte diesen Namen auch bei der Taufe durchzusetzen. Daran aber war bei seinem Papa Pasteur nicht
zu denken, obgleich er es heiter genug aufnahm. Allein der
Ersatzname Otto stieß bei dem Vertreter der französischen
Kolonie auch auf einigen Widerstand, da er als gar zu
germanisch und unkoloniemäßig, in derselben noch nicht vorgekommen war. Man verständigte sich darüber doch noch
eher, als über den Ostermontag. Mein Vater blieb aber

2*

mit Vorliebe bei diesem Namen, und an meinen Geburts=
tagen, bis in seine letzten Jahre hinein, begrüßte er mich
stets als Ostermontag. — Dafür erhielten später die Töchter
Namen, wie sie in der Familie üblich waren, Emilie, Manon,
Adelaide. Freilich schlüpfte dann doch wieder ein deutscher
Hermann durch. Endlich aber, da die Ältesten bereits er=
wachsen waren, und man neue Geschwister im Hause nicht
mehr erwartete, trat noch ein Zwillingspärchen von Schwestern
ans Licht, zu deren Taufe der nun dreiundsiebenzigjährige
Großvater sich noch einmal auf den Weg (nach Bromberg)
machte, um sie auf die Namen Marie Antoinette und
Jeannette zu taufen. Die letzte starb schon als Kind. Da=
mit war die Reihe der Geschwister abgeschlossen.

Ich habe nun von den ersten Jahren zu berichten,
welche meine Eltern in Krotoschin verlebten. Über mich
wurde mir dann später erzählt, daß ich ein sehr dürftiges
Kind gewesen, über dessen Gesundheit sorgsam gewacht werden
mußte, daß ich viele gefährliche Krankheiten durchzumachen
gehabt, öfter dem Tode nahe war, mich körperlich nur lang=
sam, geistig um so früher und schneller entwickelte. Als ich
lernte um mich schauen, sah ich uns in einem einstöckigen
Häuschen wohnen, weit in der Vorstadt, mit dem Ausblick
auf eine sandige Landstraße, gegenüber verkrüppelte Weiden
an Gräben, darüber hinaus Ackerfeld. Die ganze Vorstadt
bestand aus einer Reihe ähnlicher Häuser, durch Höfe und
Gartenland weit von einander getrennt, alle bewohnt von
hierher versetzten Beamten, für welche diese Vorstadt eigens
gebaut zu sein schien. Unsre Wohnung war eine der letzten,
nahe am Begräbnisplatze. Nicht weit davon ein kahler
sandiger Hügel, der bei uns der Seufzerhügel genannt wurde,
weil meine Mutter ihn in der ersten Zeit häufig besuchte,
um ein wenig weiter zu schauen, als über die Fahrgeleise
im Sande, und dabei sehnsüchtig nach der Gegend hin, wo

Frankfurt und Berlin liegen mußte, geseufzt hatte. Jeder
landschaftliche Reiz fehlte dieser Umgebung und auf ein an=
genehmes Spazierengehen mußte verzichtet werden. Aber
dafür hatten wir einen ausgedehnten Garten, der im Gegen=
satz zu der Unkultur umher, sorgsam gepflegt und herauf=
gewachsen war. Zahlreiche große Obstbäume, welche reichlich
trugen, Gemüse= und Spargelbeete, eine Fülle von frucht=
tragendem oder blühendem Strauchwerk, und Blumen vom
Frühjahr bis zum Spätherbst. Meine Eltern hatten sich
gleich der Gärtnerei mit ganzer Hingabe gewidmet, und
konnten von dem Reichtum ihrer Ernten bald andern
Familien, die in der Stadt wohnten, mitteilen. Ich er=
innere mich, daß große Waschkörbe voll Gemüse und Obst
aus dem Hause getragen wurden, da selbst von dem wach=
senden Hausstande die Fülle nicht zu bewältigen war.

Mit dem „Elend unter den Polacken" mochte es nicht so
schlimm sein als man erwartet hatte, hauptsächlich weil ihrer
nicht so viele da waren. Die Mehrzahl hatte sich, da Ge=
nuß und Trägheit die Elemente waren, darin sie einzig
leben mochten, aus Furcht vor der deutschen Arbeit davon=
gemacht. Auf dem Lande saßen hie und da wohlhabende
polnische Gutsbesitzer zwischen den deutschen. Mit ihnen
kamen meine Eltern auch wohl in Berührung, da beide ge=
läufig französisch sprachen, und die französische Konversation
das Einzige ist, was der polnische Adel gelernt hat. Die
Stadt aber war schon durch ihre Lage ganz deutsch, da sie
hart an der schlesischen Grenze liegt. Schlesische Mundart,
Tracht des Volkes, Gewohnheiten, waren hier immer zu
Hause gewesen, und alle Beziehungen nach außen gingen
über die schlesische Grenze, seltener nach dem polonifierten
Inneren der Provinz. — Von dem Krotoschin aber, welches
heutzutage in den Geographiebüchern mit 9000 Einwohnern
angegeben wird, kann ich nicht reden, da ich es nicht kenne.

Am Anfang der zwanziger Jahre war sicherlich noch nicht
die Hälfte davon beisammen. Von einem Gymnasium, von
Fabriken, von lebhafterem Handel wußte man damals noch
nichts. Um ein paar große Kirchen mit ausgestorbenem und
verfallenem Klosterzubehör, schloß sich ein Städtchen eng
herum, während sich die Vorstädte den Zuwandernden öffneten
und erweiterten. Alle Straßen um die Stadt gingen durch
tiefen Sand, man pries die glücklichen Gegenden, wo bereits
Chausseen gebaut wurden.

Trotzdem umschloß der unscheinbare kleine Ort damals
einen Bildungskreis, wie er in großen und reichen Städten,
näher dem Mittelpunkte Deutschlands, oft vermißt wird.
Diese geistige Bildung wurde vertreten durch die zahlreichen
jüngeren Beamten, welche hierher versetzt waren, meist nur
auf einige Jahre, um eine Probezeit durchzumachen, zugleich
aber die deutsche Kulturarbeit zu fördern. So fanden sich
aus allen preußischen Provinzen, vom Rhein und aus Ostpreußen, aus Sachsen und Westfalen, aus Schlesien und
aus den Marken, jüngere Männer von den verschiedensten
Bildungsformen zusammen, und es fehlte nicht an geistvollen
Frauen für einen anregenden Verkehr. Jeder kam aus vielleicht schöneren äußeren Umgebungen und Verhältnissen, jeder
hatte gefürchtet einer Verbannung in die Öde entgegen zu
gehen, und nun sah man sich überrascht in eine geistige Bewegung versetzt, welche an fördernden Elementen reich war.
Hatte man auf den Reiz der landschaftlichen Umgebung zu
verzichten, auf künstlerische Genüsse, der Verwöhntere auch
wohl auf manches äußere Behagen, so mußte die geistige
Gemeinsamkeit um so mehr entschädigen. Zeigten Charakter
und Bildungsstandpunkte ihre Einseitigkeiten, so wurde grade
durch die Erscheinung derselben, durch ihr Abschleifen, auch
wohl völliges Aufgeben, der Bildungskreis bei rüstigen
Kräften erhalten. Und das Gute hatten diese kleinen Kreise

in den damals entlegenen Grenzgegenden deutscher Kultur,
daß von ihnen die Anregung auf Hunderte, ja auf Tausende
ausging, und es kaum eines Menschenalters brauchte, um
den geistigen Boden in breiterer Ausdehnung sichtbar zu
machen. Die Einzelnen des Kreises blieben vielleicht nur
einige Jahre am Orte, wurden wieder in alle Himmels=
gegenden zerstreut, aber frische Kräfte rücken nach, und fördern
die allgemeine Arbeit, auch wenn sie zunächst nur für sich
und die Ihrigen zu arbeiten scheinen.

Damals war man in Krotoschin strebsam und zugleich
lebenslustig. Gab es am Orte nicht genug Bücher, um
litterarisch mit der Zeit fortzuschreiten, so that man sich zu=
sammen, ließ ganze Kisten voll kommen, richtete einen Lese=
zirkel ein, unter welchen man, wenn der Kreis durchlaufen
war, die Werke verlooste. Ich besitze aus meines Vaters
Bücherschrank noch einige dergleichen, in welchen die Reihen=
folge der Namen und der Rundgang des Buches verzeichnet
ist. Hatte man kein Theater, so richtete man ein Liebhaber=
theater ein, und blieb, da man über gute Kräfte zu verfügen
hatte, nicht bei kleinen Lustspielen stehen. Bei meinem
Vater, der die Direktion in die Hand nahm, wurde das
Theater zu einer solchen Leidenschaft, daß einen Winter lang
allwöchentlich einmal in einem gemieteten Saale öffentlich
unter seiner Regie gespielt wurde. Es bedurfte endlich einer
Mahnung des Präsidiums, diese Liebhaberei zu beschränken.
Auf seine amtliche Stellung hatte das nicht den geringsten
Einfluß, da mein Vater für einen so tüchtigen Juristen galt,
daß er schon einige Jahre nach seiner Ankunft in Krotoschin
zum Landgerichtsrat befördert wurde. Seit ich denken kann,
habe ich ihn nur bei diesem Titel rufen hören.

Auch mit der Musik war man in dem kleinen Orte
ganz wohl bestellt. Meine Mutter spielte nur die Guitarre,
diese aber sehr gewandt, und begleitete sich darauf nicht nur

alle Lieder, welche damals üblich waren, sondern auch schwierigere Opernarien, die sie zu Hause sang. Welche Rolle die Guitarre damals als musikalisches Instrument spielte, was ihr zugemutet wurde, erhellt daraus, daß sich noch dreißig Jahre später unter dem Notenvorrat des Hauses ein dickes Manuskript befand, betitelt: „Der Freischütz, arrangirt für die Guitarre". Die erwachsene jüngere Generation lachte darüber, während ich den brennenden Wunsch hatte, daß mir dieses Werk als Erbstück aufbewahrt werden möchte. Leider aber ist es im Lauf der Jahre verschwunden. — In Gesellschaft ließ meine Mutter ihren Gesang am Klavier begleiten, und es fanden sich genug Stimmen für Duos und Ensembles. Man verstieg sich zu größeren Unternehmungen, je nachdem sich die Kräfte fanden, und führte um Ostern die Graunsche Passion, den Tod Jesu, auf. Meine Mutter sang darin alle Sopran=Arien und Recitative. Und was sie im Konzert sang, das sang sie zu Hause den Kindern vor, und freute sich, daß sie wiederholen konnten. Denn sie hatten von frühauf musikalisches Gehör, und faßten jede Melodie mit Leichtigkeit auf. Auch die Chöre der Graun= schen Passion sang sie uns vor, und ich erinnere mich eines Auftritts noch sehr lebhaft, da wir einst zu ihrer Guitarre den Chor „Freuet euch alle, ihr Frommen", der an sich etwas recht Munteres hat, mit schmetternden Kinderstimmen loslegten, und wie sie ihre Begleitung durch lautes Lachen unterbrach, sich zu uns niederbückte und uns alle in ihre Arme schloß. Besuche im Hause verlangten nicht selten, das kleine Häuflein singen zu hören, und so wurden wir wie die Orgelpfeifen aufgestellt und sangen unsere Lieder zwei= stimmig zur Guitarre. Denn ich hatte mir angewöhnt, ohne jede Belehrung, als Altist immer in der Terz zu be= gleiten. — Meine Mutter wußte ihre geselligen Talente gar wohl zu vereinigen mit den Pflichten im Hauswesen und in

der Kinderstube. In dieser war sie mit den Kleinen spiel=
selig, liebenswürdig, fröhlich bis zur kindischen Ausgelassenheit.
Als Erzählerin, oft Erfinderin, schöner Geschichten hatte sie
in der Dämmerstunde einen beglückten Zuhörerkreis, und
wurde, Alles in Allem, da sie ihre Autorität zu wahren
verstand, wie ein höheres Wesen betrachtet. Von Andern
zu hören, daß sie schön sei, und immer schön aussehe, wie
wir das hundertmal vernahmen, verwunderte uns, wenigstens
mich, oft sehr, da sich das ja ganz von selbst verstand! Sie
war auch in feinen weiblichen Arbeiten sehr geschickt. Immer
habe ich dergleichen in ihren Händen gesehn, und von Andern
bewundern hören. Bald waren es Kunstwerke von den
kleinsten Strickperlen, wie sie damals üblich waren, bald
Stickereien in bunter Seide, zu Geschenken, die in die Ferne
wanderten; bald weißes Nadelwerk zum immer sauberen und
zierlichen Aufputz ihrer Kinder.

Da mein Vater in seiner amtlichen Stellung damals
viel freie Zeit hatte, benutzte er die ersten Jahre seines
Aufenthalts in Krotoschin auch zu litterarischen Versuchen.
Er schrieb und vollendete einen Roman, den ich erst mehr
als dreißig Jahre später, nach seinem Tode, kennen gelernt
habe. Und zwar im Manuskripte, da er nicht zur Ver=
öffentlichung gelangte. Der Roman hieß „Arion", und
führte einen Titel, der mit dem Inhalt so gut wie gar nichts
gemein hatte, ganz in der Anlehnung an die Romane von
Jean Paul. Denn wie dieser der Lieblingsschriftsteller
meines Vaters war, so brachte der „Arion" die ganze äußere
Fassung eines Jean Paul'schen Werkes, mit seiner Buntheit,
seinem Humor, seinen Abschweifungen und Extrablättern,
bei einer merkwürdigen Fähigkeit, sich nicht nur in der Form,
sondern auch mit seiner Empfindung ganz in die Manier
seines Vorbildes zu versetzen. — Aus späteren Erzählungen
meiner Mutter erfuhr ich, daß er das Werk an eine Autorität

in der Familie, den Professor Spieker in Frankfurt a. d. O.
gesendet, von diesem aber den Rat erhalten habe, es nicht
zu veröffentlichen, da die Nachahmung Jean Pauls zu stark sei.

Dieser Onkel Spieker war nicht nur für die Eltern ein
Mann von Bedeutung, er war auch schon den Kindern der
Spender vieles Schönen und Beglückenden. Eigentlich war
er nicht mit uns verwandt. Sein Bruder hatte eine Schwester
meines Vaters geheirathet. Freundschaftliche Beziehungen
machten aus der Verschwägerung ein durchaus verwandtschaft=
liches Verhältniß. Christian Wilhelm Spieker (aus Branden=
burg an der Havel) war Professor der protestantischen Theologie
an der Universität zu Frankfurt gewesen, und wurde, als
diese 1811 nach Breslau verlegt ward, Superintendent und
Oberpfarrer an der Frankfurter Marien(Ober=)Kirche. Seine
zahlreichen historischen Schriften, meist zur Reformations=
geschichte, seine gelehrten Monographien, seine Geschichte der
Stadt Frankfurt a. d. O. waren in weiteren Kreisen bekannt,
seine Reisebeschreibungen wurden viel gelesen (da es noch
keine Reisehandbücher gab), während seine theologischen Werke,
die Andachtsbücher und Postillen, sich in Aller Händen be=
fanden, und noch heut in Gebrauch sind. Uns Kindern war
oder vielmehr wurde er einige Jahre später eine Art von
Zaubermann, dem wir die köstlichsten Genüsse verdankten
durch seine Jugendschriften: „Vater Hellwig, Die glücklichen
Kinder, Louise Thalheim". Es waren immer starke, tüchtige
Bände, aus welchen der Genuß reichlich ausgekostet werden
konnte. Vervollständigt durch die Erzählungen der Mutter
über sein Haus, seine Kinder, seinen Garten mit Pfirsichen,
Weintrauben und Aprikosen, wurde seine Person uns, ob=
wohl noch unbekannt und in der Ferne, der Inbegriff alles
Wundervollen. Vielleicht noch mehr schätzten ihn die Eltern,
die ihn überdies als väterlichen Freund und zugleich als
einen der gebildetsten, feinsten und hochherzigsten Männer

kannten. Da ich später in seine Umgebung gelangte, werde
ich noch über ihn zu erzählen haben.

Es mochte meinem Vater nicht leicht zu überwinden sein,
den Rat zu befolgen, und sein Werk von der Öffentlichkeit
zurück zu halten. Aber die Autorität Spiekers war doch
groß genug, sich ihr zu unterwerfen. Seine litterarischen
Bestrebungen waren damit für's Erste, wenn überhaupt von
ernsten Bestrebungen dabei die Rede sein konnte, abgeschlossen.
Es war vielleicht nur die Gestaltenwelt Jean Pauls, in der
er sich ganz zu Hause fühlte, und die ihn trieb, die bekannten Figuren einmal in einer andern und eignen Gruppierung zusammen zu stellen. Er lebte auch ferner ganz in
dieser Welt, und führte mich sehr früh in dieselbe ein, wobei
wir Beide viel zu überwinden hatten; mein Vater die Enttäuschung und den Verdruß, daß es ihm nicht gelang, mich
schnell mit den Schoppe, Siebenkäs, Katzenberger, Albano,
Walt und Wult zu befreunden; und ich — daß mir eigentlich alles Andere besser gefiel als Jean Paul. Viel zu spät
für seine Wünsche, aber doch noch zu seiner Genugthuung,
kam ich zu einer richtigen Würdigung seines bevorzugten
Schriftstellers. Ich habe im Verfolge meines Lebens nie
einen solchen Kenner Jean Pauls kennen gelernt, wie mein
Vater war. Noch heute besitze ich aus seinem Nachlaß die
Gesammtausgabe der Werke Jean Pauls (in 60 Bänden
1826 ff.) mit zahlreichen Korrekturen von Fehlern, Erklärungen, Bemerkungen von der Hand meines Vaters. Diese
mir seit frühster Kindheit bekannten Bände, blau mit braunem
Lederrücken, deren einen ich überall in seiner Nähe sah, oder
irgendwo fand, auf dem Schreibtisch, dem Sofa, auf den
Gartenbänken, haben eine traditionelle Bedeutung für mich
gewonnen. Wie mein Vater Schmetterlinge sammelte, und
in seinem Garten mit Vorliebe und Glück Aurikeln zog, die
ja auch in den poetischen Kunstgärten Jean Pauls überall

blühen, so bringt mir die Erinnerung gleichsam Aurikelduft
und gaukelnde Schmetterlinge entgegen, so oft ich einen von
diesen blauen Bänden aufschlage. Und, ohne zu den unbedingten Anhängern eines der vertieftesten und psychologisch
merkwürdigsten Sonderlinge der deutschen Litteratur zu gehören, lasse ich kein Jahr vergehen, ohne eins oder einige
seiner Bücher wieder zu lesen, weniger des rein dichterischen
Genusses wegen, als um der frühesten Lebenserinnerungen
willen, die mir überall daraus hervortreten.

In späteren Jahren, als mein Vater mir die Dichtungen von Oehlenschläger in die Hand gab, den er ebenfalls
sehr schätzte, schrieb er zu meinem Privatgebrauch noch einen
Abriß der nordischen Mythologie. Ein umfassendes Heft,
welches mir sehr nützlich war, und das sich auch wohl gedruckt
hätte sehen lassen dürfen. Bei seinen Lebzeiten war daran
nicht zu denken, da er auf seine Produktionen keinen Wert
mehr legte. Von den genannten Manuskripten ist nichts
mehr vorhanden. Ebensowenig von den zahlreichen Gelegen-
heitsgedichten, durch die er Feste und gute Tage humoristisch
auszustatten verstand. Diese Thätigkeit gab er mehr und
mehr in die Hände meiner Mutter, um sie ihr endlich ganz
und gar zu überlassen.

Denn zu den Talenten meiner Mutter gehörte auch das
des Versemachens und Reimens, welches ihr mit einer erstaun-
lichen Leichtigkeit zu Gebote stand. Auch sie verwertete dieses
Geschick nur für Gelegenheiten, aber die Anzahl ihrer derartigen Gedichte läßt sich, da sie früh damit begann und
bis in ihr Alter die Fähigkeit dazu behielt, auf tausende
berechnen. Das Formgefühl war ihr angeboren, und ein
drolliger Humor belebte ihre Verse. Zu rein subjektiven
lyrischen Ergüssen benutzte sie, nach ihrer eigenen Versicherung,
ihr Talent niemals, und wäre erschrocken vor dem Gedanken,
eine Dichterin sein zu wollen. Aber so leicht flossen ihr

Verse und Reime, daß, wenn sie sich hinsetzte um einen Brief
zu schreiben, ihr wohl plötzlich die Lust kam, ihn in Versen
zu verfassen, und dann wurde der ganze Inhalt durchgereimt,
sechs Seiten und länger. Doch blieb dergleichen nur auf
die Familie und nächste Verwandtschaft beschränkt. Besonders
liebte sie Hexameter, die sie nach dem Gehör, ohne viel Kopf=
zerbrechen machte. Dann kam es auch wohl, daß sie eine Reihe
von Hexametern mit Reimen schmückte, und gereimte Penta=
meter einmischte. Wenn mein Vater dergleichen fand und
sie aufmerksam machte, dann lachte sie selbst, ließ es aber
mit Grazie dahinlaufen. Charakteristisch ist, daß sie alle
ihre Gedichte in ihr haushälterisches Wirtschaftsbuch schrieb.
Sie drehte dasselbe nur um, und machte aus der letzten
Seite desselben die erste für die Verse. Mehr als einmal
kam es vor, daß dabei schließlich Hausrechnung und Dich=
tung in der Mitte verkehrt zusammen stießen, und daß sie
beim Umwenden des Blattes überrascht durch das Eine oder
das Andre gehemmt wurde. Ich habe mich später vergeblich
bemüht, ein solches Wirtschaftsbuch zu erhalten und zu be=
wahren. Sie hat selbst alle vernichtet. — Lehnte sie aber
für sich den Namen einer Dichterin mit Ernst und Humor
ab, so ließ sie ihre Begabung doch zu allerlei Gelegenheiten
mißbrauchen. Zu Vorfeiern von Hochzeiten, Polterabende
genannt, wurde sie gedrängt, für einzelne Masken und ganze
Züge Reden und Scenen zu verfassen, deren einige zu aus=
gearbeiteten kleinen Dramen wurden. Ich erinnere mich,
freilich aus einer viel späteren Zeit, daß eine derartige Scene
von ihr großen Beifall erhielt, in welcher sie drei alte Jung=
fern bei einem Kaffeebesuch auftreten ließ, welche den Braut=
leuten den übelsten Leumund machten, voll von Anspielungen
auf ihre Vergangenheit; und einer andern, mehr in's Große
vereinigten Gruppe, in welcher Gestalten aus allen Mozart=
schen Opern zur Verwendung und Ansprache kamen. Und

wenn in der Zeit, da ich selbst schon mit Versen öffentlich
aufgetreten war, man mir mit allerlei Zumutungen oft
recht zudringlich wurde, und ich, weniger duldsam, solchen
Mißbrauch ungehalten abwies, ließ sie mich nur ruhig sein,
und verfaßte das Begehrte an meiner statt, und zweckmäßiger,
als ich es hätte zu stande bringen können.

Von der Litteratur jener Zeit, aus dem Anfang der
zwanziger bis in die dreißiger Jahre, umklangen viele Namen
schon meine frühste Kindheit. Und ich spitzte früh die Ohren,
wenn auf Bücher die Rede kam. War Jean Paul der
bevorzugte Liebling meines Vaters, so kam in unsrem Kreise
auch Ernst Wagner zu Ehren, der einiges Verwandte mit
ihm haben sollte. Seine Romane „Die reisenden Maler,
Heliodora, Wilibalds Ansichten des Lebens" wurden sehr
hoch gehalten. Ich erinnere mich, daß, als ich eines Tages
ein Buch von Wagner „Das A B C eines vierzigjährigen
Fibelschützen", welches circulierte, zu einem Bekannten zu
tragen hatte, ich mich unterwegs, von dem Titel angezogen,
auf einen Stein setzte, und darin zu lesen begann. Ob ich
auch den Inhalt anziehend gefunden, weiß ich nicht mehr.
Ich war damals höchstens sieben Jahre alt. — In hoher
Gunst stand bei meinem Vater auch E. Th. B. Hoffmann,
aus dessen phantastischen Novellen er gerne vorlas. Kater
Murr, dessen Geschichte er den Kindern erzählte, war bei
uns früh populär. Von den Romantikern bevorzugte man
Fouqué, und meine Mutter liebte die Dramen von Hou=
wald, die sie in Berlin im Theater gesehen hatte. Oehlen=
schläger gehörte mit unter die Gepriesensten. Seinen
Aladdin oder die Wunderlampe gab man mir früher in die
Hand, als ich etwas von Schiller zu lesen bekam. Daß
aber Schiller der erste und höchste Dichter Deutschlands
sei, daran gab es keinen Zweifel. Von ihm hörte ich oft,
und nur als von etwas Unvergleichlichem reden, von Goethe

selten, und nur mit ziemlich wegwerfenden Urteilen. Man hielt sich an Zufälliges, und es mochte an einer Anleitung fehlen, ihn im Ganzen zu fassen. Goethe lebte noch, und grade in den letzten zehn Jahren seiner Zurückgezogenheit, da eine neue Litteratur Kopf und Schultern sehr zuversicht= lich vordrängte, schien man seine Größe vergessen zu wollen. Unglaublich erscheinen uns heut die Urtheile der Gering= schätzung, mit welchen man sich überhaupt damals an ihn wagte. Er hatte in seinem Alter einen kleineren Kreis, als in seiner Jugend. Erst nach seinem Tode, und in stetiger Zunahme, machte sich die Erkenntniß seiner Größe und Be= deutung in weiteren Kreisen geltend. In meinen Jünglings= jahren aber, da ich, trotz der Opposition gegen ihn, darin ich aufgewachsen, von der Macht seiner Dichtung hingerissen wurde, fühlte ich eine stille Genugthuung, noch acht Jahre Goethes Zeitgenosse gewesen zu sein. —

Nun aber habe ich einer Beschäftigung meines Vaters zu gedenken, die mit meiner frühsten Kindheit zusammen= hängt, wie sie durch sein ganzes Leben ging, und mir noch nach seinem Tode zu thun gab. Es war seine Schmetter= lingssammlung und ihre Vervollkommnung. Schon als Knabe hatte er damit begonnen, und dergleichen fortgesetzt, auch während seiner litterarischen Thätigkeit, seiner Garten= arbeit, seinen geselligen Zerstreuungen, dazu bei seinen später wachsenden Berufsgeschäften. Während jene Versuche mit der Zeit zurücktraten, gelangten die Schmetterlinge endlich zur alleinigen Herrschaft über seine Mußestunden, und was er nur dilettantisch begonnen, gestaltete sich zu einem ernsten wissenschaftlichen Studium. So konnte er mit der Zeit unter die ersten Schmetterlingskenner zählen, selbst neue Species entdecken, und mit der gesammten Entomologie und deren Vertretern sich in Beziehung setzen. Entomologische Zeit= schriften, zu welchen er selbst manches beigetragen, lagen

immer auf seinem Tische, und mit der Zeit barg sein Bücher=
schrank umfassende naturhistorische Werke dieser Gattung,
während seine Sammlungen sich ausdehnten. Die fremd=
ländische Fauna trat erst später hinzu, je nachdem er auf
Reisen Gelegenheit zu Ankäufen fand, ihn beschäftigte vor=
wiegend die einheimische, die ihm bis zur kleinsten Motte
reichlich zu thun gab. Er betrieb die Jagd selbst, verschmähte
dabei jedoch das Netz, indem er die mit zwei großen Klappen
versehene, glatt besponnene Scheere bevorzugte, darin er jede
Beute so geschickt zu fangen wußte, daß sie mit ausgebrei=
teten Flügeln sichtbar vor den Augen lag, auch wohl, wenn
unnütz, wieder entlassen werden konnte. Niemals vergaß er
bei einem Spaziergang, und auf Reisen erst gar nicht, dieses
Fangmittel, welches er in der Rocktasche trug, so daß die
Netzklappen nicht selten hervorragten. Immer hatte er
Schachteln für Raupen in der Tasche, und brachte Büschel
von Raupenfutter in der Hand, und das Innere seines
Hutes von Schmetterlingen vollgespießt, nach Hause. So
lernte ich in früher Kindheit durch ihn, wenn auch vorerst
im Spiel, allerlei von diesen Dingen, sowie von der damit
verbundenen Pflanzenwelt. Entzückt war ich, wenn er mich
die kleinsten Geschöpfe, etwa die Motte irgend einer Apfel=
made, unter dem Vergrößerungsglase betrachten ließ, wo ich
dann allen Goldglanz und die Farbenpracht einer tropischen
Fauna entdeckte, die dann, wenn er die Lupe weggenommen,
wieder zum unscheinbaren grauen Fleckchen zusammenschwand.
Wie mein Vater, wenn er mich nicht zum Sammler bilden
konnte, mich doch zu seinem Gehülfen auf eine Reihe von
Jahren zu erziehen verstand, wird noch zu erzählen sein.

Es kam nun die Zeit heran, da an eine erste Schule
für mich gedacht werden mußte. Lesen und Schreiben
hatte ich zu Hause von den Eltern ohne viel Schwierigkeiten
gelernt. Das Französische war durch häusliche Gespräch=

übung angebahnt worden, im Lateinischen hatte mein Vater
mich auch bereits die Anfänge durchlaufen lassen. Schlimmer
war es mit dem Rechnen, welches die ersten düsteren Schatten
über meine Knabenjahre warf, um dauernd eine beängstigende
Macht für mich zu bleiben. In die öffentliche Schule
glaubten die Eltern mich nicht schicken zu können, und in
derselben Verlegenheit waren andere Beamte wegen ihrer
kleineren Knaben, während manche ältere Söhne in der
Volksschule bereits verwilderten. So thaten sich denn
mehrere Väter zusammen, von welchen zwei nach Breslau
reisten, um einen Lehrer zu gewinnen zur Gründung einer
kleinen Privatschule, deren Ausbreitung man überwachen
wollte, um rohere Elemente fern zu halten. In einem
Kandidaten wurde der Mann gefunden, der sich der Auf=
gabe des Lehrers unterziehen wollte. Eine Wohnung wurde
für ihn eingerichtet, die Schulstube mit inbegriffen, die Frauen
suchten durch Mittagstisch und andere Hülfe ihm seine Stellung
erträglich zu machen. Der Unterricht begann. Alles war
zufrieden mit dem Lehrer, so mit der Einrichtung. Diese
Zufriedenheit eines kleinen Kreises hatte aber die Folge, daß
Andre ihre Söhne nun auch dieser Schule anvertrauen
wollten. Das Begehren war den Collegen nicht wohl ab=
zuschlagen, und nach einem Vierteljahre hatte die Schule
einen veränderten Charakter. Erst waren wir unser zehn
kleine siebenjährige Buben friedlich beisammen gewesen, nun
tobten die verwilderten vierzehnjährigen herein, und in solcher
Masse, daß die Schülerzahl auf dreißig wuchs. Die Arbeit
war von einem Lehrer nicht mehr zu bewältigen, es mußte
ein zweiter Kandidat verschrieben und den Schulräumen eine
größere Ausdehnung gegeben werden. Dennoch saßen wir,
wenn auch in zwei Stuben, immer noch ziemlich eng um je
einen Tisch herum.

Aus dieser ersten Schulzeit erinnere ich mich eines Er=

lebnisses, welches mir viel zu grübeln gab, zugleich aber auch
als ein Charakterzug gelten kann für die bei unsern neuen
Kandidaten befolgte Lehrmethode. In unsrem Lesebuche,
betitelt der „Kinderfreund", stand eine kleine Geschichte,
welche ich einst in der Lehrstunde vorlesen mußte, etwa
folgenden Inhalts: Ein Mann hatte zwei Töchter. Die
eine war hübsch, aber unfleißig, sie schmückte sich gern und
lachte den ganzen Tag, liebte Gesellschaften, aß gern Kuchen,
und wollte bewundert sein. Die andre Tochter aber war
häßlich, dafür tugendhaft und gottesfürchtig, hielt sparsam
und fleißig das Haus in Ordnung — und so weiter. Da
kam einst ein junger Mann in das Haus, der sich eine gute
Frau suchte, und da er dem Vater empfohlen war, wurde
er von ihm zu den Töchtern geführt. Er lernte die häßliche
wie die hübsche kennen, und prüfte, welche für ihn passen
würde. Welche von beiden wird er wohl genommen haben?
Mit dieser Frage endete die Geschichte. „Nun? begann der
Lehrer, zu mir gewendet: Welche von beiden wird er wohl
genommen haben?" Ich aber in meiner Unschuld entgegnete
mit ganzer Ueberzeugung: Die hübsche! — Der Kandidat
jedoch holte mit der Hand aus und versetzte mir eine Ohr=
feige, die mich fast vom Stuhle warf, und mir die Thränen
über das Gesicht strömen machte. Und das ohne jede Er=
klärung meines Verbrechens! Der Unterricht ging zu Ende,
ich kam mit verweinten Augen nach Hause, erzählte den Eltern
mein Unglück, wies auf die verhängnißvolle Stelle im Buche,
und berichtete über meine Antwort. Aber nun geschah das
für mich Unbegreiflichste. Der Vater lachte laut auf, zog
mich lachend an sich, und ging lachend aus dem Zimmer,
die Mutter aber, von seinem Lachen angesteckt, suchte mich
auf andre Gedanken zu bringen und schickte mich in den
Garten. Mir aber gab es zu denken, wie eine Antwort in
der Schule so strafbar sein, und zu Hause ein solches Ver=

gnügen hervorrufen konnte. Meinen Fragen wurde aus=
gewichen, aber sie drängten sich von neuem hervor. Man
mochte meine Geschichte weiter erzählt haben, denn eines Tages
kam ein lustiger Rittmeister, der bei uns gern gesehen wurde,
zum Besuch, und als er meiner ansichtig wurde, rief er: „Nun,
du kleiner Roué, was macht deine Hübsche?" Der Mutter
schien das unangenehm, sie schickte mich wieder hinaus. Ich
aber blieb im Unklaren, und es dämmerte mir nur be=
schämend, daß ich etwas Lächerliches begangen haben müsse.
Es ist dies die erste Erinnerung eines Zwiespaltes in meinem
Gemüt, der mir lange zu schaffen machte und nicht ver=
gessen wurde. Daß die Geschichte für den streitbaren Päda=
gogen eine Folge gehabt habe, glaube ich nicht, denn er
teilte nach wie vor die unvermutetsten Ohrseigen nach allen
Seiten hin aus, für die er den Namen „Backpfeifen" ein=
geführt hatte.

Von den wilderen Spielen der Knabenzeit war ich, zum
Leidwesen meines Vaters, meist ausgeschlossen. Von niemals
fester Gesundheit, immer der Kleinste und Dürftigste, hatte
ich jeden Versuch, es den Andern gleich zu thun, bald durch
ihre Roheit, bald durch meine Unzulänglichkeit zu büßen.
Trieb ich mich auch viel im Freien, besonders im Garten,
umher, so führte ich doch eigentlich ein Leben für mich allein.
Am liebsten beschäftigte ich mich mit meinem Tuschkasten
und meinen Büchern. Campes Robinson war eines der
ersten, die mich fesselten. Dann kamen die Jugendschriften,
novellistischen Märchen und Komödien von Houwald, das
Beste was er geschrieben hat, und noch heut zu empfehlen.
Dann trat Onkel Spieker ein mit seinen herrlichen Bücher=
geschenken. Gumal und Lina von Lossius führte in eine
entferntere Welt, deren Boden mir aus Robinson schon be=
kannt war, bis dann Hauff's Märchen eine Fülle von
poetischer Anregung über mich ausgossen. Trotz dieser mehr

3*

einsamen Genüsse war ich doch viel unter Knaben, besonders einem, Namens Ernst Boretius, dem Sohne eines Kollegen meines Vaters, in ähnlicher Lage wie ich, und den gleichen Neigungen hingegeben. Auch er hatte jüngere Schwestern, und unsere harmlosen Spiele waren oft gemeinsam. Dreißig Jahre später traf ich ihn zum erstenmal wieder, und zwar in Berlin, als einen der Redakteure der National=Zeitung.

Inzwischen hatte mein Vater, obgleich schon seit einigen Jahren zum Landgerichtsrath ernannt, den Entschluß zu einem neuen Lebensplan für sich gefaßt. Er wollte Rechts= anwalt, oder wie man damals sagte, Justiz=Commissarius werden, und hoffte damit einen Ortswechsel zu verbinden. Die mangelhafte Schule mochte zu denken geben, zumal für die heranwachsenden jüngeren Kinder. Ueberdies mußte ein baldiges Ueberstehen der Probezeit in Krotoschin dem jungen Beamten wünschenswert sein, da durch Versetzungen von Kollegen, ein stetes Kommen und Gehen, die Reihen der Bekannten bereits gelichtet, und eine Unruhe, eine Sehnsucht nach größeren Verhältnissen in die Gemüter gedrungen war. Man fühlte sich hier, Alles in Allem, doch fremd, in einer Uebergangsperiode. Meine Mutter jubelte bei dem Gedanken, vielleicht Berlin wieder näher zu kommen. (Es ist hier ein= zuschalten, daß die Eltern die Reise nach Frankfurt und Berlin, von Krotoschin aus, wirklich schon einmal gemacht hatten, eine Reise, die ihnen durch mich nur zu sehr ver= kümmert wurde, da ich, drei= bis vierjährig, in Frankfurt an der rothen Ruhr erkrankte, und im großelterlichen Hause lange in der äußersten Gefahr schwebte.) Vor Allem glaubte mein Vater Beruf zu den Geschäften eines Rechtsanwalts zu haben, wie sich das in der Folge bestätigt hat; hoffte, seiner juristischen Thätigkeit ein größeres Interesse abzu= gewinnen, und umfassendere Mittel für seine Familie zu erwerben. Sein Entschluß wurde genehmigt, und zugleich erhielt er den Bescheid seiner Versetzung als Justizkommissarius nach — Gnesen.

Das war nun vorerst, besonders für die Mutter, ein Schreck. Der Heimat war man damit nicht näher gerückt, sondern nur eine Strecke mehr nach Norden hin und in polnisches Gebiet, während die Entfernung von Frankfurt die gleiche blieb. Ueberdies wurde Gnesen als ein noch kleinerer Ort als Krotoschin, die Gegend noch unerfreulicher, das Leben aber als theurer geschildert, letzteres wegen der erzbischöflichen Residenz, der starken militärischen Garnison, und des lebenslustigen polnischen Adels, welcher bei luxuriösen materiellen Bedürfnissen, sich die räumliche Enge des kleinen Ortes gefallen ließe. Der Vater war trotzdem gutes Muts, die Mutter ging getrost überall hin, wo sie ihn und die Kinder hatte, und endlich war man überzeugt, daß der Aufenthalt nicht von langer Dauer sein werde.

Und so kam dann ein Abend, wo der Platz vor unsrer Wohnung (sie war eine am Markte, oder „Ring“ gelegene, die wir erst kürzlich bezogen hatten) voll Qualm und wankender Lichter, voll Musik und Menschengedränge war, wo Reden vor der Thür und Reden aus dem Fenster gehalten wurden, so daß wir Kinder noch vor dem Schlafengehen zu träumen glaubten. Es wurde meinem Vater zum Abschied ein Fackelzug gebracht. Am andern Morgen reiste er ab, und zwar mit einem Comitat zu Roß und zu Wagen. In einem benachbarten Orte feierte das gesammte Comitat ein Frühstück, von welchem Abends ein paar Abgesandte an meine Mutter zurückkehrten, über deren mehr als erheiterten Zustand sie leider nicht lachen konnte.

War der Vater voraus gereist, um uns Wohnung zu machen und seine Geschäfte in Gang zu bringen, so hatte meine Mutter die Aufgabe, den Haushalt in Krotoschin aufzulösen und das Besitzthum aufzupacken. Glücklicherweise

fand sie dabei hülfreiche Hände, welche ihr Vieles erleichterten.
Und so muß ich einer Person gedenken, welche von meiner
frühsten Kindheit an, bis in meine Jünglingsjahre, in unsrem
Hause eine hervorragende Rolle spielte. Es war dies unsre
Hanne. Zuerst als Wärterin eines der jüngeren Kinder,
dann als perfekte Köchin, befand sie sich um diese Zeit schon
einige Jahre in unsrem Hause. Sie war Wittwe und hatte
zwei heranwachsende Töchter, welche nach einander ebenfalls
bei uns in Dienst traten. Die älteste, „Karline", war mit
ihrer Mutter zugleich, bereits Kindermädchen bei uns. Hanne
war eine echte Schlesierin, in Sprache und Gewohnheiten,
auch in der Volkstracht, an welcher sie noch auf viele Jahre
hinaus unweigerlich festhielt. Sie wurde unbedingte Ver=
trauensperson in häuslichen Dingen, ihr konnten die Kinder,
welche sie abgöttisch liebte, ohne Sorgen auch für längere
Zeit überlassen bleiben; eine ehrliche, brave Seele, wachsam
über das Geringste, überzeugt, daß es auf der ganzen Welt
nichts Vortrefflicheres gebe, als ihre „Herrschaft", von der
sich zu trennen, ihr wie eine Unmöglichkeit erschien. So
wurde sie Beschließerin, Schaffnerin, eine Art Vertreterin
des Hausstandes, und blieb in dieser Stellung fast fünfund=
zwanzig Jahre. Sie konnte die schönsten Volksgeschichten
erzählen und die lächerlichsten Lieder singen, gegen deren
Derbheit meine Mutter auch wohl zu steuern suchte; sie ver=
wöhnte die jüngeren Kinder auch, so daß zu ihrem Leid=
wesen öfter Einspruch erhoben werden mußte. Bei solcher
Vertrauensstellung gestaltete sich das Verhältniß ihrer Töchter
im Hause auch etwas anders, als einer gewöhnlichen Dienst=
magd. Karline lebte mit den Kindern, nahm an ihren
Spielen und Freuden theil, und blieb ebenfalls eine Reihe
von Jahren bei uns, bis sie sich verheiratete, und durch
ihre Schwester Dore bei uns ersetzt wurde.

Aber damit war der wandernde Hausstand noch nicht

erschöpft. Zwei junge Leute, welche meinem Vater zuweilen
Abschreiberdienste geleistet hatten, waren, da er sie brauchbar
gefunden, von ihm gewonnen worden, mit ihm nach Gnesen
zu gehen, und dort als seine Kanzleischreiber bei ihm zu
bleiben. Auch sie hielten es viele Jahre bei uns aus, und
machten mehr als diesen ersten Umzug mit. So hatten wir
als Dienstpersonal eine ganze Familie in der Familie, welche
durch herzliche Ergebenheit eine Art von patriarchalischem
Verhältniß zu uns inne hielt.

Noch erinnere ich mich des Auszugs unsrer Karawane.
Ein Wagen mit fahrender Habe war bereits vorausgeschickt
worden. Nun wurde ein zweiter aufgepackt, der die Schaff=
nerin mit den Schreibern, über welche sie das Scepter schwang,
nach Gnesen zu bringen hatte. Hoch über Kisten und Kasten
thronte Hanne, neben ihr einer der Schreiber, während der
andre zu ihren Füßen neben dem Fuhrmann Platz genommen
hatte. Man schwenkte Mützen und Tücher, man warf Kuß=
hände, und majestätisch langsam bewegte sich das Gefährt
davon. Die Mutter mit den Kindern und Karline folgte
in einigen Tagen nach. Wie wir uns inzwischen unter=
brachten, da die Wohnung leer stand, ob bei Bekannten, ob
im Wirtshause, ist mir nicht erinnerlich. Ein großer Wagen
stand zur Abreise endlich auch für uns bereit. Ein langes
und breites Korbgestell, mit Faßreifen, über die eine Lein=
wand als Wetterdach gespannt war, rechts und links nur
eine kleine Oeffnung für Licht und Luft freilassend. Man
nannte ein solches Gefährt einen „Plauwagen“. Es war
umfassend genug, die Mutter und fünf Kinder, nebst Karline
zu beherbergen, dazu einen Bettsack (denn es mußten Nacht=
stationen gemacht werden), Koffer und Mantelsäcke, auf
welchen wir saßen, und Körbe mit Reisezehrung für einige
Tage, denn an leidliche Kost in Wirtshäusern war in jenen
Gegenden, wenigstens damals, nicht zu rechnen. So zogen

wir aus der Stadt und auf tiefen Sandwegen langsam in
die unbekannte Welt hinaus.

Drittes Kapitel.

Den Kindern konnte der Abschied von Krotoschin nicht
schwer werden, da sie noch zu klein waren. Hatte doch der
Aufbruch, das Rumoren und Packen, die Abreise selbst eher
etwas Anregendes, und war uns doch das Wiederfinden
einer Familie, welche lange das Haus mit uns bewohnt
hatte, für Gnesen in Aussicht gestellt worden. Es kam noch
Eins dazu, meine Phantasie in Aufregung zu erhalten. Denn
ich nahm das Wort Gnesen gleichbedeutend mit Chinesen,
von welchem Volke ich Abbildungen in einem meiner Bücher
gefunden hatte, und war nun sehr gespannt auf den Anblick
meiner künftigen Mitschüler, die ich mir in langen bunten
Schlafröcken und Zöpfen auf dem Scheitel dachte. Mochte
die Mutter diesen Irrthum immerhin belachen, und mich
eines Besseren belehren, ich konnte mich von diesem Bilde
nur schwer und ungern trennen. Die Erinnerung an Kroto=
schin aber mit seinen Straßen und Umgebungen ist mir seit
jenem Abschied keineswegs verblaßt, obgleich ich es heut
schwerlich (so sagt man mir) als das alte wiederfinden würde.
Vieles habe ich in jener Zeit auch wohl kaum in's Auge
gefaßt. Ich hatte zu sehr in der Familie, in Haus und
Garten gelebt, als daß äußere Eindrücke überall hätten haften
können. Ueberdies zog ich aus Gesprächen der Erwachsenen
die Empfindung, als wären wir mehr auf der Reise, als zu
Hause, denn es war immer von Versetzungen, von künftigen
Wohnorten die Rede, und das Heimatsgefühl der Eltern
knüpfte stets an Frankfurt an. So kam mir nie in den
Sinn, daß Krotoschin, wo ich zufällig geboren worden, mein

Heimatsort sein könne, und später um so weniger, als die
Bilder frühster Kindheit durch neue Eindrücke verdrängt
wurden. Immerhin habe ich einige Erinnerungen an das
verlassene Nest bewahrt, angenehmere als an den Ort, wo
wir zunächst unser Wanderzelt aufschlugen.

Um über Gnesen zu erzählen, muß ich das Geographie=
buch wieder aufschlagen. Tetzners Lehr= und Handbuch der
Geographie (1866) sagt von dieser Kreisstadt, daß sie Sitz
des Erzbischofs von Posen und Gnesen, früher Krönungs=
stadt und, nach Warschau, die wichtigste Stadt Polens ge=
wesen sei. Daß unter den neun katholischen Kirchen sich der
Dom mit dem Grabmal des heiligen Adalbert und vielen
Kostbarkeiten, auszeichne. Ferner wäre zu verzeichnen ein
geistliches Seminar, ein Clarissenkloster und große Vieh=
märkte, endlich eine Zahl von 8500 Einwohnern. So viel
der letzteren hat Gnesen im Jahre 1832 sicher noch nicht
gehabt, und von Spuren einer Krönungsstadt war in den
elenden Straßen mit Scheuern und ackerbürgerlichen Ge=
höften, nichts zu merken. Das erzbischöfliche Palais und
die geistlichen Wohnungen lagen als eine abgesonderte Welt
um den Dom herum. Dieses Domes erinnere ich mich als
eines phantastisch großen Gebäudes. Die gewundenen und
vergoldeten Säulen, welche den Baldachin über dem Grab=
mal des Heiligen tragen, fand meine Mutter abscheulich
und mein Vater nannte sie gestopfte Därme. Die Ver=
schwendung von rothem Sammet mit Goldstickerei wurde für
sehr kunstvoll erklärt. Für sonstige Eigenheiten dieses Bau=
werks hatte meine Kindheit noch kein Auge. Die Erinne=
rungen an Gnesen, wo wir nur ein Jahr zubrachten, und
den ich seit meinem achten Lebensjahre nicht wiedergesehn,
sind mir fast ganz entschwunden. Ich erzähle das Wenige,
was übrig geblieben, vervollständigt durch die Erinnerungen
der Eltern.

Ich wurde in eine öffentliche Schule gegeben, welche
ganz deutsch war, und in welcher Knaben und Mädchen auf
derselben Bank, nur durch eine kleine Scheidegrenze getrennt,
sich vertrugen. Die Schule umfaßte Kinder aus sehr verschiedenen Ständen, und doch war die Haltung anständig,
was vor Allem zum Vortheil des Lehrers sprach. Hier
begannen, nachdem ich viel auf meine eigne Hand gekritzelt
hatte, die ersten regelmäßigen Uebungen im Zeichnen, worin
ich schnell Fortschritte machte und manches Lob erhielt. War
nun die Schule deutsch, bestehend aus Kindern der Beamten,
Militärs, der Bürger, so zeigt dies, daß das deutsche Ele-
ment in Gnesen stark genug vertreten war.

Die polnischen Einwohner lebten auf ihre eigene Hand,
abgesondert von den deutschen. Und da die Polen keinen
Bürgerstand haben, sondern nur eine genießende Aristokratie
und einen arbeitenden Bauernstand, so mußte die Klasse
der Geschäftsleute bei ihnen durch die Juden ersetzt werden,
welche denn auch in Gnesen sehr reichlich vertreten waren.
Die polnische Gesellschaft, welche meist von ihren Gütern
in die Stadt gezogen war, Gütern, die sie zum Theil nicht
mehr besaßen, oder sie durch schlechte Wirtschaft in so elenden
Zustand gebracht hatten, daß weder sie noch ein Andrer sie
vorerst besitzen wollte, diese polnische Aristokratie hatte sich
um den erzbischöflichen Hof gesammelt, und lebte von der
Tradition und von ihren Schulden. Auf dem Lande saßen
hie und da noch einige wohlhabende Gutsbesitzer, aber auch
bei ihnen war die Bewirtschaftung schlecht. Dagegen hatten
deutsche Kolonisten aus allen Gegenden manche von den
herunter gekommenen Gütern der durch Genuß und Wüstheit
aufgeriebenen Familien gekauft, und sie durch bessere Wirtschaft wieder in besseren Stand und Ertrag gebracht. Die
früheren Besitzer waren mit der Verkaufsumme nach Paris
gereist, wo sie nun ein lustiges Leben begannen. Vielleicht

blieb ihnen ein kleiner Rest für die Heimkehr, meist aber
kehrten sie ohne denselben zurück, um sich nun in den kleineren
Städten der Provinz niederzulassen und — man wußte
nicht wovon zu leben. So in Gnesen. Trotz der zerrütteten
Verhältnisse lebte man mit Frauen und Kindern, leichtfertig,
gedankenlos, bei weniger gewählten Genüssen in den Tag
hinein. Die Töchter galten oft für schön, und waren den
deutschen Offizieren nicht abgeneigt. Die Söhne wuchsen
roh und wild auf, um einst auf einer niedrigeren Stufe zu
stehen, als die Väter. Trotz alles Mangels an Behagen
im Hause, trotz offenkundigen Mangels an dem Nötigsten,
fanden diese polnischen Familien doch immer noch Mittel,
ein lustiges Leben zu führen und mit einer Art von Schein=
glanz auf der Oberfläche hinzugaukeln.

. Mit dieser Gesellschaft hatten die deutschen Beamten=
familien selten, meine Eltern gar keinen Verkehr. Für sie
war während der Zeit in Gnesen überdies die äußerste Ein=
schränkung geboten, da die Mittel für den Hausstand kaum
ausreichten. Ja, ich vermute, daß mein Vater nur durch
Aufnahme von Kapitalien es möglich gemacht hat, die Ueber=
gangsjahre seiner Berufsthätigkeit zu bewältigen. Auch andre
Uebelstände machten sich geltend. Die Wohnung war schlecht
und ungenügend, das Haus baufällig, es mußte durch eiserne
Klammern gehalten werden. Zum erstenmal seit ihrer
Verheiratung hatten die Eltern keinen Garten, den sie
schmerzlich entbehrten. Es waren überhaupt nur wenige
Gärten in der Stadt. Unsrer Wohnung gegenüber lag ein
verkommenes Gehöft mit einem schlecht gehaltenen Grasplatz
und einigen verkrüppelten Obstbäumen. Die Mutter wirkte
sich die Erlaubniß aus, hierher zuweilen einen Stuhl tragen,
und die jüngeren Kinder vor sich spielen zu lassen, während
sie bei ihrer Handarbeit saß.

Allgemein war die Klage über die trostlose Oede der

Gegend, über das schlechte Spazierengehn im tiefen Sande, die Schattenlosigkeit, da kein Baum ringsum zu sehen war, der Mangel an jeglichem Reiz, auf dem das Auge hätte ausruhen können. Im Freien wollte man doch zuweilen sein, und so ging man nach einer benachbarten Ziegelei, in der Nähe eines kümmerlichen Stückchens Kiefernhaide, wo sich oft eine große Gesellschaft versammelte, um den mit= genommenen Kaffee zu kochen. Man war einig, daß dies eigentlich ein schrecklicher Aufenthalt sei, denn fast Alle hatten die Welt in größeren Kreisen gesehn, man belustigte sich über die sonderbaren Freuden, die man sich zu bereiten suchte. Und wenn ich so in meiner Kindheit niemals etwas von landschaftlicher Natur gesehn, was einen bleibenden Ein= druck hätte machen können, so empfing ich durch Gespräche und Bemerkungen der Erwachsenen früh die Anschauung, daß dieser endlose Sand, diese dürftigen Kiefern, diese meist schlecht bebaute Sandfläche, etwas Unerquickliches und Häß= liches sei. Dabei war meine Phantasie für Schöneres längst angeregt, und die Sehnsucht in eine glänzendere Ferne früh erwacht. Bereits die ersten Erzählungen und Geschichten der Mutter knüpften an Entlegenes. Hier war denn nun Berlin mit dem Landhause und Garten ihres Onkels, in der Hasenhaide, wo sie eine glückliche Jugend verlebt hatte, eine Gegend, die uns im Zauberlichte erschien. Der Name der Hasenhaide klang überdies schon so märchenhaft anheimelnd, daß manche ihrer Geschichten auf diesen paradiesischen Boden verlegt werden mußten. Wenn mein Vater, der in seiner Jugend weiter herumgekommen war, dergleichen hörte, dann lächelte er wohl, ließ es aber gelten. Und unsre alte Hanne wiederum wußte zu berichten, was für hohe Berge es in Schlesien gebe, worin der Geist Rübezahl hauste, welcher böse oder auch gut war, je nach dem Bedürfnis; und von dem Schlosse eines Grafen bei Militsch, wo sie einst in Dienst

gestanden, und wo im Garten Citronenbäume standen, und
der Park voll von Hirschen, Rehen und Jägern war. Andrer=
seits aber hatte ich mich mit Begierde auf solche Bücher ge=
worfen, in welchen von fernen Ländern und schönen Gegen=
den die Rede war.

Aehnlich verhielt es sich mit der Kunst. Meiner Jugend
war es nicht vergönnt, von einem Kunstwerk, einem Gemälde,
einer Statue, irgend einem künstlerischen Produkt, einen Ein=
druck zu empfangen. Der Dom zu Gnesen wurde wegen
seines bunten, flitterhaften Aufputzes so viel bemängelt, daß
er mir vielleicht schon darum nicht beachtenswert erschien.
Mein Auge sah nur Triviales, was eben der Notdurft diente.
Unter den wenigen Bildern, die an unsern Wänden hingen,
schlechtem Pfuschwerk von Familienportraits, worüber die
Eltern selbst lachten, war ein unbedeutender Kupferstich mit
der Unterschrift L'ange Gabriel, welchen mein Vater uns
als den „langen“ Gabriel verdeutschte. Er führt diesen
Namen noch heut bei der dritten Generation. Aber dieser
lange Gabriel war aus einem Gemälde von Rafael, und ich
hatte von dem großen Maler bereits gelesen, von seinem
Leben und dem Glanz, den er über Rom ausbreitete. Auch
sonst von Malern und Dichtern, so von dem unglücklichen
Torquato Tasso, und ich brannte mit wahrem Heißhunger
auf mehr und immer mehr. Die Eltern förderten das zu=
weilen, zuweilen mußte, bei der schwankenden Gesundheit des
Knaben, und seiner leicht erregten Nervosität, der Leserei
Einhalt gethan werden. Meine leiblichen Augen sahen nichts
Künstlerisches oder landschaftlich Schönes in der Umgebung,
meine Phantasie sah alle Wunder der Schönheit und alles
Wünschenswerte in der Ferne, und wurde durch das An=
hören von Gesprächen, begeisterten Schilderungen der Er=
wachsenen, und durch Bücher, mochten es denn auch nur
Jugendschriften sein, darin bestärkt.

Wir waren nun grade ein Jahr in Gnesen, als meinem
Vater seine Versetzung nach Bromberg angekündigt wurde.
Ob irgend jemand in unsrem Hausstande darüber betrübt
gewesen, ist mir nicht erinnerlich. Das Wanderzelt der
Familie wurde also abgebrochen. Der Vater reiste wieder
voraus, um uns Wohnung zu machen. Auf hochgepackten
Kisten und Kasten thronte wieder Hanne mit den Schreibern,
ihr folgte einige Tage darauf die Mutter mit den Kindern,
Karline, Bettsack, Reisevorräthen in Körben, denn es mußten
wieder Nachtquartiere in kleinen Orten und elenden Juden=
herbergen genommen werden. Während der Planwagen
langsam in tiefen, sandigen Gleisen dahinschleicht, mögen
einige Betrachtungen und Hinweise auf Familienzüge als
Uebergang zur neuen Wohnstätte ihre Stelle finden.

Schon in frühen Jahren war mir der Gegensatz auf=
fällig, in welchem unser Jugendleben zu dem der meisten
andern Kinder verfloß. Wenn diese ihre Entwicklung in
äußerlich dauernden Verhältnissen durchmachten, ihr Dasein
sich in langer Erinnerung an eine bestimmte Stadt, ein
gesichertes Haus, eine geregelte Schulzeit, unveränderte Spiel=
plätze, sogar Gegenstände des Gebrauchs, knüpfte, die ihnen
lieb geworden, und zu welchen sie persönlich oder in ihrem
Denken gern zurückkehren, so lebten wir eigentlich immer in
der Fremde, und gleichsam auf hohen Wogen schwimmend,
an den Gegenden und Verhältnissen immer neuer Menschen
nur vorüber schwimmend. Suchte man sich gleich den wechseln=
den Verhältnissen anzubequemen, so blieb man zu ihnen doch
immer in einer Ausnahmestellung, für die es zuweilen keine
Vermittelung gab. Der Vater zwar in seiner Rüstigkeit,
seinem Kraftgefühl, seinem tüchtigen Selbstvertrauen, wußte
überall schnell Boden zu gewinnen, das Widerstrebende zu
überwinden, ja sich zu einem Mittelpunkte zu machen; die
Mutter aber, so lange sie in diesen östlichen Gegenden lebte,

wurde das Heimweh eigentlich niemals los. Sie mußte ab
und zu nach Frankfurt und Berlin geschickt werden, um
unter den dort dauernd gebliebenen Verhältnissen, bei Eltern,
Geschwistern und Freunden sich neue Anregung zu holen.
Und da die Kinder, bei den immer umfangreicheren Ge=
schäften des Vaters, mehr der Mutter überlassen blieben,
so gewannen ihre Anschauungen, ihr persönliches Verhältniß
zu den wechselnden Umgebungen, durchgreifenden Einfluß auf
die Heranwachsenden. Auch die nächste Macht im Hause,
die getreue Hanne, war überall fremd, und da sie für unser
Haus und seine Gewohnheiten mit Leib und Seele einstand,
so brachte sie den wechselnden Umgebungen oft habernde
Mißbilligung, zuweilen hassenden Trotz entgegen. Aehnlich
war es mit ihren Töchtern, ähnlich mit den Schreibern.
Meine Mutter aber war eine sanguinische Natur, ihre gute
Stimmung durch eine kleine Freude oder Genugthuung leicht
gewonnen, ihr geistreicher Humor schnell erweckt. Die komische
Seite der Zustände, in welchen wir uns oft bewegten, fand
sie heraus, und regte durch die glänzenden Schlaglichter,
welche sie darüber warf, auch die lachende Beobachtung der
Kinder an. Diese erstreckte sich auch auf die Eigenthümlich=
keiten unserer Hanne, deren grollender Hader mit den außer=
häuslichen Dingen oft etwas Hochdramatisches annahm.
Wußten wir auch ihren Groll nicht immer zu teilen, so
hatten wir Sinn für das Barocke seiner Ausdrucksform, und
dieser Gegensatz brachte uns nicht selten in die Stimmung
jubelnder Belustigung, in welche Hanne, gutherzig wie sie
war, selbst einstimmte.

Ich habe oft den Ausspruch gehört: Preußische Sol=
daten= und Beamtenkinder haben keine Heimat, sie haben
dafür das Vaterland. Daß wir ein Vaterland hatten, und
daß dieses Deutschland und insbesondere Preußen sei, war
uns von Kindheit auf gesagt worden. Denn jene fran=

zöfifchen Traditionen ließ mein Vater, der einft unter den
Siegern in Paris eingezogen war, auf fich beruhen. Etwas
mehr neigte die Mutter zum Kolonie=Herkommen, doch nur
aus Zuneigung zu den Frankfurter Beziehungen. Sie war
doch eine gute Preußin, und erzählte gerne von den großen
Eindrücken der Befreiungskriege, fo weit fie ihr aus der
Kindheit erinnerlich geblieben. Die Kinder aber fühlten fich
um fo mehr im Gegenfatz zum Französifchen, als fie jene
Vertreibung der Voreltern durch Feuer und Schwert als
kürzlich gefchehen betrachteten und gleichfam als perfönliche
Beleidigung empfanden. Und in unferem Deutfchthum be=
feftigte uns erft recht der Gegenfatz zum polnifchen Wefen,
deffen Roheit, Schmutz und Widerwärtigkeit oft genug
unfren Weg kreuzte.

Wenn aber für den Mangel einer Heimat das Vater=
land einen Erfatz bieten foll, fo ift dies nur für einen aus=
gebildeten menfchlichen Zuftand denkbar, wo der Einzelne
handelnd, ftrebend, kämpfend auftritt. Ueberdies ift das
Vaterland vorerft ein Begriff, für den fich niemand erwärmen
kann, wenn er ihm nicht eine reale Grundlage giebt, in
welcher er felbft wurzelt. Und diefer Kreis, wo er der
Grundlage entfproffen, ift die Familie. Es braucht
für fie keines beftimmten Ortes. Zu einer Heimat ge=
hören ein Ort und eine Familie, aber die Familie kann
auch fehlen, ohne von dem Orte zugleich die heimat=
lichen Erinnerungen wegzunehmen. Ein Vaterland aber ift
ein weiterer Begriff und zieht für die Anfchauung um=
faffendere Grenzen. Ift ein beftimmter Ort für die Neigung
dafür entbehrlich, fo tritt als erfte Bedingung die Familie
dafür ein. Sie ift an keine Scholle gebunden, fie läßt fich
verfetzen, fortführen, mitnehmen. Vielleicht muß fie damit
viel aufgeben, aber das Gefühl, nicht einem Punkte, fondern
einem großen Ganzen anzugehören, kann darin einen um fo

regeren, tieferen, idealeren Ausdruck gewinnen. Freilich wer keinen, seinem Gemüt angehörigen Heimatsort und keine Familie hätte, dem müßte es, für das Bewußtsein einem Vaterlande anzugehören, an der schönsten Vermittelung mangeln. Denn was die Familie entwickelt und erzieht, die Innigkeit und das Gemüt, das beansprucht auch das Vaterland für sich.

Hatten wir Kinder zu den verschiedenen Orten, die wir durchzogen, innerlich nur geringe Fühlung, so bildete sich innerhalb des Wanderzeltes, wo immer man es für uns aufschlug, in der Familie, die eigentliche Heimat aus. Und wenn wir, losgelöst von dem großen Verwandtenkreise in den preußischen Marken, in der Fremde lebten, so schloß sich die Familie um so enger zusammen, und das Gefühl der Zusammengehörigkeit prägte den Familiensinn in der tiefsten und dauerndsten Weise aus. Die Ausdehnung, welche dem wandernden Hausstande gegeben worden war, machte den= selben gleichsam zu einer Karawane, die ihre eigne Lebens= form, ihre Gewohnheiten und Gebräuche, überallhin mit= brachte und dauernd festhielt. Sie blieb aber auch im pietät= vollsten Zusammenhange mit dem Hauptsitz ihres Stammes und seinen Patriarchen, wie die Großeltern im Scherz wohl genannt, und in höchster Verehrung betrachtet, von welchen nicht selten Rat erholt und Weisungen empfangen wurden. Das Pietätgefühl meiner Eltern gegen die ihrigen war außerordentlich stark, und wurde ohne Zwang auf die Kinder übertragen. Diese sahen in ihnen eine in der Ferne wal= tende ehrwürdige Macht, welche zugleich, wenn man ihr zu= weilen näher rückte, zur Freudenspenderin wurde. Nicht sowohl durch Geschenke, mehr durch das Festgefühl froher Familientage.

Auch in späteren Zeiten, da mein Vater, von Geschäften überhäuft, die Erziehung der Kinder nicht ausreichend über=

wachen konnte, waren die Stunden, die er der Familie wid=
mete, die vergnügtesten des ganzen Tages. Er war niemals
heiterer, als wenn er unter einer Arbeitslast lebte, die einen
Anderen erdrückt hätte, die er aber, gesund und kräftig, auf
seinen Schultern trug. Trat er in den Kreis der Kinder,
dann erscholl Jubel und Lachen, ein Lärm des Vergnügens,
dem die Mutter vergeblich zu steuern suchte, um endlich in
denselben einzustimmen. Weil das immer nur von kurzer
Dauer war, wurde es um so lebhafter begrüßt. Aber, wie
sehr oft von einem Uebermaß von Arbeit hingenommen, für
häusliche Feste, vor Allem für das Hauptfest des Jahres,
für Weihnachten, wußte er sich stets frei zu machen. Er
schmückte selbst den Tannenbaum, niemand von uns durfte
dabei in seine Heimlichkeit dringen, und er machte ihn zu
einem Prachtwerk, an welchem er sich bis zur Verschwendung
Genüge that. Die Kinder waren einfach erzogen und zu
bescheidenen Ansprüchen gewöhnt, aber zum Weihnachtsfeste
wurden sie überreichlich von ihm bedacht, denn seine Gebe=
lust und Güte kannte keine Grenzen. Bücher waren auf
den Gabentischen immer sehr zahlreich vertreten, und da ich
nach diesen zuerst zu greifen pflegte, standen oft ganze Reihen
auf meinem Platze. Auch wohl solche, welche Knaben meines
Alters noch nicht lasen, oft wissenschaftliche, und die von
Andern beanstandet wurden, die er mir aber, in richtiger
Würdigung meiner Geisteskräfte, getrost überließ. Es war
stets das glänzendste Fest des Hauses, bei welchem auch die
Mutter, wie ein Kind unter Kindern, in Freude strahlte.
Nicht nur, daß Hanne und ihre Tochter, so wie die Schreiber,
auf demselben großen Tische mit den Kindern ihre Gaben
fanden, der Vater mochte auch gern Andern die Festfreude
bei uns gewähren, namentlich solchen, die allein standen,
oder in ihrem häuslichen Zuschnitt, etwa als kinderlose Leute,
dergleichen nicht gewohnt waren. Daher denn am Weih=

nachtsabend sich immer einige Gesellschaft bei uns ver=
sammelte, in welcher erheiternde Geschenke hin und wieder
gegeben wurden, während doch das Kinderfest in keiner Weise
beschränkt ward. Der Hausherr hatte, wenn es an solchen
Abenden lustig herging, die glänzendste Laune, und sein Humor
riß Alle fort.

Es giebt Menschen, welche man immer nur als alte
Leute gekannt zu haben glaubt, obgleich man ihren Lebens=
gang von lange her beobachtet hat, und andre, die uns
immer als junge Leute erschienen sind. Mein Vater blieb
immer ein junger Mann, bis zu der Zeit, seinem sechzig=
sten Jahre, da eine plötzliche Krankheit seine strotzende Lebens=
kraft mit einemmale brach. Seine gesunde Natur erhielt
sich das Gefühl und die äußeren Abzeichen der Jugend bis
an sein Ende. Sein Haar wurde nicht grau, sein Gang
blieb rasch, aufrecht und elastisch, seine Rede lebhaft, sein
Aussehn blühend, sein Wesen frisch und angenehm. Er
wurde um dieser Vorzüge willen angestaunt, ja bewundert.
In hohem Grade Gemütsmensch, suchte er seine Innerlichkeit
wohl durch eine gewisse Barschheit zu verdecken, welcher von
den Seinen, die ihn wohl kannten, nur durch ein Lächeln
begegnet wurde, dem er auch niemals widerstand. In spä=
terer Zeit, da manche seiner Eigenthümlichkeiten sich mehr
ausbildeten, auch wohl eine originelle Besonderheit annahmen
— etwa in der frei gewählten, die Mode mißachtenden
Sommerkleidung — büßte sein Wesen doch nichts von den
charakteristischen Vorzügen ein, um die ihn jeder pries. Er
blieb immer die geistig belebte Natur, der Mann voll Kraft
und Zuversicht, dessen Wort auch außerhalb seiner Berufs=
thätigkeit von Tausenden gesucht wurde, und der, nachdem
seine Glücksumstände sich glänzender gestaltet hatten, in un=
ermüdlicher Arbeit seine Befriedigung fand.

Da ich von Familienfesten gesprochen, gedenke ich auch

4*

der großen Kirchen= und Jahresfeste, welche uns die alte
Hanne in volkstümlicher Weise zu schmücken wußte. Daß
Ostereier gesucht wurden, versteht sich ja von selbst. Sie
bestand darauf, daß an jedem Kuchensonnabend — wie sie
den Tag vor den Festen nannte — für jedes Kind extra
ein „Striezel" gebacken wurde, nach Maaßstab der Lebens=
jahre und Größe. Zu Pfingsten mußten grüne Birkenzweige
angeschafft werden. Jedes Kind erwachte Morgens in einer
Laube, die sie heimlich über den Betten vorbereitet hatte,
und in der Kinderstube wurde Sand und Kalmus gestreut.
Das ließ sie sich nicht nehmen. Die Martinsgans machte
sie durch Geschichten und Lieder zu einem Wundervogel, und
am letzten Abend des Jahres wurde unter ihrer Aufsicht
Blei gegossen, dessen unförmliche Klumpen sie als untrüg=
liche Zeichendeuterei auslegte. Bei ihren Erzählungen pflegte
sie, so wie ihre Tochter, am Spinnrocken zu sitzen. Hanne
war eine eifrige Spinnerin. In der Dämmerstunde aber
liebte sie es, sich auf die flache Diele nieder zu hocken, und
den um sie her kauernden Kindern Geschichten aus dem
Dorf und Walde vorzutragen. Sie brauchte dabei jene zahl=
reichen populären Wendungen, durch welcher eine Geschichte,
bei der kein Ende abzusehen ist, ein überraschender Abschluß
gegeben wird. So endete manche: „Und da kommt der
Jäger gegangen, lädt mich in seine Flinte, und schießt, und
schießt mich bis hierher, und hier sitz ich". Viele ihrer Ge=
schichten, sogar in der dramatisch volkstümlichen Bewegung
der Form, habe ich später in der Märchensammlung der
Brüder Grimm unter verschiedenen Versionen wiedergefunden.

Es ist nun aber Zeit dem Planwagen nachzufolgen,
welcher sich langsam von Gnesen nach Bromberg bewegt.
Von dieser Reise ist mir nur eine Situation im Gedächtniß
geblieben. Wir hatten an einem ärmlichen Orte Nacht=
quartier zu nehmen, und zwar in dem einzigen, von Juden

gehaltenen Wirtshause. Meine Mutter geriet außer sich, als sie den Zustand der Bettgestelle, den Schmutz im Zimmer entdeckte, und, ermüdet, nervös gemacht durch die lange Fahrt, fing sie bitterlich an zu weinen. Die kleineren Kinder brachen beim Anblick der weinenden Mama in schreiendes Schluchzen aus, Karline heulte ratlos mit, ich aber hatte das Glück, plötzlich ausrufen zu können: „Ach, da kommen unsre ge= backnen Fische!" Sie kamen wirklich, das Einzige, was die Wirtin vorsetzen konnte. Aber ein kostender Bissen genügte, die Mutter zurückschaudern zu machen. Denn die alte Jüdin hatte, vielleicht um den bereits starken Beigeschmack zu ver= bessern, die Fische stark mit Zucker und Zimmt bestreut. Das Gericht mußte unter großer Mißstimmung abgetragen, und die Reste der mitgebrachten Reisekost aus Körben und Schach= teln zur Abendkost zusammengesucht werden.

Viertes Kapitel.

Es war an einem Abend spät, bei strömendem Regen und in dichter Finsterniß, als unser Gefährt auf dem Markt= platze zu Bromberg hielt, und zwar vor der, wie wir hofften, richtig bezeichneten Wohnung. Oben waren die Fenster er= leuchtet, unten traten uns aus dem auch noch erhellten Kauf= laden junge Leute entgegen. Wir glaubten unsre Schreiber zu erkennen, riefen willkommen, und stiegen aus, den Regen nicht mehr scheuend. Da erfuhren wir, daß hier nicht unsre Wohnung sei, da das Haus dem Kaufmann Wiese gehöre, während auf der gegenüber liegenden Seite des Marktes, bei dem Kaufmann Giese, der ebenfalls einen offnen Laden hielt, wir erwartet würden. So krochen wir, naß geworden, wieder in unsern Planwagen. Aber nach Erwartung sah es drüben nicht aus, da die Fensterreihe kein Licht zeigte.

Kaum aber hielt unser Wanderkarren vor dem Hause, als
ein Fenster hell, und wie durch ein Zauberwort die ganze
Reihe plötzlich erleuchtet wurde. Die Schreiber stürzten sich
auf den Wagen, Hanne riß das kleinste Kind an sich, er=
stickte es fast mit Küssen und trug es die Treppe hinauf,
während einer von den jungen Leuten lief den Vater zu
holen. Man hatte uns Abends zuvor bis in die späte Nacht
vergeblich erwartet, und da es auch heut zehn Uhr geworden
war, die Hoffnung aufgegeben, uns zu empfangen. So war
der Vater, des Harrens vorerst müde, in eine benachbarte,
ebenfalls am Markte gelegene Weinstube gegangen, aus der
er schnell abgerufen werden konnte. Aber obgleich wir nicht
mehr erwartet worden waren, der Tisch stand für uns gedeckt,
der Thee war im Umsehn bereitet, die Kinderbetten gemacht,
um die ermüdeten Kleinsten zu empfangen. Wie hätte es
auch anders sein können, wo Hanne umsichtig waltete und
ordnete! Die Mutter war so beglückt, wieder unter menschen=
würdigen und häuslichen Umgebungen zu sein, daß sie der
getreuen Schaffnerin um den Hals fiel, um gleich darauf
dem eintretenden Vater mit Jubel entgegen zu fliegen. —

Als wir am Morgen nach unsrer Ankunft an die
Fenster traten, waren wir freudig überrascht durch den An=
blick, der sich uns bot. Das Treiben des Wochenmarktes
mit seinem Grünkram, offnen Verkaufsbuden, Landwagen,
und der beginnenden Bewegung, lag vor uns: Der umfang=
reiche Marktplatz, umschlossen von sauberen Häusern, damals
alle noch mit Giebeln versehen, zwischen welchen auf der
linken Seite sich eine stattliche Kirche mit zwei Thürmen
erhob. Beide Thürme trugen damals noch ihren auf=
gestusten Helmschmuck, welchen ein verheerender Sturm ihnen
später raubte. Aus unsern Fenstern sahen wir grade aus
in die Brückenstraße, erkannten die Brahebrücke selbst, drüber
hinaus alte, einst klösterliche Gebäude und das Stadttheater.

Alles machte auf die Ankömmlinge den günstigsten Eindruck. Um über Bromberg zu berichten, brauche ich das Geographiebuch nicht mehr nachzuschlagen. Ich stand in meinem neunten Lebensjahre, als wir gegen Ostern 1833 anlangten, und alle Eindrücke blieben dauernder in mir haften. Und wenn ich selbst die Stadt nach einigen Jahren wieder verlassen mußte, so blieb sie doch der Wohnort meiner Eltern und Geschwister, und durch Besuche zu Hause konnte ich in einigem Zusammenhange bleiben und etwa verblassende Erinnerungen wieder auffrischen. Bromberg war schon damals eine hübsche, belebte Stadt, und viele architektonische Altertümer gaben mir zum erstenmal den Anblick von historischem Herkommen. An Ausdehnung hat die Stadt bis heut sehr zugenommen, und die Einwohnerzahl mag sich verdoppelt haben. Umgeben von leichten Hügelreihen, zum Theil bewaldet, zum Theil mit neuen Anlagen bepflanzt, von dem raschen Flusse, der Brahe, durchflossen, bot sie schon dem Anblick manches Ungewohnte und Angenehme. Ein lebhafter Verkehr von Kähnen aller Art, besonders Getreideschiffen, zeigte geschäftliche Thätigkeit, gehoben durch große Mühlwerke, welche innerhalb der Stadt hier und dort sogar einen malerischen Anblick boten. Vor Allem luden die parkartigen und baumreichen schönen Anlagen, Stunden weit am Kanal, der die Brahe mit der Netze verbindet, zu Spaziergängen ein. Innerhalb der Stadt aber gab es ein vielbewegtes Leben, und bürgerlichen Reichtum von alten Handelshäusern. Als Sitz der Regierung und einer starken Garnison umfaßte Bromberg eine große Gesellschaft, durcheinandergeweht aus allen Himmelsgegenden, in welcher viel Bildung und geistiges Leben herrschte.

Von mir ist vorerst nichts weiter zu sagen, als daß ich nun auf das Gymnasium gegeben, und in die Quinta aufgenommen wurde. Es ging anfangs leidlich, obgleich ich

schon Eindrücke empfing, die mich erschreckten und beängstigten.
Denn obgleich sich polnisches Wesen in der Stadt nur wenig
geltend machte, so griff es doch in der Schule Platz, zumal
mehrere Lehrer selbst Polen waren und das Deutsche nur
übel radebrechten und in Roheit mit den Schülern wett=
eiferten. Das Gymnasium war eigentlich in einem fürchter=
lichen Zustande des Verfalls, wovon ich später werde zu er=
zählen haben.

Das Leben der Eltern begann nun sich nach vielen
Seiten hin angenehm zu gestalten. Sie traten in eine große
Geselligkeit, in welcher auch durch die Musik meine Mutter
sofort einen bevorzugten Platz einnahm. Ein Gesangverein
stand unter der Leitung des Stadtkämmerers Leopold Löwe,
der, aus einer alten Musikanten= und Theaterfamilie, von
Lübeck her eingewandert war. Er dirigierte, bald nach un=
serer Ankunft ein Musikfest in der Bernhardinerkirche, beschickt
durch west= und ostpreußische Gesangvereine, bis von Danzig
und Königsberg her, welches in seinem Erfolg sehr gerühmt
wurde. Ich erinnere mich, am ersten Tage ein Stück von
Händels Messias gehört zu haben, bald aber außerhalb des
Kirchenschiffes in den verfallenen Klostermauern umher=
gekrochen zu sein. Ich kletterte mit andern Knaben sogar
bis auf den Kirchenboden über dem Schiff, wo wir denn
die Musik von unten heraufdröhnen hörten. Durch den
Verkehr mit der musikalisch gebildeten Familie Löwe ver=
anlaßt, wurde ein Flügel angeschafft, durch den sich das
musikalische Leben auch zu uns verpflanzte. Meine Mutter
nahm, um in der Uebung zu bleiben, sogar noch einmal
Gesangunterricht. Sie sang in dieser Zeit viel und sehr
schön, immer bereit zu gemeinsamem Singen, und für Jahre
hin beteiligt an den Winterkonzerten des Gesangvereins.

In dieser Zeit war es, wo ich die ersten Eindrücke vom
Theater her empfing, zu dem ich seither eine leidenschaftliche

Zuneigung faßte. Die Stadt besaß ihr eigenes Theater=
gebäude, in welchem alljährlich einige Monate von der
Genné'schen Truppe aus Danzig, oder von der Vogt=
schen aus Posen, seitdem auch von mancher andern gespielt
wurde. Größere Dilettanten=Aufführungen zu öffentlichen
Zwecken fanden auch darin statt. Sogar mein Vater fühlte
seine alte Neigung zum Direktor und Regisseur wieder er=
wachen. Seine letzte Betheiligung an einer Aufführung war
wohl im Jahre 1849, wo überall Goethes hundertjähriger
Geburtstag gefeiert wurde, und er die Darstellung einiger
kleinen Stücke von Goethe leitete. Die älteste meiner
Schwestern konnte um diese Zeit schon in „Jery und Bätely"
mitwirken. — Das alte Theater, später durch einen Brand
vernichtet, ließ in seiner damaligen Einrichtung wohl manches
zu wünschen, aber es war ausreichend. Freilich konnte es
nicht geheizt werden, und man fror im Winter entsetzlich
darin. Trotzdem sind die bedeutendsten Bühnenkünstler
(Seydelmann, die Krelinger mit ihren Töchtern u. A.) als
Gäste darin aufgetreten. Ich verdanke diesem Hause einige
unverlöschliche Eindrücke. Das erste Stück, welches ich über=
haupt in meinem Leben sah, war freilich eine Oper, aber
eine Oper, die einen der ehrwürdigsten und menschlich tiefsten
Stoff unverdorben läßt, nämlich Méhuls Joseph und seine
Brüder. Jedes Kind sollte zuerst in dieses Stück geführt
werden, nicht, wie es meist geschieht in Zauberpossen und
Ballets, in welchem sein Geschmack meist für alle Zeit ver=
dorben wird. Jene Vorstellung des Joseph kann mangel=
haft gewesen sein, mich aber ergriff es tief, dasjenige, was
ich vom Lesen und aus der Erzählung her kannte, in leben=
diger Handlung um so eindringlicher vor mir zu sehen. Nicht
lange darauf nahm mich mein Vater mit in ein heroisches
Ritterschauspiel, dessen Titel, Inhalt, sowie Verfasser mir
nicht mehr gegenwärtig ist. Ich erinnere mich nur eines

bösen Burgvogts und einer unglücklichen Waise, die unter
seiner Tyrannei schmachtete; eines starken Waffengerassels,
eines ritterlichen Befreiers der Waise, und endlich eines
dummen dicken Knappen, dessen Scherze mich entzückten. Das
Ritterstück ist mir auf dem Theater nicht wieder begegnet,
und im Ganzen aus meinem Gedächtniß entschwunden, Méhuls Joseph aber habe ich oft wieder gesehen und gehört
und der Eindruck dieser naiven Größe in der Einfachheit hat
sich mir nimmer abgeschwächt.

Nun aber hatte der Theaterdämon auf mich Beschlag
gelegt, um mich nicht wieder los zu lassen. Wurde mir der
Besuch des Schauspiels nicht so oft gewährt, als ich es
wünschte, so ward meine Produktivität um so mehr hervorgerufen. Aus getuschten Bilderbogen wurden die Figuren
ausgeschnitten, mit welchen ich meinen kleineren Geschwistern
zuerst vorspielte, was ich gesehen hatte. Der böse Burgvogt
rief Empörung in die Gemüter, Josephs Geschichte rührte
sehr. Aber schon genügte mir das nicht mehr. Ich baute
mir selbst ein Theater, welches freilich nur den Eingeweihten
als ein solches erscheinen konnte, und begann neue Stücke
zu improvisieren. Und als ich gar zu Weihnachten ein
Puppentheater erhielt, kannte mein Glück keine Grenzen.
Das vorhandene Personal war jedoch für meine Wünsche
lange nicht ausreichend, und so suchte ich es durch Bilderbogen stark zu vermehren. Ich begann sogar die Stücke,
welche ich erfand, niederzuschreiben, und es ist merkwürdig,
daß dieselben von Anfang an gleich in gereimten Versen
abgefaßt waren. Aber ich mußte hier schon niederschlagende
Erfahrungen durch die Kritik machen. Eine Schwester meiner
Mutter, welche zum Besuch gekommen war, um dann viele
Jahre in unsrem Hause zu bleiben, Tante Philippine, kam
über meine Manuskripte, steckte eins derselben zu sich, und ich
hörte, wie sie im anstoßenden Zimmer einigen grade an-

wesenden Damen vorlas, und die Gesellschaft einmal über das andre in schallendes Gelächter ausbrach. Und grade bei meinen ergreifendsten Situationen! Wenn ich somit auf eine Förderung meiner dramatischen Unternehmungen nicht zu rechnen hatte, so wurde sie mir doch auch nicht verboten. Ich hielt sie von jetzt ab verborgener, und gab nur noch Vorstellungen, wenn die Erwachsenen Abends in Gesellschaft gegangen waren. Dann wurde mein Publikum durch Hanne und Karline, welche beim Spinnrocken zuschauten, vermehrt. Die erstere war nur eingenommen gegen die häufigen Gewitter mit Blitzeffekten, die ich anbrachte und viel Kolophoniumpulver verpuffte, wobei sie wegen der Feuersgefahr stets ängstlich wurde. Bei diesen dramatischen Bestrebungen, welche etwa um mein zehntes Lebensjahr beginnen, war es mir doch niemals um ein persönliches Auftreten zu thun, sondern um Andre auftreten zu lassen, zu schaffen und zu dirigieren, wobei ich denn freilich, da ich für mein Personal selbst zu sprechen hatte, auch persönlich, doch immer nur hinter dem Vorhang verborgen, mitwirkte. —

Die Geschäfte meines Vaters nahmen gleich in den ersten Jahren in Bromberg eine große Ausdehnung an, und seine Glücksumstände verbesserten sich sehr schnell und ersichtlich. Die Entbehrung eines Gartens hatte er aber, so wie die liebe Mutter, bei der ersten Wohnung lebhaft bedauert. Jetzt bot sich die Gelegenheit und gestatteten die Verhältnisse, eine bedeutend umfangreichere Wohnung mit einem großen Garten zu beziehen. Sie lag außerhalb der Stadt, an der Brahe, umschlossen von dem Gehöft der ehemaligen Zuckersiederei. Die Gebäude der letzteren waren zu Kornspeichern umgewandelt worden. Ein alte Kastanienallee führte zu dem langhingestreckten Wohnhause, an welches sich große Angerplätze schlossen und ein Komplex von Gärten, deren Besitzer meist im Inneren der Stadt wohnten. Neben

dem Wohnhause, auf einer kleinen Anhöhe, befand sich sogar
das Gemäuer einer Burgruine, welche mit in die Garten=
anlagen gezogen worden war; vermutlich der letzte Rest
eines alten Starostenschlosses, welches sich einst hart am
Flusse erhob, da wo neuerdings das Wohnhaus stand. Für
die Kinder gab es nun freie Bewegung auf den umfassenden
Spielplätzen. Garten, Hof, Anger standen zu unserer Ver=
fügung, und es machte sich von selbst, daß auch andre unsre
Spiele theilten. Hanne wurde zu einer eifrigen Geflügel=
züchterin, ließ Hühner, Enten, Gänse, sogar Truthühner
brüten, und blieb dabei in stetem Aerger und Kampfe mit
dem „Puthahn" der die fremden Gärten gar zu gern mit
seinem Besuch heimsuchte.

In dieser Zeit nahm auch die Geselligkeit der Eltern
einen Aufschwung. In der Wohnung befand sich sogar ein
großer Tanzsaal, der nicht unbenutzt blieb. Die Gastlichkeit
meines Vaters war groß. Jahraus, jahrein war das Haus
voll von Besuch. Wir bewohnten es durch drei Stockwerke.
Im Erdgeschoß hatte der Vater sein Arbeitszimmer und die
Kanzlei, und befanden sich zugleich die Arbeits= und die
Schlafstuben der Knaben. Oben hatte die Mutter mit den
Schwestern ihr Bereich, während in einem Seitengiebel des
obersten Geschosses Hanne mit ihren Töchtern ein Unter=
kommen gefunden und immer noch Fremdenzimmer übrig
blieben. Ich erinnere mich nicht, daß diese jemals leer ge=
standen hätten. Eine Schwester meiner Mutter wohnte hier
Jahre lang bei uns, zeitweise auch die Großmutter Barraud;
die Patriarchen kamen zum Besuch aus Frankfurt, an Be=
suchen der Geschwister des Vaters fehlte es nicht. Vettern
und Tanten, Neffen und Nichten, Bekannte von auswärts,
kamen und blieben so lange sie mochten. Nicht selten ge=
schah es, daß die Gastlichkeit der Eltern auch von ferner
Stehenden in Anspruch genommen und gemißbraucht wurde,

und mancher Verdruß die Folge war. An unserem Mittags=
tische aßen, außer den beiden mitgewanderten Schreibern,
immer noch ein paar Seminaristen, welchen Freitische ge=
währt wurden. Die Schreiber verließen uns jedoch nach
einigen Jahren, da mein Vater sie nicht hindern wollte,
vortheilhaftere Stellungen bei den Gerichten anzutreten, sie
sogar darin förderte. Vorher schon hatte er einen Knaben,
Karl Rosenberg, in das Haus genommen, um ihn für
seine Kanzlei heran zu bilden. Er schlief mit uns Knaben
in demselben Zimmer, aß mit am Tische, und blieb bei
meinem Vater fünfundzwanzig Jahre lang. Beim Tode des
Vaters war er, als Bureauvorsteher, der Einzige, der über
den Stand der Geschäfte bestimmtere Auskunft geben konnte.

Fünftes Kapitel.

Bromberg hatte damals eine nicht geringe Intelligenz
aufzuweisen, darunter Notabilitäten auf wissenschaftlichem
und litterarischem Gebiete. Ich nenne nur Rötscher, San
Marte, Neigebaur und Bogumil Goltz. Das Haus
meiner Eltern wurde der Mittelpunkt eines engeren Kreises
von hervorragender Bildung. Jahre lang versammelte sich
an einem bestimmten Abend der Woche eine, übrigens häufig
wechselnde, bald größere, bald kleinere Gesellschaft von ge=
scheiten Männern und geistreichen Frauen, in welcher oft die
lebhaftesten Debatten stattfanden. Es versteht sich, daß ich,
als Knabe, davon ausgeschlossen blieb, doch gelang es mir
oft genug, im Verborgenen daran Theil zu nehmen. Denn
häufig wurde dieses oder jenes Buch begehrt, welches mich
der Vater dann aus seinem Bücherschranke holen ließ, da
ich darin früh Bescheid wußte. Wenn ich es dann brachte,
mußte ich es so einzurichten, daß ich in eine Ecke schlüpfte,

wo ein Stuhl hinter einem Schranke stand, und von meinem
Versteck aus der Unterhaltung zuhörte. Weniger was mir
aus jener Zeit über die genannten Schriftsteller in der Erinnerung geblieben, als vielmehr wie sie mir später deutlicher
erschienen, da ich ihnen vielfach wieder begegnete, will ich
hier aufzeichnen.

In geistreicher Dialektik glänzte vor allen Heinrich Theodor Rötscher. Er war Professor am Gymnasium, ohne
doch, mit allen seinen Vorzügen sich für eine solche Stellung
zu eignen. Durch und durch Schöngeist, verstand er zwar
glänzend vorzutragen, aber nicht eigentlich seine Schüler an-
zuregen. Seine persönliche Eitelkeit machte überdies den
Beruf des Lehrers für ihn gefährlich. Auch liebte er denselben gar nicht und scherzte gern selbst darüber. Sein Werk
„Aristophanes und sein Zeitalter" war früher schon erschienen,
dagegen fielen in jene Bromberger Zeit seine „Abhandlungen
zur Philosophie der Kunst". Sie wurden im Kreise der
Eltern eifrig gelesen. Und da nun diese philosophischen Be-
leuchtungen sich vorwiegend mit den Wahlverwandtschaften
und dem Wilhelm Meister beschäftigten, so wurde Goethe
fortan häufiger der Gegenstand bei uns, so wie der geistigen
Annäherung und besseren Werthschätzung. Ich erfuhr, daß
manches, was mir ganz geläufig war, von Goethe herstammte: denn Lieder, wie: der Fischer, der Erlkönig, Trost
in Thränen, Haidenröslein, Mignon u. a., welche die Mutter
uns seit lange zur Guitarre vorsang, und zwar in den
älteren Reinhardt'schen Melodieen, konnten wir Kinder auswendig und pflegten sie in der Dämmerstunde in schmettern-
dem Chore zu singen. Rötschers Kunst des dramatischen
Vortrags wurde sehr geschätzt. Er las gern bei uns vor,
lieber noch glänzte er vor einem großen Publikum, und
pflegte im Winter öffentlich einen Cyklus meist Shakespeare-
scher Stücke vorzutragen. Er mußte sich wegen seiner Eitel-

keit auch viel hänseln lassen, nahm es aber mit Vergnügen
auf, wenn die Frauen es thaten. Seine Frau schien der grade
Gegensatz zu ihm. Klar und verständig suchte sie durch die
Ruhe und Nüchternheit gleichsam einzubringen, was er in
geistigem Uebermut verschwendete. Man hielt viel von ihr,
aber sie wurde auch gefürchtet wegen ihres scharf einschnei-
denden Urteils, welches sich, wo das Nichtige und Triviale
ihr in den Weg geriet, sehr rücksichtslos und treffend er-
ging. Da Rötscher bald einen wohlhabenden Vater beerbte,
gab er seine Stellung auf, und ging nach Berlin, um eine
Theaterschule zu gründen. Für's Erste kam nur eine dramaturgische Zeitschrift zustande, und Werke, wie „die Kunst
der dramatischen Darstellung," so wie die Biographie Seydel-
manns u. a. Eine Theaterschule würde er niemals haben
organisieren oder leiten können, da er, als Philosoph, dem
Technischen nicht Rechnung zu tragen verstand. Doch unterrichtete er nicht selten junge — besonders schöne junge Mädchen für den Bühnenberuf; wenig zu ihrem Vorteil, denn
er verstand es zwar meisterhaft, einen dramatischen Charakter
zu ergründen und darzulegen, nicht aber über die Darstellung desselben zu belehren. Sein eignes Leben verzettelte
sich leider ganz und gar, und sein Ausgang wurde beklagens-
wert. Die Zeit in Bromberg war, wie seine glänzendste,
so wie für seinen Ruf als Schriftsteller und Mensch die beste.

Eine sehr vielbesprochene Persönlichkeit war auch der
Geheimerat Neigebaur, hauptsächlich weil er, reich und
Junggesell, ein Haus machte und Bälle gab. Darüber
wurde er von vielen gescholten, hauptsächlich von Solchen,
die noch nicht von ihm eingeladen worden waren, zumal es
an seinem Tische hoch herging und seine Bälle glänzend
waren. Auch Neigebaur war nur einige Jahre in Bromberg, da er wie andere Beamte, viel hin und her versetzt
wurde. So war er in Cleve, Münster, Breslau gewesen,

um von Bromberg aus als preußischer Generalkonsul nach
Jassy zu gehen. Später nahm er seinen Abschied und lebte,
nach mancherlei Reisen, in Italien. Als meine Eltern in
Beziehung zu ihm traten, waren seine ersten, anonym ver=
öffentlichten Werke: „Ansichten aus der Kavalier=Perspektive“,
vielleicht auch der „Kavalier auf Reisen“ schon erschienen.
Man wollte Verwandtes mit den „Briefen eines Verstorbe=
nen“ des Fürsten Pückler darin erkennen. Auch mit der
„Kavalier=Perspektive“ des Baron Vaerst hörte ich seine
Schriften öfter zusammenstellen, und es gab Streit, wer von
Beiden den Titel zuerst gebraucht habe. Neigebaur war
auch auf culinarischem Gebiet eine Autorität. Meiner
Mutter verehrte er einst des Freiherrn von Rumohr „Geist
der Kochkunst“, ein Buch, welches ich noch nach fünfzig
Jahren in ihrem Bücherschranke wiedergefunden habe. Manche
verwarfen Neigebaurs Schriften mit ziemlich schroffen Ur=
theilen. Seiner Persönlichkeit aber ließen diejenigen, welche
ihn kannten, Gerechtigkeit widerfahren. War er gleich etwas
eitel, spielte er auch gern den Jugendlichen, mit einer statt=
lichen röthlich blonden Lockenperrücke auf dem Scheitel, so
war er doch ein geistvoller und liebenswürdiger Gesellschafter.
Näher kennen gelernt habe ich ihn erst zwanzig Jahre später,
und zwar in Dresden, wo er sich, von Italien kommend,
besuchsweise aufhielt. Des Hauses meiner Eltern erinnerte
der Vielgereiste sich noch ganz deutlich. Er hatte in der
Zwischenzeit die ganze Reihe seiner Reisewerke geschrieben, über
Griechenland, Frankreich, Sicilien, über Daciens klassische
Altertümer, und über die slavischen Völker. Er konnte
anmutig erzählen‘, trug noch immer die röthlich blonde
Jugendperrücke, und war unverändert als liebenswürdiger
Gesellschafter.

Wenig weiß ich zu sagen über Regierungrat Schulz,
der sich als Schriftsteller San Marte nannte. Er ist mir

später nicht wieder begegnet. Ich erinnere mich nur, ihn
als ernst gelehrten und meist schweigenden Beobachter im
Kreise der Uebrigen gesehen zu haben. Seine neudeutsche
Uebersetzung des Parzival erschien im Laufe dieser Jahre.
Sie gelangte auch in meine Hände, ob gestattet oder nur
durchgeschlüpft, kann ich nicht mehr sagen. Doch wenn auch
gestattet, ich machte mir nicht viel damit zu schaffen, da das
phantastische Gewirre der Begebenheiten mich noch zurück=
schreckte.

Die merkwürdigste aller Persönlichkeiten aber war Bo=
gumil Goltz. Er wurde durch seinen Bruder, einen Kol=
legen meines Vaters, den Rechtsanwalt Goltz, mit meinen
Eltern bekannt gemacht. Dieser Rechtsanwalt hieß aber nie
anders als der Rittmeister Goltz, und war nicht minder
ein starkes Original. Von ihm muß zuerst Einiges erzählt
werden. Er war einst als Rittmeister von der militärischen
Laufbahn ab und auf die Universität gegangen. Vielleicht
war die schöne Schauspielerin, die er geheiratet hatte, die
Veranlassung dazu gewesen. Mein Vater hatte ihn schon
auf der Universität in Breslau gekannt, wo er als ziemlich
bejahrter Student auch schon der Rittmeister hieß, um als
Civilbeamter diesen Namen dauernd zu behalten. Er war
ein ungewöhnlich langer, hagrer Mann, und trug, gegen die
Sitte der Zeit einen mächtigen Schnurrbart. Humorist in
barockster Weise, spielte er gern den Kunstkenner. Da sich
in Bromberg kein Kunstwerk fand, welches zur Betrachtung
eingeladen hätte, beschloß er, eine Gemäldegalerie für sich
und seine Freunde anzulegen. So setzte er die hausierenden
Juden als Unterhändler in Bewegung, die ihm alte Oel=
gemälde, meist in verarmten polnischen Adelshäusern auf
dem Lande aufspüren und besorgen mußten. Es durfte aber
keins über fünf Thaler kosten. Er bekam wirklich eine
Menge, und zum Theil mächtig großer Bilder zusammen,

und da bald alle seine Wände bedeckt waren, ging er an
das Taufen seiner Gemälde. Da waren bald die Meister
der Malerschulen aller Nationen beisammen, und es machte
ihm einen königlichen Spaß, für ein Quadrat, welches eigent=
lich wie ein geräuchertes Brett aussah, einen uralten italie=
nischen Namen auszusinnen. Fand sich gar keiner mehr, so
nannte er es byzantinisch. Und das war bei ihm nichts als
Posse, denn er wußte selbst recht wohl, was er an seinen
Nymphen von Rubens, seinen Titians und Murillos,
zu fünf Thalern das Stück, die Mehrzahl unter diesem
Preise, für Schätze besaß. Die größte Freude hatte er,
wenn er einen ganz Unkundigen vor eins seiner Gemälde
führen konnte, um ihm mit der ganzen Phraseologie des
Kunstkenners in scheinbar vollem Ernst, und zur Belustigung
der Wissenden, die Vorzüge des Meisterwerkes auseinander
zu setzen. Ich bekenne, daß ich als Knabe doch gar zu gern
seine Wohnung betrat, um seine vielen Bilder zu betrachten,
und daß es mich betrübte, zu hören, wie es mit der Schön=
heit derselben nicht zum Besten bestellt sei. Gab sich nun
der Rittmeister gern und mehr freiwillig für einen sehr ver=
rückten Menschen, so war seine Art und Weise im Ganzen
noch ernst und gehalten zu nennen gegen die originelle Ver=
rücktheit seines Bruders Bogumil Goltz.

Ich zweifle, daß das „Buch der Kindheit" von Bogumil
Goltz damals schon veröffentlicht war, doch mochte die Er=
scheinung desselben in den weiteren Verlauf jener Jahre
fallen. Wiewohl ein Mann von schon gesetzten Jahren, war
er noch ohne litterarischen Namen, stand aber bereits im
Rufe eines argen Sonderlings und Querkopfes. Schon das
Gebrüll (denn anders konnte man sein Sprechen nicht be=
zeichnen) mit dem er seine Gegenwart ankündigte, war
erstaunlich, und donnerte durch seine Wucht Alles um sich
her nieder. Auch behielt er das Wort von seinem Eintreten

bis zu seinem Abschied. Gar zu gern kam er auf Erzäh=
lungen aus seiner Jugend, durch die er in einer Weise zu
wirken wußte, daß die Gesellschaft vor Lachen schwach wurde.
Wollte ihm Jemand einwenden, daß so viel Unsinn und
Tollheit, so viel bubenhafte Streiche, die Bekanntschaft mit
so viel halb und ganz verrückten Leuten, nicht durch ein
einziges Jugendleben gegangen sein könne, so überschrie er
den Einwurf, und steigerte seine Mitteilungen ins Außer=
ordentliche. Sein Bruder, der Rittmeister, der bei Seite
eingestand, daß das meiste erlogen sei, hatte aber seinen
Spaß daran, ihn zu immer neuen Erfindungen herauszu=
fordern. So nahm er jede Geschichte, die ihm bekannt
wurde, ja er fahndete auf Ungezogenheiten, um alle in seine
eigne Jugend zu verpflanzen. Für uns Kinder war es
immer ein Jubel und Entzücken, wenn wir hörten, daß der
„Golluper Golz" (er war Gutsbesitzer in der Nähe von
Golup in Westpreußen) in die Gesellschaft eingetreten war,
denn seine Stimme vernahmen wir durch drei Zimmer.
Dann huschten wir sämmtlich in die Nebenstube, und sorgten,
daß die Thür nur angelehnt wurde. Es kam vor, daß wir
uns während des Gelächters der Erwachsenen durch lachendes
Geschrei verrieten, und die Mutter uns hinter der Thür
ertappte, nur noch belustigter, hinter den Kindern auch
Hanne, Karline und Rosenberg lauschend zu finden. Wieder=
holen durfte sich dergleichen nicht, da die Geschichten des
lauten Gastes nicht immer für Kinderohren geeignet waren,
und an und für sich auch die Verherrlichung von Streichen
böser Rangen nicht in die Erziehungsart des Hauses paßten.

Gab nun Bogumil Golz solche Erzählungen gern zum
Besten, so galt seine Unterhaltung doch meist dem Hader
mit den bestehenden gesellschaftlichen Verhältnissen auf engerem
und engstem Gebiet: der Polemik gegen Erziehung, Haus=
wesen, Verkehrsmittel, der Charakteristik von Gebrechen im

5*

bürgerlichen Kleinleben, von Menschengattungen und Menschen=
typen; dem ganzen Material, das er später in seinen zahl=
reichen Schriften verarbeitete. Er konnte sich in seinen
Monologen alles Ernstes in eine solche Wut hineinreden,
daß man einen leidenschaftlichen Bußprediger zu hören glaubte.
Da er immer ein Lobredner der Vergangenheit war, alles
Neue fanatisch habernd anfocht und eigentlich von sehr be=
schränkten Gesichtspunkten ausging, so mußte er sich gefallen
lassen, daß sein Zuhörerkreis ihm mit Gelächter entgegnete,
auch wenn er nicht im Scherze gesprochen hatte. Womit
er denn auch zufrieden war, da es ihm genügte, überhaupt
eine Wirkung hervorgerufen zu haben.

Den Frauen war sein Wesen nicht sehr angenehm
(meine Mutter mochte ihn gar nicht leiden) und auch die
feineren Geister, welche ein geistvolles, gemeinsames Gespräch
vorzogen, empfanden seine Gegenwart oft unbequem, zumal
bei seiner aller Logik spottenden Grobheit, mit der er jedem
Einwurf begegnete. Da er doch aber nur ein zeitweiliger
Gast war, ließ man ihn als charakteristisches Unikum gelten.
Er hatte selbst das Bewußtsein seiner Unfähigkeit, einer
Gesellschaft dauernd anzugehören. Ich hörte, viele Jahre
später, einmal das Geständniß von ihm, daß es ihm unmög=
lich sei, „in Ensemble aufzutreten", daher er überall nur
Gastrollen geben könne.

Er war in jener Zeit noch Gutsbesitzer, wirtschaftete
aber schlecht, mußte von Glück sagen, seinen Besitz noch
verkaufen zu können, und ließ sich in Thorn nieder. Hier
lebte er ziemlich zurückgezogen, um dann ab und zu seine
Besuche, größere und kleinere Reisen zu machen, und dabei
seine Gastrollen zu geben. Die Nöte des Erwerbens waren
leider in vorgerückten Jahren der erste Entstehungsgrund
seiner Schriften, so wie seiner öffentlichen Vorträge und
Vorlesungen auf Reisen. Humoristisch, reich an Lebens=

beobachtung, voll von Ideen, Einfällen, merkwürdigen Gegen=
sätzen seines Inneren, blieb er immer, und seine im Alter
nicht mehr beabsichtigte, aber stark ausgeprägte Form=
losigkeit machte ihn zu einer der merkwürdigsten Sonder=
gestalten. —

Es wurde mit der Zeit bei uns Sitte, in den Sommer=
ferien eine Reise zu machen. Die Mutter ging öfter mit
den Kindern und Tante Philippine nach dem Seebade
Zoppot bei Danzig, welches von Brombergern viel besucht
wurde. Eine solche Reise von zwanzig Meilen, und mehr,
war damals etwas Anderes, als heutzutage. Da die Ein=
richtungen in dem Fischerdorfe noch ziemlich primitiv waren,
mußte das Dienstmädchen und ein Teil des Hausrats mit=
genommen werden. Auch an Nachtquartiere war zu denken.
Ein geräumiger Wagen, der sich von dem schlesischen Plau=
wagen wenig unterschied, brachte die Familie an Ort und
Stelle. Lernte ich die See somit schon in früher Jugend
kennen, so war ich doch noch zu jung, als daß ich einen
bedeutenden Eindruck von ihr hätte haben können. Es blieb
bei einer kurzen Verwunderung über das viele Wasser.
Lustiger wurde das Tummeln und Plätschern in demselben.
Die dauerndste Teilnahme gewann das Leben am Strande,
das Spielen mit den Fischerkindern, der Einblick in die
Häuser und Geschäfte der Fischer, das Achten auf ihre platt=
deutsche Sprache, welcher manches abgelauscht wurde. Da
der Sammeltrieb, wie bei den meisten Knaben, auch bei mir
längst erwacht war, gab es am Strande eine Ausbeute von
allerlei Dingen, die des Sammelns und Aufbewahrens für
würdig erachtet wurden. Vor Allem Bernstein, von welchem
nach jedem lebhafteren Wellenschlage eine Ausbeute zu er=
warten war. Morgens wurde hinaus geeilt, der Seetang
durchwühlt, und nicht ein Splitterchen Bernstein verschmäht,
so daß Taschen und Schachteln sich füllten. Auch verschiedene

Arten von Wasserpflanzen wurden gepreßt und aufbewahrt; der heimgebrachten Muscheln und Schneckenhäuser nicht zu gedenken. Auch die Stadt Danzig lernte ich bei einigen Ausflügen von Zoppot aus damals zuerst kennen, besonders bei der großen Messe, dem sogenannten Dominik. Das Entzücken meiner Mutter über die in ihrer Art einzige Bauart der Stadt, das Charakteristische der alten Architektur, belehrte mich, daß es sich um etwas kulturhistorisch Bedeutendes handelte. Wir sahen in der Marienkirche das berühmte alte Gemälde des Jüngsten Gerichtes. Größeren Eindruck machte auf den Knaben der Artushof mit seinen riesenhaften Bildern und hanseatischen Kuriositäten.

Während solcher Sommerausflüge von Mutter und Kindern pflegte der Vater uns für einige Tage aufzusuchen, und dann zu seiner Erholung die Reisegrenzen für sich weiter auszudehnen. Später wurde Karlsbad häufig sein Ziel. Im Ganzen ging er lieber in die Berge, als an die See, da er dort mehr für seine entomologischen Studien zu erwarten hatte. Denn diese verlor er niemals aus den Augen, weder auf Spaziergängen noch auf großen Reisen, selbst bei der Ueberlast beruflicher Geschäfte betrieb er unausgesetzt seine Schmetterlingsjagd. Seine Schränke füllten und vermehrten sich, und es gab vom Frühling bis zum Herbste keinen Spaziergang, von dem er ganz ohne Beute nach Hause gekommen wäre.

Auf diesen täglichen, oft sehr weiten Gängen pflegte er mich mit zu nehmen, hauptsächlich um meiner Gesundheit willen. Denn trotz meines runden frischen Gesichtes und starken braunen Haarwuchses, war ich körperlich nicht kräftig entwickelt, und sollte, gegen meinen Hang, mich mit einem Buche zurück zu ziehen, viel auf den Beinen und in freier Luft sein. So wanderten wir neben einander her, meist schweigend, der Vater, den Kopf voll juristischer Arbeit, die

Augen doch auf jeden Busch, jeden Grashalm gerichtet, und
mit seiner Schmetterlingsscheere dann plötzlich darauf zu
schnappend. Dann zeigte er mir seinen Fang, gab mir die
Erklärung über die Gattung und Verwandtschaft, über die
Pflanzen, auf welchen das Tier im Raupenzustande zu finden
war. Raupen fand auch ich bald in Menge. Was von
Belang war, wurde sorgfältig in länglichen Schachteln, deren
wir stets mit uns führten, aufbewahrt und mit etwas Futter
versehen. Ein Pflanzenstrauß für die Nahrung mußte eben=
falls mitgenommen werden. In grünen Gläsern, deren
mein Vater immer die Menge in Vorrat hatte, wurden
die Raupen bis zu ihrer Verpuppung aufbewahrt. Da nun
aber diese Geschöpfe eine unglaubliche Freßbegier entwickeln,
so wurde ich häufig nach neuem Vorrat allein ausgeschickt,
der dann oft von weit her geholt werden mußte. Auf diese
Weise kam ich mehr und mehr in die Botanik, was der
Vater sofort zu fördern wußte, sobald er meine Neigung
dafür erkannte. Es fehlte bei ihm nicht an botanischen
Werken, auf welche ich mich jetzt unter seiner Anleitung mit
Vorliebe warf. Auch in seinen entomologischen Dingen
konnte er sich bald auf mich verlassen, wenn ich selbst nicht
gleich Schmetterlingssammler war und es niemals wurde.
Ich erinnere mich einiger Geschichten, die mich in dem Ge=
fühl meiner Verantwortlichkeit in große Aengste versetzten.

Ich mochte dreizehn Jahre alt sein, als die Mutter mit
den Kindern wieder die Sommerzeit in Zoppot zubrachte,
während der Vater nach Dänemark reiste, „um die Fauna
auf Seeland kennen zu lernen". Der wieder beginnenden
Schule wegen war ich allein auf der Post früher zurück ge=
schickt worden, und lebte einige Wochen unter der zuverlässigen
Obhut unserer alten Hanne. Da kam eines Tages eine
große aber sehr leichte Schachtel aus Kopenhagen an, nebst
einem Briefe meines Vaters mit der Nachricht, es seien

Schmetterlinge darin, die er in Kopenhagen gekauft habe.
Ich sollte die Schachtel behutsam öffnen, und zusehen, ob
der Inhalt keinen Schaden genommen; in welchem Falle ich
das etwa Losgelöste sogleich wieder zu befestigen hätte. Aber
groß war mein Schreck, als ich den Deckel öffnete und in
ein Chaos von zerbrochenen Schmetterlingen blickte! Und
es waren nur ausländische Geschöpfe, tellergroße Prachtstücke
aus Indien, Brasilien, China, in jedem Farbenwechsel
schillernd, und nun, wie es schien, heillos vernichtet! Es
war überdies der erste luxuriöse Einkauf dieser Art, den mein
Vater sich gestattet hatte. Ratlos wie ich, blickte Hanne in
das Schlachtfeld der Schachtel. Schon schlug sie den Leim=
tiegel vor, durch dessen Hülfe sie alte gebrechliche Möbel
wieder nutzbar zu machen verstand, aber ich besann mich
eines Besseren. Vor Allem berichtete ich der Mutter das
Unheil, da sie allein die Adressen des Vaters auf seiner
Reise wußte. Dann machte ich mich daran, die einzelnen
Stücke mit einer Pinzette aus der Schachtel zu holen, und
das Zusammengehörige zu ordnen. Mit einem Dutzend von
Stücken gelang es auch, der Rest erwies sich leidlich unbe=
schädigt, ganz verloren nur weniges. So war das Unglück
geringer, als es anfangs ausgesehen. Aber leider hatten
grade die größten Prachtstücke gelitten, und so galt diesen
meine ganze Sorgfalt. Sauber geglättete Brettchen mit
tiefen oder flachen, breiten oder schmalen Rinnen, sowie
viereckig zugeschnittene Glasscherben, und abgeplattete Blei=
kugeln zum Beschweren, waren genug vorrätig und ich wußte
damit umzugehen. So brachte ich die Verletzten auf die
Spannbretter, suchte mit einem feinen Pinsel durch ein
Minimum von arabischem Gummi die Flügel wieder zu
befestigen, und legte sie unter die Glasscheiben. Eine subtile
und gefährliche Handarbeit war es immer, aber meine ganze
Neigung war dabei, die Herrlichkeit zu retten. Und es

gelang in der That. Meine Freude war grenzenlos, als
ich die Geretteten wieder in Reih und Glied stehen sah, als
hätten sie keinen Bruch erlitten. Ja ich hatte die Genug=
thuung, daß der Vater bei der Prüfung des Werkes im
ersten Augenblick nicht erkannte, welche die geflickten Exem=
plare waren, noch wo ich sie geflickt hatte, und sich mit
meiner Restaurationskunst zufrieden erklärte.

Ein andrer Fall war mehr tragikomischer Art. In
unsrem Garten befand sich ein Häuschen, an dessen Wänden
auf Bretterreihen über einander alle seine Gläser aufgestellt
waren, darin er die verpuppten Raupen, in Moos gehüllt,
überwinterte. Gegen das Frühjahr mußte fleißig zugesehen
werden, ob nicht etwas Verfrühtes ausgekrochen sei. Eines
Morgens finde ich das Gartenhaus erbrochen, die Gläser
zum Teil herausgerissen, geöffnet, mehrere zerschlagen im
Gartenwege liegen. Es waren aber sogenannte Einmache=
gläser, welche mein Vater zu benutzen pflegte, und so stellte
sich heraus, daß die Einbrecher darin Süßigkeiten vermutet
hatten. Auch verbreitete sich schnell das Gerücht, bei
Roquettes sei alles Eingemachte gestohlen worden, und es
fehlte nicht an komischen Beileidsbezeigungen. Gönnten wir
aber auch den Dieben die lächerliche Enttäuschung, so hatte
doch Niemand Mitgefühl für unseren Kummer, einen großen
Teil unsrer Winterschläfer verloren oder in ihrer Entwickelung
gehindert zu sehen. —

Es war bald nach jener Reise nach Dänemark, daß
mein Vater den schon erwähnten Abriß der nordischen Mytho=
logie niederschrieb. Und zwar aus bestimmter Veranlassung.
Ich las die „Heldenspiele" von Fouqué, so wie den Ossian
in der halbmetrischen Uebersetzung von Ahlwardt, und saß
somit fest in der Nebelsphäre des Nordens. Den Ossian
legte ich bei Seite, da ich ihm noch nicht viel Geschmack ab=
gewinnen konnte, die Heldenspiele aber erregten meine leb=

hafte Theilnahme. Nun meinte mein Vater, müßten die
nordischen Studien von Oehlenschläger erst recht Eindruck
auf mich machen, und so gab er mir „die Wäringer" zu
lesen. Er täuschte sich nicht, aber nun war so viel zu fragen,
und noch mehr als bei der Dichtung von Fouqué, daß er
mir mit dem Lesen vorerst Einhalt zu thun gebot, um mir
den Eindruck nicht zu beeinträchtigen. Er versprach, mir selbst
einen schriftlichen Leitfaden über die nordische Götterlehre
aufzusetzen, und hieß mich inzwischen Öhlenschlägers „Aladdin
oder die Wunderlampe" lesen. Es ist dies eine reizende
Dichtung, die mich in der That mit ihrer Zauberwelt lange
gefangen hielt. Das Manuskript meines Vaters über die
nordischen Götter hat mir darauf für den Verkehr mit der
arktischen Dichtung gute Dienste gethan, und ich habe es
lange bewahrt. Ich konnte mich nun ganz in die Welt jener
Seekönige mit ihrer Herzenslauterkeit und Berserkerwut ver=
senken, und eine Zeitlang gab es für mich nichts Erhabeneres.
Und so traf meine Vorliebe auch nur jene Stücke, welche die
nordischen Sagen behandelten, jene Palnatoke, Hakon Jarl,
Erich und Abel, Axel und Walburg, Hagbarth und Signe,
Stärkodder, und den Roman König Hroar in Leire; während
der vielbeliebte Correggio mich weniger berührte, Anderes mir
ganz gleichgültig blieb. — Die Dichtungen von Theodor
Körner wurden mir ziemlich früh gegeben, und schon in
den Knabenjahren machte ich eine vorübergehende Bekanntschaft
mit Shakespeare. Ich sah irgendwo die Lithographie eines
Gemäldes, welches den Blendungsversuch Huberts an dem
jungen Arthur in König Johann darstellte. Nun ließ es mir
keine Ruhe, zu erfahren, wie die Geschichte abgelaufen sei, und
so suchte ich mir verstohlen den Band des noch verbotenen
Shakespeare heraus und las das Stück auf einem Plätzchen
hinter dem Hühnerstalle. Freilich war ich enttäuscht, sogar
abgestoßen, und gewiß zu meinem Vorteil. Ich stellte das Buch

gelassen wieder an seine Stelle, und die übrigen Bände waren für's Erste sicher vor meiner Neugier. Zu Schiller gelangte ich verhältnißmäßig spät, und durch Veranlassung eines Schul= kameraden, der mir erzählte, er habe eine „wunderschöne Komödie," betitelt Turandot, gelesen. Ich bat die Eltern, nun auch diese Komödie lesen zu dürfen, die es lächelnd gestatteten. Bald fuhr ich so mit Schiller fort. Als ich aber die Räuber lesen wollte, die mir von Mitschülern besonders empfohlen wurden, war der Band trotz alles Suchens nicht zu finden. Erst lange nachher entdeckte ich, daß die Mutter ihn bei Seite gebracht und verschlossen hatte, weil sie meine Phan= tasie vor dem Eindrucke der Räuber bewahren wollte. Romane bekam ich kaum in die Hand, hatte auch wenig Sinn dafür. Erst als ich zu Weihnachten W. Hauffs Werke erhielt, wurde durch „Lichtenstein" der Geschmack daran mehr geweckt und ich durfte Einiges von Walter Scott lesen. Es war damals (etwa in meinem vierzehnten Lebensjahre) als mein Vater den Versuch machte, mich mit den Koboldsprüngen und Mor= genröten Jean Pauls zu befreunden. Mit „Katzenbergers Badereise" fand ich mich leidlich ab, aber bei den Extrablättern und Appendixen der „Flegeljahre" wollte ich schier verzweifeln, und mein Vater erlöste mich von der Fortsetzung, als er meine Not erkannte, indem er mich auf größeren Genuß für die Zukunft vertröstete. —

Ich weiß nicht welchem besonderen Anlaß wir es ver= dankten, kurz die beiden ältesten meiner Schwestern und ich fühlten plötzlich die brennendste Lust, die englische Sprache zu erlernen. Wir mußten, daß das in Bromberg etwas Un= gewöhnliches war, hatten aber gehört, daß ein Referendarius, Herr von Blankensee, einigen Erwachsenen englischen Unterricht gegeben hatte. Wir waren darauf gefaßt, eine Fehlbitte zu thun, und, an unbedingten Gehorsam gewöhnt, hätten wir die Sache nicht wieder zur Sprache gebracht. Aber

wir fühlten uns in der angenehmsten Weise überrascht. Wo
die Kinder etwas lernen wollten, da war der Vater immer
bereit, Wünsche zu erfüllen, ja er scheute kein Opfer, auch
die besten Mittel dafür herbei zu schaffen. Er zweifelte nur,
daß Herr von Blankensee sich würde bereit finden lassen,
Kindern (denn zu den Kindern gehörte ich mit fünfzehn Jahren
auch noch sehr) Unterricht zu geben. Da trat die Mutter
in's Mittel, indem sie erklärte, an den englischen Studien
teilnehmen zu wollen, schon um dem Lehrer durch eine er=
wachsene ABC=schützin den Unterricht annehmbarer zu machen.
Herr von Blankensee ließ sich gewinnen — ich vermute
mein Vater hat ein horrendes Schulgeld für die ersten eng=
lischen Freuden seiner Familie zahlen müssen. Nun aber
kamen bald die reizendsten Bücher in's Haus, vier Exemplare
des Vicar of Wakefield in der neuen illustrirten Ausgabe
mit den köstlichen Bildern von Ludwig Richter, die unsere
Erwartung auf den Inhalt nicht wenig spannten. Dazu
das große Wörterbuch von Fahrenkrüger, aber keine
Grammatik, wenigstens für den Anfang nicht. Im Empfangs=
zimmer der Mutter wurde der Schultisch hergerichtet, wir
waren alle in festlicher Stimmung und der Unterricht begann.
Blankensee's Methode wird von den Wenigsten gebilligt werden,
uns hat sie doch schnell gefördert. Er ließ von Anfang an
frisch darauf los lesen, korrigierte die Aussprache, und so
Einen nach dem Andern, bis Alle sich mit ihrem Organ
eingerichtet, und den Sinn des Satzes gefaßt hatten. Die
Vokabeln und kurze Regeln hieß er notieren und auswendig
lernen. Nachdem er unsere Neugier für den Zusammenhang
der englischen und deutschen, so wie der romanischen Sprachen,
kurz das Linguistische, angeregt, und zugleich durch rasches
Fortschreiten für den Inhalt des Buches interessiert hatte,
so daß wir ungeheißen für uns fortlasen, wurde erst eine
Grammatik hervorgeholt. Kleine Gedichte und Prosastellen

lernten wir bald auswendig. Blankensee war ein sehr ge=
lehrter, hochgebildeter Mann, und die angenehme gesellschaft=
liche Form, mit der er einen, uns an sich erwünschten Unter=
richt leitete, machte diese Stunden ebenso genußreich als
förderlich. Ist doch das alte Fahrenkrügersche Wörterbuch
merkwürdig genug als das einzige seiner Art, welches in
seinen kurzen linguistischen Untersuchungen zuweilen einen
humoristischen Ton anschlägt. Wir brachten einander manche
Stellen, durch die wir beim Nachschlagen überrascht worden
waren, zur besonderen Belustigung des Lehrers und der
Schüler.

Aber diese anregungsvolle Zeit umfaßte nur wenige
Monate. Wir wurden an Blankensee ein wunderliches Wesen
gewahr, das wir uns nicht erklären konnten. Sonderbar=
keiten aller Art machten uns stutzen. Er brach plötzlich von
der Puppe des jüngsten Schwesterchens, welches eingetreten
war, den Kopf ab, und steckte ihn ein, da er behauptete,
es sei das Porträt der Schauspielerin Rachel. Er steckte
allerlei Andres in die Tasche, indem er den unscheinbarsten
Dingen eine auffällige Bedeutung zusprach. Meine Mutter
wurde dem gegenüber verlegen, und als eines Tages in
Gegenwart des Hausarztes, Medizinalrats Dr. Ollenroth,
die Rede darauf kam, stutzte dieser, und fragte: Wußten
Sie denn nicht, daß Blankensee schon einmal in einer Heil=
anstalt für Geisteskranke gewesen ist? — Die Mutter erschrak,
der Vater fühlte sich in einer unbequemen Lage. Er beschloß,
bei der nächsten Lehrstunde, wie zufällig, gegenwärtig zu sein.
Alles ging gut, ohne etwas Auffälliges zu bieten. Trotz=
dem war uns vorbehalten, einen entsetzlichen Auftritt zu
erleben. Als wir in einer Stunde in der harmlosesten Ge=
meinschaft um unseren Lehrer saßen, gab es plötzlich einen
schrillen, durchdringenden Ton aus einer Ecke her. Es war
eine Saite an der Guitarre der Mutter gesprungen.

Blankensee fuhr auf, mit einem Schrei, mit verzerrten Ge-
sichtszügen, und lief in fürchterlicher Aufregung im Zimmer
umher, unverständliche Reden ausstoßend. Die Mutter
erklärte ihm, was vorgefallen, suchte ihn zu beruhigen, und
gab mir einen Wink, den Vater herbei zu holen. Dieser
kam, und führte den Unglücklichen nach Hause. In den
nächsten Tagen erfuhren wir, daß der Wahnsinn mit schrecklicher Tobsucht bei ihm ausgebrochen, und man den Kranken
einer Heilanstalt übergeben habe. Er ist darin nach einigen
Jahren seiner Krankheit erlegen.

War ich nun bei der Erlernung des Englischen fortan
auf mich allein angewiesen, so fehlte es mir nicht an einem
tüchtigen Lehrer in der Musik. Das Klavierspielen hatte
ich schon längst angefangen, und zwar bei einem der gewöhnlichen subalternen Kinderlehrer. Bei schnellen Fortschritten
entwuchs ich ihm bald, und kam in die Lehre eines sonst
nicht sehr zugänglichen aber geschätzten Musikus, des Rektor
Reiter, eines ächten Johann Sebastian Bach-Musikanten.
Fürs erste hatte ich mir Alles abzugewöhnen, was ich bisher gelernt, um nach einer neuen Methode zu beginnen.
Aber nach einem gewissen Stillstand meiner früheren Fertigkeit, ging es auch bei ihm bald vorwärts, und ich brachte
es weit genug, um einige Ehre bei ihm einzulegen. Er
begnügte sich nicht, mich in der Fingerfertigkeit zu fördern,
sondern führte mich in die Theorie der Musik, den General-
baß, ein, und ließ mich schriftliche Aufgaben auf diesem
Gebiet lösen. Ich lernte auch etwas sehr Geschätztes und
oft bei besseren Spielern vergeblich Gesuchtes, nämlich das
Begleiten zum Gesange. Meiner Mutter und Philippinen
(welche eine schöne Altstimme besaß) konnte ich bald am
Klavier zu Hülfe gehen, und wurde später sogar ein gesuchter
und bevorzugter Begleiter. Nur konnte ich mich schwer dazu verstehen, allein etwas vorzutragen, zumal ich das Gefühl

hatte, daß es in Gegenwart Anderer mißlang, ich mochte es allein, oder im engsten Kreise, noch so gut in den Fingern haben. Ja, ich gewann später die Überzeugung, daß ich es auf den Tasten nie zu etwas Bedeutendem bringen würde, und so beschränkte ich mich auf freies Phantasieren für mich allein, oder auf die Hülfeleistung für den Gesang Andrer.

Unsre häuslichen Gesangesfreunden wurden noch ver= mehrt durch einen jungen Mann Namens Gustav Hoffmann. Er war Seminarist und hatte eine vorzügliche Baritonstimme, welche ihn in musikalischen Gesellschaften, selbst für größere Konzertaufführungen unentbehrlich machten. Auch Lieder von eigner Komposition trug er bereits vor. Bei uns sang er viel, auch gemeinsam mit den Frauen, und war auch gern gesehen wenn einmal keine Musik gemacht wurde. Er erhielt darauf eine Stellung an der Graben=Schule in Posen, daher er später als Musiker den Namen Graben=Hoffmann annahm. Eine Lehrerstellung befriedigte ihn aber nicht, er versuchte sich einige Zeit als Opernsänger in Berlin, lebte darauf als Musiklehrer von Unterrichtsstunden und Kompo= sitionen, ja er wurde eine Zeitlang Modekomponist, und zwar noch bei jungen Jahren.

Welch einen Reichtum an musikalischen Kräften man damals in Bromberg beisammen hatte, beweist die That= sache, daß neben dem öffentlichen Gesangverein (welcher Oratorien aufführte) ein Opernverein gegründet werden konnte, der in Gemeinschaft mit der Liedertafel gute Opern, welchen man im Theater nicht leicht begegnete (zumal man es nur etwa drei Monate im Jahre hatte) einübte, um sie dann als Konzerte aufzuführen. Die Übungen und Proben wurden durch einige Jahre in unserem Saale gehalten. So erinnere ich mich, in meinen letzten Bromberger Jahren Mehuls Joseph und Mozarts Titus bis ins Einzelne mit erlebt zu haben.

Und während nun in meinem eigenen Hantiren Musik
und englische Sprache, Botanik und Schmetterlingskunde
durcheinander gingen, setzte ich plötzlich die Eltern in Verlegenheit, ja in Verstimmung durch den wiederholt ausgesprochenen Wunsch Maler zu werden. So ganz unvorbereitet
war das freilich nicht. In der Schule hatte ich durch mein
Zeichnen stets Lob geerntet — das einzige Lob, das mir in
der Schule nicht entzogen werden konnte. Dann sah ich bei
einem erwachsenen Schüler einmal den ganzen zur Malerei
gehörigen Apparat, da er eine Kunst betrieb, die damals
Lithochromie genannt wurde. Man tränkte Lithographien
oder Stiche durch eine Mischung verschiedener Öle, und nachdem
sie vollständig trocken und durchsichtig geworden, strich man
auf der Rückseite die Ölfarben ohne Schattengebung auf, da
durch den Stich selbst für Licht und Schatten gesorgt war.
Ich fühlte mich bezaubert durch diese Pfuscherei, mit welcher
es so leicht war Ölgemälde herzustellen, und ließ mich darin
unterweisen. Staffelei, Palette, Ölfarben wurden angeschafft,
die Praxis dieser Kunst war so leicht wie das Antuschen von
Bilderbogen, und wenn ich mein Taschengeld zu Rate hielt,
konnte ich mit meinen künstlerischen Leistungen die schönsten
Geburtstagsgeschenke machen. Die Eltern nahmen dergleichen
nicht ohne Vergnügen auf, waren aber einsichtig genug, dergleichen Gemälde nicht in die Gesellschaftszimmer zu hängen.
Mir aber genügte diese Art von Malerei schon nicht mehr.
Ohne alle Anleitung, und ohne Malerleinwand auftreiben zu
können, bespannte ich einen Rahmen mit stark geöltem, auch
wohl auf der Kehrseite nur mit Leim bestrichenem Zeichenpapier,
entwarf darauf mit Bleistift eine Skizze, meist landschaftlicher
Art, und ging nun mit Pinsel und Farben auf eigene Manier
zu Wege. Die Eltern lächelten dazu, ließen es aber gehen,
zeigten sogar hin und wieder einige Ueberraschung wegen der
Resultate. Da kam nun eines Tages ein Freund des Vaters

aus Berlin zum Besuch (Ebers hieß er und war ein älterer Verwandter des späteren Romandichters und Egyptolo-
logen Georg Ebers) der mit den Eltern alle Zimmer
durchwandernd, die Kinder bei ihren Spielen oder ihrer Arbeit
aufzusuchen, mich bei der Staffelei ertappte. Auf mein Werk
warf er nur einen flüchtigen Blick, mich selbst aber nahm er
bei den Schultern, und indem er mich dem Lichte zuwendete,
rief er: „Merkwürdig! Rafael Mengs, wie er leibt und
lebt!" — Ich hatte von diesem Maler noch nie gehört, die
Eltern aber verstanden sofort, daß er nicht meine Kunst
meinte, sondern die persönliche Aehnlichkeit mit dem jugendlichen Mengs. Denn sie hatten auf ihrer letzten Sommer-
reise, in Dresden unter den Pastellbildern der Galerie zwei
jugendliche Porträts gefunden, vor deren Aehnlichkeit mit ihrem
ältesten Sohne sie fast erschracken. Es waren die beiden
Bildnisse von Rafael Mengs, aus seinem vierzehnten und
sechzehnten Lebensjahre, von dem jungen Künstler selbst gemalt.
Die Eltern konnten sich nur nicht entscheiden, welches von
beiden die größere Aehnlichkeit mit ihrem Sohne zeige. Ich selbst
habe viele Jahre später auch einmal überrascht vor diesen
beiden Bildern gestanden, ohne recht zu wissen, was mir an
ihnen auffiel, bis mir der Katalog die Namen brachte und
alte Erinnerung in mir wieder lebendig wurde. Da kein
Bild von mir aus der Knabenzeit vorhanden ist, könnte das
des vierzehnjährigen Mengs ganz wohl für das meinige
gelten. — Durch Ebers erhielt ich nun scherzweise den Namen
Mengs, mit dem mich Bekannte des Hauses eine Zeitlang
riefen, indem sie ihn mit meinen Bestrebungen auf geöltem
und geleimtem Papier in Verbindung brachten. Daß ich nun
aber den Wunsch aussprach (und es geschah erst jetzt) Maler
zu werden, kam meinen Eltern sehr ungelegen. Sie suchten
es mir auszureden. Stand man doch in Bromberg der
bildenden Kunst so fern, daß man kaum die Mittel und Wege

überſah, ein ſolches Ziel zu erlangen. Auch traute mein Vater
weder ſich ſelbſt, noch ſonſt jemand in der Umgebung ein
Urteil zu, ob meine bisherigen Leiſtungen auf einem wirk=
lichen Talent beruhten. Ueberdies hätte, wenn man mir meinen
Wunſch gewährte, eine ſofortige Trennung in Ausſicht ge=
ſtanden. Was aber einen künſtleriſchen Lebenslauf in den
Augen der Eltern faſt undenkbar machte, war meine Beſtim=
mung zur Theologie, und mehr noch, daß man dem Großvater
bereits gemeldet hatte, ich würde ſeinen Fußtapfen folgen.

Ich ſelbſt war eigentlich nicht darum gefragt worden.
In meinem mehr innerlichen und zurückgezogenen Weſen
glaubte die Mutter eine Richtung auf die Theologie zu er=
kennen, und es war ihr eine herzliche Genugthuung, mich
einſt im Talar auf der Kanzel zu denken. Der Vater, ſelbſt
ein Pfarrersſohn, wenngleich für ſich ohne kirchliche Bedürf=
niſſe, hatte nichts dagegen. Und mir war es von Kindheit
auf ſo oft vorgeſagt worden, ich würde einſt Prediger werden,
daß ich es gar nicht anders denken konnte. Da ſpielte die
Neigung zur Kunſt mir und den Eltern einen unangenehmen
Streich. War mein Vater auch ein ſelbſtändiger Mann, ſo
war doch um dieſe Zeit das Pietätsgefühl für das Haupt
und den Patriarchen der Familie noch ſo ſtark, daß es ihm
durchaus widerſtrebte, meine einmal feſtgeſetzte Beſtimmung
zur Theologie zu widerrufen. Dieſes Pietätsgefühl der Familie
lernte ich ſpäter als eine Art von Thrannei kennen, um mich,
da ich meinen eigenen Weg wählte, als einen von den Tra=
ditionen des Hauſes Abgefallenen und Verlorenen betrachten
zu laſſen. Noch aber lebte ich unter der ganzen Macht dieſer
Tradition. In Güte und Ernſt wurde mir erklärt, daß
ich mir den künſtleriſchen Lebenslauf aus dem Sinn zu
ſchlagen hätte. Da mir aber das Malen nicht zugleich ver=
boten wurde, verquaſte ich noch einige Zeit Farben und ge=
leimtes Papier, bis ich eines Tages, ärgerlich über ein Miß=

lingen, die ganze Schmiererei bei Seite warf, Staffelei,
Palette und Farbenkasten auf den Boden trug, und nicht
mehr berührte. Gezeichnet, besonders nach der Natur, habe
ich aber noch lange. Leider aber blieben in meines Vaters
Arbeitsstube, an deren Wänden er die sonderbarste Galerie
von Arbeiten seiner Familie bewahrte, nach wie vor einige
meiner Werke hängen, und noch nach zwanzig Jahren, bei
meinen Besuchen im elterlichen Hause, konnte ich ihn nicht
dazu bewegen, die Gegenstände meiner Beschämung zu ent=
fernen.

Meine musikalischen, so wie die Bestrebungen um die
Malerei, waren doch nur der Ausdruck des noch unverstan=
denen Dranges nach Aussprache einer Begabung, die sich
früh regte und nach Entwickelung rang. Und sobald diese
endlich zu Worte kam, wurden die anderen übertriebenen
Seitenschößlinge zurückgedrängt. Wenn die Natur ein Talent
verleiht, giebt sie es selten in ganz bestimmt abgeschlossener
Richtung, sondern schafft es so, daß es mancherlei Entwick=
lungsformen nehmen kann, die auch wohl wie Gegensätze
erscheinen. Oft sieht es aus, als ob künstlerische Talente
von dieser oder jener Kunst noch etwas mitbekommen hätten.
Der moderne Mensch, bei dem eben Alles entwickelt werden
soll, vielfach auch das, was gar nicht in ihm liegt, kommt
dabei wohl in die Lage, daß seine eigentlichen Gaben unbe=
rücksichtigt bleiben, oder eine Zeitlang zurückgedrängt werden,
weil gesellschaftliche Neigung und Mode grade etwas Anderes
begünstigen und bevorzugen. Dieser Mißbrauch wird mit
der Musik getrieben, in welcher man es, auch ohne musika=
lisches Talent, durch dauernde Uebung zu einer gewissen
Fertigkeit bringen kann. Mit der Malerei wäre das auch
auszurichten. Der eigentliche geistige Schaffenstrieb hat sich
oft mühsam hervorzuarbeiten, und selten wird ihm gleich die
Gunst der Pflege oder auch nur die Duldung zu Theil. Das

was werden will wird meist beanstandet oder verworfen, nur
das Gewordene erregt Aufmerksamkeit und Aufmunterung.

Mit fünfzehn Jahren fühlte ich den dichterischen Quell
in mir gelöst, abgesehen von den Stücken, die ich früher für
das Puppentheater gemacht hatte. Lyrische Gedichte entstanden
mit Einemmal in Menge, und ich kann nicht sagen, was
die Veranlassung dazu gewesen. Sie waren aber plötzlich
da. Sie trugen meist einen melancholischen Charakter, in
Höltyscher Richtung, und von frühem Sterben war viel darin
die Rede. Auch spielte eine leidenschaftliche Freundschaft,
welche nicht erwiedert wurde, darin eine Rolle. Mein innerlich
zurückgezogenes Leben, das zu dem lebhaften Treiben im
Hause eigentlich im Gegensatz stand, sprach sich zum Ersten=
male aus. Aber ich hätte es nicht über mich gebracht, den
Eltern oder sonst Jemand etwas davon zu verraten. Mein
Klavierspielen mochte man loben oder tadeln, mein malerisches
Dilettieren auslachen; das erste dichterische Bewußtsein war
scheu und zurückhaltend. Ein Spott gegen diese ersten Lebens=
regungen wäre mir sehr bitter gewesen. Darum hielt ich
diese innere Welt verschlossen, und niemand ahnte, was sich
unter dem Druck meiner Entwicklungsjahre anbahnte. Dieser
Druck und das Gefühl meiner Vereinsamung hatte noch
einige sehr wesentliche Ursachen. Vor Allem die häufigen
Krankheiten. Der Hausarzt sagte einmal: Es ist erstaunlich,
daß der Junge immer die seltensten und gelehrtesten Krank=
heiten bekommt, gegen die man an ihm selbst erst die
Studien zu machen hat! — Das förderte dann die Heilung
und Genesung nicht. Schlimmer noch war, daß sich seit
meinem zehnten Jahre ein Uebel bei mir festsetzte, das mich
erst nach meinem fünfzigsten nach und nach gänzlich verlassen
hat, nämlich jener vierundzwanzigstündige Kopfschmerz, welcher
unweigerlich seine Zeit festhält, es mag dagegen geschehen.
was da wolle. Es war ein Erbübel aus der Familie meiner

Mutter, in der des Vaters war es nie aufgetreten. Die Mutter litt sehr daran, ebenso ihre Schwester Philippine. Die Eltern waren unglücklich bei der Aussicht, daß ich diese Mitgabe für das Leben erhalten sollte, noch dazu, daß sie sich in so frühen Jahren geltend machte. Die einen nennen sie Migräne, die andern nervöse Kopfschmerzen, noch andere Kopfkolik. Sie mögen bei jedem andere Ursachen haben und verschieden=artig auftreten (ich selbst unterschied bei mir dreierlei Arten, entsetzliche Zustände bringen sie immer mit sich. Wer sie kennt, der weiß, daß man unfähig wird, zu sehen, zu hören, zu reden, daß man am liebsten wie ein Tier in die Einöde ginge, um, unangefochten von der Nähe alles Lebendigen, zu sterben. Der Zustand hört nach seinen vierundzwanzig Stunden langsam auf, und man ist dann so zu sagen gesund, kann mit den Gesunden leben, ohne daß sie ahnen, was man durchgemacht hat. Aber die Niederlage kann sich schon einige Tage darauf wiederholen. Die Mittel der Aerzte helfen wohl in diesem oder jenem Falle, können aber das Uebel nicht ausrotten, wo es sich vererbt oder einmal festgesetzt hat. Wille und Ueberwindungskraft können dagegen ab und zu eine Weile trotzen, aber nur die zunehmenden Jahre befreien ganz und gar davon. Die Kopfschmerzentage wurden in unsrer Familie bald etwas Allgemeines. Ich glaube nur mein Vater und mein Bruder blieben dauernd davon frei. Weil sie aber etwas Gewöhnliches waren, wurde möglichst wenig Notiz davon genommen, ja sie wurden als eine Art von Geheimniß des Hauses behandelt. Denn da der schwer Leidende am nächsten Tage wieder frisch und gesund erschien, auch wohl, wenn er am Mittag noch sich den Tod wünschte, Abends leidlich heiter in der Gesellschaft erscheinen konnte, wie hätte die Welt, welche glücklich genug war, von solchen Zuständen nichts zu kennen, an Krankheit glauben mögen? Mich, der ich schon als Knabe davon geplagt war, hat dies

Uebel sehr aufgehalten, in meiner körperlichen Entwickelung, in meiner jugendlichen Lebensstimmung, nicht zuletzt in der Schule.

Sechstes Kapitel.

Ich erzähle jetzt die Geschichte meiner Schuljahre in Bromberg im Zusammenhange, wobei ich zurückgreife bis zur Zeit unsrer Ankunft daselbst, also bis zu meinem neunten Lebensjahre. Es ist schön, sich seiner Lehrer mit Dank und Verehrung zu erinnern, und es zeugt von einer unedlen Gesinnung, ihre Schwächen auszubeuten, und sie als Karikaturen der Lachlust anderer preiszugeben. Wo aber die sittliche Verkommenheit eines ganzen Lebenszustandes geradezu ein Kulturbild darbietet, da soll man sich nicht scheuen, dasselbe aufzudecken und im Ganzen darzustellen. Das Gymnasium, in welches ich eintrat, war in einem wissenschaftlichen und pädagogischen Verfall, den nur diejenigen nicht erkannten, welche an nichts Besseres gewöhnt waren, oder nicht gelten lassen wollten, wenn sie durch die Verbesserung etwas zu verlieren hatten. Obgleich eine deutsche Lehranstalt, wies das Gymnasium unter den Lehrern eine Reihe von Polen auf, welche die deutsche Sprache in einer Weise radebrechten und mißhandelten, daß ihre Ausdrucksweise nur dem Eingeborenen oder lange daran gewöhnten verständlich sein konnte, nicht aber dem aus der Ferne zugewanderten. Waren diese Herrn genötigt, in den Unterrichtsstunden deutsch zu sprechen, so zeigte sich ihr Widerwille gegen das Deutsche sonst überall lebhaft genug, ja die Schule war ihnen nur ein Mittel, ihren zerrütteten ökonomischen Verhältnissen aufzuhelfen. Auch lehrten sie nur die Anfangsgründe des Lateinischen in den unteren Klassen, in den oberen

aber französische und polnische Sprache. Von einer wissen=
schaftlichen Vorbildung war bei ihnen nichts zu finden. Ihr
Ton und Wesen zeigte eine unglaubliche Roheit. Die älteren
deutschen Lehrer waren durch langjährigen Schlendrian ein=
gerostet, oder sie trieben es den Polen gleich, während das
Haupt der Schule, ein uraltes schwaches Männchen, nicht
die Energie hatte, der um sich greifenden Zerrüttung der
Anstalt zu steuern. Einer der polnischen Pädagogen war
von Hause aus Gutsbesitzer. Ein Bauerngütchen war ihm
geblieben, auf welches er jeden Samstag hinausfuhr und
seine Bauern prügelte. Den Rohrstock schwang er auch in
der Schule, besonders Montags, wenn er, vom Lande heim=
gekehrt, seinen Aerger auszutoben hatte. Das Prügeln spielte
überhaupt eine große Rolle bei ihm. Er prügelte in den
unteren Klassen täglich, und so oft, daß man ihm nachsagte,
er thue es nur um sich Bewegung zu machen, denn er war
ein großer Mann, von starker Korpulenz und darum nicht
gut auf den Beinen. Das geringste Vergehen, oft nur der
Anschein davon, mußte mit dem Rohrstock gebüßt werden.
Ein andrer, ebenfalls vom Lande eingewandert, gab sich
hauptsächlich mit dem Reinigen und Ausbessern von Lampen
ab. Aus allen Familien schickte man ihm die Lampen, die
nicht brennen wollten, ins Haus. Niemand wußte das anders
seit einem halben Menschenalter. Er ließ sich gut bezahlen,
und seine Nebeneinnahmen waren nicht gering. Gar zu gern
reparierte er auch Uhren, und behauptete, das besser zu ver=
stehen, als jeder Uhrmacher. In der Lehrstunde war er
durch jede unsinnige Frage, wenn sie sich auf mechanische
Dinge bezog, von der Aufgabe abzulenken, und zankte sich
mit erwachsenen Schülern, meist in polnischer Sprache, über
Taschenuhren, ließ sich verschiedene vorzeigen, taxierte sie und
verglich die Arbeit derselben. Seine Behandlung der deutschen
Sprache war die tollste, und forderte unternehmendere Schüler

zu starken Wagnissen ähnlichen Styls heraus, die er meist
gar nicht merkte. Ich sprach von „erwachsenen" Schülern —
denn in der That saßen neben zehnjährigen Knaben auf
derselben Schulbank auch junge Männer von achtzehn, auch
zwanzig Jahren, stattliche Quintaner, mit starken Bärten
und breiten Schultern. Sie waren polnischer oder halb-
polnischer Abkunft, lebten außerhalb der Schule bereits wüst
in den Tag hinein, ließen sich innerhalb derselben getrost
abprügeln. Was diese Jünglinge auf der Schulbank eigentlich noch wollten, ist schwer ersichtlich. Gewöhnlich waren
sie vom Lande hereingeschickt worden, um kurze Zeit zu
„studieren". Rötscher, der sich über die Schule, an der er
wirkte, weidlich lustig machte, erzählte unter anderen eine
ergötzliche Geschichte: Wie eine Frau zum Direktor gekommen
sei mit der Frage, wie viel Gehalt ein Quartaner jährlich
erhalte? Ein junger Herr in solcher Stellung habe ihrer
Tochter die Ehe versprochen.

Leider war es einer von den deutschen Lehrern, der den
Schülern der oberen Klassen mit dem schlimmsten Beispiel
voranging. Schon vor den Tertianern führte er die unzüch-
tigsten Reden und gab dann durch sein ungeheures Lachen
das Signal zu allgemeinem Gelächter. Wehe dem, der nicht
einstimmte! Er war sehr boshaft und schadenfroh, und
pflegte sich über jugendliche Sittenreinheit lustig zu machen.
Allgemein bekannt war, daß er in wilder Ehe lebte mit der
Frau eines Andern, der sich von ihm durch Geld hatte ab-
finden lassen. Wußte die ganze Stadt um dieses Verhältniß,
so konnte es auch den Schülern kein Geheimniß bleiben, und
welchen Einfluß das, verbunden mit dem Cynismus seiner
Reden, auf die Schüler der oberen Klassen ausübte, worin er
sein Wesen hatte, liegt auf der Hand. Ich will die Reihe
unbrauchbarer Pädagogen nicht weiter führen. Die beiden
jüngsten deutschen Lehrer, welche neu eben der Schule zu-

traten, Fechner und Breda, deren Namen ich hier einzig
anführe, da ich ihnen einiges verdanke, sahen wohl die
unerhörten Mißstände, aber eine Besserung und Umgestaltung
war ihnen bei dem besten Willen, und trotz manches Ein-
greifens im Einzelnen, nicht möglich. Waren die Verhältnisse der Lehrer so in wüste Roheit versunken, so versteht
sich, daß danach das Betragen der Schüler sich formte und
entwickelte.

Wie sollte nun ein Knabe von der besten häuslichen
Erziehung, gewöhnt an guten Ton auch in der Familie,
fremd in unverstandenen Umgebungen, dabei von leicht zu
erschütternder Gesundheit, und endlich in seinem ganzen Wesen
etwas eigen geartet, wie sollte der sich in diesen Verhältnissen
zurecht finden? Mich erschreckte und stieß geradezu Alles
ab. Die Lehrer, die Mitschüler, die Lehrmethode — wenn
sonst dem Rohrstock eine Methode zugesprochen werden kann.
Leider lag es in meiner Natur, nur dann einem Lehrer
etwas abgewinnen zu können, wenn er sich in ein persönliches Verhältniß zu mir setzte, in welchem ich nicht seine,
sondern Er meine Eigenart berücksichtigte. Ich weiß, daß
das für den Lehrer keine leichte, und wenn er eine große
Anzahl von Knaben vor sich hat, bis ins Einzelne kaum
durchführbare Aufgabe ist. Aber ich weiß auch, wie aus
meiner Schülerzeit, so aus den Jahren, da ich selbst als
Lehrer vor den Schulbänken stand, wie wenig oft genügt, den
Schüler zu gewinnen, sogar seinen besonderen Charakter zu
erkennen. Eine Annäherung, ein Wink, ein Blick des Ein-
verständnisses, fallen oft hell und gewinnend in ein jugend-
liches Gemüt; die ernstere Betonung einer Anrede, ein ver-
weisender Blick, können gefügig machen und tiefer wirken
als eine rohe Strafe. — Als ich zum erstenmal mit dem
Rohrstock geprügelt wurde, erstarrte ich geradezu, denn in
meiner Familie war dergleichen nicht vorgekommen, noch auch

nötig gewesen. Zu meinem Gefühl des Erstaunens kam noch
das Bewußtsein, mit Unrecht gestraft worden zu sein, denn
ich hatte die Redeweise des polnischen Despoten nicht ver=
standen, ihn nur groß angesehen und gefragt: Wie? das
genügte reichlich, seinen Stock in Bewegung zu setzen. Ich
war so beschämt, daß ich nicht wagte zu Hause davon zu
sprechen. Schläge kamen bald häufiger vor. Es war be=
kannt, daß der Gutsherr und Pädagog keine Tracht Prügel
unter sechs Hieben gab, der siebente wurde als Motionstrumpf
oft zugegeben. Auch andre Strafen kamen häufig vor, das
Einschließen und Nachsitzen über Mittag, so daß man vor
Hunger schwach wurde. Zuweilen ging ich gesund in die
Schule, während der ersten Stunden bildeten sich Kopf=
schmerzen heran, in der dritten wurde ich zerbläut, um dann
eingeschlossen über Mittag auf einer Bank zu liegen, mit
dem Gefühl schweren Krankseins. Den Eltern wurden diese
häufigen Einschließungen und Hungerkuren gar zu bedenk=
lich, und sie erschracken, daß ihr Sohn sich plötzlich so vieler
Vergehen schuldig machte. Die Mutter unternahm es selbst,
dem Despoten von Quinta einen Besuch zu machen. Aber
sie kam bitter gedemütigt nach Hause, da der Empfang des
unhöflichen Mannes außerhalb aller ihrer Erfahrung war.
Und das mußte meiner armen Mutter begegnen, die, an
Huldigungen gewöhnt, keine Ahnung gehabt, daß man ihre
Anmut und Liebenswürdigkeit mit Brutalität zurückstoßen
könne. Sie faßte fortan einen erbitterten Groll gegen den
Mann, ja gegen die ganze Schule, von deren Zustand sie
ja durch Andere schon gehört hatte, was mich denn auch
nicht freudig für dieselbe stimmte. Aber das Schlimmste,
die häufigen Schläge, hatten die Eltern noch nicht einmal
erfahren, da ich mich schämte, meine Schmach zu bekennen.
Endlich war auch das nicht mehr zu verschweigen. Ich wurde
eines Tages aus geringfügigem Grunde dermaßen zerdroschen,

daß ich fühlte, wie mir das Blut über den Rücken rann. Die Schmerzen waren zu Hause nicht zu unterdrücken, der Vater verlangte Offenheit, und ich mußte bekennen. Es fanden sich auf meinem Rücken fingerdicke blutunterlaufene Striemen, und einige offene Stellen, die, als man die Kleider ablöste von neuem zu bluten anfingen. Der Hausarzt schlug die Hände zusammen, und erklärte, hier handle es sich um eine Körperverletzung der gröbsten Art, gegen welche ein= geschritten werden müsse. Er selbst war seit lange aufgeregt gegen die Mißbräuche der Schule, und verlangte eine ernst= liche Untersuchung.

Mein Vater ging vielleicht von der Ansicht aus, daß im Einzelnen hier nicht viel zu erreichen sei, wenn nicht gegen das Ganze gewirkt werden könne. Er begab sich zu dem Direktor des Gymnasiums, erreichte aber bei dem ängst= lichen alten Männlein, welcher selbst unter der Tyrannei seiner Lehrer stand, kaum ein Zugeständniß, daß etwas Ungehöriges geschehen sei. So wendete sich der Vater an den in Bromberg lebenden Regierungs=Schulrat. Dieser aber, eine immer vertuschende und noch ängstlichere Seele, beschwor ihn, die Sache laufen zu lassen. Mißstände gab er zu, war auch der Meinung, daß eine Reform der Anstalt mit der Zeit eintreten müsse, nur sei die Angelegenheit „noch nicht reif". Sie war aber durch den Arzt bereits ruchbar und in den nächsten Tagen zum Stadtgespräch geworden. Allgemein wurde die Ansicht, daß diese Schulwirtschaft nicht länger zu dulden sei. So versammelte mein Vater eine größere Anzahl von Männern, meist Beamten, welchen er einen Bericht an die Regierung vorlegte. In dieser Anklage= schrift schilderte er die Persönlichkeiten der Lehrer drastisch genug, und verschwieg nichts, was das Gesuch um eine schnelle Reorganisation des Gymnasiums unterstützen konnte. Dieses Schriftstück wurde von allen Versammelten unterschrieben.

Der Schulrat kam dazu und suchte noch einmal abzuwenden, was keinen guten Erfolg haben könne, und beschwor die Beteiligten, die Schrift zurück zu halten. Aber die Sache war einmal in Bewegung und wollte ihren Fortgang.

Nun hatte man aber die Bedeutung der nächsten Folge wohl nicht richtig gewürdigt, nämlich daß das Ministerium sich bei dem Schulrat selbst erkundigen und seinen Bericht einfordern würde. Dies geschah, und der schwache Mann suchte zu beschönigen und zu mildern, gab zu, daß sich wohl einige Mißstände eingeschlichen hätten, daß aber im Ganzen — und wie es so weiter heißen mochte. Die Folge war ein scharfer Verweis von Seiten des Ministeriums, vorwiegend an meinen Vater, den Verfasser und Absender des Berichtes. Der Begriff von dem „beschränkten Unterthanenverstande" war unter der Regierung Friedrich Wilhelms III. schon in voller Macht, lange bevor das Wort dafür gefunden war, um zum „geflügelten" Worte zu werden. Die Mehrzahl der Väter that nun das Folgerichtige, daß sie ihre Söhne von der Schule wegnahmen und anderswo unterbrachten. Aber nicht allen mochte das im Augenblick möglich sein. Ich erinnere mich, daß in dieser Zeit bei uns häufig von Schulpforta die Rede war. Ob nun mein Vater damals die Ausgabe zu scheuen hatte, oder ob man bei meiner wankenden Gesundheit mich nicht aus dem Hause geben mochte, kurz, ich blieb in der Schule. Es war zu meinem Unglück. Denn nun sah ich mich dem ganzen Groll und Ingrimm der despotischen Pädagogen ausgesetzt, und ein wehrloser Knabe mußte das Opfer für eine öffentliche Angelegenheit werden. Geschlagen wurde ich freilich nicht mehr. Medizinalrat Ollenroth hatte als Arzt einige scharfe Winke gegeben, so hieß es — aber es erscheint unglaublich, mit welcher raffinierten Grausamkeit man gegen mich zu Werke ging. Vor allem war es Unsitte einiger Lehrer,

das was in den Häusern und Familien vorging, in den
Schulstunden zum Gegenstande rohen Spottes zu machen.
Und da sich das Haus meiner Eltern nicht verbarg, auch
wohl beneidet wurde, so mochte darin vorgehen was da
wollte, es wurde in der Schule mit Hohn darauf angespielt
und dem Gelächter roher und feiger Buben anheim gegeben.
Selbst meines Vaters Schmetterlingsjägerei mußte ich be=
spöttelt hören. Wie tief mich dergleichen erbitterte und
empörte, ich hätte es nicht über mich gebracht zu Hause da=
von zu reden. Es kam aber noch schlimmer.

Trotz aller üblen Behandlung und meines Widerwillens
gegen die Schule, rückte ich doch langsam — sehr langsam,
vor, und befand mich dann in der Tertia dem Manne gegen=
über, der inzwischen der Todfeind meines Vaters geworden
war, da dieser in seinem Bericht die Moralität desselben
ohne Rücksicht bloßgestellt hatte. Tertia war keine Prügel=
klasse mehr. Aber die Behandlung, welche ich von dem immer
lachenden Schuldespoten erfuhr, spottet aller Beschreibung.
Viele seiner an mich gerichteten Wendungen wiederholten sich
hundertmal. So, wenn er etwas korigierte: „Wenn du anderer
Meinung bist, kannst du ja einen Bericht an die Regierung
machen!" Worauf dann seinem Gelächter ein schmetterndes
Einfallen aller Schüler folgte. Oder er rief auch, gegen mich
gewendet: „Das ist der mit der langen Ministerialnase, sie
vererbt sich in der Familie!" Und von neuem wiehernndes
Gelächter über seinen eigenen guten Einfall, vom Chor wieder=
holt. Dergleichen führe ich nur an, um zu zeigen, welch ein
Ton damals in der Schule herrschte. Im übrigen unterlasse
ich es, die Bosheiten, die Schmach, die über mich verhängt
wurde, zu schildern. Ich schien ein Verfehmter, ein Paria.

Hatte es mir nun immer widerstrebt, von dem was in
der Schule mit mir vorging, zu Hause zu erzählen, so war
dergleichen bald auch unmöglich, da ich es nicht über die

Lippen gebracht hätte, zu verraten, daß man meinen Vater
verspottete. So trug ich meine Verbitterung und meinen
Ingrimm für mich allein, zog mich mehr in mich selbst zurück,
und nahm auch an dem, was im Hause vorging, wenig Teil.
Der Wunsch aber, fort und sogar aus dem Hause zu kommen,
trat immer lebhafter in mir auf. Sah ich doch wie die
Reihen der Mitschüler sich lichteten, da ihrer immer mehr
so glücklich wurden, die Schule mit einer andern zu vertauschen.
Die Mutter sah mir diesen Wunsch ab, riet mir aber, ihn
nicht auszusprechen, da die Erfüllung jetzt nicht möglich sei.
Denn es waren inzwischen die Verhandlungen im Gange,
die beiden ältesten meiner Schwestern, obgleich noch sehr jung,
einer Pensionsschule in Berlin zu übergeben, und für den
Vater sei das Opfer zu groß, gleichzeitig auch noch mich an
einem fremden Orte zu erhalten. So mußte ich mich zufrieden geben. Sie hätte mich gern etwas leichtsinniger gesehen, wenigstens leichtblütiger. Wenn sie mich trübsinnig
und verschlossen sah, flüsterte sie mir wohl lächelnd zu: „Laß
es zu dem einen Ohr hinein gehen, zum andern hinaus!“
Das lag nun damals nicht in meiner Macht, und so blieb
ich, der einzige in dem sonst fröhlich bewegten Hause, in
meinem Trübsinne. So trieb ich meine Malversuche, meine
theoretischen Musikstudien, ging für meinen Vater botanisch-
entomologische Wege, las und las, und alles, das mehr und
mehr abgesondert und innerlich vereinsamt. Eigentlich kümmerte man sich nicht recht um mich. Der Vater hatte viel
zu thun, der Zuschnitt des Hauses gab der Mutter reichlich
Beschäftigung. Man war zufrieden, wenn ich nur leidlich
gesund blieb.

In diese Zeit fiel meine kirchliche Einsegnung. Die Vorbereitungen dazu dauerten schon seit lange, denn ich ging
nicht ein, sondern zwei Jahre lang in den Konfirmations-
unterricht, da die Mutter dies für den künftigen Theologen

sehr wünschte. Bei diesem Unterricht wurde nun der erste
Prediger der Stadt, Konsistorialrat Romberg, häufig für
längere Zeit vertreten durch einen jüngeren Amtsgenossen,
Prediger Serno. Dieser hatte von Anfang her ein Augen=
merk auf mich, und mir gefiel sein Vortrag und sein Wesen
außerordentlich. Da er den Wunsch aussprach, die Schüler
möchten das Gehörte ausarbeiten, ging ich gleich ans Werk,
und konnte ihm einige Tage darauf meinen Aufsatz über=
reichen. Freilich wurde ich von meinen Mitschülern gescholten
und verhöhnt, denn ich war und blieb der Einzige, der eine
Arbeit lieferte. Serno aber zeigte sich zufrieden damit, und
ermunterte mich, fortzufahren. So arbeitete ich ab und zu
etwas aus, wobei es mir hauptsächlich daran gelegen war,
in persönlicher Beziehung mit ihm zu gelangen, und so, um
zugleich meine Mitschüler nicht gegen mich aufzubringen, zog
ich es vor, ihm meinen Aufsatz in seiner Wohnung zu über=
reichen. Bei diesen Besuchen behielt er mich bald länger bei
sich, wies mir auch wohl mit Lächeln nach, daß in meinen
Aufsätzen oft ganz andere Dinge stünden, als er vorgetragen
hatte. Indessen sollte ich mich nicht abhalten lassen, aufzu=
schreiben, was mir etwa durch den Kopf ginge. Das that
ich dann, nicht ohne Anspielungen auf meine innerliche Lage.
Er suchte mich mehr herauszulocken, und da er in litterari=
schen Dingen unterrichtet war, nahm er eines Tages den
Parzival in San Martes Übersetzung (sie mochte in dieser
Zeit eben erschienen sein) zur Hand, und schlug vor, ihn ge=
meinsam mit mir zu lesen. Ich ging mit Freude darauf
ein. Nun gab es aber dabei viel zu fragen, zu erklären,
nachzuschlagen, und bald waren wir mitten in der Litteratur
des dreizehnten Jahrhunderts, in dessen Sprache er mich dann
auch zuerst einführte. Meine Eltern, mit welchen Serno
über mich gesprochen haben mochte, waren sehr erfreut über
diese Freundschaft, und versprachen sich das Beste davon.

Ich gehe über den Verfolg noch hinweg, um vorerst von meiner Konfirmation zu sprechen, welche durch Romberg selbst vollzogen wurde.

Meine Mutter war in diesen Tagen krank und konnte mich nicht zur Kirche begleiten. Der Vater wollte später durch die Sakristei nachkommen. So ging ich mit den kleinen Schwestern allein nach der Kirche. Ich nahm die Feier sehr ernst. Ein ungeheures Gewitter zog während der Einsegnungs= rede auf, dessen dröhnende Donnerschläge sich der Prediger zu Nutze machte, um den Eindruck zu erhöhen, und gab der Handlung eine in der That entschiedene Wirkung. Ich war innerlichst ergriffen. Und während meine Mitkonfirmanden, in neuen Fracks, sich schon mit Bedeutung aufpostierten, um sich als junge Männer betrachten zu lassen, saß ich in Thränen aufgelöst, und erntete ihre verachtenden Blicke ein. Gleich= wohl hatte der Tag mir eine entschiedene innere Erhebung gebracht. Ich fühlte mich innerlich freier, und beschloß allen meinen Feinden zu vergeben. Diese waren selbstverständlich nur in der Schule zu suchen. Aber so gerne ich ihnen ver= geben hätte, ich erfuhr täglich, daß mir nicht vergeben wurde, daß mein bloßer Anblick den Unversöhnlichen zu unwürdigen Reden herausforderte. Da kam ein neuer Geist über mich, ich beschloß, der cynischen Thrannei entgegen zu treten, ich wollte es zu einem entschiedenen Bruche kommen lassen. So begann ich die Anspielungen meines Thrannen mit Achsel= zucken und verächtlichem Lächeln zu entgegnen. Aber das machte ihm nun erst Spaß, denn jede Frechheit imponierte ihm. „Seht! schrie er dann lachend: Seht, er verachtet unsere schlechten Witze! Er spielt sich als großen Charakter auf! Seht und bewundert den Heldenspieler!" und so weiter. Er konnte lange in solchem Tone fortfahren. Die Lacher hatte er stets auf seiner Seite. Für den letzten Konflikt

aber sollte sich die Ursache erst in den geselligen Verhältnissen
unsres Hauses finden.

Es wurde bei uns ein Fest vorbereitet, die Vorfeier der
Hochzeit in einer befreundeten Familie, der sogenannte Polter=
abend, für den meine Eltern ihre Räume zur Verfügung
gestellt hatten. Da es sich darum handelte, daß eine An=
zahl von Personen in Verkleidungen auftreten wollte, um
die Verlobten durch scherzhafte oder sentimentale Verse zu
begrüßen, und die Beteiligung sehr stark wurde, beschloß man,
das ganze in einen Festzug zu ordnen, dem Brautpaar dann
eine Quadrille vorzutanzen, und nach einer neuen Aufstellung
erst in Gruppen oder einzeln aufzutreten. Meine Mutter
hatte Verse für die Hälfte der Gesellschaft gemacht, sogar
eine dramatische Scene, in welcher sie selbst eine Rolle über=
nehmen wolle. Nun aber hatte sich der Rittmeister Goltz
etwas ausbündig Verrücktes ausgedacht. Er wünschte in
Frauenkleidern, als eine verlassene Geliebte des Bräutigams
aufzutreten. Und zwar hatte er seine Rolle an die vorwurfs=
vollen Reden der Königin Dido aus Blumauers travestierter
Aeneïde angelehnt, ja manche Stellen ganz aus derselben
genommen, und freute sich bereits auf die Wirkung. Man
gab ihm zu verstehen, daß, wenn er an dem Zuge und als
Dame an der Quadrille teilnehmen wollte, noch ein Tänzer
nötig sei. „Ei was! rief er, indem er auf mich wies: Da
steht schon ein Tänzer für mich! Wir werden als Paar
schon durch den Gegensatz ungeheuer wirken." Der Vater
lachte, die Mutter war gleich einverstanden, da sie mich da=
durch aus meinem Rückhalt ein wenig heraus zu locken
hoffte. Aber nun eine Rolle für mich! Der Rittmeister
wußte auch dafür gleich Rat. „Er kann als Tanzmeister
auftreten! rief er. Ich habe ihn mit seinen Schwestern schon
ganz flink auf den Tanzbeinen gesehen. Und dann führe

ich als Dido mit ihm, oder er als Tanzmeister mit mir,
den Zug an." Es wurde zugestanden.

Nun war ich freilich kein Duckmäuser, sondern konnte,
wie das bei verschüchterten Naturen häufig ist, zu Zeiten
recht ausgelassen sein, um freilich in ein um so längeres Ver-
stummen zurück zu fallen. Mit rechtem Vergnügen aber war
ich diesmal nicht bei der Sache. Ein andrer in meinen Jahren
würde sich mit Genugthuung zum erstenmal unter den Erwachsenen gefühlt haben, mich aber beschlichen böse Ahnungen.
Ich übte in den Proben indessen mit, und füllte in der
Quadrille meinen Platz so gut aus wie jeder andre. Am Fest-
abend trug ich einen rosenfarbenen Frack, rosa Kniehosen
und eine rosa Weste; die großen Schnallen auf den Schuhen
waren aus dem Nachlaß des Großvater Barraud. Das starke
braune Haar — das einzige an mir, was von starkem Wuchs
war — hatte man mir sorgfältig gekräuselt. Als ich so in
das Versammlungszimmer trat, brach ein schallendes Gelächter
aus — ich erschrak! Aber das Lachen galt nicht mir, den
man kaum beachtete, sondern meiner Dame, die mir un-
mittelbar folgte, einem Ungeheuer von Länge und Umfang.
Der Rittmeister hatte sich ein Phantasiekostüm gewählt, un-
ermeßliche Reifröcke, Kleider von verschiedenen geblümten
Stoffen, eine gewaltig aufgestufte Haube mit gebrannten
Krausen, unter welcher die langen Enden seines Schnauz-
bartes sich um so grotesker geltend machten. Er trug einen
Fächer, größer als ein Pfauenschweif. Mit dieser unerhörten
Dame, die mich noch kleiner erscheinen ließ, als ich war, hatte
ich den Zug zu eröffnen. Aber in der Quadrille bereitete
sie mir andauernde Not. Ich mußte meine kolossale Tänzerin
an den Kleidern ziehen und zerren, um nicht alles in Verwirrung zu bringen, denn sie kehrte sich wenig an den kunst-
vollen Reigen, sondern drehte sich und knixte, wo es ihr
beliebte. Als der Tanz vorüber war, und man im Kreise

ſtand ging ſie als erſte mit ſtarken Schritten auf den Bräuti=
gam zu und begann ihre vorwurfsvolle Anrede. Ich erinnere
mich noch des Effektes, den die Worte Dido's machten:

> „Nicht wahr, mein Süßes ſchmeckte dir,
> Allein das Bittere willſt du mir
> Allein nun überlaſſen?"

Und als endlich alles glücklich abgelaufen war, überkam
mich ein Gefühl tiefer Betrübniß. Es gab unter Leuten
keine reine Freude mehr für mich, denn ich wußte, daß alles
was geſchah einen mißlautenden Wiederhall in der Schule
fand. Die Dinge ſprachen ſich bald genug herum, und wer
erfahren wollte und fleißig zuhorchte, erfuhr ſchnell.

Auch täuſchte ich mich nicht. Kaum war mein hohn=
lachender Widerſacher Tags darauf in das Klaſſenzimmer
getreten, als ſein höhniſcher Blick mich ſuchte, und ſein Kom=
mando erſcholl: „Tanzmeiſter! Hierher! Seht, das iſt ein
Tanzmeiſter! Ein Komödiant! Königin Dido iſt ſeine
Flamme!" So ging es fort, jeder Satz durch ein Raketen=
feuer von Gelächter abgeſchloſſen, welches von den Reihen
gefälliger Sklaven beantwortet wurde. Denn es war bei
den meiſten Furcht, welche ſie gefällig machte. Nun begann er
gar mein geſtriges Koſtüm zu ſchildern, kurz es ſchien heut
des boshaften Spaßes kein Abſehen. Plötzlich wendete er
ſich an mich mit der ſcharf betonten Frage: „Warum lacht
der Tanzmeiſter nicht mit?" Eine erwartungsvolle Stille
folgte. Mir Unſeligem aber kam der Mut, zu entgegnen:
„Ich muß mich eher wundern über das Lachen, denn etwas
Belachenswertes habe ich hier noch nicht gehört." — Ein
Schweigen legte ſich über die Reihen, mit der Erwartung,
daß nun etwas wie ein Blitz einſchlagen werde. Unſer Despot
aber erhob ſich langſam, ſtemmte die Arme in die Seiten,
wie er pflegte, und ſah mich mit Erſtaunen an. Er ſchrieb

mit Bleistift ein paar Worte auf einen Zettel. Es war der
Verhaftsbefehl an den Pedell, mich über Mittag einzuschließen
— eine in der Tertia schon ungewöhnlichere Strafe — worauf der Unterricht in geziemenderem Ernst, als seit lange
geschehen, seinen Fortgang nahm. Als die Stunde zu Ende
gegangen, umringten mich mit einemmal die Mitschüler, und
die wohlwollenderen erklärten, daß ich recht gethan, und daß
die verwünschte Lacherei ein Unsinn sei, und eingeschränkt
werden müsse. Der Mißhandelte wurde plötzlich zum Gegenstande der Hochachtung. Aber freilich gab mir Jeder zu,
daß die heutige Einsperrung nur eine vorläufige Abschlags-
zahlung sei, und meine Lage von nun an eine sehr gefährdete
sein werde. Denn dem ergrimmten Despoten war Alles zu-
zutrauen. Ich aber erklärte, von diesem Tage an die Schule
nicht mehr zu betreten, es komme was da wolle. Meine
Strafe über Mittag saß ich noch ab, dann aber ging ich
nach Hause, und ließ hinter mir was ich haßte, auf den
Tod haßte und verachtete. — Die Eltern waren beim Hochzeitsfeste der Freunde. Heiter und guter Dinge kehrten sie
heim. Der Augenblick schien mir nicht günstig, mit dem Vater
über meine Lage zu sprechen. Am andern Morgen aber mit
dem Frühsten trat ich in sein Arbeitszimmer und sagte:
„Wenn du nicht willst, daß ich zu Grunde gehe, so nimm
mich von dieser Schule weg!" Ich sehe noch den Ausdruck
des Erstaunens in seinen Zügen. Ich redete weiter, verschwieg nichts (sofern es nicht Spott gegen ihn selbst war)
sprach sogar von der Verhöhnung, die sich bis auf den gestrigen
Abend erstreckte, und bemerkte wohl, daß er sich meine Lage
so nicht gedacht hatte, und daß sie ihm nahe ging. Er
hörte mir ruhig zu, und sagte endlich: „Es ist gut! Wenn
es so ernst ist, sollst Du fort von hier. Ich werde an die
Großeltern nach Frankfurt schreiben, ob sie dich in ihr Haus

aufnehmen wollen". Ich fiel ihm um den Hals. Es war einer der glücklichsten Augenblicke meines Lebens. —

Mancher würde eine rein humoristische Behandlung der Nichtigkeiten eines Schullebens, wie es hier geschildert worden, vorgezogen haben, und wenn es nur darauf angekommen wäre, so hätte der Humor hier ein reiches Feld gefunden. Für mich war doch der Ernst der Thatsachen von größerer Bedeutung. Aber lohnte es sich wohl der Mühe, oder ist es recht, diese Dinge ernsthaft aufzuzeichnen? Ich denke, ja! Jeder soll was ihn gefördert, oder in seiner Entwickelung gehindert hat, sofern er überhaupt aus seinem Leben mitteilen will, offen heraus sagen, um so mehr, wenn die Zustände, welche auf ihn einwirkten, öffentliche waren. Eine Schule ist auch etwas Oeffentliches, die Lehrer, welche an ihr wirken, dürfen nicht glauben, einer öffentlichen Verantwortung zu entgehen. In ihrer Hand liegt der moralische, liegt der Bildungszustand ganzer Generationen. Wo sie pflichtwidrig und unter der Würde ihrer Stellung wirken, gehören sie vor das Gericht der Nachwelt. Falsche Pietät soll nicht beschönigen und vertuschen, wenn sie, anstatt zu erziehen und zu erheben, die sittlichen Verderber für Viele geworden sind. Die Gymnasien in jenen östlichen Gegenden Preußens ließen damals alle viel zu wünschen übrig, schwer aber werden an einer Schule überhaupt Persönlichkeiten beisammen getroffen werden, die den Lehrerstand in solcher Entwürdigung zeigten, wie damals in Bromberg. Das hat sich längst geändert. Jene Leute sind nicht mehr unter den Lebenden. Das Sprichwort, daß man von den Toten nur Gutes reden solle, ist durchaus thöricht, und um so unrichtiger, als in die Hand der Verstorbenen eine Wirkung für die Zukunft gegeben war. Die in der geschilderten Zeit beiden jüngsten Lehrer, Breda und Fechner, wurden im Verlauf der Jahre nach einander Direktoren des Gymnasiums,

und leiteten eine Anstalt, die mit der einstigen keine Aehn=
lichkeit mehr hatte.

Die Meisten erinnern sich mit Freude der Schulzeit
ihrer Knabenjahre. Bei mir ist das nicht der Fall. Frohe
Erinnerung an die Schulzeit und an Schulfreundschaften
stammen bei mir erst aus späteren Jahren. Vielleicht aber
haben auch nur Wenige solche Schuleindrücke empfangen,
wie ich, und dieselben so empfunden, vielleicht haben sie bei
Keinem so weittragend gewirkt. Meine erste Jugend wurde
durch sie ihrer reinen Heiterkeit beraubt, mein Gemüt ver=
schüchtert und verbittert, und in seine eigne Welt zurück=
gedrängt, so daß es sich lange in Gegenwehr auch zu Um=
gebungen setzte, welche wohl besser hätten auf mich wirken
dürfen. Daß ich bei den bisherigen Lehrern wenig lernte,
liegt auf der Hand. Unthätig aber konnte ich niemals sein,
und den Knabenjahren war ich in meiner inneren Entwicke=
lung weit voraus geeilt. Aber wenn mir damals Jemand
geweissagt hätte, ich würde selbst einst als Lehrer vor den
Schulbänken stehen, ein Schauder würde mich ergriffen haben.
Daß ich aber als Lehrer von günstigen Erfolgen reden
kann, daß ich mir Zuneigung und fortwirkendes Andenken
von Schülern erworben habe, hat vielleicht mit seinen Grund
darin, daß ich früh erfahren mußte, wie ein schlechter Lehrer
sich dies verscherzen oder das Gegenteil hervorbringen kann.
Und so mag denn auch diesen Verhältnissen einiges Gute
für mich zugesprochen werden. ——

Noch desselben Tages, da mein Abgang von der Schule
beschlossen war, fragte mein Vater bei dem Prediger Serno
an, ob er mich für den Verlauf des Winters in die Lehre
nehmen wolle? Dieser zeigte sich bereit dazu, und schon am
andern Morgen wanderte ich neu belebt zum Unterricht in
seine Wohnung. Serno war mit seinen Kenntnissen schon
öfter hülfreich gewesen. Er hatte als Hauslehrer auf dem

Lande junge Leute, welche vorher nie eine Schule besucht, bis zur Sekunda vorbereitet. Wo es dem Bromberger Gymnasium fehlte, wußte Serno recht gut, er kannte auch bereits die Lücken in meinen Schulkenntnissen. So wurde denn an's Werk gegangen, nicht so regellos, wie bei unsren litterarischen Unterhaltungen, sondern nach bestimmtem Plan und in geordneter Tagesarbeit. Es war eine glückliche Zeit für mich, und ich lernte in ein paar Monaten bei ihm mehr, als ich in Jahren in der Schule hätte lernen können. Getrübt und unterbrochen wurde dieses Glück freilich auch noch einmal, da ich in eine schreckliche Krankheit verfiel. Erst zeigten sich einige kleine Blutblasen, dann bedeckten sie den ganzen Körper, und besonders das Gesicht wurde dadurch heimgesucht und entstellt. Die Erscheinungen waren schmerzhaft und machten das Niederliegen zu einer Qual. Der Arzt nannte die Krankheit das Werlhoffsche Blutfleckenfieber, und fügte, nachdem er den Namen aufgeschrieben hatte, hinzu: „Wieder eine gelehrte und ganz aparte Krankheit". -- Sie ging ohne Gefahr vorüber, aber gerade zu Weihnachten war mein Gesicht noch dermaßen mit Schorf bedeckt, daß ich vor Leuten nicht erscheinen konnte. An diesem Weihnachtsabend beschenkte mich mein Vater mit Goethes sämmtlichen Werken, welche zu wünschen ich noch nicht gewagt hatte, deren Besitz mich aber sehr beglückte. Daneben fand ich einen Teil meiner Ausstattung für Frankfurt.

Denn die Großeltern hatten sich bereit erklärt, mich bei sich aufzunehmen. Der Mutter wurde dadurch die Trennung minder erschwert, da sie mich künftig unter Verhältnissen denken durfte, die ihr lieb und teuer waren, in welchen ich zudem wohl aufgehoben sein konnte. Was es aber mit meiner Ueberlieferung an das großelterliche Haus auf sich hatte, das wußte der Vater wohl, wenn er einmal sagte: Fortan betrachte ich meinen Aeltesten nur noch als mir

zuweilen geliehen, und ich werde ihn öfter aufsuchen müssen,
denn ihn als Gast in meinem Hause haben. Er sah voraus,
daß von häufigen Ferienreisen nicht die Rede sein könne,
und daß ich fortan ganz unter das Gesetz und den Willen
des Pfarrhauses gehören müsse. Erkannte ich auch nicht in
ganzem Umfang, daß das unter den obwaltenden Umständen
das Beste für mich sein mußte, so war ich doch Alles zufrieden, und sah dem Tage der Abreise ohne Trennungs-
schmerz entgegen. Außer den Eltern und Geschwistern und
etwa dem guten Serno, verließ ich in Bromberg damals
nichts, was mir von Wert gewesen wäre. Und als der Abschied von der Familie genommen war, und ich mich mit
dem Vater in den Postwagen setzte, fühlte ich, daß ich auch
innerlich einem neuen Lebensabschnitte entgegen ging.

Siebentes Kapitel.

Das alte Pfarrhaus der französisch=reformierten Gemeinde zu Frankfurt an der Oder ist in seiner ursprünglichen Gestalt nicht mehr vorhanden. Es bildete die Ecke
der Oderstraße und Breitenstraße, und stand am Fischmarkte,
wie der nach der Oder hin abfallende Teil genannt wurde,
da hier die Fischer ihre Verkaufstelle hatten. Die drei andern
Ecken der Straßenkreuzung waren durch stattliche Häuser vertreten, das Pfarrhaus war ein aus alter Zeit stehen ge-
bliebenes, niedriges und unscheinbares Gebäude von etwas
düsterem Aussehen aber mit starkem Mauerwerk. Die Fenster,
vorwiegend im Erdgeschoß, staken in tiefen Mauernischen,
und waren nach der Seite des abschüssigen Fischmarktes zu,
so hoch, daß man nur auf Stufen zu ihnen gelangen konnte.
Das Haus umfaßte damals nur vier Personen; außer den
Großeltern einen ihrer Söhne, Kandidaten der Theologie,

und die jüngste Tochter, Clara mit Namen. Der jüngste
Bruder meines Vaters war noch auf der Universität, gehörte
aber später auch zu den Hausgenossen. Wir wurden herzlich empfangen, und ich unter die Obhut meines Onkels,
des Kandidaten, gegeben, mit dem ich eine Stube und Schlafkammer zu teilen hatte.

Mein Großvater war in seinem Wesen und Aussehn
noch derselbe, wie er bei seinen früheren Besuchen in Bromberg erschienen, immer der würdige alte Herr mit dem noch
reichlichen silbergrauen Haar, freundlich und gütig gegen Alle,
durch hingeworfene trockene Bemerkungen nicht ohne humoristische Wirkung, und ganz einverstanden, wenn es zu Zeiten
fröhlich um ihn her zuging. Die Großmutter, etwas ernster
in ihrer Haltung und nicht von vielen Worten, scheinbar
streng in ihren Zügen, Anschauungen, Forderungen von
Pflichten im Hause und außerhalb desselben, und doch voll
unendlicher Güte. Niemals hörte man von ihr ein unlieb-
sames Wort über Andre, und wenn ihr dergleichen von Leuten
zugetragen wurde, dann suchte sie für Handlungen oder
Reden, die man mißbilligte, eine begründende Ursache, wußte
das Gespräch auch wohl schweigend abzulehnen. Daß sie,
bei aller Gemessenheit ihrer Haltung auch lachen konnte,
wußte man im Hause wohl, und suchte sie oft genug aus
ihrem Rückhalt hervor zu locken. Mit ruhigem Walten ging
sie in den Pflichten des Hauses auf, worin sie von ihrer
Tochter unterstützt wurde (wobei sie in der Stille die Auswahl aus einer Leihbibliothek zur Unterhaltung nicht ablehnte)
und verließ dasselbe nur, um zur Kirche zu gehen, oder einen
Sonntagsspaziergang mit dem Großvater zu machen.

An der Spitze des Frankfurter Gymnasiums stand
Direktor Poppo, einer der ersten Philologen seiner Zeit,
einer von jenen „Sprachgewaltigen“ auf altklassischem Gebiete.
Dagegen schien er in der Rede mit deutscher Sprache fast

zu kämpfen. Er arbeitete damals noch an den letzten Teilen
seiner großen Ausgabe des Thukydides. Seine Gelehrsamkeit
war auch sonst umfangreich. Ein hochgewachsener, stattlicher
Mann mit struppigem grauen Haar und einer etwas neger=
haften Gesichtsbildung, flößte er im ersten Augenblick eher
Scheu als Vertrauen ein. Daß man hier größere Ansprüche
an den Schüler machte, zeigte sich gleich bei der Prüfung,
welche Poppo mit mir anstellte. Während Serno uns zu
der Hoffnung Mut gemacht hatte, ich würde in die Sekunda
eintreten können, stellte sich heraus, daß ich noch für ein
Semester der Tertia angehören müsse. Unser Kandidat gab
mir bei der Heimkehr Einiges sehr ernstlich und eindringlich
zu verstehen: Mein Vater sei schon mit sechzehn Jahren zur
Universität gegangen, während ich hinter meinem Alter weiter
zurück geblieben sei, als sich zieme. Ich empfand diese Vor=
würfe mit ganzer Demütigung, wußte aber nichts darauf
zu erwiedern. Freilich hätte sich Manches zu meiner Ent=
schuldigung sagen lassen. Mein Vater war einst gesund und
rüstig, ohne jeden beeinträchtigenden Ortswechsel, durch seine
Jugend gegangen, und hatte die Schule zu einer Zeit ver=
lassen, da die Ansprüche, wie er eingestand, bei weitem ge=
ringer waren; während ich, von Ort zu Ort geschoben, mit
vielfacher Kränklichkeit kämpfend, unter den möglichst un=
günstigen Schulverhältnissen herauf gekommen war. Wenn
unser Kandidat mir vorzählte, daß ich, wie es Bestimmung
war, in jeder der beiden oberen Klassen zwei Jahre ver=
bleiben müsse, und nun noch ein Stück von der Tertia nach=
zuholen hätte, so stellte sich heraus, daß ich nicht als der
Jüngste von der Schule abgehen würde. War ich selbst aber
durch solche Thatsachen, gegen welche sich augenblicklich nichts
thun ließ, in meinem Gemüte bedrückt genug, so wollte mein
Vater das nicht so schwer genommen wissen. Wenn nur

keine neuen Krankheitsanfälle eintraten, sah er ganz getrost
in die Zukunft, und so reiste er nach einigen Tagen ab. —

Im Pfarrhause, dem ich jetzt zugeteilt war, gingen die
Tage geregelt und in immer gleicher Eintönigkeit fort. Anfangs wurde es mir nicht ganz leicht, mich in die Wandlung
des Lebens zu finden. Denn wenn wir Geschwister im elterlichen Hause in keiner Weise verzogen worden waren, so hatte
die ganze Gestaltung des Hausstandes uns doch zu einer
anspruchsvolleren Gewöhnung gebracht, und hätte dieselbe
nur in dem Anblick und dem Zuschauen bei einem gesellig
bewegten Treiben bestanden. Nun kam ich selbst zu der
Ueberzeugung, daß ich verwöhnt sei, mich jetzt aber um so
mehr zusammen zu nehmen hätte. Der Zuschnitt des Pfarrhauses war bürgerlich einfach, wenn auch ohne Einschränkung,
und in immer gleicher Ordnung gemessen; die Großeltern,
alt genug, um die Gemächlichkeit und Ruhe zu schätzen. Gesellschaft wurde nicht eingeladen, wie sie selbst nicht mehr in
Gesellschaft gingen. Besuche erschienen nur auf Stunden,
da man die Regel des Hauses kannte und berücksichtigte.
Die beiden Alten standen in der höchsten Achtung, der Großvater wurde auch von der zahlreich vertretenen Geistlichkeit,
obgleich sie zum Teil eine ganz andere Richtung vertrat, als
der Urälteste höchlich respektiert. Er predigte noch manches
Jahr, wenn die Reihe an ihn kam. Die Predigten in französischer Sprache hatte er eingestellt, selbst die Gewohnheit,
im Jahre wenigstens einmal französisch zu predigen, eingehn
lassen, da schließlich der Begriff der „französischen Gemeinde"
sich verloren hatte, und nur noch zu einer Bezeichnung geworden war. Auch seine deutschen Predigten hatten nur
noch einen kleinen Kreis von Zuhörern, da er von glänzenderen Kanzelrednern überflügelt war. Er wußte das, gestand es in der kindlich naivsten Weise zu, ohne sich im
mindesten dadurch beeinträchtigt zu fühlen. Die Offenheit

und Gradheit seines Charakters und Wesens war es auch,
wodurch er sich die bevorzugteren Geistlichen unbedingt er=
geben machte. Es gab unter diesen Herren der verschiedensten
Richtung doch mancherlei Streitigkeiten, Intriguen und Gegner=
schaften, bei welchen für mich der geistliche Heiligenschein des
Theologen recht sehr verblaßte. Mein Großvater stand außer=
halb und über allen diesen Dingen. Ich hörte einmal von
einem Theologen, der als ein neues großes Kirchenlicht ge=
priesen wurde, über meinen Großvater sagen: Wenn jemals
ein Geistlicher sich den Titel Hochehrwürden verdient habe, so
sei es dieser Mann! — Sonntags nach der Predigt und
darauf bei Tische war der alte Herr immer besonders liebens=
würdig in seinem Behagen. Auch ging es um den Tisch
meist munter zu, da seine beiden, in Frankfurt ansässigen
Söhne, der eine Kunst= und Handelsgärtner, der andere
selbständiger Kaufmann, zur „Sonntagssuppe“ erschienen.
Als beide sich bald verheirateten, wurde die Tafel noch größer,
denn der Großvater wünschte die jungen Frauen Sonntags
auch an seinem Tische zu sehen.

So war ich in einen Familienkreis aufgenommen, in
welchem ich, als Jüngster, auch bei lebhafterer Unterhaltung
nicht zur Sprache kam, noch auch das Wort begehrte. Ich
mußte erst Fühlung gewinnen zu so vielen Onkels, welche,
wie ich wohl bemerkte, mich beobachteten, und nicht gewillt
waren irgend welche Ansprüche in mir aufkommen zu lassen.
Denn man war von dem Vorurteil ausgegangen, es handle
sich um einen grenzenlos verzogenen und anspruchsvollen
Jungen, der gründlich geduckt und zum Besseren erzogen
werden müsse. Dafür wollte sich nun aber keine rechte Ver=
anlassung finden. Denn die neue Lebensform, in der ich
mich befand, erregte meine Aufmerksamkeit und Wißbegier,
ich knüpfte mit meinem Anteil nicht trübsinnig an Verlassenes
an, sondern an Gegenwärtiges, und suchte mich durch Fragen

zu unterrichten: bei dem Onkel Gärtner über Botanisches, bei dem Onkel Kaufmann über Merkantilisches und Städtisches, über die Messen und ihre Bedeutung, und was sonst in dieses Gebiet gehört. Und als man lange vergeblich gewartet hatte, daß die Tücken und Trumpfe des Sträflings, den man zur Besserung in Pflege zu haben glaubte, sich zeigen sollten, daß er sich anspruchslos und wie in seinem Elemente betrug, änderte sich der Ton, und wurde entgegenkommender. Noch eine Zeitlang bemerkte ich in der Familie eine gewisse Verwunderung, daß man mich nicht so schlimm fand, als man erwartet hatte.

In dieser Zeit gewann ich erst einen Einblick in die größeren Umkreise der Familie und die endlosen Kolonie=Verwandtschaften in Frankfurt, Berlin, Straßburg, und an anderen Orten. Im engeren Zusammenhang mit dem Pfarr=hause stand die Großmutter Barraud, und zwar mit ihrer Tochter Julie, welche ein Erziehungsinstitut leitete, zu dessen Vorstand auch der Großvater gehörte. Da aber die Groß=mutter Barraud durch ihren lahmen Fuß sich ebenso an das Haus gefesselt fühlte, wie die Großeltern durch Jahre und Gewöhnung, so mußten für den Verkehr die Besuche der Jüngeren genügen, oder man fand sich im Sommer einmal in einem öffentlichen Garten oder zu Wagen leicht erreich=barem Orte der Umgegend zusammen. — Auch ein Bruder des Großvaters, Kaufmann, lebte noch in Frankfurt. Er war über das achtzigste Jahr längst hinaus, doch immer noch rüstig. Da alle seine Kinder verheiratet waren, wurde sein Haushalt von einer auch schon bejahrten Nichte geführt. Sein Haus war der Mittelpunkt einer für sich bestehenden Familiengruppe. Solcher Gruppen bestanden nun noch mehrere in der Stadt, und daran schloß sich eine Menge von ent=fernteren Verwandten mit französischen und deutschen Namen, ungerechnet alle jene Allerweltsonkels und Allerweltstanten,

welche sich immerhin geltend zu machen wußten, und als die
Wandelsterne der Familie, den Zusammenhang der Gruppen
förderten oder auch zuweilen lockerten. Im Ganzen war das
Familiengefühl durchgreifend, die Verwandtschaftspietät, ihre
Rechte und Pflichten, oft etwas eingeengt, sie konnte sogar
zu einer gewissen Tyrannei werden. Von den Großeltern,
unseren Patriarchen, ging dieselbe nicht aus, und es wäre
im einzelnen Falle schwer nachzuweisen gewesen, von wem
sie eigentlich ausging. Sie hatte ihren Ursprung in dem
Gefühl der Zusammengehörigkeit innerhalb eines einst fremden
Ganzen, mit dem man doch längst verschmolzen war, und
von welchem sich abzulösen Niemand mehr in den Sinn kam.
Das vielfach Beschränkende lag nur in der Tradition. Denn
das Kolonie-Bewußtsein war immer noch stark. Viele gaben
etwas auf reine französische Abstammung. Daher die zahlreichen Verheiratungen innerhalb der Familie; Onkels und
Nichten, Cousins und Cousinen, wurden von Jahr zu Jahr
mit einander getraut. Ein alter Vetter sagte einmal von
mir und meinen Geschwistern: „Ihr dürft stolz sein, denn
ihr seid Vollblut!" Trugen doch Vater und Mutter französische Familiennamen! Und so ging, bei aller Bürgerlich-
keit, eine Art von aristokratischem Bewußtsein durch die ganze
Kolonie.

Aber man unterschied sehr bestimmt zwischen den alten
Refugiés und den neueren Emigrirten. Die letzteren waren
aus ihrem Vaterlande entflohen vor dem Sturme der Revolution, viele kehrten nach Frankreich zurück, als die Unsicher-
heit für sie aufhörte, viele blieben auch in Deutschland, wo
sie Amt und Stellung gefunden, oder sich sonst mit Vorteil
ansässig gemacht hatten. Diese wurden nicht für voll angesehen, und der Zusammenhang erstreckte sich nicht auf sie.
Die Refugiés, welche aus Frankreich um ihres Glaubens
willen mit Feuer und Schwert vertrieben worden, diese galten

als die in ihrer Abstammung höher stehenden, die Vornehmeren, und nur diese bildeten die Kolonie. Sprach sich das bürger= lich=aristokratische Bewußtsein hier, im Gegensatze zu den später Eingewanderten aus — unter welchen doch Abkömmlinge alter französischer Adelsgeschlechter waren, so durchdrang es die ganze Lebensanschauung, ja den Familiencharakter über= haupt. Bei den Roquettes viel weniger, da sie vorwiegend einfache, tüchtige Naturen waren; bei den Barrauds dagegen waren aristokratische Züge fast durchweg ausgeprägt, oft in einschneidender Weise, verbunden mit sehr auffallenden Cha= raktereigenschaften.

Die Barrauds hatten, da sie erst zu Anfang des Jahr= hundert nach Frankfurt gezogen waren, ihren Zusammenhang mit der Kolonie in Berlin, wo auch die Brüder und Schwestern des Großvaters Barraud mit kinderreichen Familien lebten. Auch hier war die Vetterschaft zahllos. Im Ganzen ein Geschlecht mit manchen genialen Zügen, begabt, voll Phan= tasie und Anregungsfähigkeit, aber vielfach extravagant, hoch= mütig, leichtsinnig, dem Abenteuerlichen zugeneigt, ohne kräf= tigen Halt, ohne Ausdauer zur Thätigkeit. Viele verzettelten und verdarben ihr Leben. Einige legten Hand an sich, Andere hatten einen noch schlimmeren Ausgang. Es versteht sich, daß es in diesem Familienverbande auch genug schlichte und ordentliche Leute gab, aber Sonderlingszüge, und glänzende, nicht zur Entwickelung gekommene Eigenschaften fand man fast bei allen. Merkwürdig (oder vielleicht auch ganz folge= recht) war es, daß sie durch Verheiratung auch mit deutsch= berliner Familien meist Persönlichkeiten in ihren Kreis auf= nahmen, welche sich durch Sonderlingsart zu vielgenannten Originalen machten. Das alte Berlin wußte hundert Ge= schichten von ihnen zu erzählen. Einer dieser Onkels, ein reicher Mann, sah auf einer Versteigerung dreißig alte Fenster= kreuze und Rahmen, die ihm brauchbar erschienen, er kaufte

sie, und ließ sich ein Haus dafür bauen. Er hatte eine heftige
Furcht vor dem Scheintode und lebendig begraben zu werden.
Daher ließ er sich bei Lebzeiten einen Sarg bauen mit allen
Vorrichtungen gegen das Gefürchtete. Im Deckel des Sarges
befand sich ein Schiebefenster und Glockenzug, welcher durch
das Grab geführt werden sollte. Auch sorgte er für das
Erwachen und etwaige längere Harren im Grabe, indem er
im Sarge eine Art von Speisekammer anbringen ließ, groß
genug, um zwei gebratene Rebhühner und eine Flasche Wein
aufzunehmen. Er traf dafür die umständlichsten Bestimmungen,
und suchte den Sarg, der in einer Kammer neben seinem
Arbeitszimmer stand, immer noch zu vervollständigen. Meine
Mutter, welche den Mann um seiner guten Eigenschaften
willen sonst sehr schätzte, erzählte, daß er, um die Situation
zu prüfen, einmal eine Nacht, anstatt im Bette, mit Reb=
hühnern und Wein im Sarge zugebracht habe. Als seine
Frau am Morgen etwas geängstigt in sein Zimmer trat,
fand sie ihn im Sarge sitzen, vergnügt mit seinem Frühstück
beschäftigt. — Zahlreich, ja unerschöpflich waren die Ge=
schichten von einer Madame Dutitre in Berlin, die, ich
weiß nicht durch welche Kreuzung, einen Platz unter den
Tanten einnahm. Sie ist es, welche im Park von Sans=
Souci einmal auf den lustwandelnden König Friedrich Wil=
helm III. zuschritt mit dem Ausruf: „Ach, Majestäteken,
was ich mir freue, Ihnen mal unter vier Augen zu haben!“
Sie erzwang ein Gespräch mit dem König, welches nichts
als eine Art von devoter Liebeserklärung sein sollte, für
welches sie auf des Königs wie auf ihrer Seite Zeugen hatte,
um sich derselben rühmen zu können. Von solchen Persön=
lichkeiten habe ich nur die Nachkommen in späterer Zeit kennen
gelernt, Anekdoten über sie wurden aber im großelterlichen
Hause oft genug erzählt. Doch auch von dem immerhin um=
fangreichen Frankfurter Verwandtschaftskreise blieb ich ziem=

lich fern; einmal weil das großelterliche Haus es bedingte, vielleicht auch, weil sich zur Zeit niemand von meinem Alter darin fand.

Betrübend aber war es mir, daß ich zu einem regeren Verkehr mit dem Spieker'schen Hause nicht gelangen sollte, dem ich doch von meinen Eltern besonders empfohlen war. Auf dieses hatte ich große Erwartungen gesetzt, denn es war mir immer als Gegenstand von Freuden und Wünschen geschildert worden, wie denn Spiekers Jugendschriften ein hingebendes Publikum an mir und meinen Geschwistern gefunden hatten. Spieker war Superintendent an der Oberkirche, also ein Amtsbruder des Großvaters, mit ihm auf dem besten Fuße stehend, ihm sogar verschwägert, da (und darauf beruhte die Verwandtschaft) ein jüngerer Bruder von ihm eine Tochter meines Großvaters zur Frau hatte. Als mein Vater mich nach Frankfurt brachte, war sein erster Besuch mit mir bei Onkel Spieker, der mit seiner Gattin und seinen erwachsenen Kindern mich herzlich willkommen hieß, und mich aufforderte sein Haus so oft zu besuchen als ich Lust hätte. Spiekers Erscheinung und Wesen hatte etwas überaus Gewinnendes; es war lebhaft, weltmännisch, es zeigte den Mann, der die Welt kannte, in großem Kreise wirkte, und im Mittelpunkte der geistigen Bewegung seiner Zeit stand; dabei warm, herzlich und herzgewinnend. Nun aber sollte eine Schranke aufsteigen zwischen dem Spieker'schen Hause und mir, welche, obgleich es mir stets geöffnet blieb, mich mehr und mehr von demselben abdrängte. Diese Schranke bestand in einer Befangenheit des großelterlichen Hauses, oder eigentlich nur seiner jüngeren Vertreter, gegen litterarische und künstlerische Dinge, gegen Alles, was man spöttisch „schöne Künste" nannte. Die Familie hatte selbst noch kein produktives Talent aufzuweisen, es war niemand darin musikalisch, litterarische Gespräche wurden nicht geführt, mit bildender Kunst hatte man noch

weniger zu schaffen, es galt eigentlich für abgeschmackt, mit
einem Geistesprodukt in die Öffentlichkeit zu treten. Zwar
hatte ein älterer Onkel Roquette (damals schon verstorben)
eine französische Grammatik verfaßt, die sogar auf dem Gym=
nasium eingeführt war; die aber ließ man hingehn, da man
ihn nicht eigentlich unter die Schriftsteller rechnete. Es gab
auch zwei Bändchen Lyrik einer Julie von Roquette, die
man jedoch, selbst wenn man sie gekannt hätte, nicht als
einen Familienfrevel angesehen hätte; denn die Dichterin war
eine geborne von Penz, aus Pommern, und jener fran=
zösische Kapitain de (oder de la) Roquette, mit dem sie sich
verheiratete, war ein in der Revolutionszeit Emigrirter. Beide
gehörten demnach nicht zur Verwandtschaft, nicht einmal zur
Kolonie. Daß aber meine Mutter Verse für gelegentliche
Zwecke machte, wurde ihr nicht angerechnet, höchstens lachte
man darüber. Wußte man doch, daß sie alle Strümpfe für
ihre Kinder selbst strickte. — Dahingegen gab es ein aus
dem Frankfurter Verbande hervorgegangenes künstlerisches
Talent, Louis Dames, den Komponisten, dessen Lieder
überall gesungen wurden, sogar eine Zeitlang durchgreifend
Mode machten. Darüber wurde dann freilich gelächelt (zu=
mal Louis Dames in juristischer Stellung lebte, und die
Musik, die ihn berühmt machte, mehr zu seinem Vergnügen
betrieb) und der Name des Gefeierten wurde von Onkels
und Vettern nie ohne einen gewissen Spott genannt. Er
gehörte mehr zur Spieker'schen Gruppe hinüber. Spieker
aber war gradezu als der litterarische Mittelpunkt des da=
maligen Frankfurt zu betrachten. Seine theologischen, histori=
schen und andern gelehrten Werke standen in Ansehn. Seine
Jugendschriften, Dichtungen, Reiseschilderungen hatten ein
großes Publikum. In seinem Hause war lebhaftes Interesse
für Kunst und Litteratur, es war nie ohne Fremdenverkehr,
war der eigentliche Herd der vielbespöttelten „schönen Künste".

Man verbot mir das Spiker'sche Haus freilich nicht, wie man ja äußerlich in gutem Einvernehmen mit ihm stand, aber ich bemerkte mehr und mehr, daß man nicht wünschte, durch eine engere Beziehung von meiner Seite, sich dem Hause zu nähern. Ich aber hatte Alles zu vermeiden, was mich selbst in den Geruch schöner Künste hätte bringen können, um meine Lage im Pfarrhause nicht zu gefährden. Selbst die Tochter des Hauses, Tante Clara, noch in jüngeren Jahren, und mir sehr gewogen, war, als ich mich mit ihr beriet, einverstanden, daß ich den Verkehr nicht auf eigne Hand fortsetzte. So schrieb ich denn darüber an meine Eltern und gab meine Wünsche auf. Freilich in betrübter Verlegenheit, wenn mir aus dem Spiker'schen Hause die Frage immer wieder begegnete, warum ich so schlechte Freundschaft hielte, und meine Besuche fast ganz einstellte?

Fragte man nun aber von wem diese kleine Tyrannei eigentlich ausging, so ist sie auf die alten Großeltern am wenigsten zurückzuführen. Sie lag mehr in den Grillen einer Gruppe von Jüngeren, deren Einfluß sich tiefer geltend machte, als es den Anschein hatte. Sie lag auch in den verschiedenen Richtungen der damaligen Theologie. Die Partei der orthodoxen Christen, oder der Pietismus, welcher in den ersten Regierungsjahren Friedrich Wilhelms IV. zu rascher Blüte kam, zählte in Frankfurt umfassende Kreise, bald in der schärfsten Ausprägung des sogenannten Muckertums, bald in jener Form der Hofchristlichkeit, welcher auch viele der geistreichsten Leute anhingen, bald in verschieden gefärbten Uebergangsformen. Zu diesem Pietismus stand nun aber Spiker mit seinem Hause in gradem Gegensatz. Mein Großvater machte sich auch nichts damit zu schaffen, aber sein Sohn, der Kandidat, welcher im Hause lebte, gehörte der orthodoxen Richtung an, wie die Mehrzahl der jüngeren Theologen. Freilich von dem Stockpietismus blieb der

Kandidat auch entfernt, überdies war er eine zu ehrliche
Natur, um durch eine Moderichtung eine Rolle spielen zu
wollen, durch die man damals Carriere machen konnte.
Doch lebte er im Verkehr mit solchen Leuten, wie dieselben
denn bis in die höchsten Beamten= und Militärkreise hinein
zu finden waren, und in einem Verein jüngerer Männer,
in welchen alle Schattirungen der Orthodoxie vertreten waren.
Diese hatten ihre allwöchentliche Versammlung, welche doch
nicht durchweg aus Theologen, sondern auch aus Angeregten
verschiedener Kreise bestand, wie denn auch ein Bruder des
Kandidaten, der Kaufmann, dazu gehörte. Ein Haus aber,
in welchem zwei Söhne eine ausgeprägte Richtung vertreten,
ohne daß ihnen eine prinzipielle Opposition begegnet, wird
immer durch ihre Richtung etwas bestimmt werden, um so
mehr wenn eine gewisse Herrschsucht sich leise geltend zu
machen weiß. Von eigentlichen Pietisten wurden die Wohn=
zimmer der Großeltern nicht betreten, höchstens von einigen
„erregten“ Tanten. Da hörte man denn wohl, wie Der oder
Jener „zum Durchbruch der Gnade“ gelangt sei, oder von
einem „Wiedersehen beim Lamme“, oder sonstige Formeln
aus dem Modedialekte der Gottseligkeit. Der Großvater
ging dann, wie er pflegte, mit seiner langen Pfeife im Zimmer
auf und ab, rief halblaut sein „Kifelkakel“ dazwischen, oder
der Ruf: „Alberne Gans!“ machte sich wohl vernehmlicher
geltend, als für Claras und meine ernsthafte Fassung gut war.

Diese noch jugendliche und lebenslustige Tante Clara
war nicht gewillt, die Herrschaft, welche im Hause leise um
sich griff, über ihre Person Meister werden zu lassen. Sie
hatte zu verschiedenen Zeiten in Bromberg vergnügte Tage
bei meinen Eltern verlebt, deren sie immer gern gedachte,
und so nahm sie mich zum Kameraden, wenn es galt, irgend
eine kleine Zerstreuung für sich durchzusetzen, und wär es nur
ein Spaziergang ins Freie gewesen, oder an einen Ort, wo

sie Bekannte anzutreffen hoffte. Was ich mir versagen mußte,
nahm sie kühnlich für sich in Anspruch, verkehrte im Spieker=
schen Hause, und wußte es im Winter so einzurichten, daß
ich sie rechtzeitig abholte, wo mir denn noch ein halbes
Stündchen in der befreundeten Familie zugute kam. Daß
ich nicht zum Vergnügen in das großelterliche Haus gekommen
war, wußte sie wohl, dafür suchte sie, wenn sie mich in kleinen
Dingen zu ihrem Vorteil benutzen konnte, durch einige An=
regung zu belohnen. Anregend war sie überhaupt in hohem
Grade, vorwiegend durch ihre Erzählungskunst, mit der sie
aus einem Nichts eine humoristische Geschichte machte. Daher
hatten die Alten gegen ihren selbständigen Verkehr nichts
einzuwenden. Brachte sie doch von überall her einen Unter=
haltungsstoff heim, voll der drolligsten Schilderungen, deren
oft dramatischer Vortrag die Alten belustigte. —

Ich war also seit dem Tage meiner Ankunft dem Kandi=
daten zur Obhut, und nach seiner Vermutung auch wohl
zur Besserung übergeben. Wenn diese letzte Vermutung über=
haupt im Pfarrhause oder nur im Kopfe des Kandidaten
entsprungen sein mochte, kurz sie war da, das mußte ich zu
meiner Ueberraschung überall erkennen. Zuerst kündete mein
Hüter mir an, daß ich jeden Morgen um sechs Uhr in dem
von uns gemeinsam bewohnten Zimmer den Ofen zu heizen
hätte. Ich hatte das nie versucht, aber die Neuheit des Ge=
schäftes hatte etwas Anziehendes für mich. Ich ließ mich
von der Magd unterweisen, und meine Versuche hatten guten
Erfolg. Torfkammer und Holzstall nahm ich in besondere
Aufsicht für meine Zwecke, begann zu spalten, zu schichten,
zu ordnen, und kam zuweilen mit der Magd in Konflikte,
welche sich meine Vorarbeiten für ihre eignen Verpflichtungen
zunutze machen wollte. Ich betrieb das Einheizen bald mit
einer Art von Leidenschaft, und meine Kunst wurde mit der
Zeit anerkannt, ja in solchem Grade, daß man mich auch

für die übrigen Oefen des Hauses gelegentlich zu Rate zog.
Die Vorliebe für dieses Geschäft ist mir geblieben. Und da
ich in meinem Leben den Wohnort öfter zu wechseln hatte,
und damit eine Uebersicht über alle Feuerungsarten und
Zündmittel erlangte, und sie mir dienstbar zu machen wußte,
so kann ich mich rühmen, wenn nichts besseres, doch einer
der besten Ofenheizer geworden zu sein. Bald sah mein
Kandidat, daß weder durch das Einheizen noch durch andre
Probemittel eine rechte Wirkung bei mir zu Tage treten
wollte. Ich merkte ihm eine gewisse Verwunderung an,
wenn ich sie mir anfangs auch nicht recht erklären konnte.
Irgendwo mußte die Teufelskralle bei mir doch einmal zur
Erscheinung kommen, um beschnitten zu werden! Die Kopf-
schmerzen, welche mir gleich anfangs ein paar mal heftige
Niederlagen bereiteten, mochten ein bedenklicher Punkt sein.
Der dazugerufene Arzt, ein alter Freund des Hauses, welcher
dergleichen in seiner eignen Familie kannte, erwies mir eine
Wohlthat durch seine einfache Verordnung: „In Ruhe lassen!"
Und so hörte ich eines Tages bei Tische das Wort: „Nein,
wenn Einer vierundzwanzig Stunden daliegt, ohne einen
Bissen zu genießen, und noch dazu Sonntags, so kann das
keine Verstellung sein!" Man hatte also unter die mancherlei
Vorurteile gegen mich auch die Uebung in der Verstellungs-
kunst aufgenommen. Schließlich kam man auch davon zurück.
Und da sich nun nichts bot, worauf mit starken Mitteln zu
wirken gewesen wäre, so gab mein Kandidat das Beobachten
auf und ließ mich ungehindert. Wir haben uns ein Jahr
lang, und darüber, gut mit einander vertragen und standen
endlich auf einem ganz vergnüglichen Fuße, da er sogar meinen
Scherzen zugänglich wurde.

Nur in einem Stücke hatte er seine Hand fester auf
mich gelegt, und dieses Festhalten galt dem künftigen Theologen. Als solcher konnte ich nicht früh genug einen Ein-

blick in die kirchlichen Verhältnisse erhalten. So begann sein Unterricht jeden Sonntag nach einer bestimmten Regel ein paar Stunden lang, vom Aufstehen bis zum Gange zur Kirche. Nachdem ich Feuer gemacht, hatte ich ein geistliches Lied vorzulesen, welches von ihm ausgewählt worden war. Daran knüpfte sich dann wohl ein Gespräch über die verschiedenen Gattungen des Kirchenliedes und ihre Brauchbarkeit für die Gemeinde. Darauf las ich das Evangelium und die Epistel des Sonntags, und nach Beendigung der Perikopen vertieften wir uns in eine gedruckte Predigt, deren sein Bücherschrank ganze Reihen von Bänden aufwies. Und zwar schreckten wir vor keiner Richtung zurück. Denn wir lasen Predigten von Tholuck und von Spieker, von Ehrenberg und von Claus Harms, lasen Müllers „geistliche Erquickstunden" und Abhandlungen der trockensten Rationalisten. Das Lesen wurde häufig durch Gespräche unterbrochen, denn es galt mich auf einem bestimmten Pfade zu behalten. So habe ich alle Mundarten der Kanzelberedtsamkeit früh kennen gelernt. Auch in die „christliche Hymnologie", wie man die Litteratur der Kirchenliederdichtung nennt, sollte ich bei Zeiten eingeführt werden. Es ist dies eine sehr umfangreiche und zugleich langweilige Litteratur, mit welcher ich mich eine Weile herumschlug. Einmal aber traf ich darin auf eine Stelle, die mir ein dauernder Besitz für das Leben geblieben ist. Es war in einem Liede von Gabriel Schwarze, welches „bei Hinrichtungen zu singen" war, und lautete:

> „Selige Canaillen,
> Die ihr noch am Galgen
> Gottes Gnade spürt."

Als ich diese Stelle meinem Kandidaten vorwies, stimmte denn auch er in mein Gelächter ein. Es ist mir nicht gelungen dieses Lied im Ganzen wieder aufzufinden. Um so dankbarer würde ich sein, wenn es einem fleißigeren Sucher

gelänge, es mir nachzuweisen. Nachdem wir so unsern Sonn=
tagsmorgen begangen, frühstückten wir zu zwei, und kleideten
uns an, um zur Kirche zu gehen. In der Predigt hatte
ich scharf aufzupassen, um nachher Rechenschaft geben zu
können, denn zuweilen wurde am Mittagstische an die Predigt
angeknüpft. Meist aber saß man bei der Mahlzeit bei heiteren
allgemeinen Familiengesprächen. Zum Nachmittagsgottes=
dienst wollte man mich nicht eigentlich verpflichten, aber da
man es gern hatte, wenn immer wenigstens Einer aus dem
Pfarrhause im Kirchenstuhl neben der Kanzel gesehen wurde,
so fiel denn das Loos meistenteils auf mich. War ich aber
frei dann durfte ich mir jede Lektüre nach Tische gestatten.
Auch mein Kandidat legte sich dann wohl mit einem Bande
von Calderon auf das Sofa, um bald darüber einzuschlafen.
Später wurde ein Spaziergang gemacht, entweder mit der
Familie, oder mit dem Kandidaten und irgend einem seiner
Freunde. In letzterem Falle hörte ich dann wieder theo=
logische Gespräche, oder auch manches über die Gegensätze und
den kirchlichen und städtischen Klatsch der geistlichen Herrn
unter einander. War ich des Zuhörens müde, so ließ ich
die Blicke in die Umgebung schweifen, welche des Ansehens
wohl wert war.

Der Anblick der Stadt Frankfurt hatte mir gleich an=
fangs einen bedeutenden Eindruck gemacht. Die langgeführten,
immer belebten Straßen, mit hohen und breit auslagernden
Häusern, welche alle auf Handel, auf die Messe (mochte die
Bedeutung derselben auch mehr in der Vergangenheit liegen)
auf Wohlhabenheit hinwiesen; die Kirchen, unter welchen die
Marienkirche, gewöhnlich Oberkirche genannt, zu den hervor=
ragenderen Architekturwerken zu zählen ist; der Markt mit
dem Rathause in der Mitte, und dem wunderlichen Häuser=
komplex, der sich nach alter Sitte um das größere Gebäude
zusammengedrängt hatte. Dann die schönen Anlagen, ge=

nannt „Um die halbe Stadt", und die damals neuen villen=
artigen Häuser an der Hügelreihe. Vor allem der schöne
breite Fluß, und die Anhöhen, welche die Stadt im Halb=
kreise umgeben, und, die Oder hinauf, in eine waldige Ferne
hinauslocken. Alles das noch unberührt und unzerschnitten
von den Dämmen und Schienenwegen der Eisenbahn, die
hier zerstörender und umgestaltender über die Landschaft ge=
kommen ist, als an andern Orten. Doch lernte ich die Um=
gebung der Stadt erst genauer kennen, als ich sie mit Schul=
freunden fröhlich durchstreifte. War meine Bekanntschaft mit
Altersgenossen auch schon am ersten Schultage gemacht worden,
so mußte einige Zeit vergehen, bis ich wagte, selbständiger
mit ihnen anzubinden. Selbst wenn ich von meiner Mutter
nicht wiederholt die eindringlichsten Instruktionen erhalten
hätte, Alles zu vermeiden, was im Pfarrhause Bedenken er=
regen konnte, so hätte die eigne Klugheit mir gesagt, daß,
so lange ich selbst unter der häuslichen Beobachtung stand,
ich mich derselben nicht entziehen durfte.

Die Schule mit ihrer Leitung und Ordnung, der Tüchtig=
keit ihrer Lehrkräfte, dem gewissenhaften Ernst, und mit ihrer
gelehrten Würde, stand im äußersten Gegensatz zu derjenigen,
die ich verlassen hatte. Ich bekam jetzt erst einen Begriff
davon, was und wie an einer Bildungsanstalt gelehrt und
gelernt werden könne. Die Lehrer hatten guten Ton und
Lebensart. Sie waren meist verschwägert mit den begütertsten
Familien der Stadt, waren auch wohl Besitzer von schönen
Häusern und Gärten, sie gehörten zur guten Gesellschaft.
Dafür machte sich die orthodox=kirchliche Richtung, welche in
der Gesellschaft so viele Anhänger zählte, auch auf dem Gym=
nasium geltend. Nicht ohne scharfe Gegensätze. Es gab
unter den Lehrern einen entschiedenen Freigeist, der seine Be=
merkungen nicht sehr pädagogisch einrichtete, sich aber vor
nichts fürchtete, da er als ein reicher Mann sich ganz un=

abhängig fühlte. Ihm gegenüber standen einige Pietisten
der schärfsten Ausprägung, welche „vor dem Herrn duf=
teten" und ihre Primaner zuweilen als ihre „lieben ver=
lorenen Lämmlein" anredeten, auch von dem „Dornbusch
der Weltlichkeit" sprachen, welchen sie meiden sollten. In
der Mitte dieser Gegensätze stand der Direktor Poppo in der
ganzen Wucht seiner Persönlichkeit, mit einer Gruppe von
Lehrern, deren kirchliche Richtung immerhin ausgesprochen
war, aber doch den eigentlichen Muckern die Wage zu halten
wußte. Es wurde in der Schule viel gebetet, täglich vier=
mal, morgen vor Beginn und nach dem Abschluß des Unter=
richts, nachmittags ebenso. Die stark Gottseligen begannen
und schlossen sogar jede ihrer Lektionen mit Gebet. Ueber=
dies begann die Woche, Montags um acht Uhr, mit einem
Gottesdienst aller Lehrer und Schüler bei Gesang und Gebet.
Das sieht nun buckmäuserischer aus, als es eigentlich war.
Daß wir Schüler die vielen Gebete nicht mit ganzem Ernst
anhörten, ist nicht zu verwundern. Was aber außerhalb
der Gebete lag, der ganze Unterricht, blieb ungefärbt von
kirchlichen Richtungen, wie der Zuschnitt der Schule überhaupt
nichts klösterlich Einengendes hatte. Gab das Gymnasium
im Winter doch sogar einige „Abendunterhaltungen" vor
größerem Publikum, wo musicirt, gesungen, deklamiert und
allerlei dargestellt wurde, wobei es ganz weltlich vergnügt
herging. Auch stand uns eine reichliche und vortreffliche
Schulbibliothek zur Verfügung, aus welcher sich mir, bei
meiner litterarischen Genußfähigkeit, eine unerschöpfliche Fülle
von Anregung und Freuden aufschloß.

Zu den Lehrern am Gymnasium gehörte auch mein
Großvater, der seit Menschendenken den Unterricht im Fran=
zösischen in den beiden oberen Klassen erteilte. Nicht mehr
zum Vorteil der Schule; denn der alte Herr, obgleich regel=
mäßig am Platze, ließ die Dinge eben laufen, wie sie mochten.

Daß sein Gehör etwas stumpf geworden, wurde ausgebeutet, und so kamen in seinen Lehrstunden Unregelmäßigkeiten genug vor, welchen ich zwar nach Kräften zu steuern suchte, aber nicht immer damit durchdrang. Um so lehrreicher waren für mich die Stunden, in welchen er sich allein mit mir beschäftigte. Zweimal die Woche, oder auch öfter, im Sommer schon morgens um sechs Uhr, lasen wir zusammen französisch. Er kannte die ältere französische Litteratur ziemlich genau, und sein Bücherschrank umfaßte davon eine reichliche Anzahl von Bänden. Wir fingen mit Molière an, und haben ihn wohl ganz durchgelesen. Es wurden von Racine les Plaideurs und von Corneille le menteur eingeschoben, sowie einige Stücke von Andern. Es mußten aber Lustspiele sein. Und wenn ich in seinem Studierzimmer laut las, dann ging er mit der Pfeife auf und nieder, das Gesicht voll Heiterkeit, korrigierend und erklärend, oft in sich hinein lachend, oft das Sammtkäppchen vor Vergnügen hin und herschiebend. Dann trat er auch wohl vor seinen Schrank, kramte, legte ganze Stöße von verblichenen Büchern zurecht, und freute sich auf dieses und jenes, was noch gelesen werden sollte. Es war, als ob er uralte Erinnerungen behaglich an sich vorüber gehen ließe. Der alte Herr war aber doch nicht so konservativ, neuere Erscheinungen ganz abzulehnen. Als Scribes „Glas Wasser" zuerst im Druck erschien, ließ er es sich von mir vorlesen, und hatte Freude daran, und so wurden auch andre moderne französische Comödien vorgenommen, welche damals von sich reden machten. Und da nun der Bücherschrank unverschlossen blieb, ging ich auch wohl auf meine eigne Hand darüber, und suchte mir heraus, was mir anziehend erschien. So las ich die beiden Romane von J. J. Rousseau, und las die Manon Lescaut von Prevot d'Exiles — letztere heimlich, und vor dem Kandidaten erst recht heimlich, denn nachdem ich das Buch angefangen, merkte ich, daß ich wohl nicht bekennen durfte, es gelesen zu haben. Es machte aber einen großen und tief bewegenden Eindruck auf mich. —

Die Einförmigkeit im Leben des Pfarrhauses wurde in diesen Jahren doch ein paarmal durch große Familienfeste unterbrochen, so durch des Großvaters fünfzigjähriges Amts= jubiläum, und durch die goldene Hochzeit unsrer Patriarchen, welche bald darauf folgte. An dem ersteren Feste nahm die ganze Stadt teil, wodurch es in die Oeffentlichkeit gezogen wurde; das zweite blieb mehr in den Grenzen der Familie, für deren zahlreiches Zusammentreffen das alte Pfarrhaus dann auch nicht ausreichte, so daß man sich zu öffentlichen Räumen verstehen mußte. Denn es erschienen verheiratete Söhne, Töchter und Enkel aus Lübeck, Bromberg, Pölitz bei Stettin, dazu aus Straßburg, Prenzlau, Berlin und von andern Orten die Repräsentanten der Familie, und die Zahl dieser Abgesandten belief sich auf fünfzig. Die Alten verlebten ihr Jubelfest ganz frisch und wohlgemut, der Groß= vater hielt beim Festmahl in einem großen Saale Reden, mit lauter Stimme, heiter und durch Scherze Alle zur Heiter= keit fortreißend. — Bei beiden Anlässen hatte ich die Freude, meine Eltern in Frankfurt zu sehen und dadurch diese Feier= lichkeiten für mich erst als festlich zu empfinden. Vater und Mutter erschienen unter vielen Jüngeren, die längst etwas ergraut und angedorrt waren, wie die Jüngsten, in leben= sprühender Jugendfrische; der Vater durch seinen Humor Alles belebend und gewinnend, die Mutter durch die immer noch wirkende Macht ihrer Erscheinung und ihres Wesens Alles um sich sammelnd. Der alte Gold=Hochzeiter, welcher stolz auf sie war, führte sie gar zu gern am Arme umher, um, wie er scherzte, seine Alte eifersüchtig zu machen.

Auch bei einem dritten Anlaß erschienen meine Eltern in Frankfurt, einem Feste welches doch nur in bescheidenen

Grenzen gehalten wurde. Es war die Hochzeit des Onkel Gärtners. Dieser, von der Natur in keiner Weise günstig ausgestattet, körperlich verwachsen und in seiner geistigen Ausbildung auf einer mäßigen Stufe zurückgeblieben, hatte seine Wahl auf ein Mädchen aus ganz bäuerlichen Verhältnissen gerichtet. Sie pflegte von der Dammvorstadt die Milch zu Markte zu tragen und zu verkaufen. Der Schreck und das Unbehagen über diese Wahl waren im ersten Augenblicke nicht gering. Aber es galt Fassung. Und da das Mädchen einmal die Verlobte des schon in reifen Jahren stehenden Sohnes geworden, wurde die selbst Beängstigte freundlich und herzlich als zukünftige Schwiegertochter empfangen. Ihre erste Erscheinung nahm gleich für sie ein, denn sie war eine hochgewachsene, junonisch gestaltete Person, mit kräftigen und angenehmen Zügen. Wenn nun der größte Teil der Verwandtschaft über diese Verbindung niemals hinaus kam, so versöhnte man sich im Pfarrhause immer mehr mit ihr, denn es zeigte sich, daß der Gärtner keine bessere Wahl hätte treffen können, ja, daß er von Glück sagen konnte, von ihr nicht abgewiesen worden zu sein. Denn an Bildung stand er nicht über ihr, sie aber übertraf ihn an Klugheit, Fleiß, Arbeitskraft und Wirtschaftlichkeit. In ihrer Stellung im Pfarrhause wurde sie durch gutes Taktgefühl geleitet. — Die Trauung vollzog der Großvater selbst in der Kirche, das Festmahl sollte bei den Angehörigen der Braut in der Dammvorstadt gefeiert werden. Dahin waren die Verbundenen schon gefahren, so auch die Großmutter, ihre Töchter und meine Mutter, als es auf der Schwelle des Pfarrhauses noch einen unvermuteten Aufenthalt gab. Es fand sich nämlich eine Kuh vor der Thür angebunden, und die Magd berichtete, der Führer derselben habe erklärt, die Kuh sei gekauft und hierher bestellt worden, es sei Alles in Ordnung, und so habe er sich nicht halten lassen, und sei davongegangen. Es stellte

sich heraus, daß die Kuh ein Hochzeitsgeschenk meines Vaters
war, welches er längst in der Gärtnerei abgeliefert vermutet
hatte. Nun galt es, das vierbeinige Geschenk noch rechtzeitig
hinaus zu schaffen, wozu sich in der Eile niemand zu finden
schien. Ein paar junge Vettern, welchen die Situation be=
denklich wurde, drückten sich schleunigst und machten sich da=
von. Während man noch beriet, sah mein Vater mich an,
und sagte: „Ich denke, mein Sohn übernimmt es für mich,
die Kuh hinaus zu führen, sonst — muß ich es selbst thun!"
Der Großvater lachte, Einige aus dem Kreise, besonders die
Frauen, erklärten das für unthunlich, mein Vater aber sah
mich mit einem Blicke der Aufforderung an, dem ich nicht
widerstand. So bekannte ich mich bereit, seinen Wunsch zu
erfüllen. Aber leicht wurde mir der Entschluß nicht. Man
denke sich einen Jüngling, der schon anfing sich zu fühlen,
in seinem Sonntagsanzuge, mit hellen, für das Fest neu an=
geschafften Glacéhandschuhen, der plötzlich eine Kuh am Stricke
nehmen und durch die Stadt führen soll. Der Weg mußte
durch die Oderstraße und Brückthorstraße, dann über die
Brücke gehen, wo mir auf jedem Schritte Bekannte begegnen
konnten. Ueberdies hatte ich noch nie Gelegenheit gehabt,
eine Kuh zu führen, und wußte nicht, ob diese gutmütig
meiner Leitung folgen würde. Da überkam mich, dem Un=
gewöhnlichen gegenüber, ein herausfordernder Uebermut. Ich
ergriff den Strick, rief Hü! und setzte mich in Bewegung,
gefolgt von dem Lachen der Uebrigen. Das brave Tier,
welches fühlen mochte, hier nicht am Platze zu sein, ging
ohne Umstände auf dem richtigen Wege fort, als witterte es,
daß nur draußen in der Vorstadt seines Bleibens sein könne.
Die Wagen mit den Hochzeitsgästen fuhren an mir vorüber,
grüßend und lachend. Schon aber kreuzten meinen Weg ein
paar meiner Kameraden, welche überrascht auf mich zugelaufen
kamen. Sie erklärten, daß ich mich zu diesem Schritt nimmer

mehr hätte verstehen sollen, und waren gar nicht erbaut, daß ich es scherzhaft nahm. Auf der Brücke aber begegnete mir nun auch noch einer meiner Lehrer, welcher mich fragte, was dieser Aufzug zu bedeuten habe. Es war einer von den Frommen. Als ich ihm Auskunft gegeben, meinte er: Gehorsam und Demut seien zwar sehr schöne Tugenden, indessen — wünsche er mir eine glückliche Expedition. Ich aber wanderte mit meiner gutmütigen Gefährtin getrost weiter, und hatte das Glück, sie ohne Unfall an Ort und Stelle abzuliefern. Wir wurden von den Hochzeitsgästen, bäuerlichen und städtischen, mit Jubel empfangen, und ein triumphierender Blick meines Vaters belohnte mich. Er hatte vielleicht meine Selbstüberwindung prüfen wollen, und war erfreut, nicht nur, daß es gelungen, sondern daß ich sogar ein vergnügtes Gesicht mitbrachte. Meine Mutter freilich, und selbst die Großmama, waren nicht so einverstanden mit der mir auferlegten Probe.

Nach solchen bewegten Familientagen schloß sich das Leben im Predigerhause wieder um so enger ab, und bewegte sich in derjenigen Ruhe und Eintönigkeit, welche den Alten am behaglichsten war. Der Kandidat erhielt eine Pfarrstelle in einer kleinen märkischen Stadt. Seine Schwester Clara folgte ihm für einige Zeit, um ihm die Wirtschaft einzurichten.

Achtes Kapitel.

So blieb ich vorerst mit den beiden Alten allein im Hause. Ich war mit den Jahren selbständiger geworden, an ein Rechenschaftgeben über Thun und Treiben, Gehen und Kommen, wurde nicht mehr gedacht. Berücksichtigte ich nur die feststehenden Regeln und Gewohnheiten des Predigerhauses, so gab es nur noch wenig Einschränkendes für mich.

Ich kam sogar bei der Großmama zu einer Art Vertrauens=
stellung, welche sich in der Zeit, da ich mit den Patriarchen
allein lebte, noch befestigte. Der Großvater nämlich fing
an, uns einige Sorge zu machen. Nicht um seiner Gesund=
heit willen. Die blieb dauerhaft und ungetrübt bis zu seinem
achtundachtzigsten Jahre. Aber der alte Herr wollte seine
Jahre in gewissen Dingen in keiner Weise berücksichtigt wissen,
und bewahrte seine Selbständigkeit mit Eigensinn, indem er
Gewohnheiten festhielt, welche die Frauen zuweilen beäng=
stigten. Er liebte es, nachmittags auf seine eigne Hand vor
die Stadt zu gehen, und draußen, am alten Buschmühlen=
wege, seinen Kaffe zu nehmen, und seine Pfeife zu rauchen.
Die älteren geistlichen Herren der Stadt pflegten sich hier
in einem Lokal zusammen zu finden, in welches sonst nie=
mand eindrang, schon darum, weil es so gänzlich reizlos war.
Ein unscheinbares Häuschen mit einem Kohlgarten und ein
paar Obstbäumen, war das Ziel des Spaziergangs. Zwei
unverheiratete alte Töchter waren die Besitzerinnen, und
waren gewonnen worden, nachmittags für die geistlichen Herren,
sonst für niemand, den Kaffee zu bereiten. Und da die beiden
Mädchen kränklich waren, so nannten die Herren dieses Idyll
„die Pimpelei“. Bei guter Jahreszeit konnte man den Groß=
vater getrost nach der Pimpelei wandern lassen, da er noch
bei Tageslicht zurückzukehren pflegte. Bedenklicher wurde es
im Herbst, und gar im Winter, wo er sich oft auch bei
rauherem Wetter nicht wollte zurückhalten lassen. Oder das
Wetter war leidlich, wenn er ausging, und Regen und Sturm
brachen herein, bevor er heimgekehrt war. Die Frauen machten
ihm den Vorschlag, er solle sich durch mich zu einer bestimmten
Stunde abholen lassen. Aber da kamen sie schön an! Was
nun offen nicht gestattet war, wurde, bei der Sorge der
Großmutter, mit List durchgesetzt. Gestaltete das Wetter sich
bedrohlich, kamen Dunkelheit und Regen, die den Weg ge=

fährden konnten, so hatte ich schnell Umlauf zu halten und anzufragen, ob Herr Consistorialrat A. oder Herr Superintendent B. oder Herr Prediger C. nach der Pimpelei gegangen? War das der Fall, so konnte man ruhiger sein, da Einer von ihnen den alten Herrn nach Hause zu begleiten pflegte. Stellte sich aber heraus, daß die Herren sich durch das Wetter oder aus einem andern Grunde hatten abhalten lassen, so daß man den Großvater allein wußte, dann machte ich mich auf den Weg ihm entgegen. Aber es mußte mit Behutsamkeit geschehen, ich durfte ihn nur wie zufällig treffen, um den Anschein des Aufsuchens zu vermeiden. Nun war aber der tiefe und lehmige Weg von der Karthause bis nach der Pimpelei grade die schlimmste Stelle, und es galt, ungesehen ihn hier zu überwachen. So ging ich dann in der lustigsten Weise auf den Anstand. Zuweilen wartete ich unter den Fenstern der Pimpelei bis zu seinem Aufbruch. Dann eilte ich voraus, und beobachtete ihn an irgend einer gedeckten Stelle, wie er mit seinem Blendlaternchen, welches er immer mit sich führte, heran kam. Wußte ich ihn über eine schlüpfrige Stelle des Wegs hinüber, dann eilte ich wieder vor ihm her, und so fort, bis ich ihn in der Stadt hatte. Dann trat ich wohl zu ihm heran, begrüßte ihn und ging an seiner Seite nach Hause. Einmal aber hatte er das Laufen vor ihm her doch bemerkt, den Läufer selbst aber nicht erkannt, denn am Abendtische erzählte er: Heut ist mir etwas Wunderliches begegnet. Ein Mensch flog plötzlich wie gejagt von der Thür des N.'schen Gartens die Straße entlang. Ich bin überzeugt, der Kerl hat einbrechen wollen, und ich habe ihn mit meiner Laterne verscheucht. — Die Großmutter blickte mich über den Tisch an, aber obgleich sie wußte, wer der vermeintliche Einbrecher gewesen, brachte sie nicht über das Herz, ihm den Zusammenhang mitzuteilen, um sich den Trost nicht zu verscherzen, ihn öfter von mir

bewacht zu wiſſen. Die häufigen abendlichen Begegnungen
aber, bei Regen und Kälte, entlockten ihm doch einmal die
Worte: Aber Junge, mußt du dich denn immer bei dem
ſchlechteſten Wetter auf der Straße herumtreiben!

Ein Auftritt ähnlicher Art, aber gefährlicher als die
bisherigen, bleibt mir unvergeßlich. Es war an einem No=
vemberabend, etwa ſechs Uhr, als die Großmutter ſehr be=
ſorgt in mein Zimmer trat. Es ſei ſchon weit über die
Stunde, da der Großvater nach Hauſe zu kommen pflege,
und dabei ſtockfinſtre Nacht mit Wind und Regen. Sie habe
die Magd ſchon umhergeſchickt und die Nachricht erhalten,
daß keiner der Herren heut nach der Pimpelei gegangen ſei.
Ich griff nach Mütze und Regenſchirm und eilte hinaus.
Da der Großvater immer den gleichen Weg nahm, war er
nicht zu verfehlen. So gelangte ich über die Karthauſe hin=
aus, in der Hoffnung, ihn noch unter Dach zu finden. Da
erblickte ich am Wege unter einer der alten Eichen (deren
damals dort noch mehrere ſtanden) etwas ſchimmern, das
mir wie meines Großvaters Laternchen vorkam. Ich näherte
mich und rief fragend: Biſt du's, Großpapa? Und als
Antwort kam es denn auch gleich zurück: Sieh da, du Herum=
treiber! Aber es iſt mir recht lieb, mein Junge, daß du
da biſt, nun kann mir doch jemand meinen Hut ſuchen helfen!
Mein Regenſchirm iſt auch entzwei. — Ich fand mit Schreck,
daß der alte Mann unbedeckten Hauptes im Regen ſtand,
und bat ihn meine Mütze aufzuſetzen, ſich aber auf das Suchen
des Hutes im Finſtern nicht weiter einzulaſſen. Davon aber
wollte er nichts wiſſen; mit ſo einer „Dummejungensmütze“
werde er nicht durch die Stadt gehen. Lange hatte ich zu
parlamentieren, daß es ja finſter ſei, und er ſich unter meinem
Schirm bergen könne, bis er ſich dazu verſtand. Er war
verſtimmt, und es tröſtete ihn nur meine Verſicherung, daß
der Finder des Hutes ihm denſelben gewiß wieder bringen

werde, wenn er seinen Verlust morgen in der Pimpelei bekannt mache. Wenn er das wirklich glaubte, so war das
bei ihm Glaube an die Menschheit, während meine Versicherung von einem ziemlich bösen Nebengedanken ausging.
Denn durch einen solchen Hut, wie er ihn für gewöhnlich
trug, würde sich schwerlich jemand zu bereichern geglaubt
haben. So schritten wir nach der Stadt, als ich nach etwa
hundert Schritten an etwas stieß, und einen durchnäßten und
sehr übel zugerichteten Hut aufhob. Der Großvater erkannte
ihn bei der Laterne als den seinigen, und wurde sehr vergnügt, war auch schwer davon abzubringen, ihn aufzusetzen.
Es ist mir lieb, sagte er, als wir zu Hause anlangten, daß
du Herumtreiber mir heut begegnet bist, aber daß du meinen
Hut gefunden hast, ist mir noch lieber. Denn sonst suchte
ich wohl noch immer danach. Es ist mein bequemster Hut,
den ich gar nicht entbehren kann. — Wenn wir nun solche
häusliche Vorgänge auch für uns behielten, so kam doch hin
und wieder etwas davon unter die Leute: Daß der Herr
Pasteur zuweilen bei Nacht und Nebel davon ginge, und sein
Enkel dann ausgeschickt werde, um ihn wieder einzufangen.

Dieses jahrelange, selten unterbrochne Frankfurter Still-
leben habe ich als eine unschätzbare Gunst des Geschickes zu
preisen. Im graden Gegensatz zu dem doch sehr zerstreuen-
den Treiben im elterlichen Hause, konnte ich hier unzerstreut
meinen Weg verfolgen, und was wunderlich bunt gemischt
in meinem Wesen lag, ruhig abklären und entwickeln. Was
ich früher noch nicht gekannt, althergebrachte, dauernde, un-
verrückbare Verhältnisse, gaben meiner vagen Natur einen
Halt, und der Zwang, der von mir gefordert wurde, und
welchen ich endlich selbst von mir forderte, erweckten meine
innere Selbständigkeit vielleicht kräftiger, als es unter mehr
willkürlichen Lebensformen hätte geschehen können. Es war
ein unbewußtes andauernd neues Aufatmen in Ruhe auf

9*

wandellos festehendem Boden. Daß ich, in diesen Boden ver=
pflanzt, meine Kräfte zu rühren hatte, erhielt meine geistigen
Gaben frisch und rege. Zu diesen wohlthätigen Einwirkungen
rechne ich auch die ersten ernsteren und tieferen Beziehungen
zu Schulfreunden. Aus der Zahl der Mitschüler hatte sich
bereits ein engerer Kreis gebildet, dem ich viel verdanken
sollte. Es waren prächtige Burschen darunter, äußerlich hübsch
anzusehen, geistig angeregt und strebsam, gut geartet und
liebenswürdig; frohe Gesellen, welchen die Natur Alles ge=
geben hatte, was mir fehlte. Und wenn dagegen ihnen an
mir Einiges willkommen war, so fühlte ich mich unter ihnen
doch auf lange hinaus als den Empfangenden. Fürs erste
stand ich durch meine Figur gegen sie zurück. Ich war
zwar gut und grade gewachsen, aber in der Höhe unter
Mittelmaß geblieben, und sah fast knabenhaft aus; wie ich
denn auch in späterer Zeit stets für viel jünger genommen
wurde, als ich war. Nun sah ich mich den gleichaltrigen
gegenüber in einigem Abstand. Es ist dies in jungen Jahren,
wo auch das äußerlich Gleiche sich am liebsten zusammen=
findet, von größerer Bedeutung als man glaubt. Dazu kam
nun der Dämon der Kopfschmerzen, welcher mich, vorwiegend
in der ersten Frankfurter Zeit, häufig isolierte. Für den
heranreifenden Jüngling ist aber nichts widerwärtiger, lästiger,
unerträglicher, als ein körperliches Gebrechen, wäre dasselbe
auch nicht sogleich sichtbar. Das erste Gefühl der männ=
lichen Jugend ist die Kraft, und in dieser beschränkt zu sein
kann die Stimmung, bei einem gesunden Geist, zu einer ganz
verzweifelten machen. Nachstehen wollte ich aber meinen Ge=
nossen nicht, und da sich mit meinem Dämon kein Pakt
machen ließ, so mußte versucht werden, ihn mit dem Auf=
gebot alles Willens zu verhehlen. So lernte ich viel zu über=
winden und zu ertragen. Freilich gab es auch Tage der
Niederlage, wo alles Kämpfen umsonst blieb. Alles in Allem

müssen solche Tage im Verfolg nicht gar zu häufig gewesen sein, denn ich erinnere mich nicht, daß unser fröhliches Zusammenleben dadurch wesentlich gestört worden wäre.

Was mich den Einzelnen verband, war bei den Einen die gleiche künstlerische und poetische Neigung, bei den Andern die musikalische Begabung; bei Diesem Kritik und Verstandesschärfe, bei Jenem persönliche Liebenswürdigkeit; bei Allen gute Kammeradschaft. Sie waren, bis auf Einen, sämtlich Frankfurter Kinder, aus wohlbegründeten altbürgerlichen Familien. Ich versage mir nicht, Einige von ihnen zu nennen und ihre Vornamen hinzuzufügen, zum Unterschiede von ihren Brüdern. Denn die Familien aus denen sie stammten waren meist mit Söhnen reich gesegnet.

Zu den Anknüpfungen gleich des ersten Schultages gehören Moritz Bardeleben und Julius Brand. Beide poetisch angeregt, früh gewandt im Versemachen, beide mit sehr schönen Tenorstimmen begabt, dabei in ihrer äußeren Erscheinung wie in ihrem Wesen sehr verschieden von einander. Moritz Bardeleben war der Sohn eines angesehenen Juristen und feinen geistreichen Weltmannes. Ich weiß nicht mehr, wie der Herr Justizrat darauf kam, die Hoffnung auszusprechen, seinen Sohn und mich einst in der diplomatischen Laufbahn zu sehen. Er unterhielt uns öfter davon. Obgleich ich dadurch noch keine Kenntniß erlangte, was es denn mit dem Diplomatischen eigentlich auf sich habe, erschien mir doch was er sagte sehr schön und verlockend. Zwar hatten theologische Hände auf mich bereits Beschlag gelegt und ich konnte nicht hoffen, ihnen so leicht zu entkommen, trotzdem dachten wir uns gern in eine künftige Lebensthätigkeit, in der man sich bald in Paris, bald in Rom, bald in London oder Wien aufhalten konnte, und die somit ihre angenehmen Seiten haben mußte. Nun, wir sind beide keine Diplomaten geworden, obgleich der Freund zu den höchsten juristischen

Stellungen aufstieg. Moritz Bardeleben war von mittel=
großer, gedrungener Gestalt. Seine Stumpfnase hatte etwas
sehr Keckes, seine großen Augen waren prächtig. Ohne regel=
mäßige Züge, konnte sein Gesicht, in welchem Klugheit, Schalk=
haftigkeit, Geist und inneres Leben sich aussprachen, zu Zeiten
doch hinreißend schön aussehen. Wenn er die Herzen schnell
gewann, und durch seine Liebenswürdigkeit schnell eine ge=
wisse Herrschaft ausübte, so war er auch ein schnell ange=
regtes Gemüt; phantastisch, warmblütig, und selbst leicht
hingerissen, liebte und vergötterte er, was er einmal erfaßt
hatte. Voll Jugendfeuer, waghalsig, tollköpfig, zu possen=
haften Streichen immer aufgelegt und der Erste dazu bei
der Hand, dabei voll von Gemütsleben und Jugendidealen.
Selbst die Zeloten unter unseren pietistischen Lehrern streckten
die Waffen, und konnten, was sie an Andern hart tadelten, ihm
gegenüber nicht so streng nehmen. — Es versteht sich, daß
wir in unseren dichterischen Uebungen noch unter dem Ein=
fluß derjenigen Dichter standen, die wir eben lasen. Barde=
leben hatte die Leichtigkeit, sich in jeden Ton zu finden und
ihn wiederzugeben. Aus Schelmerei schrieb er dann auch
wohl ein Gedicht von Lenau oder Geibel ab, und las es
uns als sein Eignes vor. Leicht zu entdecken war für uns
der Streich nicht, er selbst aber, wenn er uns eine Weile
geneckt hatte, bekannte dann selbst, daß er unsre Kenntniß
der deutschen Lyrik nur auf die Probe gestellt habe. Zu
necken hatte er immer, war aber auch stets bereit, mit Herz=
lichkeit wieder gutzumachen. Seine jugendliche Tenorstimme
hatte einen wundervollen Klang, kräftig, der Tiefe nicht er=
mangelnd, in großartigem Styl, und machte ihn zum Solo=
sänger in unsrem Schulchor.

Hier teilte er sich in die erste Stimme mit Julius Brand
dessen Tenor eine höhere, weichere, mehr lyrische Klangart
hatte, der überdies musikalisch sicherer und darum verwend=

barer im Ensemble war. Brand ging daher als eine deutsche
Jünglingsgestalt, mit blauen Augen und langem glänzend
blondem Haar, hochgewachsen, starkknochig, und dabei doch
schlank zu nennen. Auch er eine liebenswürdige, reine Natur,
poetisch angeregt und in Versen schon recht geübt. Er stammte
aus Treptow an der Rega in Pommern, wohin ich ihm ein=
mal in den Sommerferien folgte, um in dem kleinen Fischer=
dorfe Deep einige Wochen in seiner Familie zu verleben. Er
war der Einzige unter uns, der sich bestimmt für die Theo=
logie erklärte und auch bei ihr geblieben ist. Seinen Gesang
begleitete ich am Klavier am häufigsten, und auch bei den
öffentlichen Abendunterhaltungen, die das Gymnasium gab,
pflegte ich als sein Gehülfe aufzutreten. Denn ich hatte
meine musikalischen Uebungen nach Jahren wieder aufge=
nommen, und zwar auf den besonders ausgesprochenen Wunsch
meiner Mutter. Nachdem unser Kandidat das Haus ver=
lassen hatte und mehr Raum für mich gewonnen war, durfte
ich denn ein Klavier mieten, und damit zogen die „schönen
Künste“ nun doch in das Pfarrhaus ein. Meine Patriarchen
wollten nichts mehr dagegen einwenden. — Da wir aber
über eine Menge von Gesangskräften zu verfügen hatten,
gründeten wir ein Quartett (es konnte doppelt besetzt werden)
welches ich dirigierte, und durch welches wir uns zuweilen
in den Familien der Freunde recht schön hervorthaten.

Zu diesem Quartett gehörten auch die Bässe Bernhard
Petersen und Udo Hartung, beide aus noch heut blühen=
den Frankfurter Familien. Ich glaube nicht, daß diese beiden
guten Kameraden sich an unsrem Versemachen beteiligten,
dagegen waren sie eifrig beim Lesen mit verteilten Rollen.
Besonders liebten wir dies in dem kunstsinnigen Petersenschen
Hause, wo dann auch die Töchter und Nichten den Kreis
erweiterten, um die Theklas, Turandot, Maria und Elisabeth
zu übernehmen. Zu diesem Hause gehörte auch Marie

Petersen, welche sich später durch ihre Märchen „Prinzessin Ilse" und „die Irrlichter" einen Namen machte. Damals verlautete unter uns noch nichts über ihr poetisches Talent. Sie war älter als wir, trat auch nur zuweilen unter uns, um eine Viertelstunde unsrem Lesen zuzuhören. Das Haus Petersen war musikalisch das erste in Frankfurt. Hier war Alles stimmbegabt im höchsten Styl und durchweg geschult, daß man auch vor der schwierigsten Konzertleistung nicht zurückzuschrecken brauchte. In einer Gesellschaft hörte ich hier einmal Cimarosa's „Heimliche Ehe" am Klavier, und das Urteil darüber, daß man auf keiner Opernbühne eine gesanglich vollendetere Ausführung zu hören bekommen könne.

Zu dem Kreise der versemachenden Kameraden sind auch die Freunde Wilhelm Hecker und Hermann Aubert zuzuzählen; wenigstens ist ihre Jugendzeit von dieser Neigung nicht freizusprechen. Hecker war ein Neffe des Litterarhistorikers August Koberstein in Schulpforta, wohin er in den Sommerferien gern seinen Weg nahm. Dort wurde ihm eine unendliche litterarische Anregung zu Teil, welche auch uns dann wieder zu Gute kam. So ward uns durch ihn die romantische Schule erst vermittelt, vor Allem sollten wir in Tiecks dramatischen Grillen die höchsten dichterischen Erzeugnisse erkennen; was uns nun gar nicht einleuchtete. Wenn wir dagegen auf Immermann hingewiesen wurden, „als den Einzigen, der Goethes Verlust noch ersetzte", so empfingen wir wenigstens seinen „Münchhausen" mit Vergnügen, obgleich uns die satirischen „Arabesken" unverständlich blieben. Aber auch auf Jean Paul war wieder zurück zu kommen. Und so stellte ich meine Leseübungen mit diesem genialen Schriftsteller wieder an, der freilich Alles verlachte, was wir als Stil und Form zu lernen hatten oder verehrten. — Hecker war von sehr lebhaftem Geist und raschem treffendem Witz,

mit dem er eine lange Debatte (die wir dann auch wohl
recht langweilig ausspinnen mochten) dermaßen niederschlug,
daß sie nach dem allgemeinen Gelächter nicht wieder aufzu=
nehmen war. Wenn er Shakespeare früh kennen und schätzen
gelernt hatte, so war das bei Aubert noch in höherem Grade
der Fall.

Aubert, aus einer französischen Kolonie=Familie stam=
mend, war durch seine beiden bedeutend älteren Schwestern,
die ihn erzogen hatten, früh künstlerisch und kritisch angeregt
worden. Shakespeare und der zweite Teil des Faust waren
die Werke, in welchen er schon damals lebte, und worin er
vollkommen Bescheid wußte. Er erlebte damit einst Folgen=
des: Einmal, spät Nachts, kam er aus einer Gesellschaft, in
welcher stark pokuliert worden war, und fühlte sich noch zum
Dichten stark angeregt. Wohl eine Stunde schrieb er, und
die Verse flossen ihm nur so aus der Feder. Als er am
andern Morgen, etwas ernüchtert, sein Manuskript betrachtete,
fand er, mit Verwunderung, daß er den ganzen ersten Monolog
Fausts aus dem Kopfe niedergeschrieben hatte. Aubert, mit
dem ich über die Schulzeit hinaus am längsten vereinigt ge=
blieben (nämlich bis an seinen Tod, 1892, nachdem ich mich
wenige Monate vorher noch seines Besuches zu erfreuen ge=
habt hatte) Aubert war es denn auch, dessen Gutmütigkeit
am meisten von mir geprüft wurde, da ich ihm die Mitleiden=
schaft an meinem litterarischen Werden nicht ersparte. Er
hat durch Anhören meiner ersten litterarischen Schöpfungen
(von welchen nichts mehr vorhanden ist) manches auszustehen
gehabt. Doch ist nicht zu verschweigen, daß er Jahre lang
an einer Tragödie „Kamillus" arbeitete, und sie mir in ihren
verschiedenen Fassungen mitteilte. Auch blieb er bei Ent=
würfen dieser einen nicht stehen. Selbst als Professor und
Geheimer Medizinalrat in Rostock, waren Verse ihm noch

geläufig, wenn die Gelegenheit ihn dazu aufforderte. Auf
ihn werde ich noch öfter zurückkommen.

Obgleich wir nun eine ganze Anzahl junger Poeten bei=
sammen waren, hatten wir uns doch noch nicht zu einem
poetischen Verein oder einer derartigen Gemeinsamkeit zu=
sammengeschlossen. Denn wir waren noch scheu in dem Be=
kenntniß unsres Schaffens, und, wenn wir einander auch mit
der Zeit entdeckt hatten, hielten wir sehr zurück, und nur
unter vier Augen teilten wir uns etwas von unseren Schöpf=
ungen mit. Denn es gab unter den Kameraden auch arge
Spötter, welche wir nicht Lust hatten, über uns Meister
werden zu lassen. Ueberdies hatte ich wachsam zu sein, daß
dergleichen verpönte Dinge nicht über mich verlauteten, da=
mit der üble Geruch der „schönen Künste" mir nicht gefähr=
lich würde; was die Uebrigen weniger zu befahren hatten.
Auf jeder Schule gibt es unter den erwachsenen Schülern
solche, die von roheren Genüssen frühzeitig hingenommen,
sich überhaupt erfahrener dünken, und die andern als un=
reife Knaben behandeln. Wenn sie darin im Ganzen recht
haben, so sind die Andern auch in ihrem Recht, es den dünkel=
haften jungen Herren zurück zu geben, und sie, wenn nicht
für Knaben, doch für unreife Gesellen zu erklären. Gegen
solche, zumal sie zugleich Verächter unsrer geistigen und künst=
lerischen Neigungen waren, hatten wir uns zu wehren, und
beschlossen, uns fortan enger zusammen zu thun. Vereinigungs=
punkte in Wirtshäusern gab es für uns noch nicht, dafür
aber Streifereien in die Umgegend, in welcher einige uns
gestattete Orte uns im Sommer wie im Winter anlockten.
So die in jener Zeit noch von Eisenbahnschienen und Dämmen
unberührte Buschmühle mit ihren Eichenhügeln, und die
Grundschäferei am andern Ufer der Oder. An diesen Orten
wurde nichts als Milch und Kaffee verabreicht. Nicht so
gern sah man, wenn wir unsern Weg nach dem Dorfe

Tschetschnow nahmen. Dort wurde ein auf den Hügeln ge=
zogener Wein gekeltert, der, abgesehen von seiner Säure, für
mich einen Beigeschmack hatte, als wären Käfer in Spiritus
getötet worden. Versucht hatte ich eine solche Kalte-Schale
freilich niemals, aber ich konnte beim Kosten des Tschetsch=
nower Gewächses den Vergleich nicht los werden. Es wurde
doch nicht von Allen gleichmäßig verschmäht. Hatten wir
die Umgegend genügend abgesucht, so lockte auch wohl ein
entfernterer Ausflug, etwa die „Steile Wand" und „Schiffers
Ruh" an der Oder, oder eine Pfingstwanderung nach Freien=
walde, wo wir uns schon in einer herrlichen Gegend wähnten,
und dieselbe mit unverwöhnten Augen genossen.

Gaben wir uns in der Mußezeit solchen Freuden mit
aller Harmlosigkeit hin, so wußten wir doch, daß wir be=
obachtet wurden, ja, daß unter den Mitschülern sogar Auf=
passer waren, welche mit früh gewitzter Berechnung sich den
frommen Pädagogen anheim gaben und die Angeber machten.
Nun war bei unsrem Thun und Treiben eigentlich nichts
Sträfliches zu verraten (abgesehen von den poetischen Uebungen)
aber das Mißtrauen der Frommen ist ein für allemal sehr
stark, und wittert um so mehr Verbrechen, als die Forschung
danach vergeblich gewesen. Eines sonderbaren Vorfalls, bei
welchem der Argwohn sich gegen uns geltend machte, will ich
erwähnen. Einer meiner Freunde reichte mir einst auf dem
Korridor ein beschriebenes Blatt. Der Lehrer aber, welcher
die Aufsicht führte, bemerkte es, huschte herbei, und mit
raschem Griffe entriß er mir das Papier. Wir standen in
flammender Empörung. Denn was das Blatt enthielt, gönnte
ich ihm keineswegs, aber auch ein Teil Schadenfreude gesellte
sich bei mir dazu. Denn was der fromme Herr auch ge=
wittert haben mochte, für seinen Verdacht fand er nichts auf
dem Blatte. Es war ein Brief von meiner Mutter. Ich
hatte ihr immer fleißig geschrieben, auch von dem Leben mit

den Freunden, deren einige sie bei ihrem letzten Besuche kennen
gelernt hatte. Nun beschäftigten wir uns damals mit Immer-
manns Münchhausen, über welchen ich mich in meinem letzten
Briefe nach Hause etwas länger verbreitet hatte. Das nahm
meine Mutter auf, schrieb ebenfalls ausführlich, und es freute
mich, daß ihr Urteil mit dem unsrigen übereinstimmte. Und
da sie nun eine Meisterin im Briefschreiben war, und in
diesem letzten Briefe Bezug auf einen meiner Freunde genommen, sogar Grüße an ihn darin standen, so sah ich kein
Arges darin, ihn denselben ganz lesen zu lassen. Der Brief
wurde mir, als ich ihn mir nach einer Stunde wieder aus-
bat, verweigert, erst durch meinen Großvater erhielt ich ihn
zurück. Denn es hatte sich doch etwas wie eine Anklage
darauf gründen lassen, nämlich: Daß ich Familienbriefe durch
Herumreichen in der Schule mißbrauchte. Es zeige dies einen
unehrerbietigen und boshaften Charakter.

Wurde nun, jemehr wir erwuchsen, unser Verhältniß
zu den ausgesprochenen Pietisten ein etwas gespanntes, so
fanden wir uns auch durch einige andere Lehrer oft nicht
sonderlich gefördert. Daß wir sie als achtungswerte Männer
zu schätzen hatten, wußten wir, wir wußten auch, daß wir
viel von ihnen lernen konnten, aber grade das, was wir
gern gelernt hätten, wurde uns durch sie nicht zu Teil. Ueberdies war durch Ehrfurcht, Strenge und Herkommen eine
solche Schranke zwischen Schulbank und Katheder gezogen,
daß an eine persönliche Annäherung gar nicht zu denken war.
Unsern Direktor Poppo staunten wir an ob seiner Gelehrsamkeit, aber von eigentlicher Anregung konnten wir nicht
sagen. Ob wir Thukydides oder Sophokles lasen, es handelte
sich immer nur um den Satz, um das Wort um die Syntax.
Vom Historischen war bei Thukydides nicht die Rede; ebensowenig in welcher Beziehung oder welchem Zusammenhang
eine Antigone oder Elektra mit der Mythe standen, oder gar,

wie es mit dem Dichter derselben beschaffen gewesen. Der=
gleichen mußten wir uns selbst zusammensuchen. In der
Prima erteilte Poppo auch den Unterricht im Englischen.
Aber wir erfuhren von ihm weder etwas über Richard III.
den wir lasen, noch über den Dichter derselben. Auch hier
handelte sich Alles um das Sprachliche, während wir uns
doch fortgeschritten und alt genug glaubten, auch etwas da=
rüber hinaus zu erfahren. Auch wurden uns zuweilen hals=
brecherische Aufgaben gestellt. Da hatten wir den Bericht
des schwedischen Hauptmanns in griechische Trimeter zu über=
setzen, oder aus einer Horazischen Ode eine alcäisch griechische
zu machen. Lateinische Oden mußten viel gefertigt werden,
bald über ein gegebenes Thema, bald über ein frei zu wählen=
des. Im letzten Falle waren wir am übelsten dran, denn
da nichts drin stehen durfte, was wir hätten sagen mögen,
geriet man um den Inhalt in Verlegenheit. Freilich kam
auf diesen gar nichts an, wenn sie nur nach dem gradus
ad parnassum richtig war. Bei allem Respekte vor dem
Schulhaupte fehlte es doch auch nicht an Lustigmachereien.
Poppo rang mit dem deutschen Ausdruck, brachte oft sonder=
bare Wendungen zustande, und schob zwischen seine Worte
viel unartikuliertes Brummen und Räuspern. Wir glaubten
dahinter zu kommen, daß er eigentlich griechisch dachte, und
seinen Satz dann mühsam ins Deutsche übersetzte.

Aehnlich ging es uns mit der Geschichte, der Mann,
welcher uns darin unterrichtete, stand sehr in unserer Gunst,
aber seine Methode war meist gar zu dürr und trocken.
Vielfach wurde er durch körperliches Unbehagen gehindert.
Ich für meine Person hatte das innigste Mitgefühl für ihn,
denn dieser Mann litt auf das Aeußerste an Migräne, und
stieg oft in jammervollem Zustande auf den Katheder. An
seiner Stimme hörten wir aus den ersten Worten, wenn er
seinen Kopfschmerzentag hatte. Dann überkam die Besseren

unter den Schülern wohl ein peinliches Gefühl, zuweilen aber
— es ist betrübend zu sagen, wurden unsere Lachmuskeln
denn doch gefährdet. So in einer Darstellung der römischen
Kaiserzeit, wo es mit dem Tone eines Schwerkranken alle
Augenblicke hieß: „Er beging die größten Grausamkeiten, und
wurde ermordet"; und dann wieder: „Nachdem er die größten
Grausamkeiten begangen hatte, wurde er ermordet"; und beim
nächsten ebenso: „Die größten Grausamkeiten bereiteten ihm
viele Feinde, und er wurde ermordet". — Nachdem diese
größten Grausamkeiten wohl ein Dutzendmal zur Ermordung
geführt hatten, saßen wir fast sämtlich, die Taschentücher vor
das Gesicht gepreßt, um nicht loszuplatzen, denn der Eindruck, den kranken Mann von diesen Gräueln reden zu hören,
war gar zu grotesk. Hatte er jedoch seinen besseren Tag,
fühlte er sich selbst durch einen Vorgang der Geschichte mehr
angeregt, dann ließ er durch Darstellung oder Urteil gleichsam
Schlaglichter über die Begebenheiten hineilen, deren Eindruck
um so lebhafter war, als dergleichen selten kam, nun aber
sich dauernder festsetzte. Für solche Entschädigung waren wir
ihm stets dankbar. Aber es blieb bei ihm Alles vom Zufall
abhängig.

Aber ganz übel stand es mit dem Unterricht im Deutschen
und in der Litteraturgeschichte, welcher von einem unserer
Stockpietisten erteilt wurde. War er immerhin ein gelehrter
Mann, und, wie es hieß, tüchtiger Germanist, so drehte sich
in seinen Stunden Alles um religiöse Dinge. Die Aufgaben
für deutsche Aufsätze waren danach gestellt. Dabei rief ein
Mißbrauch den anderen hervor. Während spekulative Köpfe
mit gut gespielter Heuchelei schrieben, wie man es haben
wollte, gingen Spott und Lustigmacherei noch weiter, indem
sie das ganze Rotwälsch der Sektensprache herbeizogen,
um durch einen Musteraufsatz den Lehrer auf die Probe zu
stellen. Und das boshafte Vergnügen war dann groß, wenn

der Lehrer in die Falle gegangen, und der Aufsatz seinen
Beifall gefunden hatte. Wie schädlich das wirken konnte,
liegt auf der Hand. Der Unterricht in der Litteratur war
auf einige hin und wieder abgeknappte halbe Stunden be=
schränkt. Man blieb beim frühsten Mittelalter stehen, ver=
breitete sich über den Segen des Christentums gegenüber den
heidnischen Altertümern, und kam nicht über ein paar Werke
der ersten Klosterdichtung hinaus. Dieser Unterricht glich
mehr einer Erbauungsstunde für innere Mission, und war
auch wohl eigentlich dafür bestimmt. Alles in Allem wendeten
wir uns von dem frömmelnden Wesen mit steigendem Wider=
willen ab. Wir fühlten uns nicht so „verdorben im Fleisch“,
als man uns weismachte, und wollten uns nicht so arm=
sünderhaft ducken, wie man verlangte. Einer geistig gesunden
Jugend ist das viele Beten unnatürlich.

In dieser Stimmung der Gegenwehr befanden wir uns,
als ein ehemaliger Mitschüler, Robert Metzke, der ein Jahr
früher zur Universität gegangen war, in den Ferien nach
Frankfurt zurückkehrte. Wir hatten früher nicht in näherer
Beziehung zu ihm gestanden, wußten auch nicht, daß er im
Versemachen geübt war. Er dagegen hatte durch Einen aus
unserem engeren Kreise von unseren Bestrebungen gehört,
und suchte sich uns zu nähern. Es wurde ihm in seiner
zwiefachen Eigenschaft, als bereits fertiger Student und als
Poet, nicht schwer gemacht. Metzke war es, der uns aus
unserem bisher schüchternen Rückhalt etwas hervorlockte und
uns zur Mitteilung unsrer Siebensagen beredete. Er selbst
mußte bereits eine ungewöhnlich saubere Form zu handhaben,
die er an Platens Dichtungen gebildet hatte, welchen Dichter
er überaus schätzte und uns besonders empfahl. Wie Metzke
selbst in Sonnetten, Gaselen, Octaven, Terzinen gewandt
war, so hieß er uns diese Formen üben, nicht zuletzt aber
die antiken Odenstrophen. Im Lateinischen hatten wir Alle

damit schon zu schaffen gehabt, im Deutschen erschien es uns
schwieriger. Gleichwohl ließ ich es mir gesagt sein, und habe
Dutzende von alcäischen und sapphischen Oden gefertigt.
Bei den täglichen Spaziergängen, die wir während der Ferien
machten, kamen wir selbstverständlich auch häufig auf den
pietistischen Dunstkreis, der uns das freie Atmen erschwerte,
und welchem Metzke nun glücklich entronnen war. Da kam
dieser auf den Einfall, man sollte eine aristophanische, oder
vielmehr satyrische Komödie in Platens Manier machen,
und den Pietismus als Gegenstand dafür nehmen. Der
Vorschlag gefiel außerordentlich. Wir waren unser Fünf
beisammen und beschlossen, daß jeder einen Akt ausarbeiten
sollte. Nun wurde eine Handlung ausgedacht mit einem
Helden, die Disposition auf fünf Akte ausgedehnt, und Jedem
sein Akt zugeteilt. Wir regten uns in der Vorfreude schon
furchtbar auf, und das Bewußtsein, etwas sehr Gefährliches
im Schilde zu führen, verbunden mit dem Reize des Geheimnis=
vollen, brachte uns in eine Art von feierlicher Verschwörungs=
stimmung. Für mich war damit eigentlich der Reiz erschöpft.
Denn als es an die Ausarbeitung ging fühlte ich, daß ich
in dieser satyrischen Gattung garnicht auf meinem Felde war.
Ich hatte mich bisher nur in gemütlichen Ergüssen versucht,
und als ich die neue Arbeit begann, bemerkte ich, daß ich,
in meiner Exposition (ich hatte den ersten Akt) sehr positiv
zu Werke ging und ins gestalten geriet, anstatt zu negieren.
Ich mußte die Sache umwerfen, und es wollte nicht fördern.
Allein Metzke trieb und trieb, damit uns die Ferien darüber
nicht hingingen, und doch brachte ich meinen ersten Akt erst
zustande, als die vier andern seiner schon harrten. Es ver=
stand sich von selbst, daß wir unser Kollektivwerk uns nur ganz
im Geheimen mitteilen dürften. Leider aber war es nicht
mehr Geheimnis, denn Metzke, der nichts dabei zu befahren
hatte, war nicht ganz verschwiegen gewesen. Nun wollte

Dieser und Jener die Vorlesung anhören. Glücklicherweise
waren es zuverlässige Leute, und überdies regte sich die Poeten-
eitelkeit ein wenig, das Licht nicht unter den Scheffel zu stellen.
Ich blieb doch der Vorsichtigste von Allen, denn wenn in der
Schule oder in der Verwandtschaft ausgekommen wäre, daß
ich als „zukünftiger Theologe" mich auf eine Satire gegen
eine kirchliche Richtung eingelassen, es hätte mir übler bekommen müssen, als den Uebrigen. So schlug ich einen der
entferntesten, und in dieser Jahreszeit kaum besuchten Ver-
gnügungsort vor, nach welchem wir, unter der Gunst eines
stürmischen und regnerischen Apriltages, im tiefsten Lehmwege
über Land wateten. Wir waren vor einem Ueberfall durch
das Wetter gesichert, ließen uns Kaffee bereiten, und gingen
mit Spannung an das Vorlesen. Ueber den Titel und die
Handlung des Stückes ist mir jede Erinnerung entschwunden,
ich weiß nur noch, daß der Chor aus „Wölfen in Schaafs-
kleidern" bestand. Ich gedenke ferner, daß der vierte Akt,
welchen Aubert ausgearbeitet hatte, an Verrücktheit Alles
überstieg. Denn der Dichter hatte sich an den Gang der
Handlung garnicht gekehrt, ließ den Helden nur einmal auftreten und wieder zur Thür hinauswerfen bevor er zu Worte
gekommen, und wirtschaftete mit so viel tollem Personal umher, daß Mitarbeiter und Zuhörer vor Lachen außer sich
gerieten. Auf diesen vierten Akt erschien es schwierig, noch
etwas zu bringen. Und doch gewann uns Metzke mit seinem
fünften den Rang ab, durch seine schöne Form, und eine
Schlußparabase, die uns begeisterte. Trotzdem die Erinnerung
an den Inhalt unseres gemeinsamen Werkes mir verloren
gegangen ist, steht mir der Tag der Vorlesung, mit seiner
komischen Wichtigkeit und dem Schauer des Verbotenen, lebhaft
genug im Gedächtnis. Es hätte uns in der That übel ergehen können, wenn ein Inquisitionsblick auf unsere Manuskripte gefallen wäre. Das meinige brachte ich garnicht nach

der Stadt zurück, sondern verbrannte es an Ort und Stelle im Ofen. Das Geheimnis ist übrigens gut bewahrt geblieben.

Meines Gegensatzes zur Theologie war ich mir inzwischen längst bewußt, wenn ich ihn gleich noch verbergen wollte, um Unannehmlichkeiten nicht zu verfrühen. In theologischen Umgebungen, bei theologischen Gesprächen, unter vorwiegend theologischen Interessen, hatte ich mehrere Jahre verlebt, und einen Einblick gewonnen in einen Beruf und in Verhältnisse, die mir nicht zusagten. Die Theologie war mir durch die Theologen ausgetrieben worden; oder vielmehr, sie hätte mir ausgetrieben werden müssen, wenn überhaupt eine Neigung dafür in mir gewesen wäre. Man hatte mich eben ungefragt dafür bestimmt. Jetzt fühlte ich mich selbständig genug, die Theologie von mir abzulehnen. Aber weder im Pfarrhause noch gegen meine Eltern ließ ich vor der Hand etwas darüber verlauten, denn für die zu erwartenden Mißstimmungen war ja, so dachte ich, immer noch Zeit. Bei der Pietät meiner Eltern gegen den Großvater! Gegen den Bruder meines Vaters, jetzigen Predigers, der bereits so viel Mühewaltung an meine theologische Vorbildung gewendet hatte! Bei dem Gerede so vieler lieber Verwandten, welche, je weniger sie drein zu sprechen hatten, desto eifriger mitredeten und das Miterziehen nicht aufgeben konnten. Ich hatte von diesen Wohlthaten schon so viel genossen, daß mir die weiteren Kreise der Verwandtschaft mit der Tyrannei des Herkommens und der Pietät bereits ein Gräuel geworden waren. Meine Frankfurter Freunde fühlten sich hie und da in ähnlichem Falle, nur daß das Unbehagen durch hübsche und liebenswürdige Cousinen aufgewogen wurde. In meinem Kreise fehlten (wenigstens damals in Frankfurt) diese Annehmlichkeiten gänzlich, die Weiblichkeit war in der Verwandtschaft nur durch alte Tanten vertreten. So mußte ich behutsam sein, wenn das Geringfügige nicht zu ungeheurer Wichtigkeit

hinaufgesprochen werden sollte. Das allsonntägliche, oft zwei=
malige Kirchengehen war mir auch längst beschwerlich ge=
worden, doch gehörte das einmal zu den unvermeidlichen
Dingen. Und da es im Pfarrhause am belebten Sonntags=
tische nicht selten hieß, man habe sich Dies und Jenes „in
der Kirche überlegt", wobei es sich nicht grad um das Seelen=
heil, sondern auch wohl um eine Landpartie handelte, so
nahm ich dasselbe Recht für mich in Anspruch, und über=
legte auch, zählte zuweilen sogar die Reime zu einem Sonnett
oder Gasel zusammen.

Dergleichen Allotria mußten aber bei Seite gelassen
werden, je mehr wir uns der Schlußprüfung unsrer Schul=
jahre näherten.

Es ist ein großer Tag im Leben des Jünglings, wenn
er für die Universität reifgesprochen worden ist. Für mich
war es mit einem Gefühl der Erlösung, als ich meinem
Vater schreiben konnte, daß die Schulbank nun hinter mir
liege. Freilich trat nun gleich eine andere Frage an mich
heran, bei der ich mir nicht recht zu helfen wußte, nämlich
mein Aufgeben der Theologie, und durch welches Studium
ich sie ersetzen sollte. Mir schwebte schon damals ein Studium
der Geschichte und Litteratur vor, mit einem akademischen
Katheder als Zielpunkt. Dagegen aber sprachen mir einige
zu den Ferien heimgekehrte Kameraden bedenklich drein:
Litteratur werde offiziell eigentlich nirgends vorgetragen,
sondern nur so nebenbei von den Historikern oder Philosophen
übernommen. Die Historiker aber kämen meist aus der Philo=
logie her, und begännen ihren Lauf mit der Schulmeisterei.
So wäre auch Leopold Ranke zuerst Lehrer am Gymnasium
zu Frankfurt gewesen. Man riet mir sehr zur Jurispru=
denz, der die meisten anhingen, und versprach mir von der
Rechtsgeschichte und andern Zweigen dieser Wissenschaft voll=
kommenen Ersatz, wobei ich etwaige litteratur=historische Be=

10*

strebungen keineswegs ganz aufzugeben brauchte. War mir
das auch nicht ganz einleuchtend, so mußte ich, vor einer
schwierigen Wahl stehend, doch zu einem Entschlusse kommen.

Um die Sache kurz zu machen, trat ich eines Morgens
in das Studierzimmer meines Großvaters und erklärte ihm
mit befangen pochendem Herzen, daß ich die Theologie auf=
zugeben wünschte, um Jurist zu werden. Der alte Herr
zündete eben seine lange Pfeife an, und nachdem er ein paar
Züge gethan, und den Fibibus ausgeklopft hatte, entgegnete
er gelassen: „Ja, mein Junge, wenn dir nicht danach zu
Mute ist, auf die Kanzel zu steigen, so mußt du es eben
bleiben lassen! Du hast ja freie Wahl! Mir ist Alles recht.
Mach das mit deinem Vater ab!"

Ich war starr vor freudiger Ueberraschung. Nun ich
das eigentliche Familienhaupt auf meiner Seite hatte, war
Alles gut. Da ich meinem Vater ein so günstiges Resultat
dieser kurzen Auseinandersetzung mitteilen konnte, ging auch
die Verhandlung mit ihm glatt ab. Daß ich zur Juristerei
aber recht tauglich, oder auch ganz dazu entschlossen sei,
wollte er nicht glauben. „Ich sage dir voraus, schrieb er,
du wirst nicht dabei bleiben. Aber versuche, wie diese Dinge
dir zusagen. Nur laß eine andre Wahl nicht zu lange an=
stehn!" Seine Güte rührte mich, aber ich war froh, daß er
mir aus freien Stücken zu einem etwaigen andern Studium
die Thür offen gelassen hatte. Die Mutter freilich konnte
sich anfangs nicht darein finden, und fürchtete, daß ich in
keiner andern Lebensaufgabe mich glücklich fühlen werde, als
in der Theologie. Sie hatte meine Entwickelung so aus der
Ferne nicht so genau beobachten können. Jetzt aber, nach=
dem ich mich für die Jurisprudenz entschieden hatte, wurde
mir bange, denn ich fühlte im Verkehr mit den juristischen
Kameraden, daß mich ihr Studium gar nicht ansprach.

Da kam mir der Gedanke, einmal mit Onkel Spieker

darüber zu sprechen. Es ist nun zu sagen, daß ich, nachdem
mein Kandidat das Haus als Pfarrer verlassen, dennoch auf
eigne Hand mit der Familie Spieker angeknüpft hatte, nicht
zu selbständigem Verkehr, aber doch zu gelegentlicher Vor=
sprache. Zumal das bei den alljährlichen Besuchen meiner
Eltern in Frankfurt ja doch selbstverständlich wurde. Ich
meldete mich diesmal nicht bei den Frauen, sondern bei dem
Hausherrn, der mich in seinem Studierzimmer sehr freundlich
empfing. Bald kam ich auf meine Verlegenheit in Betreff
meiner Studien, auf meine Abkehr von der Theologie, ver=
schwieg auch nicht, was mir mein Vater geschrieben hatte.
„Mein liebes Kind! sagte er: Man kann auf Universitäten
allerlei studieren, was genau genommen in einem Fakultäts=
studium nicht nötig, aber es ist einmal Herkommen, sich in
eine der vier Fakultäten einzeichnen zu lassen. Jurist wirst
du niemals werden — das kann ich dich versichern! Zwar
könntest du auch als Jurist allerhand treiben, was nicht in
die Juristerei gehört. So habe ich vieles getrieben und ge=
schrieben, was außerhalb der Theologie liegt. Aber du —
bist eine wunderliche Poetennatur — na, leugne nur nicht!
An der Nase sehe ich es dir an! Die hast du von deinen
Eltern — nämlich beides, die Nase und die Poetennatur.
Die letztere wird dir im Leben vielleicht noch manche Schwierig=
keit bereiten. Das ist mit so einem Erbteil nicht anders.
Aber trotzdem, daß du unter die Juristen nicht gehörst, laß
dich nur vorläufig bei ihnen einzeichnen, und sieh dir unter=
dessen an, wie du zur Geschichte und Litteratur gelangen
kannst. Ich werde einmal an deinen Papa schreiben". Er
sprach noch eine Weile in liebevoller Weise fort, brachte mich
aber durch seine Voraussetzung in ziemliche Verlegenheit.
Hatte er mir keinen bestimmten Fingerzeig gegeben, so ging
ich doch in guter Stimmung von ihm, schon zufrieden, meine
Angelegenheit überhaupt mit ihm besprochen zu haben. Aber

es machte mir doch innerlich zu schaffen, wie er hinter meine poetischen Neigungen gekommen sein konnte, da ich mich in seinem Hause niemals darin verraten hatte. Doch mochte es sein wie es wollte, jetzt, da ich der Schule entronnen war, und auf dem Sprunge stand, Frankfurt zu verlassen, mochte der üble Leumund des Versemachens immerhin über mich ergehen.

Es waren schöne Herbsttage, die ich jetzt mit den Freunden in Frankfurt noch verlebte. Wir machten Streifereien in die Umgegend, wir lasen gemeinsam, trieben Musik und allerlei Thorheit in Versen, und machten Pläne für die Zukunft. In dieser Zeit schrieb ich für einen geselligen Zweck, da jeder etwas „Eignes" zum Vorlesen mitbringen sollte, ein Märchen nieder, welches in der Folge die Grundlage des Gedichtes „Waldmeisters Brautfahrt" werden sollte. Es umfaßte nicht ein Viertel der späteren Bearbeitung, war aber schon mit einigen Liedern durchflochten, wenn auch nicht denjenigen, welche in die neue Fassung aufgenommen wurden.

In diesen Ferien beschäftigte mich aber vorwiegend ein anderer dichterischer Plan, eine Tragödie über den deutschen Kaiser Heinrich IV. ging mir im Kopfe herum. Wie häufig dieser unglückliche Stoff schon behandelt, und unglücklich behandelt worden, wußte ich damals freilich noch nicht. Es war eben ein Erzeugniß der Schullust, welches mir eine Weile zu schaffen machte. Ein Philologe, mir einige Jahre auf der Universität voraus, den ich über das speziellere Quellenmaterial befragte, ohne ihm meinen eigentlichen Zweck zu verraten, wies mich an die Westermannsche Bibliothek, wo ich die Chronik der Analista Saxo finden würde.

Diese Bibliothek, eine alte Stiftung, war ursprünglich Privatbesitz des Professor Nikolaus Westermann (geb. 1678 in Bremen), welcher 1713 als Lehrer der Eloquenz, Poesie und des Griechischen an die Universität nach Frank-

furt a. d. O. kam. Vor seinem Tode setzte er die Friedrich=
schule, das jetzige Gymnasium, deren Kurator er gewesen,
zu seiner Universalerbin ein, und bestimmte aus seinem Nach=
laß über die Mittel zur Vermehrung der Bibliothek, so wie
zur Bestellung eines Bibliothekars. Da die Friedrichschule
nicht über ausreichende Räumlichkeiten für den neuen Besitz
zu verfügen hatte, mußte die Bibliothek, zumal sie auf ein
Wachsen berechnet war, mannigfaltige Wanderungen über sich
ergehen lassen. Zu der Zeit, da mir der Eintritt in die=
selbe gestattet wurde, befand sie sich in den Sälen des oberen
Geschosses des ehemaligen Universitätsgebäudes, in welches
damals die Oberschule eingezogen war. Ich betrat zum
erstenmal mächtige Bücherräume, in welchen die Gelehrsam=
keit, deren Vertreter einander oft bitter befehdet hatten, in
friedlicher und feierlicher Stille aus der Vergangenheit herüber
träumte. Wenn mir die Masse der Bücher schon einen be=
deutenden Eindruck machte, so fühlte ich mich mehr noch von
einem Schauer von Ehrfurcht in diesem gelehrten Raume
angeweht. Ich erhielt die Erlaubniß, in der Bibliothek zu
arbeiten, und so las und kopierte ich fleißig aus dem latei=
nischen analista. Grüne Tische standen für viele zur Ver=
fügung, wurden aber zur Zeit nicht benutzt. Zuweilen fand
sich mein Philologe, der in der Bibliothek gut Bescheid wußte,
zu mir ein, gewöhnlich aber saß ich allein in der tiefen Ein=
samkeit dieser Räume, oder ging umherstöbernd von einer
Bücherwand zur andern. Nun aber verwirrte mir die Reich=
lichkeit des Materials den ganzen Plan meiner Tragödie,
dafür fing der alte Chronist an, meine Teilnahme zu er=
wecken. Und während ich so bei ihm und anderen historischen
Werken in seiner Nähe neubegierig zu Gaste ging, trat mir
das Studium der Geschichte erst recht als etwas Wünschens=
wertes entgegen. Inzwischen aber beschäftigte mich mein
Stück noch sehr lebhaft, dessen Plan sich verändert hatte.

Ich nahm nicht mehr den jugendlichen Heinrich im Kampfe mit dem Papste zum Helden, sondern den unglücklichen Vater im Kriege mit seinem Sohne, Heinrich den fünften. Mit ganzem Eifer ging ich schnell an die Ausarbeitung, schrieb das Stück in Prosa, und vollendete die ersten drei Akte in ebensoviel Wochen.

Inzwischen wunderten sich die Freunde über mein Studium und hartes Arbeiten, zumal in der Ferien= und Erholungs= zeit. Da ich mit der Rede nicht herausrückte, witterten sie Poetisches und drangen erst recht auf Mitwissenschaft. Ich gestand dann, und sie verlangten zu hören, was davon fertig war. Ich hätte die Mitteilung lieber bis nach der Vol= lendung des Stückes aufgespart, aber eines Abends über= rumpelten mich Aubert und Petersen, und erklärten, nicht vom Platze zu weichen, bis sie die drei Akte gehört hätten. So las ich denn vor, und sie hörten sehr andächtig zu, bis ich zu Ende war. Der Mitteilende, wie die Empfangenden, jung wie sie waren, fühlten sich lebhaft angeregt, und die letzteren versprachen sich den besten Erfolg von der Fortsetzung. Diese zögerte jedoch länger. Erst einige Monate darauf, in Berlin, nahm ich das Begonnene wieder zur Hand.

Denn in Berlin sollte ich meine Studien beginnen. Zwar hatte mir mein Vater Heidelberg in Aussicht gestellt, aber erst für das nächste Sommersemester. Denn da ich in einigen Monaten die damals noch weite Reise nach Brom= berg machen sollte, um nach Jahren einmal das liebe Weih= nachtsfest in der Familie und zugleich die Hochzeit meiner Schwester Manon mitzufeiern, wurde Berlin, als der nähere Ort, vorgezogen.

Neuntes Kapitel.

Der Tag der Abreise kam, und eine ganze Schaar von Frankfurter Genossen machte sich gemeinsam auf den Weg. Ich sah zwar den akademischen Studien mit Spannung ent= gegen, nicht so dem Orte, wo ich sie beginnen sollte. Denn es lebte daselbst ein starker Verwandtschaftsanhang, wenn auch entfernteren Grades, auf den ich mich nicht freute, in welchem wieder die alten Tanten vorherrschten, die Jugend aber merkwürdiger Weise gar nicht vertreten war. Gleich= wohl langten wir in guter Stimmung an, richteten uns ein und sahen uns um. Ich wurde mit den Freunden zusammen immatrikuliert, dann ging jeder seines Weges, denn wir ver= folgten nicht die gleichen Studien. Ich hörte die ersten juristischen Kollegia, schrieb eifrig nach, ließ es aber bald bleiben. Denn was ich hörte, konnte meine Teilnahme so wenig fesseln, daß ich früher stutzig wurde, als ich erwartet hatte. Aber das Pflichtgefühl hielt mich dennoch fest, und ich versprach mir, nicht zu rasch abtrünnig zu werden. Nicht viel besser ging es mir in den philosophischen Hörsälen. In Michelets Vorträgen über Logik fühlte ich mich halb abge= stoßen, halb belustigt über die Person des Vortragenden, dessen gesuchte Manieriertheit und unbewußte Komik nicht bei mir allein den Humor herausforderte. Dagegen zogen historische Kollegia, in welche ich zu Gast ging, schon mehr an, so wie einige naturhistorische, unter welchen ich Botanik, mit der ich eigentlich aufgewachsen war, bei dem schon sehr alten Link zum erstenmal systematisch vorgetragen hörte. Es war ein lebhafter Trieb in mir erwacht, überall hin zu horchen und zu prüfen, was wohl meine Teilnahme am meisten erregen könnte. Und so wanderte ich aus einem Hörsaal in den andern. Ich saß mit Aubert unter den

Medizinern, ging zu den Philologen, wußte mich sogar in
die Kunstakademie einzuschleichen, um hin und wieder einen
Vortrag von Franz Kugler zu hören. Hier wäre ich am
liebsten gleich fest geblieben. Trotzdem verharrte ich noch mit
Ausdauer auf meinem Platze unter den Juristen, um die
Institutionen täglich langweiliger zu finden. Ich erinnere
mich nicht, daß die Historiker in diesem Winter etwas boten,
was mich hätte fesseln können. Und da nun über Litteratur
gar nichts gelesen wurde, so mußte ich mir selbst zu helfen
suchen. Die königliche Bibliothek bot mir die ersten Hülfs=
quellen, und da ich vorerst nichts gar zu Seltenes forderte,
erhielt ich so viele Bücher, als ich verlangte. Da mir der
Reiz eines Lesezimmers schon in der Westermannschen Biblio=
thek aufgegangen war, wußte ich mir an den hier stark be=
setzten grünen Tischen der königlichen einen Platz zu ergattern
und ließ mir Lasten von Büchern zusammenschleppen. Ich
wollte fürs Erste nur sehen, Uebersichten haben, Bücher kennen
lernen. Die Erfahrung hat mich in späteren Jahren gelehrt,
daß es ein Vorteil ist, ein Buch, welches man vielleicht nach
einem Decennium braucht, schon einmal in Händen gehabt, be=
trachtet, durchblättert zu haben. Man lernt dadurch wenigstens
die Wege und Merksteine kennen, wo etwas zu finden ist.
Freilich waren es sehr bunt gemischte Lasten, die um meinen
Platz hin und her wanderten: Historische und litterar=
historische, Kupferwerke für Kunststudien, Botanisches, Ento=
mologisches, und wer weiß was Alles! Die Bibliothekdiener
lächelten, wenn sie neue Haufen um mich her auftürmten.
Endlich wurde einer der Kustoden auf mich aufmerksam. Er
näherte sich mir, begann ein Gespräch, ließ meinen Fleiß
gelten, und sondierte mich über meine Zwecke mit dem auf=
gehäuften Material. Da er erkennen mochte, daß es halb
Heißhunger, halb Ratlosigkeit war, was mich zu diesem Ein=
wühlen in Bücher trieb, kam er mir zu Hülfe und brachte

mehr Methode in diese unruhige Leserei. Nach wiederholten
Gesprächen schlug er mir vor, alles Uebrige bei Seite zu
lassen, und mich auf die deutsche Litteratur zu beschränken,
und zwar mit dem achtzehnten Jahrhundert zu beginnen.
Und da nun mit Bodmer und Breitinger der Anfang gemacht
werden sollte, so blieb nichts übrig, als auf die Werke der
Schlesier und Niedersachsen zurückzugreifen. So brachte ich
meine Tage in Hörsälen und in der Bibliothek zu, aus welcher
denn immer noch eine Anzahl von Büchern zum häuslichen
Lesen mitgenommen wurde.

Ueber die neuste Litteratur war ich von der Schule her,
obgleich sie nicht gelehrt wurde, leidlich unterrichtet. Von
den Lyrikern standen Uhland, Lenau, Anastasius Grün, Heine,
noch in Blüte, und ihre Gedichte waren in unsren Händen.
Zu Heine konnte ich keine Neigung fassen. Zog mich sein
Buch der Lieder an, so wie die ersten Bände der Reisebilder,
so fühlte ich mich abgestoßen durch seinen frivolen Cynismus
und die Arroganz seines Aburteilens. Das Unreine in seinem
Wesen war mir widerwärtig. In späterer Zeit ging mir
wohl seine litterarhistorische Bedeutung auf, ohne daß er mir
darum als Dichter näher getreten wäre. Bekannt war mir
auch schon ein Teil der damaligen Tendenzlitteratur, welche
in der Mitte der vierziger Jahre sich geltend machte, als
Ausdruck des Emporringens liberaler Gesinnungen gegen
die Bevormundung der Regierungen. Es gab eine Menge
verbotener Bücher, die darum desto mehr gesucht wurden,
wie Herweghs Gedichte, „die politische Wochenstube" von
Prutz und anderes, was seiner Zeit Aufsehn erregte. Die
neusten Stücke von Gutzkow, Laube und anderen, worin
auch, oder mehr zwischen den Zeilen, den Zeitwünschen Rech=
nung getragen wurde, sah ich im Theater, und war sehr
gestimmt zu applaudieren.

Meine Abende brachte ich häufiger zu Hause zu, als die

Freunde für einen Studenten im ersten Semester schicklich
fanden. Sie konnten sich überhaupt nicht darein finden, daß
ich ein solcher Bücherwurm geworden war. Aubert allein
wußte, wie eifrig ich an meiner Tragödie arbeitete. Denn
nach einiger Zeit hatte ich das Stück wieder vorgenommen,
die drei ersten Akte umgeworfen, von vorn angefangen, und
war nun nahezu an den Abschluß gelangt. So war meine
Zeit reichlich ausgefüllt. Lebte ich im Ganzen nicht so studen=
tisch wie andre, so sah ich doch Freund Aubert jeden Tag.
Auch er war reichlich beschäftigt, hatte aber einen bestimmten
Kreis von medizinischen Genossen, der ihn mehr im Verkehr
hielt. Mit ihm besuchte ich meist die Theater. Es gab da=
mals neben dem Schauspiel= und Opernhause nur noch das
Königstädtische, in welchem vorwiegend Lokalpossen gegeben
wurden, zu Zeiten auch eine italienische Operngesellschaft auf=
trat. Von einer solchen hörten wir unter anderem einmal
„Il flauto magico“, unter welchem Titel die „Zauberflöte“
gegeben wurde. Auch in die Nachmittagskonzerte gingen wir
zuweilen, in welchen wir für ein geringes Eintrittsgeld sehr
gute Musik, Symphonieen und klassische Werke instrumen=
taler Art, zu hören bekamen. Es verstand sich, daß wir
nach einer Theatervorstellung in ein Wirtshaus gingen, so
unbehaglich uns von Anfang an die Berliner Bierkneipen
mit ihrer aufgeputzten weiblichen Bedienung waren. Als
mir aber einmal eine dieser Nymphen schäkernd mit der Hand
durch das Haar gefahren war, ergriff mich eine solche Angst
vor diesen Weibern, daß ich in solch ein Lokal nicht mehr
zu bringen war. Dagegen kostete es den Freund keine Ueber=
redung (denn ein Philister war ich auch nicht) ihm in eine
Weinstube zu folgen, wo wir uns edleren Genüssen hingaben.
Aubert war mir, trotzdem unsre Studien auseinander gingen,
ein immer treuer Gefährte, der mit Verständniß und viel
Geduld auf mein dichterisches Treiben einging. Er vernach=

lässigte seine allgemeine Ausbildung nicht, und in der Neigung
für das Theater trafen wir unbedingt zusammen. Wie kindisch
war unsre Vorfreude, wenn etwas von Shakespeare gegeben
werden sollte! Wie genügsam ließen wir uns in der Vor=
stellung hinreißen, wenn Hamlet, Othello, Romeo, zu=
weilen recht bedenklich verarbeitet wurden! Wie angeregt
wanderten wir dann Arm in Arm in eine kleine Weinstube,
wo wir nur einige ältere Herrn wußten, und ungestört
plaudern konnten!

Bei einer solchen Sitzung wurde ausgemacht, daß ich
meine Tragödie Julian Schmidt zur Begutachtung vor=
legen sollte. Von dem Gedanken einer Drucklegung oder
Aufführung noch entfernt, übrigens ganz erfahrungslos über
die Mittel und Wege dazu, war mir nur daran gelegen,
ein maßgebendes Urteil über meine Arbeit zu hören. Julian
Schmidt hatte zwar damals noch nicht seine Bedeutung als
Kritiker erlangt (sie begann erst mit der Herausgabe der
„Grenzboten") aber sein dickes Buch, „die Geschichte der Ro=
mantik" war schon erschienen. Ich hatte es auf meinem
Platze in der Bibliothek, wenn nicht ganz durchgelesen, doch
durchstöbert. Als er mir in einem Nachmittagskonzerte ge=
zeigt wurde, beschloß ich, ihn auf sein Werk hin anzusprechen.
Er schien angenehm berührt, von einem Studenten etwas
darüber zu hören, und ließ sich in ein Gespräch mit mir ein.
Im nächsten Konzerte begrüßte er mich zuerst, und das Ge=
spräch wurde wieder aufgenommen. So war er der einzige
Schriftsteller in der Nähe, den ich persönlich kannte, und ich
durfte ein gewisses Wohlwollen bei ihm voraussetzen, wenn
ich die Schärfe seines Urteils auch bereits kennen gelernt
hatte. Es war doch mit großer Befangenheit, als ich ihm
den ersten Besuch machte, und mein Anliegen, zugleich mit
meinem Manuskripte, hervorbrachte. Meine Furcht, ausge=
lacht zu werden, bestätigte sich nicht. Ich atmete auf, als

er das Heft gelassen hinnahm, mit dem Versprechen, es zu
lesen. Ich will hier gleich den Verlauf der Angelegenheit
und das fernere Geschick meines Erstlingswerkes vorweg nehmen.
Nach einigen Wochen begegnete mir Julian Schmid auf der
Straße, und lud mich zu einer bestimmten Stunde ein. Ich
fand ihn unter seinen eignen Manuskripten in einer unbe=
haglichen Junggesellenstube, die sich von meiner studentischen
nicht wesentlich unterschied. Mein Heft lag auch schon auf
dem Tische. Er kam bald auf die Arbeit zu sprechen, begann
aber in einer Weise, die mich in Verwunderung versetzte.
Ich müsse ja selbst wissen, fing er an, welche Stücke von
Shakespeare ich vor Augen gehabt und welche Scenen ich
nachgeahmt hätte. So lockte er mir eine Art von Beichte
ab, und wies darauf hin, wie das Alles im König Lear und
in den Königsdramen doch viel besser sei, und so, ohne ein
Urteil zu fällen, gab er mir zu verstehen, was er von meinem
Machwerk hielt. Ich geriet in Beschämung mehr, als in
Enttäuschung, und da er bald davon abbrach, nahm ich mich
zusammen, um mich wie ein Weltmann mit ihm zu unter=
halten. Wir sprachen von Jenny Lind, der schwedischen
Nachtigall, die zur Zeit im Opernhause Alles entzückte, und
die ich (von der Galerie aus) in Spontinis Vestalin auch
gehört hatte. Endlich hielt ich es für Zeit, aufzubrechen,
und, ohne eine Ermutigung zu neuen Arbeiten oder irgend
welcher Teilnahme, entließ er mich. Ich hatte es über mich
gebracht, mit ihm zu plaudern und zu lachen, als handelte
es sich um die gleichgültigsten Gegenstände. Selbstverständ=
lich konnte er meine Arbeit als nichts anderes betrachten,
mir aber war nicht wohl zu Mute, als ich mit meinem
Manuskripte abzog. Daß er Recht hatte, mich auf die Un=
zulänglichkeit meines Versuches hinzuweisen, stand bereits fest
bei mir. In mir war aber um diese Zeit ein Zug bereits
entwickelt der mir im ferneren Verlauf eben so viel genützt

als mich beunruhigt hat. Jedes kritische Wort nämlich, das nur halbwegs an das Richtige streifte, gab mir sofort die Ueberzeugung meiner Mängel, und bewog mich an eine Um= gestaltung zu gehen, oder nach einiger Ueberlegung das Ge= schaffene zu vernichten. Ich habe zahlreiche Manuskripte, kleine und große, in Flammen aufgehen lassen. Schlimmer war es, wenn Zweifel, oder Ueberzeugung, daß das Ziel ver= fehlt sei, erst eintraten, wenn die Arbeit schon gedruckt vorlag. Dann hatte ich unglückliche Stunden, und das Werk, selbst wenn es andern gefiel, wurde mir widerwärtig. Der Fall trat bei sehr vielen meiner Arbeiten ein. Meine erste Tra= gödie, die ich von Stund' an zu hassen begann, trieb sich noch kurze Zeit bei mir umher, um dann mit allen Vor= arbeiten in den Ofen zu wandern. Jene kritische Stunde hatte aber meine Beschämung nur gegen dies eine Werk ge= richtet, nicht gegen meine dichterischen Bestrebungen überhaupt. Ich griff sehr bald zu etwas Neuem. Mochte auch Alles was ich damals trieb, nur dramatische Schularbeit sein, die mit der Zeit vernichtet wurde, die Beschäftigung damit hielt mich doch fern von so Vielem, was der Müßiggang, noch dazu in einer so großen Stadt bei der Jugend hervorruft und begünstigt. Doch erinnere ich mich nicht, daß ich in dieser Zeit etwas Lyrisches hervorgebracht hätte. Ich war mit meinem poetischen Drange ganz auf das Drama gerichtet, und weder der Verkehr mit Menschen noch innere Empfindung gaben mir das Bedürfniß nach lyrischer Aussprache.

In diesen Tagen traf mich ein Brief, der mich zuerst aus aller Fassung heraus warf. Es war ein Schreiben der Behörde in Dessau, mit der Nachricht, daß sich ein sonst am Orte nicht bekannter Student, Namens Robert Metzke, in den Anlagen der Stadt erschossen habe. Die Papiere, welche man in einer unverschlossenen, an mich gerichteten Adresse bei ihm gefunden hatte, sandte man mir zu, mit dem Auf=

trage, seinen Tod den Angehörigen, über die man ohne Kennt=
niß war, zu melden. Ich fand ein Gedicht an mich, voll
der glühendsten Freundschaftsversicherungen, und einen Brief
welcher dieselben wiederholte, in dem es zugleich hieß, daß
der Unglückliche sich fertig fühle mit seinem innerlich ge=
brochenen Leben, daß die heiße Liebe zu mir ihn allein noch
eine Weile aufrecht erhalten habe. Da dieselbe von mir aber
nicht erwiedert werde, wolle er nicht zögern, ein schnelles
Ende zu machen. — Ich fühlte mich wie benommen vor
Schreck. Von einer so leidenschaftlichen Freundschaft hatte
ich nichts geahnt, und ich glaube in der That nicht, daß ich
sie hätte entgegnen können. Jetzt aber, nachdem der Unselige
Hand an sich gelegt, fühlte ich etwas wie Vorwurf, was
mich mit Unruhe erfüllte. Vor Allem begriff ich nicht, weß=
halb sein Leben innerlich gebrochen gewesen sein sollte, wie
er schrieb. Metzke war mit uns andern Frankfurten zugleich
abgereist, um seine Studien in Halle fortzusetzen. Da ich
der erste war, der in Berlin eine Stube gefunden hatte, be=
schloß er, ein paar Tage zu bleiben, und Nachts auf meinem
Sofa zu kampieren, womit ich einverstanden war. Er zeigte
die fröhlichste Stimmung, aber auch nicht eine Spur von
gesteigerter Zuneigung zu mir. In der besten Laune hatte
er sich von mir verabschiedet. — Jetzt aber, in so gestörter
Gemütsruhe, drängte es mich zur Aussprache mit den Freunden,
obgleich ich mich scheute, sie den Brief und die Verse lesen
zu lassen. Die Thatsache hatten sie bereits durch die Zeitung
erfahren. Sie konnten sich seinen Entschluß aber ebensowenig
erklären, wie ich, wenn nicht, wie einige meinten, jene innere
Gebrochenheit in einer zu frühen und stürmischen Vergeudung
seiner Kräfte zu finden wäre. Sie waren über ihn besser
unterrichtet als ich. Auch tauchte der Gedanke auf, da man
vergebens den Grund suchte, weßhalb er zur Ausführung
seiner That von Halle nach Dessau gereist sei, daß er am

letzteren Orte, wo damals noch eine öffentliche Spielbank ge=
halten wurde, etwa vergeblich sein Glück zu machen versucht
habe. Das Geheimniß blieb unaufgeklärt. Nun aber hieß
es, meine Aufgabe sei, den kummervollen Vorgang der Fa=
milie des Verstorbenen zu melden. Obgleich ich dieselbe so
gut wie gar nicht kannte, mußte ich mich dazu entschließen.
Höchst peinlich war es mir, die letzten an mich gerichteten
Schriften den Augen mir persönlich fremder Leute auszusetzen.
Ich hielt dieselben daher noch zurück, und schickte in meinem
Briefe nur das Schreiben der Dessauer Behörde nach Frank=
furt. Es gab eine traurige Korrespondenz, in welcher ich
mit den Aufzeichnungen an mich in Versen und Prosa nun doch
noch herausrücken mußte. Das Uebelste war, daß man nicht
müde wurde, die näheren Umstände und Erklärungen von mir
zu verlangen, da man sich nicht denken konnte, daß ich seiner
inneren Welt und seinen Vorsätzen so ganz fremd gestanden
haben sollte. Vielleicht ist in dem Verstorbenen eine schöne
dichterische Entfaltung verloren gegangen. Was er uns mit=
teilte fesselte immer durch idealen Inhalt und vollendete Form.

Leidenschaftliche Freundschaftsverhältnisse kommen unter
Jünglingen häufiger vor, als sie dem Tage bekannt werden,
und oft sind sie eine Art von unglücklicher Liebe, welche nicht
verstanden wird und eine schmerzliche Enttäuschung bringt.
Eine gewisse Sinnlichkeit ist ihnen wohl beigemischt, die man
jedoch, da sie rein und ziellos ist, nicht zu schelten braucht.
Die von solcher Regung Ergriffenen sind meist selbst ganz
reine und unversuchte Naturen, während der erwählte Gegen=
stand dies gar nicht zu sein braucht. Seltener ist der um=
gekehrte Fall, der dann aber schon eine gefährlichere Wendung
nehmen kann. Will man solche Regungen zu den Verirrungen
zählen, so gehören sie doch zu den zartesten und innerlichsten
Irrtümern, und sind zu nehmen wie jede andere Jugend=
neigung mit ihren oft rätselhaften Gemütsrichtungen. Einer

der am tiefsten blickenden Seelenkenner, Jean Paul, hat
solche Verhältnisse öfter, und verschiedenartig dargestellt: Im
Hesperus, im Titan, in den Flegeljahren. So oft ich diese
Werke wieder aufschlage, tritt mir dergleichen nicht als etwas
Unbegreifliches, wie so vielen andern Lesern, entgegen, sondern
als ein aus eigner, und nicht nur einmaliger, Erfahrung
Bekanntes entgegen.

Nach dieser Episode, die mir innerlich viel zu schaffen
machte, zog ich mich um so enger in meine Arbeiten zurück.
Um ganz ungebunden zu sein, hatte ich mich um verwandt=
schaftliche Beziehungen gar nicht gekümmert, zumal mir diese
entfernten Onkels und Tanten persönlich so gut wie unbe=
kannt waren. Während meine Kameraden viel in Familien
verkehrten, und es ihnen an Einladungen zu Gesellschaften
und Bällen nicht fehlte, blieb ich in dieser Zeit ohne allen
geselligen Verkehr. Uebrigens war ich nicht daran gewöhnt,
da ich auch in Frankfurt dergleichen nur von Hörensagen
gekannt hatte. Um so größere Erwartungen setzte ich auf
das elterliche Haus, welches ich zu Weihnachten wiedersehen
sollte. Einige Gewissensbisse stellten sich doch auch ein. Ich
hatte die Musik sehr vernachlässigt, und erkannte, wenn ich
mich zuweilen an Auberts Klavier setzte, wie sehr ich im
Rückstand geblieben war. Mir ein Instrument zu mieten
und Versäumtes nachzuholen, behagte mir nicht, da ich mich
durch andre Pläne reichlich zerstreut und beschäftigt wußte.
Mußte ich so heimkehren, schlecht gefördert nach einer Seite,
mit der man in Gesellschaft immer am beliebtesten ist, so
schien ich mir noch schlechter ausgestattet nach einer Richtung
hin, in der man auch etwas von mir zu erwarten schien.
Es war in Briefen der Schwestern zuweilen die Rede von
dem „flotten“ Studenten, den man nun bald in der Familie
begrüßen werde, während sich doch von einem solchen gar
nichts in mir entwickelt hatte. Die Fechtstunden zwar, die

ich seit meinem Eintritt in Berlin bei einem Waffenmeister
der Universität, zugleich mit Aubert, begonnen hatte, hielt
ich zweimal wöchentlich gewissenhaft inne. Es war eine
körperliche Uebung, die mich aber, wie ich fühlte, noch nicht
„flott" machte. Ich wußte, daß es weder meinem Vater
noch meiner Mutter recht sein würde, wenn ich als ein ver-
hockter Büchermensch heimkehrte; wußte, daß der Zuschnitt
des Hauses von mir verlangte, ein bischen Figur zu machen.
Mir verursachte das wirklich einige Sorge. Zwar hatte mich
die Natur um diese Zeit mit einem kleinen Schnurrbart ausgestattet, um welchen Aubert, der noch keinen hatte, mich
beneidete. Das war schon etwas, wenn auch nicht viel. Inzwischen wurden alle Bedenken doch überwogen durch die
Freude auf das lange erhoffte Wiedersehen der Meinigen.

Zehntes Kapitel.

Man hatte damals von Berlin nach Bromberg nur
erst eine kleine Strecke Eisenbahn, der größere Teil der Fahrt
mußte im Postwagen zurückgelegt werden. Reisekundige Leute
versahen sich für eine solche Winterfahrt mit Pelzen und
Fußsäcken, als sorgloser Student kümmerte man sich um
keins von beiden, sondern begnügte sich mit einem leichten
Mäntelchen. Etwas von der Wärme der Pelze bekam man,
bei der Enge der Verpackung im geschlossenen Wagen von
den übrigen Reisenden immer noch ab. Daß es einige Abenteuer gab, machte die an sich langweilige Fahrt ab und zu
unterhaltend. Ein gewaltiges Schneewehen begrub den Postwagen auf der Landstraße. Wir mußten zu Fuße in das
Dorf waten und Leute mit Schaufeln herbei holen, um das
Gefährt ausgraben zu helfen. Auf der nächsten Station
wurde es auf ein Schlittengestell gesetzt. Nachts taumelten
wir plötzlich in der größten Verwirrung durcheinander, da

11*

wir mit unsrem Schlittenungetüm in einem Graben lagen.
Unter starkem Lärm gegen den „Schwager“ wollte sich Jeder
etwas zerbrochen haben, als man sich aber nur erst heraus=
gewickelt hatte, fanden sich Alle heil, und mußten helfen,
unser Transportmittel wieder aus dem Graben zu schaffen.
Schließlich kam ich doch, wenn auch stark durchfroren, guten
Humors zu Hause an, und wurde von offnen Armen und
fröhlichen Gesichtern empfangen.

Ich war seit etwa sechs Jahren nicht in dem Kreise
der Meinigen gewesen. Mancherlei hatte sich verändert, den
jüngsten Geschwistern mußte ich wie ein Fremder erscheinen.
Den Vater hatte ich in jedem Jahre gesehen, da er, nach
seinen Sommerreisen nach Karlsbad, stets einige Tage in
Frankfurt zubrachte. Auch die Mutter war mehrmals zum
Besuch ihrer alten Mama und des großelterlichen Hauses
dagewesen. Die Eltern fand ich also für mich als dieselben,
aber die beiden ältesten meiner Schwestern traten mir als
erwachsene Mädchen, die zweite schon als Braut, entgegen.
Die dritte stand auf der Grenze zwischen Kind und Mädchen,
den Erwachsenen halb und halb schon zugezählt, bereits sehr
entwickelt und sprühend von Uebermut, während das jüngste
Schwesterchen (dessen Zwillingsgefährtin inzwischen gestorben
war) noch in den ersten Lebensjahren stand. Am meisten
staunte ich über meinen Bruder, der, obgleich fünf Jahre
jünger als ich, als ein schöner hochaufgeschossener Bursche,
mich an Körpergröße weit überragte. Ueber den Zuschnitt
des Hauses machte ich große Augen. Die Räume waren
noch dieselben, aber durch Hinzunahme eines oberen Stock=
werkes umfassend genug, auch ein reicher bewegtes Leben
aufzunehmen. Auch unsere alte Kindermuhme, die Hanne,
fand ich noch im Hause, zwar noch in der alten Vertrauens=
stellung, aber nicht mehr so recht bei Kräften. Sie war,
wie das bei so altbewährten Dienstboten, auf welche manche

Rücksicht genommen werden muß, zu geschehen pflegt, eine
Art von Verlegenheit für die Mutter und die Schwestern
geworden, da sie sich in Küche und Zimmern mit den neuen
Dienstboten, die an ihrer statt die Arbeit verrichteten, nicht
stellen konnte. Vor Allen war der jeweilige männliche Haus=
diener unter ihrer Erziehung stetem Hader ausgesetzt, daher
auf diesem Posten die Person häufiger wechselte, als es bequem
war. Es gingen ihr überhaupt so viele Neuerungen wider
die Gewohnheit, daß es der Grillen kein Ende gab, die sogar
meine erwachsenen Schwestern zuweilen in zornige Thränen
versetzten. Trotzdem hielt man noch Jahre lang mit ihr
aus, bis sie endlich freiwillig und im besten Einvernehmen
mit der Mutter, aus dem Hause schied, um sich zu ihrer
in der Stadt verheirateten Tochter zurück zu ziehen.

Die Geschäfte meines Vaters standen in dieser Zeit
meines Besuches in Blüte, seine Einnahmen mußten stattlich
sein, das Leben im Hause war opulenter, als ich es sonst
irgendwo gesehen hatte. Nach dem Stande der Verhältnisse
aber zu fragen, hätte ich mich nicht unterfangen, da es ganz
gegen Styl und Herkommen zwischen Eltern und Kindern
in unsrer Familie gewesen wäre. Genug, daß ich mich zu
Hause sehr behaglich und glücklich fühlte. Und es gab gleich
ein bewegtes und lustiges Treiben. Die Vorbereitung zu
Weihnachten und zur Hochzeit meiner Schwester Manon, die
am dritten Feiertage stattfinden sollte, gingen Hand in Hand.
Nach dem Brauche der Gesellschaft sollte eine Vorfeier, ein
sogenannter Polterabend, stattfinden, und in nicht geringem
Umfange. Der Bräutigam, damals noch ein junger Offizier
(später Generallieutenant, von Scheffler), war von hervor=
ragender musikalischer Begabung, spielte das Klavier meister=
haft, komponierte selbst, und leitete einen Opernverein, in
welchem ältere, oder auf der Bühne seltnere Opern als Konzerte
aufgeführt wurden. Die Gestalten aus allen diesen Werken

sollten nun in Gruppen, Bildern und Vorträgen, sich von
ihm verabschieden. Meine Mutter hatte schon eine Menge
Verse dafür aufgesetzt, und war bei den seit lange vorbe=
reitenden Proben als Dramaturgin selbst thätig gewesen.
Wie sie Alles das, bei ihren Hausgeschäften, vor Weihnachten,
und bei den Vorbereitungen zum Hochzeitsfeste, fertig brachte,
war Allen erstaunlich. Auch mir wurde gleich nach meiner
Ankunft eine Rolle überreicht, da ich mit meiner fröhlichen
Schwester Adelaide als Figaro und Susanne auftreten sollte.
Es gab von früh bis spät ein Gesellschaftstreiben und lustiges
Leben mit jungen Mädchen, wie es mir ganz neu, aber
keineswegs unwillkommen war, und worin ich mich, zu meiner
eignen Verwunderung, sehr schnell zurecht fand. Weihnachten
mit seinem Lichterglanz ging vorüber. Es wurde getanzt am
Polterabend, es wurde getanzt auf der Hochzeit, und endlich
das junge Ehepaar entlassen, da mein Schwager nach Posen
kommandiert war.

Es hätte nun Ruhe im Hause sein können, aber wir
waren weit davon entfernt. Ich hatte mich durch allerlei
Thorheiten, die ich mir selbst kaum zugetraut, zum Mittel=
punkte eines Kreises von jungen Mädchen gemacht, welche
sich bei uns versammelten. Ich übte ihnen Studentenlieder
ein, und dirigierte einen lachenden Chor. Der Vater lachte
mit uns, ließ Wein aus dem Keller holen, und ich unter=
richtete sie in allerhand Kunststücken aus dem Ceremoniell
des Studentengelages — denn ohne Kenntniß solcher Dinge
war ich doch nicht geblieben. Die Mutter wollte all den
Unsinn erklärt haben, was immer schwierig war, und er=
staunte, wie diese jungen Damen, welche als Muster feiner
Form galten, sich an solche Tollheiten hingegeben zeigten.
— Es war im Hause des Regierungspräsidenten von Schleinitz,
einer töchterreichen Familie, wo bei einem improvisierten
Tänzchen die Mädchen die Köpfe zusammensteckten, und mir

dann mit dem Plane entgegen kamen, es solle Komödie
gespielt werden. Aber es dürfe außer mir kein Herr mit=
spielen, als höchstens Onkel Jachmann. Dieser, Regierungsrat
in Bromberg hieß in vielen Familien „Onkel" Jachmann,
obgleich er mit keiner derselben in der Stadt verwandt war.
Der sehr vermögende, ältere Junggesell liebte es, unter der
Jugend scherzend zu verkehren, und gab Bälle, welche sich
durch Glanz und Besonderheit auszeichneten. Als später sein
Neffe, der Landrat Jachmann, die große Sängerin und Schau=
spielerin Johanna Wagner heiratete, und sie, als Frau
Jachmann, ihre eigentlich glänzendsten Jahre als Künst=
lerin durchlebte, wurde der Allerweltsonkel sogar als eine
Art von historischem Onkel betrachtet. Sein Talent, komische
Alte darzustellen, hatte er bei Privataufführungen schon öfter
bewährt. Meine Mutter war gleich bereit, auf den Plan
der Jugend einzugehen, und es wurde ausgemacht, daß die
Komödie bei uns in Scene gehen sollte. Da nun die Mädchen
darauf bestanden, daß kein Herr weiter zugelassen werden
sollte, so war die Wahl eines Stückes nicht leicht. Mein
Vater kam uns zu Hülfe. Er erinnerte sich, in seinem
Schranke einen Band von Holtei zu haben mit drei ein=
aktigen Lustspielen, betitelt: „Farben, Blumen, Sterne". Er
wies uns denn auf das erste Stück, „die Farben", in welchem
fünf Damen und nur ein Herr auftreten. Da es in ge=
reimten Versen geschrieben ist, zog er es vor, damit die Jugend
sich zugleich in diesem Styl übte. Onkel Jachmann war
es denn, der als zweites Stück den „Häuslichen Zwist" von
Kotzebue vorschlug, worin für ihn die Rolle des tückischen Nach=
bars vorhanden war, während meine Schwester Emilie und ich
das junge Ehepaar geben sollten. Mein Vater wollte zwar von
Kotzebue nicht viel wissen, inzwischen gab er nach, da das Stück=
chen wenigstens auch in Versen, sogar gereimten, geschrieben ist.

Nun aber mußte ich, da ich plötzlich in zwei Stücken

als Liebhaber auftreten sollte, in den „Farben" sogar fünf Damen in verschiedener Weise die Cour zu machen hatte, den Eltern denn doch meine Verlegenheit bekennen, da ich mich im Komödienspiel noch nicht versucht, während die weibliche Jugend darin schon geübter war. Man wußte meine Bedenken zu zerstreuen, wollte mir Gutes zutrauen, und die Mutter versprach, mich zurecht zu stutzen. Sie leitete selbst die Proben, die unter allerlei Ausgelassenheiten vorüber gingen, und der Vater, welcher der letzten beiwohnte, zeigte sich zufrieden mit mir, besonders mit meiner Freiheit der Bewegung und der Sicherheit, mit der ich über Arme und Beine verfügte. Wie mir das Alles so schnell gekommen, war mir selbst unerklärlich. Die Aufführung kam. Die befreundeten Familien hatten zwar den Kreis der Zuschauer nicht weit ausdehnen wollen, aber wir blieben doch nicht „unter uns", es schloß sich sogar ein Tanzvergnügen an die Vorstellung. Und dann wieder ein anderes in einem andern Hause, und so tanzte und wirbelte man sich von Tag zu Tage, und tanzte man nicht, so gab es sonst etwas Vergnügliches.

Ich habe mich etwas länger bei diesen geselligen Dingen aufgehalten, weil dieselben nicht ohne Bedeutung für meine Entwickelung blieben. Mir war, als ich darin mitthun sollte, Alles so gut wie neu. Aber Eigenschaften, die ich selbst in mir noch nicht gekannt hatte, traten dabei hervor, ich lernte mich etwas mehr fühlen, und erwarb dadurch mehr innere und äußere Freiheit. Die Eltern, erfreut, ihren Sohn zu sehen, wie sie ihn zu sehen wünschten, lebhaft, heiter, der Gesellschaft angemessen, ließen das Treiben einmal ungehindert gehen, zumal es nicht das ganze Jahr über so fort ging, und der Sohn nur auf einige Wochen zum Besuch anwesend war. Es gab doch auch viel schöne und ruhige Stunden im engsten Familienkreise. Und zwar durfte ich mich auf die Familie um so mehr beschränken, als frühere Beziehungen

(abgesehen von meinem alten Freunde, dem Prediger Serno)
oder gleichalterige Genossen in der Stadt nicht vorhanden
waren, bei meiner vieljährigen Entfremdung, zumal bei dem
häufigen Wechsel, dem die geselligen Kreise durch Versetzung
von Beamten und Militärs unterworfen waren. Das Haus
und die Familie waren mir daher, wie in der Kindheit, das
eigentliche Ziel bei der Wiederkehr. Da gab es so viel auf=
zufrischen, allerlei Neues kennen zu lernen, nicht zuletzt meine
jüngsten Geschwister. Meines Vaters Schmetterlingssamm=
lung hatte sich sehr bereichert. Mein Bruder, der selbst zu
sammeln angefangen, war jetzt sein Gehülfe. Wenigstens
zeitweise, da auch er die Schule und das Haus verlassen
hatte, um in Thorn das Gymnasium zu besuchen. Auch die
Bücherreihen meines Vaters waren gewachsen. Er selbst war
von einer Rüstigkeit und Frische geblieben, die der Jahre
spottete. Neues lernte ich auch in dem Leben und Treiben
meiner Mutter kennen. Von unglaublicher Anregungsfähig=
keit, und durch Eindrücke leicht bestimmbar, lebte sie jetzt sehr
der liberalen Richtung, auf kirchlichem, wie auf politischem
Gebiet, wiewohl sie niemals laut damit hervortrat. Sie
hielt sogar unter der Hand die „Sächsischen Volksblätter“,
welche von der preußischen Regierung verboten waren. So
auch entdeckte ich bei ihr „Die politische Wochenstube“ von
Prutz, die sie mir zwar lachend aus der Hand nahm, um
sie wieder zu verstecken, aber doch bekannte, daß das „ab=
scheuliche Buch“ ihr nicht mißfallen habe. Die christ= oder
deutsch=katholische Bewegung, welche sie eine Zeitlang gefesselt
hatte, war jetzt bei ihr in den Hintergrund getreten. Trotz
ihres damaligen Liberalismus, war ihr Hagenbachs Kirchen=
geschichte ein Lieblingsbuch geworden, und ist es für alle
Zeit geblieben. Ueber mein Abspringen von der Theologie
seufzte sie freilich noch ein wenig. Ruhiger betrachtete mein
Vater die Sache. Er hatte mir vorausgesagt, daß ich nicht

bei der Juristerei bleiben würde. Als ich ihm bekannte, wie
meine Privatstudien bereits auf das Historische gerichtet wären,
und was ich von Heidelberg und den dortigen glänzenden
Vertretern der Geschichtschreibung, wie Schlosser, Gervinus,
Häusser u. A. erwartete, entgegnete er ganz einverstanden,
und nahm den Plan wie eine abgemachte Sache. Habe ich
nun von dem gesellschaftlich bewegten Leben im Hause ge=
sprochen, so darf ich einen Zug im Charakter und Handeln
meiner Eltern nicht vergessen, nämlich ihre unbegrenzte Wohl=
thätigkeit. Daß meine Mutter bei den Frauenvereinen,
Waisenhäusern, Kinderbewahranstalten, beteiligt war, braucht
kaum erwähnt zu werden. Sie ging aber auch in die Häuser
der Aermsten, scheute sich nicht, sogar die verrufensten auf=
zusuchen, um Ordnung zu schaffen, die moralisch gesunkensten
weiblichen Personen durch Arbeit auf besseren Weg zu bringen.
Sie war gradezu erfinderisch, Thätigkeit für jeden zu schaffen,
und vom Verderben zu retten. Viel ist ihrer Mühe darin
gelungen. Auch mein Vater beschränkte seine Hülfe nicht
auf einmaliges Geben. Er untersuchte stets, und wußte es
dahin zu bringen, daß die Unterstützungen nicht mehr nötig
waren. Als ein Beispiel, für viele andre, mag es gelten,
daß er einmal eine ganze Auswandererfamilie, die in tiefster
Verarmung heimgekehrt war, sofort in sein Haus aufnahm,
da sich grade eine Stube und Kammer darin leer befand.
Die Kinder wurden gleich in die Schule geschickt, der Frau
Arbeit in Haus und Hof gegeben, sowie Verdienst in andern
Häusern, dem Manne ein Vorschuß gewährt, sich ein kleines
Geschäft zu gründen. Es war ein ordentlicher Handwerker,
der sich bald in bessere Lage brachte, und seine Darlehn mit
der Zeit abzahlen konnte. Von solchen Hülfeleistungen erfuhr
ich vielerlei, und es fanden sich später beim Tode meines
Vaters eine Menge Leute in geordneter Lage, welche be=
kannten, daß sie ihm allein Alles verdankten.

Zu erzählen habe ich nun auch, daß bei diesem Besuche im elter=
lichen Hause etwas von meinem poetischen Treiben herauskam.

Hatte ich bisher eine Scheu getragen, dergleichen ver=
lauten zu lassen, so war ich unbedacht genug, mich eines
Tages selbst zu verraten. Als nämlich vor jenem Polter=
abend immer neue Anliegen um Verse an meine Mutter
herantraten und dieselben kaum noch zu erfüllen waren,
machte ich mich schnell daran, und konnte ihr das Gewünschte
überreichen. Sie war überrascht, und noch mehr dadurch,
daß ihr die Verse so glatt, geläufig und geübt erschienen.
In einer Art von scherzhaftem Verhör bekannte ich denn,
daß ich auch sonst schon Gedichte gemacht, und mußte nun
mit dem Büchlein, in welches ich einen Teil meiner Lyrik
zusammengeschrieben hatte, hervorrücken. Ich muß sagen,
die Freude meiner Mutter war nach dem ersten Lesen eine
fast kindische. Auch der Vater, dem sie meine Anfänge nicht
vorenthielt, nickte mir zu, machte mich aber auf einige nicht
passende Vergleiche, schlechte Reime und metrische Verstöße
aufmerksam. Bald aber wurde die Freude der Mutter durch
Beängstigungen beeinträchtigt. Diese geistig reichbegabte, als
Hausfrau und Mutter wie durch gesellschaftliche Talente aus=
gezeichnete Frau richtig zu schildern, wäre keine leichte Auf=
gabe. Von ihren Kindern wurde sie fast angebetet, mein
Vater war stolz auf sie, alle Welt bewunderte sie und war
bezaubert von ihrer Liebenswürdigkeit. Es lagen aber in
ihrem Charakter die seltsamsten Gegensätze vereinigt, Eigen=
heiten, mit welchen im Hause auch wohl gerechnet werden
mußte. Der Ernst des Lebens — der ihr doch auch nicht
erspart bleiben sollte — fand sie widerstandsfähig, ja von
heroischer Fassung; geringen Wechselfällen gegenüber konnte
sie sich kleinmütig und übermäßig besorgt zeigen. So auch
quälte sie sich selbst durch die traditionelle Rücksicht auf
die Verwandtschaft, und so überkam sie zugleich die Furcht,

ihr Sohn könnte durch ungenügende dichterische Arbeiten
der Welt lächerlich erscheinen. Dergleichen an ihrem Sohne
zu erleben, würde sie aufs tiefste gekränkt und gedemütigt
haben. Sie kannte die Gesellschaft zur Genüge, um zu wissen,
daß Verse, vorwiegend scherzhafte, für Gelegenheiten gestattet,
ja erwünscht waren, selbständiges Schaffen aber mit Vor=
urteil und Spott aufgenommen wurde. Nun konnte ich
meine Mutter zwar über die Verwandtschaft beruhigen und
selbst der Vater hatte sich längst von den Ansichten derselben
frei gemacht, aber der Mutter wurde das, was ihr im Stillen
die herzlichste Freude bereitete, doch zum Gegenstand von
steten Besorgnissen.

Ich wiederhole hier, was ich schon anderswo einmal
ausgesprochen habe, die Erfahrung, daß fast durch alle
Familien eine Unterschätzung der dichterischen Begabung geht,
der erst werdende Poet aber, sei er noch so bescheiden, der
Lächerlichkeit ausgesetzt ist. Die übrigen Künste werden überall
im Hause begünstigt, gehören sogar zur Erziehung. Wer
sich im Zeichnen und Malen hervorthut, wird mit Genugthuung vorgeführt, wer aber in der Musik etwas leistet, mit
dem wird Staat gemacht. Eltern und Angehörige betrachten
mit Wohlgefallen, wenn ihr junges Volk gut tanzt, sich auf
dem Gesellschaftstheater gut anzustellen weiß. Aber es gilt
für eine Art von Unglück, wenn Jemand in der Jugend die
Neigung zum Reimen zeigt. Später, wenn etwas Fertiges
von einem größeren Kreise erst anerkannt worden ist, mag
sich das Verhältniß etwas anders stellen. Der Bann aber,
der auf dem frühen Versemachen liegt, beruht nur auf der
Oberflächlichkeit des geselligen Verkehrs. Nur was in die
Sinne fällt, wodurch man glänzen kann, wird begünstigt,
sogar von der Erziehung erstrebt, brächte das Studium gleich
(wie das krampfhaft beflissene Klavierspielen) die Umgebungen
zur Verzweiflung. Giebt es aber wohl eine stillere Uebung,

als das Versemachen? Zu beanstanden wäre nur, wenn der
angehende Poet seine Erstlinge gleich veröffentlichen wollte
(was ja auch bei den übrigen Künsten beanstandet wird)
wogegen doch genügend vorgebaut ist.

Für meine Vernachlässigung des Klavierspiels, wenigstens
in so weit, als ich nichts für den Vortrag aufzuweisen hatte,
fand sich aber plötzlich ein Ersatz, indem man, zu meiner
eigenen Ueberraschung, entdeckte, daß meine Singstimme sich
befestigt hatte, was mit Freude begrüßt wurde. Es war
ein hoher Baryton, der fast wie Tenor klang, und später
häufig als solcher verwertet werden mußte. War die Stimme
nicht besonders stark, so eignete sie sich vorwiegend für Lieder,
und bei der musikalischen Sicherheit des Inhabers konnte
man im Ensemble auf sie vertrauen. Meine Mutter, ob=
gleich sie ihren Gesang in Gesellschaft nicht mehr hören ließ,
sang im Hause doch noch gern, und ihre Stimme klang noch
sehr schön. Nun begannen Mutter und Sohn Duette zu
singen, zuerst aus Mozartschen Opern — Susanna und
Figaro, Pamina und Papageno, Zerline und Don Juan
— und was sich sonst im Vorrat des Notenschrankes fand.
Häufig auch, da alle Geschwister stimmbegabt waren, machten
wir uns an vierstimmige Stücke, und Abends in Gegenwart
des Vaters wurde im Chor gesungen. Meist Volkslieder,
die er am liebsten hören mochte. Gelegentlich aber richtete
er seine Kritik gegen die vielen sentimentalen Gesänge, und
wollte fröhliche Lieder hören, was denn, da die Mehrzahl
der Volkslieder ernst oder traurig klingt, nicht leicht einzu=
richten war. Aber wir sannen oft schon den Tag über auf
etwas Lustiges, und bekamen doch einen Vorrat, der ihn
befriedigte, darunter allerlei tolles Zeug, zusammen. Mein
Platz war dabei am Klavier, und da ich Alles nach dem
Gehör frischweg spielte und begleitete, kam denn mein Mangel
an geübteren Vortragstücken weniger in Betracht.

Diese schönen Wochen, die auch wohl etwas über das Ferienmaß hinausgedehnt wurden, vergingen schnell genug. Der Abschied war nicht zu schwer, zumal bei der Aussicht, daß, da ich nun eigentlich der Familie wiedergewonnen war, nicht mehr so lange Zeit von einem Wiedersehn zum andern gesetzt werden sollte. Ich verließ mit den schönsten und angenehmsten Eindrücken das elterliche Haus, wo ich Alles äußerlich wohlbestellt, innerlich zusammengehörig und glücklich wußte, und man entließ mich in der Zuversicht, daß, was in meinem nächsten Studiengange noch schwankend war, sich bald ordnen und befestigen werde.

Elftes Kapitel.

In Berlin wieder angelangt, suchte ich mein Tagewerk nun doch etwas anders einzurichten. Ich fühlte mich freier, selbständiger, blieb auch nicht mehr so zurückgezogen. Gleichwohl suchte ich keine Anknüpfung mit Familien, da in einigen Monaten ja doch eine Trennung von Berlin bevorstand. Ueber diese Zeit bis gegen Ostern habe ich wenig zu berichten. Jeden Tag vor Tische ging ich auf eine Stunde ins Museum, betrachtete und verglich, und las in der Bibliothek über das Gesehene nach. Dagegen sagen mir Aufzeichnungen mancher Art (denn eine Art von Tagebuch führte ich in einem Notizkalender immer) daß meine litterarhistorischen Studien gut im Gange waren. So kann ich mich rühmen, damals Klopstocks Messias von Anfang bis zu Ende durchgelesen zu haben. Freilich nützte mir das nicht viel. Denn als ich später in die Lage kam, über den Inhalt Rechenschaft zu geben, mußte ich den beschwerlichen Weg noch einmal zurücklegen, ja, ich mußte mir ein schriftliches Inhaltsverzeichniß, von Gesang zu Gesang, anfertigen, um die sich überall verflüchtigende Handlung übersehen zu können.

Bei meinem früh gewecktem Triebe, zu sammeln, hatte
ich auch die Theaterzettel aller Vorstellungen, welchen ich seit
meinem Eintritt in Berlin beigewohnt, sorgsam aufbewahrt.
Diese Sammlung, auch später durch viele Jahre fortgesetzt,
war endlich zu einem Papierhaufen angewachsen, der für die
fernere Lebenswanderung entbehrlich schien, und wurde vor
meiner letzten Umsiedelung vernichtet. Bot mir ein schließ=
liches Durchblättern derselben einen Ueberblick all der Merk=
würdigkeiten, die man durch einen so langen Zeitraum hat
an sich vorübergehen lassen, während man bei Betrachtung
der Titel und Namen sich oft des Inhalts kaum noch ent=
sinnen kann, so vergegenwärtigt sich mir doch eine Reihe
künstlerischer Genüsse aus meinem ersten akademischen Se=
mester, die sich an die Namen Goethe, Schiller, Shakespeare,
Kleist, Calderon knüpfen.

Berlin hatte damals, neben den beiden königlichen
Theatern, dem Schauspiel= und dem Opernhause, nur noch
als drittes das königstädtische Theater, welches, schon außer
Thätigkeit gesetzt, in diesem Winter (wie ich schon erwähnt
habe) einer italienischen Operngesellschaft eingeräumt worden
war. Im Opernhause hielt ich mich durchaus an die höchsten
musikalischen Gebilde, die ich, bei der Höhe der Eintritts=
preise, auch von der höchsten Region, nämlich der Galerie
aus, genoß. Vorwiegend galt meine Leidenschaft doch dem
Schauspiel, und es versteht sich, daß ich die Repräsentanten
desselben auf der Bühne meistenteils für mustergültig nahm.

Eine Betrachtung mag ich hier nicht unterdrücken. Bei
älteren Theaterfreunden knüpfen sich Eindrücke gewisser Ge=
stalten, eines Hamlet, Wallenstein, Romeo, einer Ophelia,
Thekla, Julia, an Schauspielernamen, mit welchen dieselben
dann gleichsam verwachsen, so daß für sie diese Rollen ein
für allemal nicht besser gegeben werden können, und somit
die Darstellungkunst in einen dauernden Verfall geraten wäre.

Dieser Verfall müßte folgerichtig nun schon durch anderthalb
Jahrhunderte gehen, und somit seit dem Beginn des deutschen
Theaters überhaupt bestehen. Demnach dürfte es schwierig
sein die Blütezeit unsrer Schauspielkunst festzusetzen, wenn
nicht für ihre Rettung gesorgt wäre, dadurch, daß Jeder,
seinen Eindrücken gemäß, in seiner Jugend eine solche Blüte
derselben erlebt zu haben meint. Nahm ich nun damals
meistenteils gläubig hin, was mir geboten wurde, so kam ich
doch im Laufe nicht eben vieler Jahre zu einer entgegenge=
setzten Erfahrung. Verdanke ich gleich hie und da einem
Darsteller bleibende Eindrücke, so kann ich nicht einstimmen,
daß nur auf großen und sogenannten ersten Bühnen, und
von hervorragenden Schauspielern immer das Beste geleistet
worden sei und überhaupt geleistet werde. Die bedeutendsten
Darsteller, welche während meiner Lebenszeit über die Bühne
gingen, habe ich auch an mir vorübergehen lassen, und so
die Mehrzahl der älteren wie der neusten dramatischen Er=
zeugnisse, und zwar auf verschiedenen deutschen Theatern.
Und die Beobachtung hat mich belehrt, daß eine Vorstellung
des Hamlet, die durch einen berühmten Namen in Berlin
oder Dresden getragen wurde, recht mangelhaft, auf einer
kleineren Bühne aber, und ohne diesen Namen, vortrefflich
ging; daß auf dem guten Zusammenspiel mehr beruht, als
auf der Betonung einer Rolle; daß endlich auf einer kleineren
Bühne von mäßigen aber gut geschulten Schauspielern oft
besser gespielt wird, als auf einem großen und reichlich aus=
gestatteten Theater. So klingen mir aus meiner Jugend
noch eine Menge Namen, die in der Theatergeschichte — oder
vielmehr Tradition — als die Repräsentanten einer höchsten
Stufe bezeichnet werden, während ihre Leistungen sich mir
doch wenig eingeprägt haben, und von denen späterer, die
niemals zu einer eigentlichen Berühmtheit gelangten, über=
troffen wurden. Ein Theater ist immer halb in Verfall,

wenn seine Leistungen nur auf einigen lautklingenden Namen
beruhen; es ist stets in Blüte, wo alle frisch zusammenwirken,
das darzustellende Werk zur Geltung zu bringen. Das war
nun damals im königl. Schauspielhause zu Berlin ganz und
gar nicht der Fall. Trotz unsrer harmlosen Hingabe an die
Sache, bei der die Macht der Dichtung doch immer am
stärksten wirkte, gab es genug Fälle, wo wir außer uns ge=
rieten über Schauspieler, welche allgemeinen Beifall ernteten,
und über elende Vorstellungen, deren Mängel man nicht
zugeben wollte. —

Mein erstes Studiensemester ging zu Ende, und ich begab
mich für die Ferien nach Frankfurt a. b. O., wo ich mein
altes Zimmer im Pfarrhause wie immer bereit fand. Hier
ging das Leben still und einfach in gewohnter Weise fort,
und die Osterwochen brachten ihm jene festlich ruhige Weihe=
stimmung, die ich in den alten Räumen nun schon so manches
Jahr kannte. Auch von den Schulfreunden waren mehrere
nach Hause zurückgekehrt. Da sie in dieser Zeit ihren Fa=
milien angehörten, beschränkte sich unser Verkehr auf gelegent=
liche Spaziergänge. Und da Aubert zu einem Bruder nach
Sachsen reiste, so war ich viel allein, und hatte, zumal die
Abende bei meinen Patriarchen sehr früh zu Ende gingen,
viel Zeit, um zu lesen und nach meiner Art thätig zu sein.
Auch die Westermannsche Bibliothek sah mich wieder zuweilen
in ihren Räumen. -- Zwei poetische Stoffe fesselten mich,
beide wurden in dieser Zeit begonnen, aber erst später und
in ganz verschiedener Weise ausgeführt. Da ich damals am
liebsten wo möglich die ganze deutsche Kaiserzeit dramatisch
bearbeitet hätte, und mir, wie es bei erfahrungslosen An=
fängern gewöhnlich, das Bedeutende auch dramatisch vorkam,
so trieb meine Phantasie ihr Spiel mit dem großen Sachsen=
kaiser Heinrich dem Ersten. Das wenige Sagenhafte, was
an ihm haftet, trat dabei stark in den Vordergrund, und

Frau Ilse, die schöne Nixe, spielte eine Hauptrolle. Manches daran wurde schon ausgeführt, verschwand aber später. Der Plan des Dramas mag, so viel ich mich entsinne, ziemlich so gewesen sein, wie ich ihn mehrere Jahre später dem kleinen erzählenden Gedichte „Herr Heinrich" zu Grunde gelegt habe. Der andre Stoff bot sich mir vertiefter und beschäftigte mich noch mehr. Es war das Märchen vom „Gevatter Tod". Mehrere Scenen schrieb ich in dieser Zeit schon nieder. Der jugendliche Schüler des düsteren Gevatters trug damals noch einen andern Namen, und von dem Entwurf ist wenig, von der erſten Ausführung nicht mehr als ein paar Dialoge übrig geblieben. Doch tauchte der Plan im Laufe der Zeit immer wieder auf, wurde ſtückweise ausgeführt, wieder vernichtet, aufgegeben und doch immer wieder in Angriff genommen. Weiter gefördert als diese beiden Versuche wurde in diesen Oſterferien eine Arbeit in Proſa, eine Novelle, welche den Titel „Orion" erhielt. Ich dachte wer weiß was Alles hinein zu legen, und begann ſie unter den verſchiedenſten Einflüſſen. Der Mangel an tieferer Lebenskenntniß mußte ſich hier, wo das Leben ſelbſt geſchildert werden ſollte, an der Darſtellung der Charaktere rächen. Mir ſchwebte dabei ganz Ungewöhnliches vor, ich lehnte die Gattung der Novelle ab, und ſchrieb ſchon damals auf den Titel „Ein Phantaſieſtück". Vollendet wurde auch dieſe Arbeit noch lange nicht, doch mochte ſie damals die Hälfte ihres Umfangs ſchon überſchritten haben. —

Mit Aubert hatte ich vor ſeiner Abreiſe ein Zuſammentreffen in Dresden verabredet, da wir von dort die Reiſe nach Heidelberg gemeinſam antreten wollten. Für ihn lag die ſächſiſche Hauptſtadt auf dem Wege, für mich galt es einen ſtarken Umweg, eigentlich eine beſondere Reiſe. Aber einige Tage unter den Kunſtſchätzen Dresdens waren mir gar zu verlockend, und andrerſeits verſtand es ſich zu ſehr

von selbst, daß wir zugleich in Heidelberg einzutreffen hätten.
Den Plan zu diesem Abstecher behielt ich jedoch für mich,
zumal in der Verwandtschaft schon genug der Mißbilligung
war, daß die entfernte Universität am Neckar mein nächstes
Ziel sein sollte. Denn nach der Tradition hatte man in
Halle oder in Breslau zu studieren, in Berlin aber sein
Examen zu machen. Ich aber hatte umgekehrt angefangen,
und schlug eben in jeder Weise aus der Art. Das ließ ich
mich nun nicht mehr anfechten, zumal meine Patriarchen
auch nichts mehr darauf gaben. —

Ich reiste ab, und traf in Dresden, und zwar in der=
selben Stunde, mit Aubert zusammen, im „kleinen Rauch=
hause", der gewöhnlichen Herberge für Studenten und der=
gleichen fahrendes Volk. Er war ausgegangen und hatte
mir eine Karte zurückgelassen mit der Notiz, er hole Billets
zum Theater, da Glucks Iphigenie in Aulis für den Abend
angezeigt sei. Gleich darauf kam er mit der herrlichen Ge=
wißheit, daß uns ein musikalischer Hochgenuß in Aussicht
stehe. Da es für die Bildergalerie zu spät war, wanderten
wir Arm in Arm nach der Terrasse.

Die Reisen, welche ich bisher gemacht, hatten mich durch
reizlose Gegenden zwischen Berlin und den Ostprovinzen ge=
führt, es waren Fahrten, welche überwunden werden mußten,
um irgendwo anzukommen. Jetzt aber fühlte ich mich zum
erstenmal wirklich auf Reisen, selbständig und frei, in der
glücklichsten Lebensstimmung. Der schöne breite Fluß, die
dunklen Berge, die charaktervolle Architektur der Stadt, dazu
Frühlingssonnenschein und Jugendgefühl, und alles das doch
erst wie eine Vorahnung größerer Freuden, die unserer in
der Ferne warteten, wie hätte es den Uebermut nicht wecken
sollen? Dieser wurde doch gesänftigt in der Vorstellung der
Iphigenie. Noch erinnere ich mich dieses Eindruckes in seiner
ganzen Macht. Die ersten Töne, mit welchen Agamemnon

12*

auftrat, überrieselten mich mit einem heiligen Schauer. Noch
heut ist es mir, wie bei jenem ersten Anhören, wenn diese
Töne anheben, als ob die Pforten zu einem Allerheiligsten
der Kunst sich feierlich öffneten. Jene Darstellung wurde
durch sehr bedeutende Namen getragen. Frau Schröder=
Devrient als Klytämnestra stellte sich, vorwiegend durch ihr
Spiel, als eine wahrhaft großartige Erscheinung dar; Jo=
hanna Wagner, damals noch ein ganz junges Mädchen, gab
die Iphigenie. Die Zeit ihrer großen Meisterschaft war
noch nicht gekommen. Als Achill zeigte sich Tichatschek so=
fort als der Liebling des Publikums. Wir hörten eine pracht=
volle Stimme, konnten seiner Manier aber keinen Geschmack
abgewinnen. Der nächste Abend führte uns in ein Lustspiel,
in welchem die Brüder Eduard und Emil Devrient auftraten.
Was aber wäre zu sagen von unsrer Wanderung, die wir
zwei Tage, so lange die Räume geöffnet waren, durch die
Gemäldegalerie anstellten? Die Fülle überwältigte mich der=
maßen, daß ich, Neuling wie ich war, zum Einzelnen kaum
gelangen konnte, und geblendet und ermattet die Augen zu=
weilen abwenden mußte, um auszuruhen. Ich schalt mich
selbst, gegenüber dem eifrigen Pflichtgefühl, mit welchem Au=
bert, den Katalog in der Hand, von Saal zu Saal, von Bild
zu Bild, wanderte. Ich ermannte mich, ging ihm nach, be=
trachtete und betrachtete, und blieb leider mit meinem Anteil
oft vor Bildern stehen, deren Wert als sehr untergeordnet
bezeichnet wurde. Noch vergesse ich nicht meine Ueberraschung,
ja meinen Schreck, als ich vor Rafaels sixtinischer Madonna
stand, und rings umher Leute, welche in ihrem Enthusias=
mus verhimmeln wollten. Die Musen mögen mir verzeihen!
Damals war ich sehr enttäuscht, ja geradezu unglücklich über
meine Enttäuschung. Das war sie nun, diese Sixtina, die
ein Höchstes in der Kunst bedeutete! Und ich hatte mir das
Bild so ganz anders, vor Allem strahlender in der Farbe,

gedacht! So geht es uns oft in der Jugend, wenn wir vor
einem Höchsten der Kunst stehen, zu dessen Verständniß
Bildung, Erfahrung, mindestens Belehrung gehören, die doch
nicht Jedem früh zu Teil geworden ist. Wer hätte nicht in
jungen Jahren vor einem Werke von Goethe, von Shakespeare, vor Dantes großem Gedicht, in gleicher Gemütsbe-
drängniß gestanden? Zu den Gipfeln führt freilich ein Weg,
der aber nicht hinauf zu stürmen ist. Wer früh einen kundigen
Führer gehabt, legt ihn in regelrechter Steigung zurück. Ein
Andrer hat lange umher zu irren, ehe er sein Ziel erreicht.
Viele Jahre später, als es mir freistand, diese Räume täglich zu betreten, kehrte ich auch zu der Heiligen zurück, reuig
und jetzt mit ganzer Hingebung, ja es gab Zeiten, da kaum
ein Tag verging, daß ich mir nicht einen Blick von ihr holte,
um dem Tage seine Weihe zu geben.

Noch eines andren Bildes gedenke ich, vor welchem ich,
freilich in ganz verschiedener Weise betroffen stand. Im ersten
Augenblick wußte ich nicht, was mich davor festhielt und
befremdete, plötzlich aber überkam es mich, als ob ich ein
Spiegelbild meiner selbst aus früheren Jahren erblickte. Ich
sah im Katalog nach, und fand das Pastellbild bezeichnet
als eigenhändiges Porträt von Rafael Mengs aus seiner
Jugend. Nun fielen mir auch ältere Bemerkungen meiner
Eltern wieder ein, von welchen ich früher gesprochen habe.

Wir konnten nur ein paar Tage auf Dresden ver-
wenden, und setzten unsre Reise fort. Ein großer Teil des
Weges mußte noch im Postwagen zurückgelegt werden. Im
Thüringer Wald überfiel uns heftiges Schneegestöber, und
bald stand die Frühlingslandschaft in eine winterliche ver-
wandelt. In Eisenach war es, wo wir durch wechseln der
Wagen und Umsteigen uns mit einem Studenten zusammengebracht sahen, der eine blaue Mütze und ein blau-weiß-
goldnes Band um die Brust trug. Die Quasten an seiner

kurzen Pfeife trugen dieselben Farben. Unsre Bekanntschaft
war schnell gemacht, und es stellte sich heraus, daß wir das
gleiche Ziel hatten. Der Reisegefährte war ein Hamburger,
Namens Mertens, der aus den Ferien nach Heidelberg zu=
rückkehrte, ein junger Mann von gutem Betragen, und aus
einem Bildungskreise, dessen Vorteile sich nicht verleugneten.
Seine Verbindung in Heidelberg hieß Teutonia, und er lud
uns ein, dieselbe einmal aufzusuchen, und zu sehen, wie er
mit seinen Kameraden lebe. Was selbstverständlich gern an=
genommen wurde. In Frankfurt kamen wir auf die Eisen=
bahn. Als wir an Darmstadt vorüber fuhren, und in die
lange, breite Rheinstraße hineinsahen, in deren Perspektive
die Statue eines Landesvaters auf einer hohen Säule zu
erkennen war, erklärte der Reisegefährte, dies sei der lang=
weiligste Ort der Welt, hier fahre Jeder nur vorbei, es sei
denn, daß er hier geboren wäre. (Keine Ahnung konnte mir
sagen, daß ich grade hier einst, nach langen Umwegen, festen
Fuß fassen würde, um einen willkommenen Beruf und eine
dauernde Heimstätte zu finden!) Schon war, je mehr wir
nach Süden gelangten, die Natur grüner entwickelt. Und
so kam die Bergstraße in glänzendem Sonnenschein, mit
blühenden Bäumen, und der Reihe von Ortschaften, wie
Jugenheim, Bensheim, Weinheim, und all den folgenden,
die alle von einem blühenden und lachenden Heim sagten,
und dann in einem Bogen durch die Ebene fuhr der Zug in
das Neckarthal und landete in Heidelberg.

Zwölftes Kapitel.

Kaum daß wir im Gasthofe zum Ritter uns ein Zimmer
gesichert und unsre Koffer untergebracht hatten, eilten wir,
Aubert und ich, nach dem Schlosse hinauf, und bald standen

wir auf dem mächtigen Altane, die Stadt und den Neckar
unter uns, ein bezauberndes Bild von Bergen, mit dem
Fernblick in die Rheinebene, um uns her. Ich fühlte mich
überwältigt von diesem Anblick. Aber es war mehr eine
Stimmung zum höchsten Lebensjubel, zur Freude, daß ich
dieses Stück Schönheit der Welt nun für lange Zeit so gut
wie mein eigen nennen sollte, um darin glücklich zu sein.
Tausende haben vor und nach mir auf diesem Platze gestanden, Tausende knüpfen daran eine köstliche Erinnerung
an ihre akademischen Jahre; für mich war diese Stunde der
Anfang einer neuen Lebensepoche. Ich kann sagen, daß
meine Jünglingszeit nun erst erwachte, daß Alles was an
Lebensgefühl, reiner Glücksfähigkeit, dichterischer Anlage, in
mir war, sich in dieser Zeit erst entwickelte. Meine Knabenjahre waren durch manche Verworrenheit getrübt worden,
die ich schwerer nahm, als es nötig gewesen wäre; mein
Selbstgefühl war wenig entwickelt, trotzdem ich mich vielfach
selbständig halten mußte zur Abwehr gegen Widerstrebendes.
Ich fühlte mich meist mit meinem Denken, Empfinden und
Wünschen in mich zurückgedrängt, sogar verschüchtert. Wer
mich nicht näher kannte, mochte zweifeln, ob ich überhaupt
jugendlich fühlen und handeln könnte. In dieser Zeit aber
sprangen gleichsam die Hülsen meines Wesens ab, und, als
gälte es, allen versäumten Uebermut nachzuholen, überkam
mich eine Lebhaftigkeit, in der ich meinen Umgebungen zeitweise als einer der verrücktesten jungen Menschen erscheinen
mochte. Und zwar ging dies ziemlich schnell. — Aubert
und ich waren darüber einig gewesen, daß wir es vermeiden
wollten, uns irgend einer Verbindung anzuschließen. Angesehen hatten wir uns dergleichen als Gäste schon in Berlin,
ohne daß es uns sonderlich angesprochen hätte. Wir wollten
uns außerhalb alles Parteiwesens halten, um ganz in Freiheit der guten Zeit wahrzunehmen. Dieser Entschluß stand

bei uns fest, als wir auf unsrem Rundgange durch die
Schloßruinen und Gärten eine Menge von Jünglingen in
bunten Mützen erblickten, die wohl recht hübsch aussahen,
ohne daß doch eine ihrer Farben etwas Verlockendes für uns
gehabt hätte.

Als wir Abends im Ritter wieder eintrafen, fanden
wir unsern Reisegefährten mit der blauen Mütze bereits vor
der Thür. Seine Einladung nach der Teutonenkneipe konnte
nicht wohl abgelehnt werden, und so folgten wir gradeswegs.
Wir fanden eine große Anzahl dieser wilden Völkerschaft beisammen und wurden sehr entgegenkommend aufgenommen.
Es waren vorwiegend Norddeutsche, Hamburger, Mecklenburger und andre Niedersachsen; einige aus den Rheinpro-
vinzen, aus Ostpreußen und Schlesien; dazu kamen einige
Baiern, Badener und Schweizer. Eine Mischung, wie sie
der Jugend nicht besser zu wünschen ist, um Stammesunter-
schiede kennen zu lernen, und Norden und Süden mit einander auszugleichen. Wir erfuhren, daß die Teutonia weder
ein Corps noch eine Burschenschaft sei, sondern eine „progressive" Verbindung, wie deren die Zeit vor dem Jahre 1848
mehrere hervorgerufen hat. Ihren Ursprung hatte die Teutonia allerdings aus der alten Burschenschaft genommen,
allein es war eigentlich nur der Name übrig geblieben. Die
neuere Verbindung verlangte kein Glaubensbekenntniß, sie
war ohne politische oder sonstige Tendenz, besaß nicht einmal geschriebene Statuten, sie galt nur einer freundschaftlichen Geselligkeit und Kameradschaft. Für wissenschaftliche,
litterarische Unterhaltung, für Vorlesung von poetischen Werken,
waren besondere Abende angesetzt. Das Tragen einer Farbe
erschien den meisten auch als etwas Ueberflüssiges, doch wurde
es, als den örtlichen Verhältnissen entsprechend, festgehalten.
Fechten und sich herumpauken durfte Jeder nach Belieben.
Es geschah nicht häufig, doch es kam vor. Die Verbindung

war zahlreich, brachte es im Laufe des Sommers auf vierzig
Mann, und wurde damit die zur Zeit stärkste in Heidelberg.

Am Morgen nach diesem fröhlich verlebten Abend er=
schienen, wie versprochen worden, zwei Teutonen im Ritter,
um uns beim Suchen nach einer Wohnung behülflich zu sein.
Da Aubert und ich nicht beabsichtigten zusammen zu wohnen,
teilten wir uns, und jeder fand mit seinem Führer eine
Stube und Kammer, die seinen Bedürfnissen entsprach. Die
Mittagsstunde vereinigte uns dann wieder mit einer Anzahl
der Blauen, und Nachmittags wurde ein herrlicher Ausflug
nach Neckarsteinach unternommen, wohin ein Dampfschiff uns
führte. Kurz und gut, acht Tage nach unserem Eintreffen
in Heidelberg, waren wir als Mitglieder unter die Teutonen
aufgenommen. Als Aubert und ich uns auf der Straße
zuerst mit blauen Mützen begegneten, brachen wir in Ge=
lächter aus, eingedenk unsres Vorsatzes uns in keiner Weise
zu binden. Ich habe diesen Schritt doch nicht zu bereuen
gehabt. Es knüpfen sich daran viel frohe Erinnerungen, und
freundschaftliche Verhältnisse, deren einige bis zum Tode der
alten Kameraden ausdauerten.

Im Wintersemester zuvor war auch Joseph Viktor
Scheffel Mitglied der Teutonia gewesen, hatte dieselbe aber
verlassen, um sich der neu entstandenen Burschenschaft Franconia
einzureihen. Da diese zum guten Teil aus bisherigen Teu=
tonen bestand, unter den letzteren sich aber manche befanden,
die auf andern Universitäten schon der Burschenschaft ange=
hört hatten, so blieben Franconen und Teutonen im besten
Einvernehmen mit einander. Zu Scheffel aber bin ich nie=
mals in Beziehung getreten, habe nicht einmal seinen Namen
nennen gehört. Er trug damals freilich einen andern, und
weder dieser noch sein Geburtsname waren schon zu einiger
Geltung gelangt. Ebensowenig wird er auf mich irgendwie
aufmerksam geworden sein. Erst lange, lange nachher erfuhr

ich, daß der Dichter des „Effehard" niemand anders sei,
als jener Francone, genannt „der Joseph", von dessen Kneip=
genie und lustigen Versen in der „Bierzeitung" bei uns zu=
weilen die Rede war. Auch in späterer Zeit habe ich keine
Gelegenheit gehabt, mit dem Dichter in Beziehung zu kommen.
Doch traf es sich, daß ich mich neununddreißig Jahre später
zu einem Besuche in Karlsruhe befand, und daselbst seine
Bekanntschaft zu machen hoffte. Leider aber war es sein
Todestag.

Da nun die Mehrzahl der Teutonen aus Studierenden
der Rechte bestand, und ich gleich am ersten Abend unter
ihnen viel von der Bedeutung und dem Ruhme der Ver=
treter der Jurisprudenz in Heidelberg vernahm, so beschloß
ich, obgleich ich bereits in die philosophische Fakultät aufge=
nommen war, noch einen letzten Versuch zu machen, ob ich
durch diese höchste Instanz ein Interesse für die Juristerei
gewinnen könnte. Aber weder meine Gastbesuche im römischen
Privatrecht bei Vangerow, noch die Rechtsgeschichte bei
Zöpfl, noch auch das Kriminalrecht bei Mittermeyer,
konnten mich den Historikern abspänstig machen. Denn ihrer
war eine Gruppe in Heidelberg thätig, wie sie so eigenartig
selten vereinigt gefunden wird. Gervinus freilich, auf den
ich große Hoffnungen gesetzt hatte, schloß seine Docenten=
thätigkeit in der Zeit, da ich in Heidelberg eintraf. Der
gewaltige F. C. Schlosser trug die Geschichte des achtzehnten
Jahrhunderts vor, und behandelte in einer besonderen Vor=
lesung die Litteratur dieser Zeit. Bei ihm hörte ich zum
Erstenmal einen Abschnitt der Litteratur im Zusammenhange.
Sein Vortrag war von einer Lebhaftigkeit, die ihres Gleichen
sucht. Er war durchaus eine Charaftergestalt niedersächsisch=
friesischen Stammes. Der Kopf mit dem schneeweißen Gelock,
der gebogenen Nase, den hellen, durchdringenden Augen, ganz
prächtig, und so jugendlich wurde im Vortrag sein Eifer,

ja sein historischer Zorn, daß er Arme und Beine zu Hülfe
nahm, und der Katheder unter seinen Faustschlägen krachte.
— Bei Häusser hörte ich im Sommer und nächsten Winter
deutsche Geschichte des Mittelalters, zugleich mit der Litteratur
der Zeit, und Geschichte der französischen Revolution. Sein
Vortrag, ohne jede Vorlage, war glänzend, fortreißend, und
sein großer Hörsaal so gedrängt voll, daß man früh kommen
mußte, um durch die Mauer der stehend Zuhörenden, von
seinem belegten Platze nicht abgeschnitten zu werden. — Karl
Hagen, der die Geschichte des Zeitalters der Reformation
vortrug, hatte dagegen eine ruhig abwägende, fast nüchterne
Vortragsweise. Aber die nicht große Anzahl seiner Schüler
konnte viel bei ihm lernen. Besonders bot er durch seine
Quellenangabe und fortlaufende Bibliographie, die wir sorg=
sam nachschrieben, große Vorteile. — Zur Philosophie fand
ich jetzt eher ein Verhältniß, und zwar durch die überaus
anregenden Vorträge von Röth über Geschichte der Philo=
sophie. Sie fanden im Winter bei Licht statt, vor einem
nicht großen aber gespannt lauschenden Kreise. Ich erinnere
mich dieser Abendstunden mit der größten Freude. — Für
die neueste Litteratur war dann gesorgt durch H. Hettner,
der damals noch ein junger Privatdocent (eigentlich Archäolog)
großen Zuspruch hatte, sich auch im persönlichen Verkehr mir
später zugänglich erwies. — Und wenn ich nun dem berühmten
Kriminalisten Mittermeyer auf seinem eigentlichen Gebiete nur
wenige Schritte hatte folgen können, so fesselte mich sein
Kolleg über Kriminal=Psychologie um so nachhaltiger. Hier
waren Studien zu machen, die ich mir nicht entgehen ließ,
da er seine zahlreichen Beispiele nach dem Leben zeichnete
und es an gründlicher Erörterung nicht fehlen ließ. Er
brachte auch zuweilen Geschichten vor, an die er eine starke
Dosis besonderer Würze that. Es lag dergleichen aber nicht
außerhalb seines Stoffgebietes. Dagegen gab es einige Docenten,

die man ab und zu hören mußte, nicht zu wissenschaftlichem
Zweck, sondern um auffallende Besonderheiten des akademischen
Körpers kennen zu lernen. Hier nenne ich nur Morstadt,
den Docenten des Kirchenrechts, und zugleich erstaunlichsten
Cyniker auf dem Katheder. Er war ein sehr geistreicher
Mann, dabei die böseste Zunge der Universität, gehaßt und
gefürchtet, und doch anziehend durch seinen burlesken Humor.
Oft hatte es den Anschein, als wollte er sich durch seine
Vorträge über Kirchenrecht, über die Kirche nur lustig machen.
Wenn die boshafte Laune ihn überkam, verbreitete er sich
in langen Abschweifungen über neue litterarische Erscheinungen,
besonders wenn sie von Heidelberg ausgegangen waren, ja
er machte sich in verblümter aber sehr verständlicher Weise
mit beißenden Anspielungen über seine Herrn Kollegen her.
Wer nicht durch das Fachstudium an seine Vorträge gebunden
war, hielt es nicht lange bei ihm aus. Er war eine Kuriosität,
die kurze Zeit fesselte, an der man aber den Geschmack verlor,
je mehr man hinter seine Manier gekommen war. — In
unsrer Verbindung gehörte es aber zum guten Ton, die ein=
mal belegten Kollegia regelmäßig zu besuchen, und im Uebrigen
durch die Hörsäle, wo etwas allgemein Belehrendes geboten
wurde, zu Gaste zu gehn. Ich habe nirgends wieder, sogar
an heißen Sommernachmittagen, so drückend gefüllte aka=
demische Räume gesehen. Freilich von den Vertretern der
Corps, die ja nur zum Vergnügen und zur Zeitvertrödelung
die Universität besuchen, wurde selten einer in diesen Hör=
sälen erblickt.

Durch unser regsames Pflichtgefühl wurde aber ein
harmlos lustiges Studentenleben keineswegs beeinträchtigt.
Die Stadt Heidelberg hatte damals ein bei weitem einfacheres
Aussehen, das Treiben darin war ursprünglicher. Heutzu=
tage ist sie wie ein hocheleganter Bade= und Luxusort ge=
worden, wo sich Alles um den Weltverkehr der Reisenden

dreht, während das akademische Leben darin fast verschwindet.
Damals gab es dort auch genug Fremde, vorwiegend Eng=
länder, aber sie spielten noch nicht die erste Rolle. Der Ort war
noch ganz Universitäts= und Studentenstadt. Die prächtigen
Anlagen der Leopoldstraße mit ihren Villen und Garten=
terrassen waren noch nicht vorhanden. Der alte Kirchhof
der Stadt, die Gemüsegärten, gingen von den Hinterhäusern
bis hart an die Berge. Hier waren sie durch Zäune abge=
schlossen, hinter und zwischen welchen sich ein enger Pfad,
der „Kohlpfad" schlängelte, welchen man nicht gern einschlug.
Der Weg vom Bahnhof zur Stadt führte einzig durch die
Hauptstraße. Auch von den schönen und bequemen Spazier=
wegen auf und um die Berge war kaum der dritte Teil
vorhanden. An der Stelle der jetzigen „Molkenkur" standen
die Mauertrümmer des „alten" Schlosses, zu welchen man
sich den Weg durch starkes Klettern erkämpfen mußte. Wer
hätte damals gedacht, daß man einst auf ganz bequemen
Wegen auf den Königsstuhl würde fahren können, nach zahl=
reichen Aussichtspunkten und Wirtschaften für Fremde und
Einheimische! In den Ruinen des Kurfürstenschlosses dagegen
hatte man größere Freiheit als heute. Der Otto=Heinrichsbau
war unverschlossen. Wir klommen nach Belieben hier auf
und nieder, versuchten uns in der halsgefährlichsten Weise
auf dem Gemäuer, und wetteiferten mit einander die höchsten
Punkte zu erklettern. Beliebt war es, sich in die leeren
Fenster des obersten Stockwerks zu setzen, und von dort
aus das Leben auf dem Schloßhofe zu beobachten. Daß
die jetzige Beschränkung des Eintritts für die Erhaltung dieser
architektonischen Meisterwerke vorteilhafter ist, kann nicht be=
stritten werden. Wie oft aber bin ich mit meinem anti=
quarischen Wegweiser, einem Büchlein, das jetzt zahllosen
andern gewichen ist, allein da umhergekrochen, um mich über
den Zusammenhang dieser Paläste in Trümmern, über das

Einzelne der Architektur, über die Geschichte des Schlosses zu unterrichten. Daß dabei auch der Plan zu einer Tragödie, die hier spielen sollte, auftrat, will ich nicht verschweigen. Sie kam glücklicherweise nicht zur Ausführung.

Auch an Ausflügen in die Umgebung fehlte es gleich anfangs nicht. Sie wurden über den Sonntag unternommen, und zwar zu Fuß, wenn nicht der weiteren Entfernung die Eisenbahn oder das Dampfschiff zu Hülfe kam. Es fiel uns nicht ein, für leicht zu bewältigende Wege einen Wagen zu nehmen, wie es damals schon die eleganten jungen Herrn aus den Corps thaten. Diese gespreizten Jünglinge, die mit knabenhafter Vornehmthuerei im offnen Wagen gelang= weilte Gesichter machten, verlachten wir nur, und wußten uns, im Gegensatz zu ihnen, etwas darauf, die Kräfte zu üben und auf starke Wanderstrecken zurück zu blicken. Die Ufer des Neckar, der Odenwald, der Garten zu Schwetzingen, zogen uns wechselsweise hinaus, meist in kleineren Gruppen, selten in ganzer Verbindung. Denn das Volk der Teutonen war zu zahlreich, als daß gleicher Plan und gleiche Neigung immer zusammengetroffen wären. Ueberdies herrschte voll= kommene Freiheit der Wahl in solchen Dingen. So bildeten sich kleinere Kreise, die keineswegs nur durch den Zug der Landsmannschaft geschlossen waren. In den Ferien vorwiegend pflegten die Reisepläne weit auseinander zu gehen. So zu Pfingsten, wo ich mit Aubert und einigen uns näher stehenden einen Ausflug nach dem Schwarzwald geplant hatte. In der Woche vorher fühlte ich ein leichtes Halsübel, ließ es aber unbeachtet in der Freude auf die schöne Wanderung. Um diese sollte ich freilich kommen. Denn am Tage vor dem Aufbruch war ich in einem Zustande, daß ich kaum schlingen noch auch sprechen konnte, und notgedrungen den Arzt aufsuchen mußte. Dieser schickte mich sogleich nach Hause und zu Bette, da die Halsentzündung schon weit vorgeschritten

sei, und Schlimmeres daraus entstehen könne, wenn nicht
Ordnung gehalten werde. Eine Stunde darauf war er bereits
in meiner Wohnung, um nachzusehen, ob ich seinen Vor=
schriften gefolgt sei. Da lag ich nun fest in der schönen
Pfingstzeit, während die Gefährten vergnügt im Schwarzwald
umherschweiften, und im Aerger über meinen Zustand fühlte
ich mich erst recht krank. Ein gastrisches Fieber trat dazu,
und machte, bei dem Mangel an Pflege, meine Lage sehr
unbequem. Als die Ausflügler nach etwa zehn Tagen zurück=
kehrten und in mein Zimmer stürmten, hatte ich das Lager
nur eben verlassen, fühlte mich körperlich und geistig ziemlich
herabgestimmt, und mochte miserabel genug aussehn. Sie
waren verwundert, daß es so arg gewesen, konnten es sich
aber eigentlich nicht denken. Kräftige Jugend vermag nur
mit Widerstreben sich in den Zustand des Leidens zu ver=
setzen, und selbst ihre Teilnahme dafür ist nur gering. Es
war für mich das Erstemal, und zugleich mit einer gewissen
Verletztheit, daß ich diese Beobachtung machte. Ich hätte
einer gewissen Schonung bedurft, aber ohne meine Entbehrung
zu berücksichtigen, erzählte man von der köstlichen Wander=
schaft, von Gegenden und Genüssen, Scherzen und Belustigungen
ohne Ende, so daß mir der Groll zu Kopf und Herzen stieg.
Wer ist in der Jugend zu philosophischer Ruhe und Ent=
sagung gestimmt? — Inzwischen war ich bald wieder her=
gestellt, und suchte mich an kleineren Wanderungen schadlos
zu halten.

Dieser Sommer brachte mir eine unendliche poetische
Anregung. Die Liebeslust erwachte jetzt erst in mir, und
nicht gering ist die Anzahl von kleinen Liedern, die in dieser
Zeit entstanden. Das Meiste was ich an Gesangstrophen
später in „Waldmeisters Brautfahrt" aufnahm, wurde in
diesen Tagen gedichtet. Alles aber ganz geheim. Ich brachte
es nicht über mich, meinen Kameraden etwas davon mitzu=

teilen. Selbst Aubert, den ich sonst in meine dramatischen
Pläne einweihte, hat damals von meiner Lyrik nichts zu
Gesicht bekommen. Dafür aber mußte ich sie den Freunden
zuweilen zu Gehör zu bringen, ohne daß sie meine Verfasser-
schaft erfuhren. Die Mehrzahl meiner frühsten Lyrik entstand nämlich zugleich mit einer Melodie, die ich im Kopfe,
ja zuweilen mit den Lippen fortsang, während das Gedicht
entstand. Daher kam es wohl, daß von der Melodie getrieben, die Worte oft nur dürftig, wie untergelegter Text,
ausfielen, andrerseits aber fühlte ich selbst doch auch die Vorteile dieser halb musikalischen Entstehungsart, und der leichte
Fluß von manchen dieser kleinen Dinge ist sicher da herzu-
leiten. Ich konnte also meine Lieder selbst singen. Nun
hatte ich gleich anfangs bei den Wirten unsres Versammlungs-
ortes, genannt die „Kneipe“, eine Guitarre entdeckt, ein Instrument, welches mich aus meiner Kindheit her anheimelte. Gleich
schoß es mir durch den Kopf, mich nach einem Guitarren-
lehrer zu erkundigen und bei ihm Unterricht zu nehmen. Ein
solcher wurde gefunden, mit seiner Hülfe das Instrument
ausgewählt und gekauft, und ohne Wissen meiner Kameraden
ging ich an die Erlernung. In vier Wochen hatte ich die
Griffe so weit in meiner Gewalt, daß ich mir meine Lieder
selbst begleiten konnte, zumal die Melodieen sehr einfach waren.
Mit dieser Kunst überraschte ich eines Abends die Freunde
auf der Kneipe. Sie gerieten in Erstaunen, Aubert an der
Spitze, dem meine Studien, so gut wie den andern, unbekannt geblieben waren. Man wollte mehr hören, und ich
gab was ich hatte, oder mit der Zeit dazu machte und lernte.
Nun trat aber doch die Frage nach den Komponisten dieses
Liedervorrats auf. Ich half mir, indem ich den Fragenden
die einen als Volkslieder aufband, bei andern den Namen
des Komponisten nicht zu wissen vorgab. Oder ich war auch
unverschämt genug, das Machwerk lebenden Musikern unter

zu schieben, ja ich hatte einmal die Stirn, eines an Mendels=
sohn=Bartholdys Namen zu knüpfen. Ich erinnere mich nicht,
daß meine Angabe beanstandet worden wäre, wohl aber, daß
„das Mendelsohnsche" öfter begehrt wurde. Schwieriger
hatte ich es mit den Worten. Viele meiner Kameraden
waren mit der deutschen Lyrik zu bekannt, als daß sie sich
hierin hätten etwas aufbinden lassen, und ich mußte eine
Unbekenntniß des Verfassers vorgeben. Da nun aber die
Melodieen leicht faßbar waren, und die Texte ansprachen,
so wurden manche dieser Lieder bald im Chor gesungen,
und in fröhlichen Wanderstunden konnte der unbekannte Ver=
fasser vergnügt mit den Uebrigen einstimmen. Zwar daß
ich mit Reimen zu hantieren wußte, war nicht unbekannt,
wurde sogar willkommen geheißen und von Diesem und Jenem
mir gleichgethan. Denn wir hatten, vorwiegend im Winter,
ein eignes litterarisches, nur als Manuskript bestehendes
Organ, die sogenannte Bierzeitung, welche alle Verkehrtheit,
so die Woche unter uns vorgefallen, in gereimter oder un=
gereimter Form wiederbrachte, und meist Samstag Abends
vorgelesen wurde. Hier mochte ich meine Autorschaft getrost
bekennen, scheute mich auch nicht, in dieser Form als böse
Zunge hin und wieder unbequem zu werden. Meinem Ge=
sange verdankte ich, daß mir die Verbindung die Würde des
Singemeisters oder sogenannten Kneipwarts übertrug, der
denn, wenn er den allgemeinen Chor geleitet hatte, seine
besonderen Stückchen zur Guitarre vorzutragen genötigt wurde.

Einer unsrer Lieblingswege ging nach dem Dorfe Hand=
schuchsheim an der Bergstraße. Man rechnete eine Stunde
auf diesen Gang, da man über die Stadtbrücke, den Neckar
entlang, über Neuenheim zu wandern hatte. Der Reiz von
Handschuchsheim bestand nicht vorwiegend in der Landschaft,
obgleich der Weg dahin anziehend genug ist, sondern in dem
Hause des Ochsenwirtes, seinen Töchtern, seinem Getränk und

seiner Küche. Das große Haus war Schlächterei, Ausspan=
nung, Herberge, Weinschank, und in seiner großen, kühlen,
ganz bäuerlichen Wirtsstube, mit Holzbänken und massiven
Tischen auf Kreuzgestellen, ein Lieblingswallfahrtsort der
Studenten. Wenigstens derjenigen, welche nicht überall und
immer in Glacéhandschuhen einhergingen. Die Wände waren
schon damals bedeckt mit schwarzen Silhouetten, da jeder von
den Anhängern des Hauses beim Abschied von Heidelberg,
seinen Schattenriß hier zu hinterlassen pflegte. Denn der
Papierausschnitt des Profils oder die schwarze Nachzeichnung
desselben, war in einer Zeit, da es noch keine Photographie
gab, die üblichste Form, in welcher akademische Freunde ihr
Abbild austauschten. Der eigentliche Anziehungspunkt waren
für mich die beiden Töchter des Ochsenwirts, Felicitas und
Babet. Die jüngere, damals noch sehr jung, hübsch und
fein, kam nicht häufig in die Wirtsstube. Die ältere, da=
mals schon in einer männlichen Abkürzung „die Felix" ge=
nannt, war nicht hübsch, aber klug, scharf beobachtend, schlagend
in ihrer Ausdrucksweise, eine der ursprünglichsten Charakter=
gestalten. Sie ging in bäuerlicher Landestracht und bediente
die Gäste. Wehe dem, der sich ihr gegenüber nicht ehrer=
bietig betrug! Sie mußte Alle so in Respekt zu halten, den
kleinsten Verstoß so derb zu rügen und abzufertigen, daß
selbst weniger rücksichtsvolle junge Männer sich ihr gegenüber
in vorsichtigen Grenzen halten mußten. Hatte sie aber ein=
mal Vertrauen zu Jemand gefaßt, dann wurde sie auch ver=
traulich und schwesterlich, und liebte es, im kleinsten Kreise,
oder unter vier Augen zu schwätzen. Dann legte sie ihre bloßen
Arme auf den Tisch, sprach, und machte ihre Leute reden.
Ueber die Landesgegend, aus der man gekommen, über die
Eltern, die Familie, wieviel Brüder und Schwestern man
habe, und wie sie hießen? Sie behielt Alles im Gedächtniß.
Und dann fragte sie gelegentlich, ob man Briefe von Hause

habe, und wie es dem kleinen Schwesterl gehe, dessen Namen
sie auch nicht vergessen hatte; und dann ermahnte sie den
Erzähler, nur recht brav zu bleiben! Eben so gern erzählte
sie von ihrem Hausstande, und wie man es im Sommer
und im Winter darin trieb. Der Humor, den sie dabei
entwickelte, nahm mich ganz für sie ein. Oft wanderte ich
allein nach Handschuchsheim, um ungestört mit der Felix zu
plaudern. Es mußte immer in der Wirtsstube geschehen,
die ab und zu gehenden Eltern und Geschwister, oder ein=
kehrende Besucher, hatten nichts Störendes dabei. Eines
Abends aber, da Regen eingetreten war, war ich allein mit
der Familie des Ochsenwirts. Da holte die Felix eine mir
bis dahin verborgen gebliebene Guitarre hervor, und ver=
langte, ich solle ihr etwas singen, da sie gehört hätten, daß
ich viele Lieder könne. Ich ließ mich nicht nötigen und hatte
einen fröhlichen Zuhörerkreis. Ein paar Lieder klangen ihnen
schnell ins Gehör, ich wiederholte sie, und nicht lange, so
konnten die Felix, die Babet, der Philipp, das Malchen und
die jüngeren Kinder Melodie und Worte frisch mitsingen.
Ich erlebte, daß sie auch über das Haus hinaus im Dorfe
weiter klangen. Zeitweise schlug ich sogar den Mittagstisch
beim Ochsenwirt auf, und ließ mir im Garten unter schattigen
Nußbäumen auftragen. Selbst im Winter bei Kälte und
bösem Wetter schien mir zuweilen der Weg nicht zu weit,
um mir durch Schnee und Regen ein einfaches Mahl in
Handschuchsheim zu erkämpfen.

Nun war es die Zeit, wo Berthold Auerbachs erste
Dorfgeschichten ein neues Stoffgebiet der Dichtung fruchtbar
gemacht hatten. Wir waren große Verehrer dieser Erzählungen,
und lebten in Gedanken und Gesprächen viel mit dem Ivo,
dem Lauterbacher, dem Tolpatsch und deren Gesellen. Ueber=
dies wohnte der Dichter selbst in diesem Sommer mit seiner
jungen Frau in Heidelberg, und auf Spaziergängen folgten

13*

ihm unsre Blicke oft mit Neugier und Teilnahme. Da hatte
sich durch die Einkehr bei unsrem Ochsenwirt in Handschuchs=
heim uns nun auch der Einblick in das bäuerliche Leben er=
schlossen, welches hier in der Gestalt der Felix ein ganz eigen=
artiges Wesen erschaffen hatte, voll Gemüt, Humor und
Ernst, derb und doch feinfühlig; ein Mädchen, das täglich
in der Gesellschaft von Studenten lebte, alle in Respekt zu
halten wußte, ihnen die Köpfe zurecht setzte, wenn sie nicht
brav waren, aber um so harmloser mit ihnen verkehrte, wenn
sie sich wacker hielten. Es wurde in unsrem engeren Kreise
die Frage aufgeworfen, wie diese Dorfgeschichten wohl auf
eine Natur wie die Felix wirken müßten, und der Beschluß
gefaßt, ihr einen Band zum Lesen mitzubringen. Von mir
war der Vorschlag nicht ausgegangen, ich hatte sogar ab=
geraten, da ich mir nichts Gutes davon versprach. Meine
Vermutungen täuschten mich nicht, denn sie gab das Buch
nach einiger Zeit zurück, ohne Beifall spenden zu können.
Nun aber sollte das Experiment gemacht werden, was sie
wohl zu einem Stücke von Shakespeare sagen würde. Ich
war ärgerlich darüber, aber dennoch wurde ihr der Hamlet
in die Hände gespielt. Sie hatte nicht viel Muße zum Lesen,
und es dauerte einige Zeit, bis sie eines Tages das Buch
vor den Ueberbringer auf den Tisch legte, ohne eine Auskunft
geben zu wollen, ob es ihr gefallen, oder ob sie es auch nur
gelesen habe. Nicht lange darauf, im Herbste, fanden wir
das Haus mit einer Tabakßernte beschäftigt. In einem oberen
Saal saßen die Mädchen und Kinder, dazu einige der Fa=
milie sonst Angehörige, und zogen die noch frischen Blätter
reihenweise auf Schnüre, die dann zum Trocknen aufgehängt
wurden. Die Neuheit der Beschäftigung verlockte uns mit
anzugreifen, und so saßen auch wir im Kreise bei der Arbeit.
Da entfernte sich die Felix auf kurze Zeit, dann erschien sie
wieder unter uns, Kränze von aufgereihten Tabaksblättern

um den Kopf, um die Schultern und den Gürtel, die Gui=
tarre in der Hand, und rief in kläglichem Tone nur das
eine Wort: Ophelia! Beifall und Gelächter begrüßten sie,
aber schleunigst entfloh sie, mit Hinterlassung ihrer Kränze,
wieder aus dem Saale.

Seit dieser Zeit, wo sie jung, lebensfrisch und zum Scherz
aufgelegt war, ist ein Menschenalter vergangen. Tausende von
Heidelberger Studenten sind bei ihr ein und ausgegangen,
und die Felix von Handschuchsheim wurde eine Art von Be=
rühmtheit, die schon darum aufgesucht werden mußte. Worin
ihr Ruhm seinen Grund hatte, mochte den Jüngeren nicht
mehr recht klar werden. Obgleich sie zum Verlieben eigent=
lich nicht eingerichtet schien — denn sie war „wiescht“, wie
sie selbst von sich sagte — so hatte ihre gute unverfälschte
Natur doch etwas überaus Anziehendes für mich. Ich wurde
durch ihr Wesen auch zu einem Liede angeregt, wenngleich
ausdrücklich darin nicht von ihr die Rede ist. Denn da der
Name Felix ein männlicher ist, und mir der Rundreim „Felix
von Handschuchsheim“ nicht behagte, so besang ich sie als
„Margreth am Thore“. Sie hat es auch von mir singen
hören, ohne daß sie es auf sich zu beziehen brauchte. Wie
oft habe ich im Laufe des Lebens dieses Lied vor günstigen
Hörern zum besten geben müssen! Und wie vielfach ist es
von berufneren Kräften in Musik gesetzt worden! Die Felix
aber habe ich im Gange der Jahre immer wieder gesehen
und begrüßt. Noch nach vierzig Jahren konnte ich ihr zum
Grüße die Hand reichen und von ihr wiedererkannt werden.
Sie war unverheiratet geblieben, aber die unumschränkte Be=
sitzerin und Vertreterin des Hauses, und zugleich die allge=
meine Studentenmutter geworden. Es war sonst alles unver=
ändert bei ihr. Kaum daß die Gesichtszüge sich gewandelt
hatten. Ihr Gedächtniß für alte Freunde und ihr Wesen
zeigten sich als das immer gleiche.

Dreizehntes Kapitel.

Das Sommersemester, dessen Vorträgen ich mit ununter=
brochener Teilnahme gefolgt war, ging zu Ende, und die
langen akademischen Ferien standen in Aussicht. Das Volk
der Teutonen rüstete sich in Gruppen zur Abreise, die meisten
aber doch mit der Aussicht auf Wiederkehr. Die Einen wollten
ihre Familien aufsuchen, die andern machten Reisepläne, nach
der Schweiz, nach Oberitalien. Die letzteren hatten von Hause
einen Zuschuß zu ihrem Wechsel für die Ferienfahrt em=
pfangen, unter ihnen Freund Aubert, der den ganzen Wander=
weg schon eifrig aus Büchern studiert hatte. Mir stand ein
solcher Zuschuß nicht in Aussicht, und ich hätte es nicht ge=
wagt meinen Vater darum zu bitten, da mein Wechsel für
die damaligen Verhältnisse anständig und reichlich genug war.
Auch ließ ich es mich nicht verdrießen, zurück zu bleiben,
denn noch bot mir die Umgegend genug des Schönen zu durch=
forschen, und im Stillen hatte ich mich auf eine poetische
Arbeit gerüstet, den „Gevatter Tod", der in der Abwesenheit
der Andern gefördert werden sollte. Kaum waren sie ab=
gereist, so trat eine Aenderung meiner nächsten Pläne ein.
Mein Vater schickte mir ein Extrasümmchen, welches er mir
zu einer Rheinreise bestimmte. Nun schnürte auch ich flugs
mein Bündel, und da sich wider Erwarten noch ein teutonischer
Reisegefährte fand (Karl Leo aus Hamburg, später Syndikus
seiner Vaterstadt) so machten wir uns vergnügt auf den Weg.

Bis Mainz konnten wir die Eisenbahn benutzen, von
da ab waren wir auf unsre Beine und das Dampfschiff an=
gewiesen. Denn an Schienenwege rechts und links am Rhein
war noch nicht zu denken. Das Schiff benutzten wir zwar
ab und zu, vertrauten uns aber meistenteils unsren Wander=
füßen. Denn wir wollten möglichst Alles sehen, was an

beiden Ufern, so wie in den Seitenthälern zu sehen war.
Keine Burgruine durfte unbestiegen bleiben, kein Städtchen
durchschritten wir, an dessen Kirchen, Mauern und altem
Getrümmer ich nicht die erstaunlichsten Merkwürdigkeiten zu
entdecken glaubte. Auch blieben wir selten lange allein. Denn
es fuhr und ging alles an den Ufern hin und her, was jetzt
auf Schienen rollt, und akademische Genossen von Bonn und
andern Universitäten, Maler aus Düsseldorf, und sonstige
Gesellen fanden sich truppenweise überall. Gefiel man ein=
ander, so änderte man auch wohl den Tagesplan, um eine
Weile gemeinsam zu wandern. Es war wirklich noch ein
buntes, fröhliches Leben am Rhein. Freilich gab es noch
keine Zaubergärten, wie heutzutage etwa in Remagen, mit
ihren Terrassenbauten und luftigen Sälen — die aber auch
von gleichgültigen Engländerinnen und dicken holländischen
Müttern mit einem halben Dutzend geputzter Rangen als
Privatbesitz betrachtet werden — reizvolle Natursalons, für
die der Reisende doch eigentlich Toilette gemacht haben muß.
Damals gab es noch das Wirtshaus mit dem Vordach von
Reben und der Linde vor der Thür, von dem das Volks=
lied singt, oder manchmal waren es auch Nußbäume, und
der wandernde Student, wenn er in bestaubten Kleidern an=
kam, wurde auch in anspruchsvolleren Gasthöfen nicht zu=
rückgesetzt, denn so wie er langten viele Hunderte an, um
zu Fuße weiter zu reisen. Kam man nicht so schnell von
der Stelle, so hatte man, wenigstens wir Musensöhne, auch
gar nicht die Absicht, zu eilen. Man lebte wohlfeiler, hatte
mehr Freiheit, war durch den Weltverkehr nicht so in die
Enge getrieben. So zogen wir in oft gesellig zahlreichen
Tagesfahrten am linken Ufer hinab, durchschritten das Brohl=
thal bis zum Laacher See, und das Ahrthal bis Altenahr.
Wir grüßten von Rolandseck zum Drachenfels hinüber, in
der Aussicht, auch bald auf seinem Gipfel zu stehen. Wir

fahen Bonn und Köln, betraten das rechte Ufer, wo dann
das Siebengebirge uns feine waldige Herrlichkeit aufschloß.
Und fo fort und fort, bis es in das Lahnthal hinein ging,
aus dem wir von Ems, aus auf einem köstlichen Wege bei
Braubach wieder heraustraten. Auch in das Wisperthal
mußte hineingeblickt werden, und dann ging es von Aßmanns=
hausen über den Niederwald nach Rüdesheim, Geisenheim,
Johannisberg, und nach Mainz zurück. Vielleicht waren
die Tagefahrten ab und zu etwas anders, denn ich erinnere
mich, daß wir ein paarmal im Nachen über den Rhein hin
und her setzten. Im Ganzen besuchten wir doch alle die
genannten Orte, und ich kann sagen, auch alle dazwischen
liegenden. Denn auf einem Wege, den man heut in ein
paar Tagen zurücklegt, schwelgten wir drei Wochen lang, bis
das Reisegeld zusammenschwand, und nur so viel übrig blieb,
um uns nach Heidelberg zurück zu helfen, wo man fürs Erste
nichts Baares brauchte. Ich kehrte in die Musenstadt heim,
trunken von frohen Eindrücken, den Kopf durchschwirrt von
werdenden Liedern, voll von dichterischen Plänen, die mir
eine Zeitlang ein wahrhaft beseligtes Dasein gaben.

Da die Kameraden noch in den Alpen umherstiegen,
suchte ich durch einsames Umherschweifen in der unerschöpflich
reichen Umgebung von Heidelberg im Zusammenhang mit
der Natur zu bleiben, und dabei innerlich zu verarbeiten,
was mit unwiderstehlichem Schaffenstrieb mir im Kopf und
im Herzen rumorte. Die Stimmungen und Situationen der
glücklichen Rheinwanderung wollten sich bereits fester gestalten,
und mit Anlehnung an ein schon in Frankfurt a. d. O.
niedergeschriebenes Märchen, trat der neue Entwurf zu „Wald=
meisters Brautfahrt" bald zu Tage. An Liedern war kein
Mangel, sie mußten dafür eher beschränkt werden. Ich begann
das Gedicht nun noch einmal, und zwar jetzt in ganz andrem
Tone, zu erzählen und nieder zu schreiben. Es geschah mit

Bleistift in ein kleines Notizbuch, welches ich bei mir führte. Bald suchte ich mir dazu eine schattige Stelle im Walde, abseits von allen Wegen, oder ich kletterte auch zwischen Gesträpp zu den Fenstern des Otto=Heinrichsbaues, wo ich nicht selten gesessen und gesonnen habe, während mein Büch= lein sich mit Versen füllte. Die Freuden, welche ein er= wachendes dichterisches Bewußtsein in der jungen Brust er= weckt, zugleich mit dem Gefühl eines Gelingens, sind nicht zu schildern. Als wär ein Wunder in uns aufgegangen, so betrachten wir das werdende Werk. Der Wille hat es ge= wollt, Phantasie und Gemüt haben es innen erschaffen, für die Form giebt der aufmerkenden Kraft jeder Tag neue Erfahrung. Dieses Fortschreitens inne zu werden, immer neu zu bessern, zu bilden, zu gestalten, und die wachsende Kraft der Schwingen immer mehr zu fühlen, gab mir zu= gleich das Gefühl der reinsten Erhebung. Wohin ich damit gelangen würde? Ob ich von diesem Treiben etwas zu er= warten hätte? Müßige Fragen! Die Empfindung künstlerischen Schaffens war mir in ihrer ersten Blüte aufgegangen, und wollte nichts als den beglückenden Trieb und Genuß ihrer selbst. — Aber das Gedicht sollte noch nicht fertig werden. Denn mit gleichem Anspruch drängte sich ein andres in den Vordergrund, der „Gevatter Tod“, und wie an jenem, schrieb ich an diesem in ein andres Buch, umher schweifend, Tage lang von der Stadt entfernt, ohne viel Bedürfnisse, ganz meinem dichterischen Triebe Raum gewährend. Beide Büchelchen vertrugen sich immer zugleich in meiner Tasche. Und wen es wundern sollte, wie so leichtlebige und heitre Wesen, wie Waldmeister und seine Gesellen, und andrerseits der düstre Gevatter, mit einander gehen konnten, der bedenke nur, daß beide auf demselben Grund und Boden erwuchsen, und eigent= lich einander ergänzen. Diejenigen aber, welche sich schon von dem Titel „Gevatter Tod“ erschreckt fühlen, sollten doch

erst genauer zusehn, ob denn der Tod hier als ein Schreck=
bild auftritt? Es war von Anfang hier auf ein Lied der
Versöhnung abgesehn; das Leben und die Liebe überwindet
die Schauer, der Tod selbst wirbt um Liebe, er will nicht
der Allgehaßte sein, und er selbst erkennt alle Rechte des
Lebens an. In dem Rheingedichte singt und klingt Jugend=
lust und der Uebermut des Studentendaseins, in ihrer Stim=
mung durch nichts getrübt. Malen sich hier die Bilder im
modernen Leben, so sind sie im Gevatter Tod in eine ent=
ferntere Zeit verlegt, und damit derber dargestellt. Es ist
auch hier ein akademisches Treiben, dessen ernsteres und ver=
tiefteres Streben in der Gestalt des Faramund hervortritt.
Dem eignen Wesen des Verfassers lag das nicht fern. Grübeln,
Ringen, Drang zum Schaffen, Freude des Gelingens, Ent=
täuschung, Verkennung, Vereinsamung — es ist nur die
Kehrseite zu dem leichten in den Tag Leben des Rheinliedes.
So konnten beide Dichtungen, wie sie aus der gleichen Quelle
entsprangen, sich auch wohl eine Weile neben einander ver=
tragen. Die Durchführung des Charakters, der Gemütslagen,
und das Handeln eines Faramund, verlangte denn freilich
bei dem Verfasser eine mehr dauernd isolierte Stimmung.
Und so, wenn auch ein gut Stück daran gefördert wurde
— es war auf eine regelrechte Tragödie in fünf Akten ab=
gesehn — konnte es noch nicht zustande kommen. Vielfach
beunruhigte es mich, mit meiner Vorliebe bald bei dem einen,
bald bei dem andern Gedichte zu verweilen, an diesem durch
jenes gestört zu werden, bis dann durch diese gegenseitigen
Hinderungen die Freude an beiden sich abschwächte, und die
Weiterarbeit vorerst unterblieb. Von Waldmeisters Braut=
fahrt war jedoch der größte Teil schon fertig geworden, An=
fang und Ende, der ganze Verlauf, standen in der Haupt=
sache in Versen schon so da, wie sie später erschienen, nur
innerhalb des Gefüges waren noch viele Lücken. Ueber den

Gevatter Tod aber möge hier schon gesagt sein, daß ich dieses
Gedicht erst nach fünfundzwanzig Jahren zum Abschluß brachte,
und zwar in Heidelberg, wohin mich das Glück für eine
Sommerzeit geführt hatte, um mir Stimmung und Muße
unter alten Erinnerungen zu gewähren.

Das Erste aber, was, abgesehen von Liedern, in dieser
Zeit wirklich fertig wurde, war eine kleine Novelle, deren
Titel ich vergessen habe. Die Anregung kam ganz plötzlich,
und in wenigen Tagen war sie niedergeschrieben. Als ich
nämlich eines Tages ziemlich früh am Morgen nach Hand=
schuchsheim kam, fand ich die Mädchen noch in jubelnder
Aufregung über eine Begebenheit, die am Abend (Sonntag)
vorher in dem benachbarten Schriesheim sich ereignet hatte.
Ein Bursche aus dem Dorfe (er mag einmal der Peter heißen)
der in Mannheim als Soldat stand, war auf Urlaub da=
gewesen. Die Mädchen mochten ihn nicht, wegen seines rohen
Betragens, mit den Burschen lag er in offnem Haber. Nun
hatte er sich Abends auf dem Tanzboden so viel zu Schulden
kommen lassen, daß die Mädchen von Schriesheim beschlossen,
die Rache dafür nicht ihren Tänzern anheim zu geben, sondern
selbst zu übernehmen, um seine Strafe zu erhöhen. Es war
zu einer Vereinbarung gekommen, nach welcher die Burschen
sich zurück halten, die Mädchen aber im Verborgenen ihm
auflauern sollten. Und wirklich, als er spät und auf nicht
sehr sicheren Füßen des Weges kam, stürzten die Amazonen
des Dorfes über ihn her, warfen ihn nieder, prügelten ihn
fürchterlich durch, zogen ihm sogar die Uniformjacke aus.
Die Burschen kamen dann mit Gelächter herbei, die Montur
wurde auf eine Stange gesteckt, und so zog mit diesem Banner
die weibliche Jugend triumphierend durch das Dorf. So
wurde erzählt. Ob und wie es möglich gewesen, dem doch
vermutlich sich wehrenden Soldaten die Montur auszuziehen,
bleibe dahingestellt — genug, daß die Geschichte Jubel er=

regte. Die Felix und Babet kannten den Peter, der auch
schon bei ihnen Gelegenheit zum Aerger gegeben, und nun
gönnten sie ihm die Schmach, von den Mädchen selbst gezüch=
tigt worden zu sein, mit vollem Vergnügen. Diese Geschichte
ging mir im Kopfe herum, während ich nach Hause schritt,
und gestaltete sich zur Novelle mit etwas dorfgeschichtlicher
Färbung. Am andern Morgen fing ich an zu schreiben,
und nach einigen Tagen stand sie fertig auf dem Papier.
Ich habe sie später einmal den Freunden vorgelesen. Wo
sie geblieben ist, weiß ich nicht, hoffentlich gelangte sie mit
andern Schriften zugleich ins Feuer.

Die akademischen Ferien sind lang, und wer einen Trieb
zur Thätigkeit hat, kann in den zwei bis dritthalb Monaten,
allerlei zustande bringen. Ich war mit Büchern, historischen,
litterarhistorischen, und wie sie sonst meiner Wißbegierde
förderlich sein konnten, aus der Universitätsbibliothek und
der des Museums genugsam versehen, Müßiggang und
Langeweile waren für mich nicht vorhanden. Daß meine
Studien aber systematisch oder recht zielbewußt gewesen, kann
ich nicht behaupten. Es ging Alles durcheinander, weil mein
Interesse auf zu vielerlei gerichtet war, und ich nichts von
Allem gern aufgeben mochte. Inzwischen wurde meine Thätig=
keit ein wenig unterbrochen durch die Rückkehr unsrer Alpen=
fahrer. Sie kamen abgerissen und ohne Geld, aber besten
Humors und vollgestopft von Geschichten ihrer Abenteuer
und Genüsse. Ich war, wie nach Pfingsten, in der Lage
des Zuhörenden, aber ich konnte sie getrost erzählen lassen,
denn ich hatte nicht nur auch mein Teil gehabt, sondern
sogar mehr zurück gebracht, als die Andern ahnen konnten.
— Ein längeres Umherschweifen in geschlossener Schaar bringt
gewöhnlich für die nächste Zeit ein unstetes Wesen mit sich. Es
soll nun so in der Gemeinsamkeit müßig fortgehn, und dadurch
werden diejenigen, welche sich zur Thätigkeit sammeln wollen,

mit gehindert. Aber es waren tüchtige junge Leute darunter, welche erklärten, die Ferien dürften nicht völlig in Müßiggang zugebracht werden, an der Spitze Aubert, der fleißig und pflichtvoll, das beste Beispiel gab. So richtete man sich wieder auf die Studien ein, und so ließ man auch mich meinen Neigungen nachgehn. Trotzdem sah man sich täglich, machte auch wohl Ausflüge. Einer davon, welcher mehrere Tage umfaßte, hat sich mir in besonders freundlicher Erinnerung erhalten. Wir reisten nach dem Haardtgebirge, oder wie es hieß, „nach der Pfalz". Es ging über Mannheim nach Dürkheim, wo die Ruine des Klosters Limburg erstiegen wurde, dann die herrliche Straße an den Bergen, über Forst, Deidesheim nach Neustadt, wo der Hambacher Schloßberg ein Hauptziel war. Dann trieb man sich in den Bergen umher, erklomm den Trifels bei Annweiler, die Madenburg, und kostete unterwegs von allen Rebengetränken, die das gesegnete pfälzer Land so wundervoll hervorbringt. Auch diese Wanderung durch Waldthäler, über grüne Bergesgipfel, mit den Ausblicken in alle Anmut der Rheinebene, schenkte mir, was mir früher oder später zu Gute kam.

So verging der Sommer. Der Herbst brachte über das Neckarthal jene Farbenpracht und jene klaren Luftstimmungen, welche diesen an sich schon entzückenden Landeswinkel in neue Herrlichkeit kleideten. Tiefblau schlossen sich die Berge den Fluß aufwärts zusammen, während in kristallhellen Abstufungen sich die Ebene klärte, durch die der Neckar abwärts in Schlangenwindungen dem Rheine zufließt. Die Kastanienwälder glänzten in allen Schattierungen von Grün, Goldbraun und Purpur, und das Gemäuer des Schlosses stand in der Abendsonne des beginnenden Oktobers oft von Gluten übergossen, die es wie ein Luftgebilde der Phantasie erscheinen ließen. Nun schon vertraut mit allen Wegen auf den Bergen, so wie mit den Einzelheiten des kühnen architektonischen Prachtwerkes, genoß ich in Freuden all das Schöne doppelt und verzehnfacht. Meine Briefe an die Familie waren voll von diesen Stimmungen und Eindrücken. Die Hauptkorrespondentin war und blieb die Mutter, da mein Vater zum Briefschreiben nicht viel Zeit hatte. Sie schrieb sehr gern, daher ausführlich, über das Haus und die Ge= schwister, bis ins Kleinste gehend, oft mit dem schönsten Humor; auch über Bücher, über die Gesellschaft; und das Alles in einer so saubren Perlenhandschrift, daß es eine Freude war, diese Briefe nur anzusehen.

Inzwischen gingen wir auf das Wintersemester zu, dessen Beginn die nah und fern zerstreuten Teutonen wieder sam= melte, und manchen Zuwachs brachte von Neuen, welche nach einer blauen Mütze Verlangen trugen. Die nun schon längeren Abende schlossen die Verbindung erst fester zusammen. Große Vorteile bot uns die Museumsgesellschaft, in welche die Mehr= zahl von uns eingetreten war, vorwiegend durch das reichlich ausgestattete Lesezimmer. Hier waren neben den hauptsäch= lichsten Zeitschriften in allen europäischen Sprachen, die neuesten Werke der Litteratur ausgelegt, welche dann in die Bibliothek übergingen. Dieser verdanke ich sehr viel, da sie, bei ihrer Vollständigkeit mir die Kenntniß mancher Litteraturgruppe gewährte, z. B. der romantischen Schule, die selten so im Zusammenhang zu finden und zu erlangen ist.

Ein Verkehr der Studenten in Familien schien damals in Heidelberg etwas Seltenes zu sein, von unsren Leuten wenigstens hatten nur ein paar Landeskinder eine derartige, und dann meist verwandtschaftliche, Beziehung. In solchen Fällen bietet für junge Männer, die aus allen Fernen zu= sammen gekommen sind, ohne jede Empfehlung, ohne Zu= sammenhang mit der Stadt, nur durch die Hörsäle der Universität vereinigt — für solche bietet die Verbindungs= kneipe manche Vorteile, die (da ja nicht immer darin ge=

trunken wird) unanfechtbar, und viel größer sind, als man
gewöhnlich annimmt. Da finden die Verbundenen ihren
Sprechsaal, ihr allgemeines Gesellschaftszimmer, unschätzbar
an einem Orte, wo es den langen Winter keine Theater,
keine Musik oder sonst künstlerische Anregung, und keinen
Familienverkehr giebt. Da schließen sie sich selbst zu einer
Art von Familie zusammen, und wenn das Glück will, daß
sich anregende oder bedeutende Naturen, gesellschaftliche Talente,
unter ihnen finden, so wird hier der Verkehr auf eine
geistig belebte Stufe gehoben werden, auf der sich auch die
geistig Lässigeren oder minder Anregungsfähigen müssen fest=
halten lassen. Unsere allgemeinen Versammlungen waren
Samstags. Beschränkten sich diese nur auf vergnügtes Ge=
spräch zwischen Chorgesang und Getränk, so wurden ihnen
bald andre Unterhaltungsabende hinzugefügt, meist mit Vor=
lesungen, welche Vielen oder Allen etwas Neues brachten.

Hier habe ich eines Freundes zu gedenken, der mir seit
jener Zeit durch das ganze Leben verbunden geblieben ist,
trotz weiter Entfernungen und seltner Gelegenheit zum Wieder=
sehn. Ich hätte ihn längst nennen müssen, denn er war
mit mir zur selben Zeit in die Verbindung eingetreten, und
machte alle Ausflüge mit, auch diejenigen, von welchen ich
zurück bleiben mußte. Es war Karl Flemming, ein Mecklen=
burger, Sohn eines in der Wissenschaft angesehenen, und auch
zu dichterischen Produktionen angeregten Arztes in Schwerin.
An Menschenkenntniß und an allgemeiner Bildung übertraf
er uns Alle, ließ es auch nicht an Bemerkungen über unsre
Mängel darin fehlen. Er bewegte sich gern in einer satirisch
nörgelnden, schulmeisternden Redeweise, so daß er von Manchen
gefürchtet wurde. Es dauerte eine Weile, ehe ich eine Hand=
habe seinem höhnischen Wesen gegenüber fand, obgleich er
mir von Anfang an Zeichen seines besonderen Wohlwollens
gegeben hatte. Aber grade auf mich hatte er es zugleich mit

seinen Spöttereien abgesehn, und es war kein Ende des Lustig=
machens über mich und des Hänselns, wozu ich denn freilich
Grund genug geben mochte. Ganz besonders wurmte es mich,
daß er mein Versemachen entdeckt zu haben schien, mir zu
verstehen gab, daß er von solchen Dummheiten nichts halte,
und häufig Geschichten erzählte von untergeordneten und ein=
gebildeten Poeten, ja bei gutem Gedächtniß Strophen von
ihnen zum besten gab, die denn zum Lachen herausforderten.
Alle Augenblicke mußte ich von ihm hören, was es für ein
Unglück sei, um so einen jungen Dichter, aus dem nichts
Gescheites werden könne. Ich schwieg, und er wäre der letzte
gewesen, den ich zum Vertrauten gewählt hätte. Unsre Haupt=
studien gingen, da er Jurist war, getrennte Wege, dagegen
fanden wir uns in den allgemein bildenden Vorträgen neben
einander. Endlich, nachdem ich seine Schulmeistereien lange
genug getragen zu haben glaubte, nahm ich mich zusammen,
und begann nun mit ähnlichen Waffen, so gut sie mir zu
Gebote standen, gegen ihn loszufahren, im Zwiegespräch, wie
vor anderen, so daß ich oft genug die Lacher auf meine
Seite bekam. Er lachte mit, halb ärgerlich und scheltend,
und so standen wir zum Vergnügen der Uebrigen in einer
dauernden Katzbalgerei mit schnöden Reden. Sie entzweiten
uns nicht, sie brachten uns einander sogar näher, und end=
lich stand er mir neben Aubert am nächsten. Ihn aber in
mein Inneres blicken zu lassen, wo der Gevatter Tod, das
Rheinlied und meine Lyrik sich langsam entwickelten, trug ich
eine Scheu, die ich auch gegen Aubert nicht überwand.

Flemming war es, der uns an einer unsrer Versamm=
lungsabende zuerst durch eine Vorlesung erfreute. Er hatte
Tiecks „Gestiefelten Kater" gewählt, der uns noch unbekannt
war, und las ihn mit Humor, gutem Herausheben des
Witzigen, des Abgeschmackten, des Lächerlichen, und riß seinen
Zuhörerkreis zu schallendem Jubel fort. Obgleich wir nun

wohl empfanden, daß diese Gattung in unsrer Wertschätzung
nicht mehr hoch zu stehen brauchte, so wurde es mit dem
Blaubart, der verkehrten Welt, dem Zerbino auch noch ver=
sucht, bis sich denn doch der Ueberdruß an diesem Gemisch
von Schaalheit und Possen einstellte, und wir zu anderen
Werken übergingen.

Vierzehntes Kapitel.

Der Winter war da, und regte meinen Trieb nach einem
selbständigen Schaffen von neuem auf. Die Vorträge Häussers
über deutsche Geschichte im Mittelalter wurden mir in sofern
gefährlich, als sie in mir eine historische Tragödie aufdämmern
ließen. Es war ein „Ludolf von Schwaben", der sich aus den,
wie er glaubt, edelsten Motiven zum Aufruhr gegen seinen
Vater, den Kaiser Otto I. fortreißen läßt, und Irrtum und
Schuld erkennend, darin zu Grunde geht. Das geschichtliche
Material war leicht zu erlangen. Ich machte mich an die
Arbeit, und vollendete das Stück in den Wintermonaten.
Gegen das frühere, so fühlte ich selbst, konnte es als ein
Fortschritt gelten. Ich machte eine saubre Abschrift, und
fragte mich, was nun damit wohl anzufangen wäre? Eine
Weile trug ich mein Geheimniß mit mir herum, dann er=
wachte der Drang nach Mitteilung. Was mir bei meinen
andern Dichtungen wie eine Unmöglichkeit däuchte, das trieb
mich bei meinen dramatischen Versuchen aus mir heraus, um
Urteil und Rat zu empfangen. Allein Aubert war auf seiner
Anatomie so beschäftigt, daß er mir wenig gestimmt schien,
in mein dramatisches Treiben hinein zu blicken. Flemming
aber war um mein geheimes Arbeiten bereits beobachtend
herumgegangen. Da machten wir einst einen winterlichen
Ausflug nach der Stiftsmühle. Ich blieb mit Flemming

länger allein im Gespräch, in welchem er mich langsam aus=
zuholen wußte — und plötzlich schlüpfte das Geheimniß
meines Ludolf von Schwaben über meine Lippen. Ich er=
schrak doch, und hätte im Augenblick viel darum gegeben,
es zurücknehmen zu können, denn nun, dachte ich, würde es
schön über mich hergehen! Aber er nahm es gut genug auf,
schien gar nicht verwundert, spottete auch nicht, sondern sprach
den Wunsch aus, das Stück kennen zu lernen. Eine Vor=
lesung wurde verabredet, und zwar unter sechs Augen, da
Aubert denn doch in Mitleidenschaft gezogen werden sollte.
Sie fand nach einigen Tagen statt, und meine beiden Zu=
hörer saßen mit der Geduld von Märtyrern einige Stunden
da. Sie brachten mir freundliche Teilnahme entgegen, aber
ein Urteil, das mich hätte fördern können, empfing ich von
ihnen doch nicht, da sie in dramaturgischen Dingen nicht er=
fahrener waren, als ich. Sie rieten mir, es bei einem Theater
zu versuchen. Ich aber fühlte wohl, daß es dem Stücke noch
überall fehlte, ohne recht zu wissen, wo und wie ich es an=
zugreifen hätte, um ihm aufzuhelfen, und vermutete, daß
man es so nicht werde brauchen können. Es konnte mir
aber nichts an einer bloßen Zurücksendung liegen, mit der
knappen Entscheidung, daß man es nicht aufführen könne.
Ich wollte bestimmte Winke, wollte Belehrung haben.

Nach einigen Tagen faßte ich einen kühnen Entschluß.
Ich hatte alle fünf Bände der „Geschichte der poetischen
National=Litteratur der Deutschen" von Gervinus durchge=
lesen. Ich war voll staunender Verehrung diesem Werke
gegenüber, aber seine Urteile über Persönlichkeiten und Dich=
tungen hatten mir zugleich die Haut schaudern gemacht.
Dieser Mann mußte mir helfen können, und wenn er meine
Arbeit auch in Grund und Boden verurteilte. Ich ging also
mit meinem Manuskripte klopfenden Herzens zu Gervinus.
Er wohnte damals über der Brücke, in einem der ersten

Häuser am Neckar. Er empfing mich wirklich, aber augen-
scheinlich mit einiger Verwunderung, denn Studenten pflegten
nicht bei ihm vorzusprechen, da er seine Vorlesungen eingestellt hatte. Mein Anliegen brachte ich stotternd hervor, er
aber lehnte vorsichtig und kurzweg den Einblick in meine
Arbeit ab, da er von dergleichen gar nichts verstehe. Dagegen wolle er mir eine schriftliche Empfehlung an seinen
Freund, den Buchhändler Bassermann geben, der zur Zeit
die Leitung des Mannheimer Theaters übernommen hatte,
der werde es auf eine Darstellung hin besser prüfen. Daran
lag mir nun freilich gar nichts, denn grade Bassermann war
als ein sehr unzugänglicher und grober Mann bekannt, und
in aller Munde noch der Brief, den er einem Heidelberger
Privatdocenten geschrieben, auf ein ihm von diesem über-
sendetes Drama. Aber einem Gervinus gegenüber wagte ich
keinen Einwand, zumal er bereits an seinem Schreibtische
saß und schrieb. Er reichte mir den Empfehlungsbrief, wünschte
viel Glück, und entließ mich mit einer Neigung seines Hauptes.
So trat ich, fünf Minuten nach meinem Eintritt bei ihm,
den Heimweg wieder an, und wenn ich den Weg immerhin
mit Befangenheit unternommen hatte, so legte ich ihn in
nicht eben gehobener Stimmung wieder zurück. Dir aber,
großer und verehrter Historiker, trage ich nichts nach! Ich
habe in späteren Tagen andre Wege unternommen, die mir
so erbitternde Erfahrungen gaben, daß mir auf jenem ersten
zu dir mehr ein heiter beglänztes Wölkchen aus meiner Jugend
liegt. Brachte mir doch der Besuch die Vergünstigung, einige
Minuten mit Gervinus zu sprechen, der von uns bewundert
wurde, wenngleich er als Lehrer sich uns entzogen hatte.

Einige Tage ließ ich vergehen, unschlüssig, was ich thun
sollte. Aber der Brief an Bassermann mußte abgegeben
werden, und der Verkehr zwischen Heidelberg und Mannheim
war zu lebhaft, als daß eine Verzögerung sich hätte ent-

schuldigen lassen. So fuhr ich hinüber, und ließ mich bei
Bassermann melden. Er that einen vorurteilsvollen Blick
nach dem Päckchen in meiner Hand, welches er in seiner
doppelten Stellung, als Verlagsbuchhändler und Theater=
direktor bereits beanstanden mochte. Nachdem er den Empfeh=
lungsbrief überflogen, begann er: Aus diesen Zeilen entnehme
ich, daß Gervinus Ihr Stück gar nicht gelesen hat? Ich
mußte das bestätigen. So! fuhr er fort. Dann nehmen
Sie es nur wieder mit. Von Studenten verfaßte Stücke
kann ich nicht brauchen! — Ich that den Mund auf und
wollte nur bitten. — Aber da stand er bereits auf, und
ging, als ein vielbeschäftigter Mann, nach der offnen Thür
des Nebenzimmers, in welches er einige Worte hinein rief.
Dann wendete er sich kurz noch einmal um, und wiederholte
mit starker Betonung: Ich kanns nicht brauchen! Sie hören
ja! Von Studenten führe ich nichts auf! — Er ging hinaus
und ließ mich stehen. Ich stand aber nicht lange, sondern
wendete mich zum Bahnhofe zurück. Der Mann war freilich
sehr unhöflich, aber als erfahrener Geschäftsmann mochte er
Recht haben. Ueber mich war aber nun doch ergangen, was
ich hatte vermeiden wollen. Man hatte meine Arbeit für
unbrauchbar erklärt, ohne sie gelesen zu haben. Mehr wäre
mir freilich auch nicht zu Teil geworden, wenn Bassermann
sie gelesen hätte.

Ich machte hier zuerst eine Erfahrung, die sich dann
vielfach wiederholte. Die einzigen Lehren, die der werdende
Dichter, und gar der beginnende Dramatiker empfängt, be=
ruhen auf Zurückweisung und Ablehnung. Für jede Kunst
giebt es eine Schule, darin der Lehrling Erziehung und Unter=
richt genießt, den Winken und dem Vorbilde eines Meisters
folgen kann. In der Dichtkunst ist die Schule nicht in gleicher
Weise durchzuführen. Der Lyriker und Erzähler muß aus
sich selbst die Erfahrung schöpfen, und lernt die Technik meist

an vorhandenen Werken. Für die dramatische Dichtung aber
gäbe es eine Schule, das Theater selbst. Es liegt aber im
Charakter des modernen Theaters, daß die Bühne sich dem
dramatischen Jünger gradezu verschließt, und ihn ganz ratlos
läßt. Es kann geschehen — es kommt sogar öfter vor —
— daß das Werk eines Anfängers auf die Bühne gelangt,
es wird dem Verfasser aber, wenn dasselbe sich ohne Wirkung
erweist, nicht gesagt, worin die Mängel bestehen, und es
wird ihm nicht gesagt, warum ein anderes, und besseres,
nicht für zulässig erachtet wird. Wenn er sich dazu versteht,
den leichten Kram für die theatralische Tageskost zu bringen,
so mag er noch leidlich willkommen sein, und was darin
nicht passen will, das flickt und schneidert der Praktikus der
Regie so zusammen, daß es über ein paar Vorstellungen
hinweg hilft. Ein ernsteres Streben aber gilt für höchst un=
bequem, und es ist kaum daran zu denken, daß man sich
die Mühe nähme, einem Anfänger zu erklären, worauf es
ankommt. Wissen es doch Intendanten, Direktoren und
Regisseure gewöhnlich selbst nicht, da ihre Kunstbildung meist
gering, ihr dramaturgisches Können nur das äußerlich Wirk=
same umfaßt, ihr Treiben auf der Bühne vielfach nur ein
fortgesetztes Experimentieren ist. Ein Jünger, der sich auf
dieses Wirksame, und wär es ganz roh, schon etwas versteht,
wird wohl berücksichtigt, und er hat vielleicht das Glück, dem
Publikum seine Schularbeiten vorführen, und seine Prüfungen
vor ihm ablegen zu dürfen. Es ist immer eine Art von
Glück, und es sind auf diesem Wege schon ganz tüchtige
Theaterschriftsteller erwachsen. Wem sich aber keine Gelegen=
heit bietet, gleichsam als Experimentiergehülfe unterzukommen,
oder wer sich scheut, an untergeordneter Tagesarbeit zu Gunsten
des schlechten Geschmacks seine Studien zu machen, oder gar
wer die dramatische Dichtung von vorn herein als Kunst
faßt, und seine Arbeiten in diesem Sinne darlegt, dem kommt,

wenn er noch Rat und Unterricht braucht, von Seiten des Theaters niemand zu Hülfe. Er hat einen langen und beschwerlichen Weg zurück zu legen, bis er erreicht, was minder Bedenklichen wohl erleichtert wird. Er hat, wenn ihm seine eigne dramaturgische Arbeit, ohne praktische Uebung, schon erschwert worden ist, selbst bei nun sicher gestalteter Technik, allen bösen Mächten zu begegnen: Dem Widerwillen vor dem Großen, der Trägheit, der Geldberechnung, und hundert Rücksichten, die mit der Kunst gar nichts zu thun haben. Denn der Theaterdirektor und der dramatische Dichter haben von der Kunst meist entgegengesetzte Ansichten. Dem ersten ist sie nur Mittel zum Zweck, dem andern hat sie ihren Zweck in sich selbst. Ein erster glücklicher Wurf, der gar nicht in der Bedeutung des Stückes zu liegen braucht, giebt meist den Ausschlag für das günstige Geschick des Dramas, für die Gunst der Direktionen, für das ganze Verhältniß des Dichters zum Theater. Alles in Allem hat unter allen Künstlern der dramatische, den allermühseligsten Entwickelungsgang durchzumachen, da kein Entgegenkommen ihn fördert auf dem Boden, auf welchem sein Streben sich einzig entwickeln kann. Man wende nicht ein, daß die Stücke der namhaften Poeten ja doch aufgeführt worden seien. Ja, sie sind es (und ich füge hinzu, die Mehrzahl meiner späteren auch) aber man weiß nicht, welche Wege dazu eingeschlagen, welche lustigen, oft lächerlichen Mittel unter der Hand angewendet werden mußten, um ein Stück auf die Bühne zu bringen. Eine Ahnung solcher Erfahrungen dämmerte mir damals nur erst leise, aber die Ratlosigkeit bedrückte mich, nicht zu wissen, wie oder wo ich etwas für das Drama lernen könnte. Daß ich dazu in Heidelberg, wo man sonst so viel lernen konnte, keine Aussicht hatte, lag freilich am Tage.

Aber jugendlicher Sinn ist von Enttäuschungen leicht abgelenkt. Den Ludolf von Schwaben legte ich vorerst bei

Seite. Der Winter näherte sich der Jahreswende, und das Weihnachtsfest forderte unsre Beratungen. Denn wir Norddeutschen, von unsren Familien so weit entfernt, und gewöhnt, den Weihnachtsabend als ein hohes Fest des Hauses zu begehen, wollten uns die gewohnte Feier nicht entgehen lassen. Man beschloß, die Verbindung als Familie zu fassen, ein „Familienvorstand" wurde gewählt, zu dem auch ich gehörte, der die Vorbereitungen zu treffen hatte. Ein Tannenbaum wurde geschmückt, Geschenke die man einander zugedacht hatte, liefen in Menge ein, und es ließ sich eine große Bescheerung aufbauen. Auf den Ruf der Klingel tobte das Teutonenvolk wie ein wildes Heer herein, und man ließ es sich nicht verdrießen, sich auch einmal ganz bubenhaft verrückt zu geberden. Es gab einen Abend, der zu den fröhlichsten dieses Jahres gehört. Bilder, Steinkrüge, Bücher, und was man einander zum Andenken an Heidelberg verehrte, meist mit gereimten Widmungen versehen, werden von Manchem noch bis heut aufbewahrt und vorgezeigt. So besitze ich noch eine denkwürdige kurze Pfeife, welche mir Aubert, geschmückt mit seinem Schattenriß, verehrte. Der Scherz dabei war, daß ich damals noch gar nicht rauchte, und grade vor Pfeifen einen entsetzlichen Widerwillen hatte, mit dem ich häufig geneckt wurde. Diese Gabe trug aber die Schuld, daß ich das Rauchen mit der Zeit lernte. Denn um zu zeigen, daß ich es auch könne, wenn ich es wollte, zündete ich die Pfeife zuweilen wirklich an, und kam so einigermaßen in Gang damit. Es hat aber noch viele Jahre gedauert, ehe es mir zur Gewohnheit wurde.

Wie wir nun, gleich dem Gelichter in Wallensteins Lager, aus so vielen Gegenden zusammengeschneit waren, so gab es unter uns verschiedene Sprachweisen, die, wenn man sich behaglicher gehen ließ, zu einer Polyglotte von Volksdialekten wurden. Die Mecklenburger sprachen unter sich gern platt-

deutsch, die Badener alemannisch, die Schweizer brachten,
selbst wenn sie hochdeutsch zu sprechen behaupteten, Worte,
Wendungen und Töne zum Vorschein, die uns oft fremd=
artig berührten; und wenn Rheinländer, Märker, Schlesier
und Ostpreußen der Volkssprache mehr entsagt hatten, so
kam doch auch bei ihnen viel Mundartliches zu Tage, was
einem aufmerkenden Gehör nicht entging. Mir machte es
den größten Spaß, dergleichen nachzubilden, und ich ließ mich
über verfehlte Versuche gern auslachen, bis es mir einiger=
maßen gelungen war. Es gab selbstverständlich allerlei kleine
Häkeleien über die Frage, welche Mundart für die Dichtung
die vortrefflichste sei, und diejenigen, in deren Dialekt schon
Hervorragendes zur Geltung gekommen war, wußten sich
etwas auf diesen Vorzug. Nun suchte jeder die erreichbaren
Werke seiner Mundart herbei zu schaffen und mitzuteilen,
und ich warf mich mit Eifer auf die Kenntnißnahme dieses
mir neuen Gebietes. Unbestritten blieb den Alemannen die
Vortrefflichkeit ihres Johann Peter Hebel, und Nadlers
pfälzischen Gedichte („Fröhlich Palz, Gott erhalt's") wurden
mit Vergnügen empfangen. Nicht leicht hatten es die Schweizer,
uns ihren Usteri zum Verständniß zu bringen, den wir
Norddeutschen eigentlich nur aus dem Liede „Freut euch des
Lebens!" kannten. Dennoch wurden aus dem „Vikari" und
dem „Heiri" Bruchstücke mitgeteilt. Ich nahm diese Dich=
tungen dann mit nach Hause, wo ich sie zwar anfangs nicht
ohne Mühe aber bald mit Vergnügen durchlas. Die Schlesier
hielten etwas auf Holtei's Gedichte in ihrer Mundart, ohne
viel damit auszurichten. Und wenn uns die Bayern bisher
zuweilen durch ihre „Schnadahüpfl" belustigt hatten, so brachte
Einer von ihnen jetzt Grübels „Gedichte in Nürnberger
Mundart" herbei, deren Volksmäßigkeit uns sehr gefiel. Noch
war es den Niedersachsen nicht beschieden, auf Klaus Groth
und Fritz Reuter hinweisen zu können. Da fielen mir

eines Tages die Gedichte von Joh. Heinr. Voß in die Hände
und ich fand darin die in plattdeutscher Mundart gedichteten
Idyllen, die ich nun durch Flemming auch richtig vorlesen
hörte. Obgleich nun solche Studien mehr wie eine gesellige
Unterhaltung getrieben wurden, so blieb bei mir immer genug
für die Zukunft haften. Zumal das Plattdeutsche, welches
ich im täglichen Verkehr häufig vernahm, wurde wenigstens
meinem Gehör so geläufig, daß ich später für das Lesen der
Werke Reuters wenig Schwierigkeit zu überwinden hatte.

So viel Anregung nun das Leben in unsrem Kreise,
wenigstens in einem engeren Zusammenhalt desselben bot,
so trat doch auch die Frage auf, warum unsre Verbindung
sich eine „progressive" nannte? Wir hatten ihr die Bezeich=
nung nicht gegeben, sondern sie von ihren Stiftern (sie war
noch nicht alt) überkommen. Freilich war es immer ein
Fortschritt im akademischen Leben, wenn die Jugend sich leb=
haft auf geistigem Gebiet tummelte, aber so ganz und gar
war das allen unsren Teutonen doch nicht nachzurühmen,
und andrerseits waren die Bestrebungen unsres engeren Kreises
doch auch nichts durchaus Neues. Einiger Verkehr mit den
beiden andern progressiven Verbindungen belehrte uns denn,
daß die Teutonen in einem schweren Abfall von den Zwecken
ihrer Stifter lebten. Denn was die „Frankonen" und „die
Leute vom Fäßchen" (so genannt nach dem Aushängeschild
ihres Wirtshauses, denn einen Namen führten sie nicht) die
einen mehr, die andern weniger festhielten, die Politik, war
der erste Zweck der Teutonia gewesen. Wir waren also eine
politisch=progressive Verbindung, ohne eine Ahnung davon
zu haben, ohne uns sonderlich darum zu kümmern. Es kam
wohl vor, daß einer unser Schweizer sich mit einem Berliner
in einen Streit verbiß über Monarchie und Republik. Man
stritt eine Weile, es währte aber nie lange, da man doch
nicht viel vorzubringen hatte, wenngleich der Berliner mit

seiner Zungengeläufigkeit das letzte Wort zu behalten wußte.
Zwar lebten wir im Zusammenhange mit der Zeit, es gab
eifrige Zeitungsleser unter uns, das Lesezimmer im Museum
bot uns reichlichen Unterricht über die Mißstände im öffent=
lichen Leben, über die Verfolgung der freimütigen Presse,
über die ganze Tendenzlitteratur, wie sie sich in Journalen,
in Romanen, in der Lyrik, in nicht aufführbaren Dramen
ausfprach. Das verfolgten wir zwar Alles, und waren der
Mehrzahl nach auf der Seite der Liberalen und Unterdrückten,
aber wo es nun eigentlich fehlte, und wie es gebessert werden
sollte, darüber wußten wir nichts zu sagen. Doch durften
wir darüber ruhig sein, denn selbst diejenigen, welche sich
berufen fühlten, zu bessern, waren ganz uneins darüber, und
wußten sich eigentlich selbst keinen Rat. Unser Versuch, es
recht gründlich zu nehmen, und Dahlmanns Buch „die
Politik“ zu lesen, scheiterte erst recht, da wir mit der Theorie
nichts anzufangen wußten. So ließen wir es denn auf sich
beruhen, und die beiden andern Verbindungen das „Pro=
gressive“ für uns mit besorgen.

Jn die zweite Hälfte des Winters fällt nun ein Aben=
teuer, welches weit ab lag von politischen Bestrebungen, mich
aber dafür in Beziehung zu Polizei und Universitätsgericht
brachte. Als wir eines Abends in kleinerer Gruppe auf
unfrer Kneipe noch über die „Lumpenglocke“ hinaus (sie
läutete um elf Uhr zum Nachhausegehen) beisammen waren,
wurde der Vorschlag gemacht, ein Ständchen zu bringen.
Jch stimmte sofort die Guitarre, und mit dieser zogen wir
vor das Haus, dem unsre Begünstigung zuteil werden sollte.
Nun hatte ich nicht bedacht, daß unter uns Einer war, ein
junger Schweizer, mit einer unerhörten, ganz fürchterlichen
Stimme, so daß wir ihn den „Stier von Uri“ zu nennen
pflegten. Kaum hatten die Tenöre mit Guitarrenbegleitung
begonnen, als mit einemmal Baßtöne durch die Nase laut

wurden, ohne musikalisches Gehör, mit erschreckender Gewalt, mit einer Art von Geheul Alles um sich her niedersingend. Die Tenöre verloren die Fassung und wollten vor Lachen ersticken, ich aber ergriff den gefährlichen Sänger am Arm, und beschwor ihn, nicht mitzusingen. Wir fingen noch ein= mal an. Nach ein paar Takten aber fiel der Bassist in die Melodie, ohne sie zu treffen, und geriet so in Eifer, daß er allein weiter heulte, während die übrigen sich dem Gelächter hingaben. Da ertönte ein Pfiff, und die Stimme des Nacht= wächters, welcher Schweigen gebot, suchte umsonst gegen den rabbiaten Sänger aufzukommen. Bald wiederholten sich die Pfiffe von verschiedenen Seiten, und wir sahen uns umgeben von Nachtwächtern, während der entsetzliche Sänger nicht zu beruhigen war. Auf einen Wortwechsel mit ihm folgte Streit, der bis an die Grenze von Handgemenge geriet, und um nichts Schlimmeres seinetwegen zu befahren, mußten wir uns entschließen, auf der Stelle mit auf die Nachtwache der Pedelle zu gehen und dort unsre Namen aufzuschreiben. Solidere Leute, wie Flemming und Aubert, waren selbstverständlich nicht von der Gesellschaft. Einige Tage darauf erhielten wir eine Vorladung zum Universitätsgericht, welchem ich durch meine Guitarre besonders graviert erschien. Die Vernehmung begann, war ziemlich einfach, da wir zugestanden, bei einem Ständchen durch die Wächter unterbrochen worden zu sein. Der Richter entgegnete, daß auf einstimmige Aussage der Wächter, der Gesang wie ein böswilliges Geschrei gelautet habe, durch welches die Bewohner des Hauses sich höchst un= angenehm berührt fühlen mußten. Da fuhr unser wackerer Schweizer plötzlich dazwischen, und mit einem Sprachorgan, welches seinem Gesang entsprach, erklärte er laut, daß er „die Person", der das Ständchen gegolten, inzwischen ge= sprochen, und daß sie sich gar nicht unangenehm berührt gefühlt, da sie fest geschlafen und nichts davon gehört habe.

„Und, so fuhr er fort: die Person war auch kein Frauen=
zimmer, sondern ein Mann aus unsrer Verbindung". Er
hatte Recht, denn das Ständchen sollte ein verfrühter Morgen=
gruß zum Geburtstage eines unsrer Genossen sein. Auf diese
Erklärung hin verließ unserm Richter aber der gemessene
Ernst, und schon lachte er mit uns übrigen im Chore. Er
entließ uns mit dem Bescheid, daß er eine Notiz über diese
Störung auf unsere Abgangszeugnissen nicht von uns ab=
wenden könne. Sie fand sich auf dem meinigen wirklich.
Ich sehe noch das humoristische Gesicht meines Vaters, als
er unter der Rubrik „Betragen" die Bemerkung fand: „Hat
sich einer nächtlichen Ruhestörung schuldig gemacht".

Sträflicher als dieses Ständchen, aber unbestraft, ging
ein andrer Streich vorüber, den ich der richtenden Nachwelt
nicht vorenthalten will. Wir kehrten etwa unser Zwölf in
einer Februarnacht zu Fuße von Schlierbach zurück. Es
war völlige Frühlingsluft, und wir, auch zwischen Eins und
Zwei Uhr, noch zu jeder Unternehmung gestimmt. In der
Stadt angelangt, sahen wir mehrere Wagen stehn, wie sie
Waffelbäckerei, Verkaufslokal und zugleich Schlafstube ihrer
reisenden Besitzer zu sein pflegen. Da rief eine Stimme:
„Der erste Waffelwagen wird entführt! Vorgespannt!" Im
Nu waren Alle an der Deichsel, und in tollem Jagen wurde
der Wagen durch die jetzt stille Hauptstraße geschleift. Da
öffnete sich eine Fensterluke des Gefährtes, und der aus dem
Schlafe aufgerüttelte Insasse, der nicht wissen mochte, wie
ihm geschah, beugte sich im Hemd heraus, fluchend und um
Hülfe schreiend. Aber das Rädergerassel seiner eignen Be=
hausung überdröhnte seinen Jammerruf, und in unverdrossener
Hast wurde er aus der Stadt gezogen, und auf der Chaussee,
die nach Rohrbach führt, abgesetzt. Ungerührt von dem
Schimpfen und Drohen des der Einsamkeit überlassenen
Opfers, stob die Bande auseinander, und Jeder suchte schnell

seine Wohnung auf. Daß wir Beteiligten über die Sache
gegen Andere schwiegen, versteht sich von selbst, aber unter
uns malten wir uns aus, wie der auf der Chauffee verein=
samte Waffelbäcker in seinem Schneckenhause die Nacht zu=
gebracht haben mochte, wie er Morgens nach der Stadt gehen
gemußt, um sich seine Pferde zu holen und an Ort und
Stelle zurück zu fahren. Wir hörten darauf, daß der Miß=
handelte über die Unthat Anzeige gemacht, daß er aber keine
bestimmte „Farbe" hätte angeben können, und durften somit
hoffen, daß wir um den Karcer der, mindestens uns sicher
gewesen wäre, herum kommen würden. Wir erfuhren aber
zugleich, daß die Geschichte unter den Professoren mehr Lachen
als Entrüstung hervorrief. Sie wurde auch uns von ver=
schiedenen Seiten erzählt, und wir lachten mit, in dem Be=
wußtsein, daß wir einen Angeber nicht zu fürchten hätten.
Der Waffelbäcker aber machte in den nächsten Tagen ein
gutes Geschäft, denn Alles kaufte bei ihm, um sich zugleich
das Abenteuer von ihm erzählen zu lassen.

Der Februar war in diesem Jahre so frühlingsmäßig,
daß man sich um Monate voraus glaubte. Das ganze Früh=
jahr, welches zu so geräuschvollen politischen Wandlungen
hinüber führen sollte, kam so herrlich herauf, als ob es unter
der besonderen Gunst von Sonne und Mond stünde. Und
so ist hier auch von einem kleinen poetischen Frühlingsunter=
nehmen zu sprechen. In Gießen studierte mein Schulfreund
Moritz Bardeleben aus Frankfurt a. d. O. Er hatte
dort einen Kreis von jungen Poeten gefunden, mit dem er
in lyrischen Wetteifer getreten war. Sie hatten sogar ein
litterarisches Blättchen gegründet, „Wilde Rosen" wovon ich
erst später einmal ein paar Nummern gesehen habe. Jetzt
war ihnen gelungen, einen Verleger zu finden für einen
lyrischen „Frühlingsalmanach", der eigentlich nur Gedichte
ihres Kreises vorführen sollte, dem Bardeleben aber gern

eine Erweiterung durch Beiträge von mir geben wollte. Die
Aussicht, plötzlich etwas von meinen bisher streng gehüteten
Liedern öffentlich preiszugeben, machte mich stutzig, und ich
begann wählerisch in meinem Büchlein zu blättern. Aber
der Freund drängte, der Aufruf von Gießen kam in letzter
Stunde, kurz vor Schluß der Redaktion, und so schrieb ich
eine Reihe von Liedern ab, die ich zur Auswahl sendete.
Sie wurden alle willkommen geheißen und abgedruckt. Der
„Frühlingsalmanach" erschien auch wirklich, aber erst mehrere
Monate später, und zu einer Zeit, da ich Heidelberg bereits
verlassen hatte. (Leipzig, O. Leiner. Ohne Jahreszahl). Es
traten darin neun junge Poeten mit ihren ersten Gedichten
auf. Unter den meinigen sind einige höchst unreif, doch habe
ich fünf davon, mit gebührender Nachfeile, später in die
Sammlung meiner Gedichte aufnehmen können. Das Büch=
lein würde sich zu keiner Zeit besonders bemerkbar gemacht
haben, ging daher in der Aufregung der nächsten Zeit um so
spurloser vorüber.

Mit dem heranrückenden Abschluß des Wintersemesters
wurde auch unsere bevorstehende Trennung, vielleicht die gänz=
liche Auflösung unseres Kreises vielfach besprochen. Ueber
mich hatte mein Vater noch keinen Beschluß mitgeteilt, während
Aubert seines Verbleibens sicher war. Einige Badener ab=
gerechnet, waren alle Uebrigen gewiß, daß sie Heidelberg ver=
lassen würden. Wir beschlossen, einen Abschiedskommers zu
halten. Und da ich nun doch einmal Gedichte zur Veröffent=
lichung an Bardeleben geschickt hatte, so überwand ich meine
Scheu auch vor den Kameraden, und dichtete ein Abschieds=
lied, welches unter die bei dem Feste zu singenden Lieder
aufgenommen wurde. Ich machte es auf die Melodie von
„Sind wir vereint zur guten Stunde", und so wurde es beim
Kommers, welcher am 24. Februar in Ziegelhausen am
Neckar stattfand, mit abgesungen. Dieses Lied ist das Erste

überhaupt, was von mir gedruckt erschien. Ich habe mir
das Blättchen als ein Erinnerungszeichen bewahrt*, und so
mag das Lied hier, wo ja doch Erinnerungen gebucht werden,
in seinem ersten Wortlaut wiederkehren:

> Wie soll ich diese Stunde nennen,
> So heiter und so ernst zugleich?
> Es gilt ein Scheiden, gilt ein Trennen,
> Es blüht ein Leben voll und reich.
> So lasset uns den Ernst versenken
> In unsre Brust, der Gegenwart,
> Der heitren Tage laßt uns denken,
> Die uns an diesen Ort geschaart!
>
> In blütenreichem Jugendkranze
> So tritt das Leben vor uns hin,
> Es ladet uns zu frohem Tanze,
> Und lacht und winkt dem frischen Sinn.
> Jetzt fort mit nachtgebornen Träumen!
> Den Becher her! Wer zaudert noch?
> Und ob die Becher überschäumen,
> Das frische Leben lebe hoch!
>
> Es wird manch ernstes Wort gesprochen,
> Manch schweres Wort von leichter Zung,
> Es wird so mancher Stab gebrochen,
> Manch Schwert erblitzt in raschem Schwung.
> Gegrüßet seid in edlem Zorne,
> Die ihr gekrönter Willkür flucht!
> Die ihr, getränkt von edlem Borne,
> Der Freiheit eine Stätte sucht!
>
> Doch nicht der Zorn allein, das Leben
> Es fordert eine kühne That!
> Ihr Brüder, das sei unser Streben,
> Das unser Dichten früh und spat!

---

* Achtunddreißig Jahre später, bei der Säkularfeier der Universität Heidelberg, August 1886, zog es ein ehemaliger Studiengenosse
Oskar Wiester (seither Justizrat zu Hirschberg in Schlesien) aus der
Tasche, um mir sein wohlerhaltenes Exemplar meines ersten Druck-
werkes vorzuweisen.

Ihr Brüder, werdet ihr es halten,
Was oft beredt die Zunge sprach?
O nimmer laßt die Glut erkalten,
Seid ewig frisch, und ewig wach!

Seht ihr die ewgen Berge ragen?
Und hört ihr, wie der Neckar rauscht?
Er mahne uns in künftgen Tagen
An das, was er uns abgelauscht!
Erinnrung ströme dann auf's Neue,
Mach' uns verklungne Töne kund
Von Freiheit, Freundeslieb' und Treue,
Was wir gedacht, geliebt allstund!

Daß in dieses Lied, trotz seiner harmlosen Unbeholfen=
heit, auch etwas von der gespannten Zeitstimmung geraten
ist, läßt sich nicht läugnen, aber ich möchte behaupten, daß
das ganz unwillkürlich geschehen. Keine Ahnung hatten wir
von dem, was die nächste Zeit, die folgenden Tage schon,
bringen sollten, und gar was an diesem 24. Februar bereits
in der Welt vorging. Erwachte man doch am andern Morgen
in ganz Deutschland mit Ueberraschung und Schreck — freu=
digem oder Furcht bringendem — bei den Nachrichten, die
aus Paris gekommen waren. Während wir unser Abschieds=
fest in Ziegelhausen feierten, und viele tausend Andere in
Deutschland sich auch mit ihren eignen kleinen Dingen be=
schäftigten, war in Paris eine Revolution ausgebrochen. Die
Aufregung in Heidelberg war bereits allgemein, als wir
gegen Mittag des folgenden Tages ahnungslos wieder ein=
wanderten. Der Wirrwarr von Nachrichten, der uns empfing,
wirkte auf uns mit gleicher Verwirrung. Revolution! Barri=
kaden! Flucht des Königs und seiner Familie! Provisorische
Regierung! Wir sahen einander verdutzt an, und in den
meisten Gesichtern stand die stumme Frage: Warum denn?
— Wir waren alle in einer Zeit erwachsen, die kein poli=
tisches Ereigniß von Belang gebracht hatte. Wir waren

zwar gewöhnt, von Mißständen in Deutschland zu hören
und zu lesen; daß nun aber von Frankreich aus ein Ereigniß
sich kund that, dessen politische Bedeutung auch in Deutsch=
land sofort erkannt wurde, und den Sturm auch zu uns
herüber führen sollte, dies erregte unsere Ueberraschung und
Spannung. Was es damit auf sich habe, sagten uns in
den nächsten Tagen unsere Lehrer, wie Häusser und Hagen, vom
Katheder aus, und mahnten uns zur Ruhe und zum Ab=
warten der ferneren Ereignisse. Aber mehr beunruhigend
und aufstachelnd war Alles in den Zeitungen zu lesen, deren
Blätter und Extrablätter jetzt mit ganz neuer Begier em=
pfangen wurden.

Fünfzehntes Kapitel.

Mit diesem 24. Februar endete unser Idyll in Heidel=
berg, war die fröhliche akademische Zeit vorüber. Was nun
kam, hatte einen andern Charakter, schwankte zwischen Hoff=
nung, Begeisterung, Mißstimmung, Groll und Ratlosigkeit
hin und her, und es dauerte lange, bis ruhigere Sammlung
sich geltend machen konnte. Die Ereignisse des Frühjahrs
1848 im Ganzen zu schildern, mit ihrem sich überhastenden
Wechsel, ihren Schwankungen und Verirrungen, habe ich mir
nicht zur Aufgabe gemacht. Nur was ich dabei äußerlich
und innerlich selbst erfuhr und erlebte, will ich erzählen, und
dafür müssen Umrisse und Andeutungen der öffentlichen Be=
gebenheiten genügen.

Wenn wir Jüngeren aus Zeitungen, hauptsächlich aber
aus litterarischen und poetischen, von Satire und Phrase
beherrschten Erscheinungen, eine allgemeine Kenntniß von
politischer Mißstimmung erhalten hatten, so wußten wir doch
nicht, daß die Erbitterung aller Gebildeten so tiefgehend, wir

wußten nicht, daß grade in Deutschland sich des revolutio=
nären Zündstoffes am meisten aufgesammelt, um bei dem
ersten Anstoß von außen her, überall die Bande zu sprengen.
Verwirrend aber war es für uns, daß scheinbar für dieselben
Zwecke überall die besten Männer, zugleich mit einem zügel=
losen Demagogentum auftraten; daß die wilden Volksredner
durch hochtönende Phrasen uns zuweilen zu fesseln verstanden,
während Männer die wir verehrten, grade das bekämpften,
was uns nur eben überzeugend geklungen hatte. Nicht uns
Jüngeren allein ging es so. Der überraschende Moment
fand noch viel politische Unreife und Unbildung, die das
Handeln der Einsichtigeren erschwerte, zuweilen auch in falsche
Bahnen trieb. Wir wohnten einer Volksversammlung in dem
gewaltigen Burghofe des Heidelberger Schlosses bei, zu welcher
Massenzüge aus ganz Baden zusammen gekommen waren.
Ob die Ruinen des Otto=Heinrichsbaues, so wie der übrigen
Prachtbauten, wohl früher oder später auf eine solche Menschen=
menge herabgeblickt, ob sie jemals so widersprechende Reden
und Forderungen angehört haben mochten? Der Eine ver=
langte ein deutsches Parlament, der Andere ein gemeinsames
Vorgehen gegen die Regierungen, der Dritte ein Kaisertum,
der Vierte die Verfassung der schweizerischen Eidgenossen; der
Fünfte donnerte gegen die Tyrannei der Regierungen über=
haupt, der Sechste gegen irgend einen Mann in der badischen
Kammer — und Allen wurde gleichmäßig zugejubelt. Ich
weiß nicht mehr, ob diese Volksversammlung eine größere
politische Bedeutung hatte, so viel aber sollten wir erkennen,
daß sie in Heidelberg selbst eine Gährung hervorrief, welche
die Gegensätze der Parteien jetzt nur noch schroffer heraus=
kehrte. Heidelberg wurde für's Erste ein Hauptherd der
Bewegung. Männer wie Gervinus, Häusser, Mittermeyer,
traten handelnd in die Politik ein, und nicht leicht wurde
ihnen, das Steuer fest zu halten.

In diesen Tagen begab sich ein Massenzug von Mann=
heim nach Karlsruhe, und forderte von der Regierung Preß=
freiheit, Schwurgerichte, Volksbewaffnung und Hinwirkung
auf ein deutsches Parlament. Die Regierung bewilligte Alles,
und die Männer der bisherigen Opposition wurden in das
Ministerium berufen. Und wie in Baden, so in Württem=
berg, Hannover, Kurhessen, Hessen=Darmstadt. Von nun
an ging es Tag um Tag mit Schlag auf Schlag. Die Er=
eignisse kamen im Sturmschritt. In Bayern mußte Lola
Montez, die den alternden König so lange beherrscht, und
über deren Reitpeitsche wir uns so oft lustig gemacht hatten,
aus dem Lande entfliehen, während der König sich zum Ab=
danken entschloß. — Nun fand am 5. März in Heidelberg
eine neue Versammlung statt, bestehend aus den liberalen
Mitgliedern der badischen Kammer, welche eine Kommission
von sieben Männern wählte, um ein Vorparlament nach
Frankfurt a. M. zu berufen. Inzwischen warf sich die
Sturmflut der Zeit auf die größeren Staaten, welche bisher
die Führung in der Politik für Deutschland gehabt hatten.
Metternich, der über dreißig Jahre lang jeder volkstümlichen
Regung Gewalt angethan hatte, mußte erleben, daß Wiener
Studenten Freiheit der Presse, des Redens, Lehrens, Lernens
und Glaubens forderten; daß unter Anführung der Studenten
und des ungarischen Agitators Kossuth die Stände sich nach
der Hofburg begaben, und daß ihnen Alles bewilligt wurde.
Um der aufgestachelten Rache zu entgehen, blieb dem so lange
Zeit Allmächtigen in Deutschland nichts, als die Flucht nach
England. Mit fieberhafter Spannung sahen wir den Nach=
richten aus Berlin entgegen. Da kam die Kunde von den
Straßenkämpfen am 17. und 18. März, zwischen Militär
und Revolutionären, von den Leichen der Barrikadenkämpfer
vor dem Schlosse, von der scheinbar völligen Umwandlung
des autokratischen Königs, und seinen Worten: „Preußen

15*

geht fortan in Deutschland auf!" Aber schlimm war die
furchtbare Spannung, die man bald zwischen Militär und
„Volk" erschuf. Daß die Soldaten ihre Pflicht gethan, und
tapfer gekämpft hatten, durfte kaum laut werden. Mich
bedrückte das tief, denn in meiner Familie gehörten mehrere
zum Militärstande, auch mein Schwager war Offizier.

Das nächste von Bedeutung ging in der Nähe vor.
Am 31. März versammelte sich das Vorparlament zu Frank=
furt a. M. in der Paulskirche unter dem Vorsitz unseres
Professor Mittermeyer. Die Kämpfe der konstitutionell=
monarchischen Mehrheit gegen die Radikalen und Republi=
kaner; die Unbändigkeit der Volksführer Hecker und Struve,
ihre Trennung von Frankfurt, ihre Aufstandsversuche und
Niederlage, muß ich bei Seite lassen. Genug, daß das Vor=
parlament zu dem Beschluß kam, eine aus direkten Wahlen
hervorgegangene Nationalversammlung für den Mai nach
Frankfurt zu berufen.

Diese in dem Zeitraum von kaum sechs Wochen einander
überstürzenden Ereignisse setzten uns in einen Taumel der
widersprechendsten Aufregungen. Sie wurden vermehrt durch
die Vorgänge im engeren Kreise. Die Aula der Universität
war zu einem Tummelplatz geworden, auf dem in Studenten=
versammlungen von jungen Demagogen zur Beteiligung an
der Politik aufgefordert wurde, in Reden, gegen welche
Männer wie Häusser und andere Professoren oft vergeblich
ihr ganzes Gewicht einzusetzen hatten. Mitglieder der pro=
gressiven Verbindungen verlangten die Ausrufung der Repu=
blik im Anschluß an die Insurgentenhaufen von polnischem,
französischem und Allerweltsgesindel, welche sich im Elsaß
zum Einfall über die badische Grenze sammelte. Sie for=
derten die Teutonen auf, mit ihnen Hand in Hand zu gehen.
Wir mußten uns wider sie bekennen. Und um die Ver=
bindung als Ganzes diesen Streitigkeiten zu entziehen, er=

klärten wir die Verbindung Teutonia für aufgelöst — ob=
gleich es kaum noch etwas aufzulösen gab, da die Mehrzahl
unsrer Kameraden von ihren Angehörigen bereits abberufen
war, und wir übrigen so gut wie auf dem Sprunge standen.
Inzwischen schlossen wir uns der Bürgerwehr an, was auch
sonst viele Studenten, Korpsburschen, jetzt mit Allen durch=
einander, thaten, lernten exerzieren, zogen auf Wache, und
patrouillierten Nachts durch die Straßen. Wie hatte die Zeit
sich geändert! Vor zwei Monaten noch war ich, wegen nächt=
licher Ruhestörung mit der Guitarre, vor das Universitäts=
gericht gefordert worden, jetzt machte ich, mit dem Schläger
in der Hand, selbst die nächtliche Runde als Wächter für
die Ruhe der Stadt!

Die Vorträge der Professoren hatten aufgehört, die
Universität war geschlossen worden. Dafür hörten wir Vor=
lesungen anderer Art, nämlich auf dem Museum, wo die
neusten Zeitungen immer zuerst eintrafen, und, um die Nach=
richten Vielen zugleich zugänglich zu machen, meist von irgend
Einem vorgelesen wurden. Zu diesem Einen machte sich bald
Professor Morstadt, um welchen sich zu bestimmten Tages=
stunden ein dicht gedrängter Kreis sammelte. Denn er hatte
die Gabe, selbst wenn die Zeitung nichts Neues von Belang
brachte, den gleichgültigsten Inhalt durch Zwischenbemerkungen
seines haarsträubenden Humors auszustatten. Die Zeitungs=
blätter durften nur gebracht werden, so stürzte Alles nach
dem Saal, wo Morstadt sich aufhielt, und man war sicher,
daß der geistreiche Cyniker es an Lachstoff nicht werde fehlen
lassen. Es waren doch nur die landläufigen Blätter, darin
man der neusten Nachrichten sicher war, welche auf diese
Weise zur Vorlesung kamen. Denn wer hätte die ganze
Masse von neuen Zeitungen bewältigen können, die in diesen
Tagen erschien, und deren Vorrat im Museum anschwoll.
Große Stücke hielten wir auf die neue „Deutsche Zeitung“,

welche Gervinus herausgab, im Verein mit Häusser, Höfken, Mathy, und Mittermaier. Die erste Nummer war bereits am 1. Juni 1847 erschienen. Schon in ihrem Aeußeren zeichnete sie sich durch weißeres Papier und eleganteren Druck als etwas Vornehmeres aus. Viel zu vornehm aber war der Inhalt für diese Zeit, als daß die Politik der Heraus= geber gegen das Massengeschrei hätte aufkommen können. Denn wenn Gervinus predigte, daß die Entwickelung des staatlichen Lebens nicht durch Revolution, sondern durch Evo= lution sich zu gestalten habe, so gingen die Thatsachen darüber hinweg, und die Zeitung konnte sich nicht lange halten.

Als ich in diesen Tagen eines Nachmittags durch die Hauptstraße ging, erblickte ich eine Gestalt, die mich stutzen machte, — und gleich darauf — flog ich meinem Vater in die Arme! Ihm in Heidelberg zu begegnen mußte mich auf's Höchste überraschen, er aber war froh, mich endlich gefunden zu haben, nachdem er mich schon seit Stunden gesucht hatte. Aber der brave Mann war auch auf falscher Fährte gewesen, da er, um mich besser zu finden, nach der Kneipe der Cim= bern gefragt hatte — da Cimbern und Teutonen ihm historisch zusammen gingen, und er in seinen jetzt viel beschäftigten Gedanken mich einem Stamme zugezählt hatte, der in Heidel= berg nicht ansässig war. Ungeduldig, überall den Bescheid zu erhalten, daß solche Leute in der Stadt nicht vorhanden wären, wollte er sich eben allein auf den Weg nach dem Schlosse machen. Nun mochte ihm denn eine Last vom Herzen sein, denn was können einem Vater, der in so auf= geregten Tagen auf der Suche nach seinem Sohne ist, nicht für Besorgnisse durch das Gemüt gehen! Er lachte denn selbst über seine Verwechselung der Völkerschaften, faßte mich fröhlich unter den Arm und erzählte mir von der Veran= lassung seiner Reise, die mir, da Alles so schnell gegangen, nicht mehr hatte mitgeteilt werden können. Er war Mitglied

des Vorparlamentes in Frankfurt, und zwar als Mandatar
der Stadt Bromberg, um dort in erster Reihe für die Auf=
nahme der Provinz Posen in den deutschen Bund zu wirken,
unterstützt von den Abgeordneten der Städte der preußischen
Ostprovinzen, welche ebenfalls noch außerhalb des deutschen
Bundes standen. In Frankfurt war seine Rede mit leb=
haftem Zuspruch empfangen worden. Mein Vater hatte die
Bedeutung der Zeit hoffnungsvoll in sich aufgenommen,
liberal im besten Sinne, ohne Uebermaß von Erwartungen
oder Wünschen. War er immer gut preußisch gewesen, so
hatten die Zeloten der Paulskirche, Hecker, Struve und andere
aus den süddeutschen Staaten ihn angewidert, und ihm stand
es fest, daß wenn ein Deutschland sich neu gestalten sollte,
es nur durch Preußen geschaffen werden könnte. Durch ihn
erfuhr ich nun erst Eingehenderes über die Frankfurter Vor=
gänge, erfuhr von seinen Anknüpfungen, deren er sich freute,
mit Heinrich von Gagern, Dahlmann, Mittermeier,
und so schritten wir im Gespräch, von einem Regen über=
rascht, nach seinem Gasthofe, dem „holländischen Hofe“. Da
der Regen anhielt, mußten wir den Abend daselbst verbleiben,
und so erzählte der Vater von der Mutter und den Ge=
schwistern, um dann doch wieder auf die Politik zu kommen.
Bald aber rückte er mit der Frage heraus, ob es mein sehr
großer Wunsch sei, den nächsten Sommer noch in Heidelberg
zu bleiben? In seiner endlosen Güte würde er mir den
Wunsch sicher erfüllt haben, aber ich hörte seiner Frage doch
an, daß er mich lieber gleich mitnähme. So überließ ich
ihm, über mich zu entscheiden, und durfte hinzufügen, daß,
für die nächste Zeit wenigstens, Heidelberg ein günstiger Ort
für Studien schwerlich sein werde. Er war zufrieden, er=
klärte aber, daß er mir nun nicht lange Zeit lassen könne,
da er nur noch den nächsten Tag für Heidelberg habe, und
die Heimreise beeilen müsse. Für meine nächste Studienzeit

wurde Berlin zum Aufenthalt ausersehen, mir nicht eben zur
Freude, meinem Vater aber war es ein beruhigender Ge=
danke, in allen Wirrsalen, welche die nächste Zeit bringen
konnte, für mich in Frankfurt a. d. O., nahe genug an
Berlin, eine zweite Heimat zu wissen. Ehe wir uns Abends
trennten, that er noch eine Frage, die mich überraschte. „Und
nun, begann er, bekenne nur ehrlich und offen, wie viel
Schulden du hast, damit das ein für allemal abgemacht
werde!" Ich durfte aufrichtig erklären, daß ich keine Schulden
hätte. Er traute nicht recht, und sagte, er sei augenblicklich
in der Lage und Stimmung, auch einen größeren Posten,
den anzugeben ich mich vielleicht scheute, auszugleichen, und
verlangte unbedingte Offenheit. Welch ein Mann! Es hat
gewiß nicht viele Väter gegeben, wie diesen! Ich aber mußte
meine vollständige Schuldenlosigkeit nochmals versichern, und
konnte lachend hinzufügen, daß es mir unendlich leid sei,
seine Dispositionen in dieser Weise kreuzen zu müssen! Er
sah mich von der Seite an, dann aber faßte er mich bei den
Schultern und sagte: „Na, gut! Auf Etwas war ich freilich
gefaßt, aber so ist es mir doch noch lieber!"

Daß aber meine Abreise so plötzlich und unvermutet
eintreten sollte, kam mir doch etwas in die Quere. Zwar
mein Koffer war bald gepackt, da mein Besitzstand sich nur
um einige Bücher und Andenken vermehrt hatte. Die Gui=
tarre konnte ich meinen Wirtsleuten vermachen. Aber es
fiel mir auf das Herz, daß ich davongehen sollte, ohne Ab=
schied von so Vielem, was mir wert geworden war. Denn
den nächsten Tag gehörte ich ganz meinem Vater, dessen
Führer ich in der Umgebung sein sollte, und es waren noch
die nötigen Schritte für meine Lösung aus dem Universitäts=
verbande zu thun. Aubert mußte ich noch spät Abends zu
finden, um ihm meine Abreise anzukündigen. Er wäre jetzt
am liebsten gleich mitgereist, da er als der letzte des be=

freundeten Kreises zurück bleiben sollte, doch versprach er
seine Hülfe in meiner akademischen Angelegenheit.

Am andern Morgen aber war ich bereits vor fünf Uhr
gerüstet, um noch einmal nach Handschuchsheim zu wandern.
Denn ohne Abschied vom Ochsenwirt und seiner Familie wollte
ich nicht davongehn. Mich so früh eintreten zu sehen war
man nicht gewöhnt, und die Mädchen sahen mir auch gleich
an, daß es einen Abschied gelte. So erzählte ich, was den=
selben beschleunigte. Ich brachte meine Silhouette zum An=
denken mit, und wir saßen noch einmal ein paar Minuten
Alle im Kreise und sprachen von einem Wiedersehn, obgleich
mir dasselbe außer aller Hoffnung erschien. Dann reichten mir
Alle die Hände, die Felix aber mit ihren Geschwistern gaben
mir noch ein Stück Weges das Geleit. Dann eilte ich unter
den Nußbäumen, in deren Schatten ich den Weg so oft zu=
rückgelegt hatte, nach der Stadt, mit dem Gefühl, daß auch
dieses harmlose Idyll, zwar ohne Mißklang, aber doch in
betrübender Eile, einen Abschluß für immer gefunden habe.

Noch früh genug konnte ich bei meinem Vater eintreten,
um dann mit ihm einen Rundgang durch das Schloß zu
machen, dessen Großartigkeit seine ganze Bewunderung erregte.
Wir waren auch Nachmittags unterwegs, und doch nicht
an allen den Stätten und Plätzchen, welchen ich so gern ein
Lebewohl gesagt hätte. Und als wir nun am andern Morgen
im Eisenbahnwagen saßen, der Zug in die Ebene hinaus=
flog, und in Minuten die ganze Herrlichkeit der geliebten
Neckarstadt und ein glückliches Jahr hinter mir lagen, da
wurde mir doch etwas weh ums Herz. Freilich war längst,
ohne Sang und Klang, anders als wir es uns ausgemalt
hatten, unser jugendlicher Kreis auseinandergestoben, Jeder
von der Bewegung der Zeit nur eben in Hast hinweg=
geführt. Auch trugen die letzten Tage in Heidelberg nicht
mehr den heiteren und unsrem Zustand angemessenen Cha=

ratter der akademischen Abgeschlossenheit, die uns beglückt
hatte. Ich empfand wohl, daß Größeres dafür zu gewinnen
stand, aber der politische „Völkerfrühling" war zu schnell und
überraschend gekommen, hatte mich zu unvorbereitet gefunden,
als daß ich alle Jugendträume, die sich mir an diese Stätte
knüpften, so leicht dafür hätte hingeben mögen. Sagen durfte
ich mir aber, daß ich mein Jahr in Heidelberg gut genug
angewendet hatte. In meine Studien war Methode gekommen. Ein großes historisches Material hatte ich durch
Lektüre in mich aufgenommen. Ja, es ist nicht zu leugnen,
ich war fleißig gewesen, trotzdem ich mir gesellige Zerstreuungen,
Wanderschaften, Naturgenuß und Späße jugendlichen Ueber-
mutes nicht versagt hatte. Dazu war eine historische Tragödie fertig geworden, ein Rheinlied von Waldmeisters Brautfahrt zum guten Teil vollendet, nicht geringe Stücke vom
Gevatter Tod zu stande gebracht, ungerechnet eine ganze
Liederernte. Das waren Dinge, die ich nun schon nicht mehr
als Nebensachen bei meiner Lebensaufgabe betrachtete. Einen
guten Schritt vorwärts in meiner Entwickelung bedeutete
dieses Jahr in Heidelberg jedenfalls.

Sechszehntes Kapitel.

Von Frankfurt a. M. aus fuhren wir in Gesellschaft
vieler Norddeutschen, zum Teil Mitgliedern des Vorparla-
ments, Bekannten meines Vaters. Durch ihre politischen
Gespräche wurden mir, im Gegensatz zu dem wüsten demagogischen Geschwätz, welches ich in der letzten Zeit hatte anhören müssen, die Augen mehr und mehr für die Lage der
Dinge geöffnet. Die Männer waren noch alle in gehobener,
zuversichtlicher Stimmung, und von ihren Lippen klang das
Huttensche Wort: „Es ist eine Freude in solcher Zeit zu

leben!" — Und es verging nur kurze Zeit, da hatte sich
Alles gewendet, um, nach so beglückenden Aussichten, die
Enttäuschung aller Vaterlandsfreude um so bittrer zu machen.
— In Berlin verweilte mein Vater nur wenige Stunden.
Seiner Ermahnungen für mich waren nicht viel. Er durfte
meiner Gesinnung sicher sein, und reiste nach Hause.

Ich aber blieb zurück, um in Berlin ein Jahr zu verleben, welches ich zu meinen verworrensten und dunkelsten
Erinnerungen lege, und aus welchem ich nur wenige er-
freuliche Erlebnisse zu verzeichnen habe. Innerlich gefördert
hat mich in dieser Zeit wenig, aufgehalten, verstimmt, gehindert Vieles. Während ich sonst auf Tagebuchnotizen,
Daten von kleinen Erlebnissen in Taschenkalendern oder unter
Versen, immer zurück blicken kann, fehlt mir aus diesem
Jahre all dergleichen, denn das politische Getriebe, zerstreute
auch mich im Innersten. Will ich von der nächsten Zeit erzählen, so bin ich auf das angewiesen, was ich am Faden
der öffentlichen Ereignisse, wie sie mich umgaben, wiederfinde.
Trotzdem werde ich nicht chronologisch erzählen von all den
Berliner Ereignissen, die man in einer rein historischen Darstellung besser finden wird; von diesen Volksversammlungen,
Ministerwechseln, Straßenaufläufen, und was von Tag zu
Tage, von Woche zu Woche, durch die aufgeregte Stadt
quirlte und müßiggängerisch wirtschaftete. Nur von kleinen
persönlichen Ereignissen erzähle ich, vorwiegend wo sie sich
an Persönlichkeiten knüpfen, die mir für die Zukunft von
einiger Bedeutung wurden.

Nachdem ich noch am Tage meiner Ankunft eine Stube
in der Mittelstraße gefunden, ging ich am andern Morgen
nach der Universität, um mich zur Immatrikulation zu melden.
Hinter dem Gebäude, im Kastanienwäldchen, fand ich Hunderte
von Studenten in militärischen Abteilungen aufgestellt, trupp-
weise mit gleichen Kopfbedeckungen und Waffen, während

andre geschäftig durcheinander wirrten. Den Mittelpunkt
bildete eine Gruppe an einem Tische, wo Papiere auflagen,
schriftliche und mündliche Aufträge gegeben wurden. Ich
hörte mich in der Nähe angerufen, und erkannte einen meiner
Heidelberger Kameraden, deren sich bald noch mehrere um
mich sammelten. Nun stand es fest, daß ich mich in das
„fliegende Corps“ der Studenten, dem sie bereits angehörten,
müsse aufnehmen lassen. Denn die ganze männliche Jugend
Berlins, Bauakademiker, Techniker, Kaufleute, Studenten,
war in solche Corps verteilt, um, da das Militär aus=
marschiert war, im Anschluß an die Bürgerwehr, für die
Ruhe und Ordnung der Stadt einzustehen. Wer nicht völlig
Duckmäuser war, konnte sich nicht davon ausschließen. Die
Pflicht für das Vaterland, für Gesetzlichkeit, öffentlichen An=
stand und Sitte, wurde besonders betont, und kurz, der Ein=
tritt verstand sich von selbst. In derselben Stunde noch
wurde im Kastanienwäldchen mein Name in die Listen ein=
getragen, und ich der „Rotte Tell“ zugeteilt, in welcher die
übrigen Heidelberger sich befanden. An der Spitze des fliegen=
den Corps der Studenten stand ein Professor der Universität.
Die Abteilungen oder Rotten wurden kommandiert von je
einem Obmann, welcher die Qualifikation eines Landwehr=
leutenants haben mußte. Der Leutenant der Rotte Tell
war zugleich Candidat der Theologie, aber ein im mili=
tärischen Dienste sehr schneidiger Candidat. Wir trugen graue
Filzhüte mit einem Busch von schwarzen Hahnenfedern, und
als Bewaffnung eine Flinte. Andre Rotten hatten weiße
oder gemischte Federn, eine ganz wilde, gewöhnlich die Rotte
Korah genannt, trug scharlachrot gefärbte Büsche. Nun aber
ging es, anstatt in den Hörsaal, gleich zum Exercieren, und
zwar hinaus nach der Hasenhaide. Die Disciplin wurde streng
genommen, und der Rekrutendienst war keineswegs spaßhaft.

Ich war erst drei Tage in Berlin, und noch ungeübt

in der Waffenpflicht des fliegenden Corps, als ich ein merk=
würdiges Abenteuer erlebte. Ich hatte in der Rotte Tell
die Wache im Schweizersaale des königlichen Schlosses be=
zogen. Hier war die eigentliche Hauptwache der Jugend in
Waffen eingerichtet worden, zu der die einzelnen Abteilungen
auf je vierundzwanzig Stunden kommandiert wurden. Wir
lösten gegen Abend ab, und ich sollte in dieser Nacht meinen
ersten Wachtdienst thun. Ich bezog meinen Posten um elf
Uhr in einer entfernten Galerie, wo ich bis Eins zu stehen
hatte, und zwar vor einer gewissen grünen Thür, die zu
den Gemächern des Königs führte. Da der König sich in
Potsdam aufhielt, war hier bis auf Weiteres kein Verkehr,
doch erhielt ich Befehl, den Zutritt Jedem zu verweigern,
der nicht mit einer Legitimation meines Obmanns käme.
Scherzend rief man mir nach, ich sollte mich in Acht nehmen,
da in jener Galerie die weiße Frau des Schlosses umzu=
gehen pflege. Bald darauf befand ich mich allein in dem
langen hochgewölbten Gange, in welchem ich auf und nieder
schreiten durfte. Er war nicht beleuchtet, nur durch ein
großes Fenster, an der Schmalseite nach dem Schloßhofe,
kam ein Dämmerschein des Nachthimmels. So schritt ich
meine Zeit ab, die weiße Frau erschien nicht, aber nach Ver=
lauf von zwei Stunden auch sonst niemand, um mich von
meinem Posten abzulösen. Ich ging und ging, lehnte mich
ermüdet bald zum Fenster hinaus, und obgleich die Frühlings=
nacht warm war, überkam mich in der kühlen Galerie einiges
Frösteln. Der Morgen dämmerte, über den Schloßhof zogen
Patrouillen, ich bemerkte, daß an einem Portal gegenüber
eben abgelöst wurde, und wunderte mich mehr und mehr,
daß nicht auch an mich die Reihe kam. Trotz des Zuwartens
überkam mich Schläfrigkeit, die denn doch von der schärferen
Morgenluft verscheucht wurde. Ich hatte die Nacht über
alle Glockenschläge zählen können, und so wußte ich, daß

sieben Uhr Morgens vorüber war. Sollte man mich wirk=
lich vergessen haben? Daß ich meinen Posten nicht verlassen
durfte, wußte ich wohl, aber keine Erfahrung sagte mir, was
ich etwa zu thun hätte. Da vernahm ich gegen acht Uhr
Tritte auf der Stiege. Ich hoffte auf Ablösung, allein es
erschien ein Hofbedienter, der recht artig grüßend in Eile an
mir vorbei durch die grüne Thür wollte. Ich trat ihm in
den Weg, und erklärte, daß ich Befehl hätte, niemand durch
diese Thür gehen zu lassen. Sehr höflich — ja, die Hof=
lakeien waren in jenen Tagen von großer Höflichkeit! —
entgegnete er, sein Dienst gebiete ihm, in jenen Gemächern
gewisse Vorbereitungen zu treffen, da die Ankunft des Königs
gemeldet sei. Dienst stand gegen Dienst, der meinige ver=
wehrte ihm den Eintritt. Er geriet in fast ängstliche Ver=
legenheit, und ich hieß ihn in den Schweizersaal hinunter
gehen, um sich die Erlaubniß von meinem Obmann zu holen.
Er stand noch, und schien die Hoffnung nicht aufzugeben,
auch ohne den weiten Umweg durch die Thür zu gelangen,
als lautes Gespräch und Gerassel die Treppe herauf kam,
und zwei höhere Offiziere sich dem verbotenen Eingang näherten.
Der Lakei eilte auf sie zu, redete den älteren als Königliche
Hoheit an, und trug ihm die Sache vor. Der Offizier maß
mich mit einem ernsten Blicke, dann sagte er: „Der Posten
ist in seinem Recht. Eilen Sie hinunter und melden Sie die
Ankunft des Königs! Wir werden warten.“ Die Offiziere
schritten den Gang hinunter nach dem Fenster, und ich harrte
der Entwickelung entgegen. Nicht lange, so kam der Diener
zurück, mein Obmann mit erstauntem Gesicht neben ihm.
Er winkte mir, die Thür frei zu geben und der Lakei flog
hindurch. Schon aber rasselte es von neuem herauf, Lakeien
voraus, dann Offiziere verschiedener Waffengattungen, an
ihrer Spitze der König selbst. Ich trat bei Seite und präsen=
tierte, so gut ich es verstand. Der König sah mich an, zögerte

einen Augenblick, als ob er mich anreden wollte, dann aber
schritt er schnell vorüber, und die Thür schloß sich hinter dem
ganzen Gefolge. Es ist das einzigemal, daß ich Friedrich
Wilhelm dem Vierten Auge in Auge gesehen habe. — Nun
kam mein Obmann auf mich zu. „Um Gotteswillen, wie
lange stehen Sie hier?" rief er. „Neun Stunden! entgegnete
ich). Von Abends elf bis acht Uhr Morgens!" Er eilte
hinunter, und bald darauf wurde ich abgelöst. Als ich in
den Schweizersaal trat, fand ich große Aufregung. Daß der
König zu spät gemeldet worden und nichts vorbereitet fand,
ging uns nichts an; schlimmer war bei uns die Thatsache,
daß ich nicht rechtzeitig abgelöst worden, daß man mich auf
meinem Posten neun Stunden lang vergessen hatte. Es gab
eine Untersuchung, welche für Einige einen unangenehmen
Ausgang hatte. Mich aber machte mein Abenteuer schnell
bekannt, mehr als es mir angenehm war.

Die Rotte Tell bezog die Wache im Schweizersaale alle
zehn Tage. Ich gewöhnte mich mit der Zeit an das Schild=
wachtstehen, da ich im Schlosse, so wie draußen, noch oft
auf Posten gewesen bin. Nur einmal noch hatte ich bei
solcher Pflicht ein nächtliches Abenteuer. An dem Portal nach
der Kurfürstenbrücke zu stand ich in Gemeinschaft mit einem
jungen Schlesier, der in der Nacht getrost seinen schönen
Tenor in Volksliedern ertönen ließ, wozu ich die zweite
Stimme sang. Plötzlich stürzt sich ein Weib über ihn her,
und erstickt ihn fast mit Umarmungen. Da es unmöglich
schien, die nicht ganz Nüchterne von ihm zu trennen, wußte
ich mir nicht anders zu helfen, als aus Leibeskräften „Rrrraus!"
in das Portal hinein zu rufen. Der Ruf hatte Erfolg, und
die zärtliche Furie wurde in Gewahrsam gebracht. — Diese
wiederkehrenden vierundzwanzig Stunden Wachtdienst im
Schweizersaal waren nun aber ebenso müßiggängerisch als
langweilig. Morgens erschien eine alte Frau mit einem

Korbe Weißbrod, und kochte Kaffee in einem der großen
Kamine, brachte auch wohl Eier und was sonst an leichter
Kost für den Tag gebraucht wurde. Da wir auf ihre Hülfe
angewiesen waren, ließ sie sich alles theuer bezahlen. Urlaub,
ins Kolleg zu gehen, wurde erteilt, von wenigen aber er=
beten. Bei der Mehrzahl brachte dies unbeschäftigte Treiben
Ueberdruß und Thorheiten hervor, man griff zu der ersten
besten oder schlechtesten Zeitausfüllung. Viele spielten Karten,
Manche lasen, denn ein Buch war in der Tasche leicht mit=
zunehmen, oft wurde stark disputiert. Inzwischen fanden sich
verschiedene Gruppen zusammen, die sich bald enger schlossen.
So sollte ich Bekanntschaften machen, die mir von dauern=
dem Werte blieben.

Schon bei meiner Aufnahme hatte ich im Kastanien=
wäldchen einen jungen Mann gesehen, der mir auffiel. Noch
sehr jung, eine schlanke Gestalt, ein längliches Gesicht, fast
mädchenhaft, doch schon mit einem beginnenden Schnurbärtchen
ausgestattet. Er trug einen braunen malerischen Kittel, die
Büchse über die Schulter gehängt, wurde von Vielen ange=
sprochen, und entgegnete doch nur mit einer Art lächelnder
Vornehmheit, die aber zu seiner Erscheinung durchaus paßte.
Auf meine Frage erhielt ich die Auskunft, er sei der Sohn
eines Professors an der Universität, heiße Paul Heyse,
und — mache Gedichte, wurde hinzugefügt. Wir waren
beide nun schon seit einigen Wochen in derselben Rotte, saßen
auch im Kolleg bei Hotho neben einander, ohne daß noch
eine Annäherung zwischen uns stattgefunden hätte. Standen
wir gleich auf Du und Du, so war das eben nur allgemeiner
Gebrauch in jeder Rotte. Als ich aber eines Morgens auf
der Pritsche faullenzte und mir die Zeit durch Lesen vertrieb,
trat er zu mir heran und sagte, man habe ihm verraten,
daß ich gern Verse machte. Ich entgegnete, daß man den
gleichen Verrat an ihm auch mir gegenüber verübt habe.

Er lachte, und fragte, ob wir gemeinsam ein wenig in Versen
wetteifern wollten? Ich sprang auf, ganz bereit dazu, ob=
gleich ich noch nicht wußte, was er vorhatte, und folgte ihm
in einen neben dem Schweizersaale gelegenen Raum. Dieser
Raum hieß die Bildergalerie, wurde wohl ab und zu von
uns betreten, aber sonst nicht benutzt, da er weder Tische
noch Stühle aufwies. Jetzt aber fand ich einen Tisch aus
der Wachtstube, nebst einigen Bänken hier aufgestellt, und
einen kleinen auserwählten Kreis von Jünglingen beisammen,
die sich hierher zurückgezogen hatten. Da mir alle noch un=
bekannt waren, führte Heyse mich ihnen zu. Ich wurde will=
kommen geheißen, als „Einer, der nicht nur neun Stunden auf
Posten stehen, und eine Thür gegen drei Prinzen vertheidigen
könne, sondern von dem auch das Gerücht ausgehe, daß er
im Versemachen seinen Mann stelle." Der Sprecher war
Friedrich Eggers. Dieser trat nun mit dem Vorschlag
auf, unsre Fähigkeiten zu üben, zog einen Band von Rückert
aus der Tasche, und diktierte die Reime eines Sonnettes,
auf welche jeder selbst eins zu ersinnen hatte. Nun saßen
wir alle in eifrigem Schweigen um den Tisch, Bleistift und
Notizbuch in der Hand, Phantasie und Gedanken anstrengend.
Paul Heyse war sehr schnell fertig, Eggers bald nach ihm
Endrulat folgte. Ich war einer der Letzten, da ich mich in der
Form des Sonnettes noch wenig geübt hatte. Nun begann
das Vorlesen der verschiedenen Leistungen. Sie waren er=
staunlich, belustigten in hohem Grade, denn die gleichen
Reime hatten zu dem verschiedenartigsten Inhalt herhalten
müssen,· und wir erstaunten, als Eggers zum Schluß mit
dem Mustersonnett hervorrückte. Das Spiel wurde sogleich
und noch öfter wiederholt, und brachte uns im Umsehn über
die Stunden hinweg. Bei den nächsten Wachen im Schlosse
sonderte sich von nun an der gleiche Kreis in die Bilder=
galerie ab, um die Zeit mit Reimübungen auszufüllen. Wir

blieben nicht bei Sonnetten stehn, versuchten uns in Oktaven und Terzinen, besangen Einer des Andern Fehler oder Tugenden, und es kam vor daß Einer des Andern Physiognomie in Gaselenform zu schildern hatte. Solche Tollheiten und ihre Erfolge rissen uns oft zu lautem Gelächter fort, wodurch denn auch Andere aus dem Schweizersaale herbeigelockt wurden. Waren wir recht unter uns, dann teilten Heyse, Eggers und Endrulat auch wohl ernster zu nehmende eigene Gedichte mit, wozu ich mich jedoch nicht entschließen konnte. Es versteht sich, daß wir uns auch ohne den Wachtdienst, und bald täglich sahen. Mit Heyse führten mich die zum Teil gleichen Kollegia am häufigsten zusammen, worauf wir dann einen Spaziergang durch den Tiergarten, oder einen Weg durch das Museum, oder auch nach der Bibliothek zu machen pflegten. Auch bei seinen Eltern führte er mich ein, von welchen ich sehr freundlich aufgenommen wurde.

Die Universitätsstudien waren freilich in diesem Sommer sehr beeinträchtigt. Denn wollte man eben in eine Vorlesung gehen, so wurde Allarm geblasen, man hatte hinter der Universität anzutreten, um nach einem entlegenen Stadtteil gegen einen Pöbelexceß der Bürgerwehr zu Hülfe zu ziehen, und eigentlich auch wieder müßig dabei zu stehen. Denn von den Waffen durfte gegen das „souveräne Volk" nicht Gebrauch gemacht werden. Oft knirschten wir vor Ungeduld und Wut über die Zeitverschwendung, und über die Rolle, die man uns spielen ließ. Oder wir erfuhren auf der Schwelle der Universität durch Maueranschlag, daß es nicht in den Hörsaal gehen dürfe, sondern zum Exerzieren nach der Hasenhaide.. Dann wurde unterwegs wieder Allarm geblasen, und unser Marsch ging nicht durch das Hallesche Thor, sondern etwa nach dem Köpenicker Felde, wo das Volk einem Gastwirt die Fenster eingeschlagen hatte, und die Polizei nichts ausrichten konnte. Wie hätte man regel-

mäßig die Vorträge besuchen können? Bei Hotho hatte ich
Aesthetik belegt. Wir waren nur drei Zuhörer. Außer
Heyse und mir nur noch ein junger Russe. Da nun diese
Vorlesungen sich sehr langweilig gestalteten, so blieb der
Russe weg, und wenn Heyse und ich „dienstlich verhindert"
waren, so fand der Docent gar keine Zuhörer. Bis er uns
beiden eines Tages ganz freundlich erklärte, er werde für
diesen Sommer zu lesen aufhören. Das Gleiche thaten andre.
Bei Hecker hörte ich Psychologie. Die Reihen der Zuhörer
lichteten sich mehr und mehr, und einmal harrte ich ganz
allein des Professors. Er kam, fing ein Gespräch mit mir
an, und sagte, daß es ihm ganz recht sei, heut nicht lesen
zu müssen, da er von seiner Migräne geplagt sei. Von
dieser machte er mir eine Schilderung, die mich an nur zu
Bekanntes erinnerte. Da ich ihm eingestand, daß auch mir
mancher Tag verdorben werde, nannte er mir ein Mittel,
das zwar ihm noch niemals geholfen habe, bei mir aber
doch anschlagen könnte. Dann reichte er mir zum Abschied
die Hand, um sofort einen Anschlag zu machen, daß er seine
Vorlesungen schließe. Ob bei Gelzer die Vorträge über
Litteratur- und Kulturgeschichte auch so jäh zum Abschluß
kamen, weiß ich nicht. Vielleicht hörte ich eher auf als er.
Denn der einseitig kirchliche Standpunkt, von dem aus er
die Litteratur betrachtete, war mir entgegengesetzt, forderte
sogar oft meinen ganzen Mißmut heraus. — Die Docenten
der bestimmten Fakultätsfächer, waren möglicherweise mit
ihren Zuhörern etwas besser dran, denn sie lasen das ganze
Semester über, freilich war auch bei ihnen der Besuch schwach,
und unter Zerstreuungen meist zweckloser und freudeloser Art
konnten die wissenschaftlichen Studien nicht aufkommen.

Dafür war die große Aula der Universität zum Tummel-
platze leidenschaftlicher Redekämpfe geworden. In Studenten-
versammlungen tobten exaltierte Köpfe gegen die Gemäßigten,

16*

zu welchen wir gehörten, und das Parteiwesen innerhalb der
Studentenschaft wurde höchst unerfreulich. Bald verlangte
ein junger Radikaler, man müsse in geschlossener Phalanx
in den Landtag rücken, um die Entlassung eines Ministers
durchzusetzen, bald sollte zu Gunsten der Arbeiter etwas
geschehen. Ein Wort gab das andere und unter den erhitzten
Köpfen brach der Sturm los. Die Professoren, welche sich
an den Debatten zuweilen beteiligten, kamen nicht durch, und
ich sehe noch, wie Lachmann, überschrieen und verdrängt,
mit geballter Faust auf den Katheder schlug, da er abtreten
mußte. Den meisten Einfluß hatte einer von den Unsern,
Bernhard Abeken aus Braunschweig, der mit einem guten
Worte des Humors, welches allgemeines Lachen hervorrief,
den Sturm beschwichtigte und manchen tollköpfigen Plan
ablenkte. (Er hat sich später auch litterarisch bekannt gemacht).
Zu meiner Ueberraschung wurde einmal ein Studiosus Roquette
zum Worte gemeldet, da ich von einem solchen Namens= oder
wirklichen Vetter noch keine Kenntniß hatte. Er bekannte
sich in seiner Rede als einer der äußerst Exaltierten, und
ich fühlte kein Bedürfniß ihm näher zu treten. Die An=
näherung fand bald darauf dennoch statt, denn ich sollte
unserer Namensgleichheit manche sehr unangenehme Ver=
wechselung verdanken. Und zwar zuerst durch einen Brief
meines Vaters. Dieser schrieb mir in ernstem, vorwurfs=
vollen und fast traurigem Tone, er habe in der Zeitung
gelesen, daß ich in einer öffentlichen Volksversammlung „an
den Zelten“ eine Rede zu Gunsten der aufständischen Polen
gehalten hätte. Dies betrübe ihn um so mehr, da ich wissen
müsse, daß er zu den Hauptvertretern des Deutschtums in
der Provinz Posen gehöre, während mein Schwager Scheffler
gegen die polnischen Insurgenten im Felde stehe. Diese Ver=
wechselung war mir auf das Aeußerste peinlich, und ich
empfand dazu fast einen Groll, daß man in meiner Familie

keine bessere Meinung von mir hegte. Glücklicherweise gelang
es mir schnell Erkundigungen einzuziehen, und ich konnte
meinem Vater beruhigende Aufklärung geben. Der von den
Zeitungen genannte Sprecher für die Polen hieß Charles
Roquette und war der Sohn eines früh verstorbenen Predigers
in Französisch=Buchholz, einer Kolonie der Refugiés. Da
nun die Roquettes in Deutschland von einem einzigen Einge=
wanderten abstammen, so war eine gewisse Verwandtschaft
Aller nicht abzuthun; da aber in seinem Stammbaum sehr
viele Söhne gewesen waren, und diese wiederum auf eine
zahlreiche Nachkommenschaft blicken konnten, so war in meinem
Familienverbande keine Beziehung oder auch nur Bekannt=
schaft mit den verschiedenen Gruppen mehr vorhanden. Ich
lernte diesen Vetter, der mir, ohne es zu wissen, einen so
üblen Streich gespielt hatte, dann auch persönlich kennen.
Er war ein kleiner dürftiger Gesell, im Druck von Waisen=
häusern erzogen, und abgesehen von seiner demagogischen
Verrücktheit, zu welcher die Zeitbewegung ihn fortgerissen
hatte, eigentlich ein harmloser Mensch. Nur, da seine Jugend
unter trübseligen Verhältnissen verlaufen, war er plötzlich
aus Rand und Band geraten. Er ging, da er sich durch
sein öffentliches Auftreten die Möglichkeit abgeschnitten hatte,
in Deutschland zu bleiben, bald darauf nach Paris. Ich
habe seitdem nichts mehr von ihm gehört. Für mich aber
sollte sein politisches Treiben in Berlin noch in sofern un=
bequem werden, als es zu wiederkehrenden Verwechselungen
führte, die ich Mühe und Last hatte immer wieder aufzu=
klären. .

Von solchen exaltierten Köpfen, jungen wie alten, wim=
melte es damals in Berlin. Man konnte auf der Straße
nicht hundert Schritte gehen, ohne einem Auflauf zu be=
gegnen, wo irgend ein Redner eine aufstachelnde Mitteilung
machte, oder aus einem von den zahllosen Blättchen, die

damals kurzlebig erschienen, einen zur Empörung aufrufenden
Artikel vorlas; man konnte keinen Spaziergang machen,
ohne in eine Volksversammlung zu geraten, welche gegen
einen Minister sprach, um dann in großem Zuge nach der
Stadt vor die Wohnung desselben zu rücken. Die Straßen
von Berlin hatten ein ganz verändertes Aussehen erhalten.
Man sah nichts mehr von glänzenden Wagen und Pferden,
nichts mehr von modisch elegant gekleideten Damen und
Herren, nichts von Uniformen oder überhaupt von Militär.
Jeder schien seinen schlechtesten Anzug zu tragen, um nicht
für einen wohlhabenden Mann angesehen zu werden. Denn
Massen von souveränen Tagedieben lungerten überall, be=
setzten die Bänke unter den Linden und fraternisierten mit
dem Inhalt fremder Taschen. Wer nicht freigebig war mit
Kleingeld oder Cigarren, mochte machen, daß er vorüberkam.
Dazwischen hatte sich der fliegende Buchhandel mit Schnellig=
keit Schwung und Bedeutung erobert. Flugschriften, oft in
der rohsten Sprache abgefaßt, Witzblätter, begeisterte Frei=
heitsgedichte, daneben gemeine Reimereien im populären Hemds=
ärmelstyl, Demagogentum und Reaktion, alles beisammen
und durcheinander, wurden von Knaben und halbwüchsigen
Burschen ausgeboten und ausgerufen, und ihre Träger schon
erregten oft Jubel, da sie sich selbst als Berliner Witzbolde
ankündigten. Am Palais des damaligen Prinzen von Preußen,
der nach England hatte fliehen müssen, stand unter den
Fenstern des Erdgeschosses noch mit Kreide die Inschrift
„National=Eigentum“. Wehe dem, der sie hätte auslöschen
wollen! Hier war die Hauptstätte des fliegenden Buchhandels
wie der Ansammlungen, und von der Rampe des Palais
waren so oft Anreden an das Volk zu hören, daß wir gar
nicht mehr Achtung darauf gaben. Noch größer, wilder,
drohender waren die Volksmassen um das Schauspielhaus
herum, wo die konstituierende Versammlung ihre Sitzungen

hielt. Im Saale ging es nicht schnell und radikal genug
vorwärts, und das Volk draußen rühmte sich, Stricke und
Messer in Bereitschaft zu haben, für diejenigen, welche nicht
in seinem Sinne sprächen. Die Menge schrie nach Waffen,
sie wollte um jeden Preis Waffen haben. Die Behörden
waren eingeschüchtert, ratlos, es schien bedenklich, die Bürger=
wehr, deren man auch nicht mehr sicher war, antreten zu
lassen. Die akademische Jugend hatte man schon seit acht
Tagen nicht mehr zum Dienste aufgeboten, um den Pöbel
nicht zu reizen.

Nun war es am Nachmittag des fünfzehnten Juni, als
ich nach der Universität ging, um eine Vorlesung zu hören.
Im Kastanienwäldchen angelangt, erblicke ich große Volks=
massen nach der Seite des Zeughauses zu, wachsenden Lärm,
dazu den erneuten Ruf nach Waffen. Ich eile hinzu und
erblicke ein verworrenes Getümmel. Keulenschläge dröhnen
gegen die Thüren, Jubelgeschrei, plötzlich Schüsse aus den
Fenstern des Zeughauses. Auf dieses Signal ist die ganze
Gegend wie von einem quirlenden, tobenden Wirrwarr er=
faßt. Ueber den Opernplatz jagen und flüchten, werden von
durchgehenden Pferden fortgerissen, Wagen, Droschken, stieben
da und dort hin, geraten an einander und zertrümmern.
Tausende von Menschen rasen von der Königsbrücke, von
den Linden, aus allen Straßen, wie ein wildes Heer, um
so lärmender, je mehr Schüsse aus dem Zeughause knallen.
Dieses wird unter tobendem Geschrei erstürmt. Mit Schaufeln
werden Flintenkugeln aus den Fenstern geworfen, dazu Gewehre,
die zum Teil schon beim Hinausschleudern verdarben, von
der Menge aufgerafft und mit Siegesgebrüll davongetragen
werden. Und die Bürgerwehr stand dabei aufmarschiert,
Gewehr bei Fuß, und that nicht einen Schritt dagegen.
Stunden lang währte die Plünderung und das wüste Durch=
einander, und nur mit Mühe konnte ich mir den Weg nach

der Universität zurückbahnen. Ich war im Gedränge nach
dem Opernplatze gerissen worden, und hoffte von dieser Seite
hinein zu gelangen, fand aber die Thüren, auf den Flügeln,
so wie das eiserne Gartengitterthor, geschlossen. Zurückge-
wendet, werde ich von einem Menschenstrom mitgenommen,
welcher sich nach der Seite des Kastanienwäldchens drängt.
Der Sturm hatte Opfer an Menschenleben gekostet. Ver-
wundete und Tote wurden unter Verwünschungen und Toben
fortgetragen, um vorerst in der Universität geborgen zu
werden. Ich erkannte unter den Trägern einige Studenten,
und drängte zu, um über die Gefallenen etwas zu erkunden.
Doch entdeckte ich weder unter ihnen, noch unter den Um-
stehenden jemand aus meinem Kreise. Allein es war ein
Zurückdrängen jetzt nicht möglich, ich mußte mich von der
Menge vorwärts schieben lassen. Die Leichen wurden in
einem Hörsaal auf die Tische gelegt, und überspannte junge
Leute tauchten ihre Taschentücher in das Blut, wischten sich
dann den Schweiß damit, und so mit gräßlich gemalten
Gesichtern stürmten sie wieder hinaus in das Getümmel,
welches jetzt nur noch lärmte, schrie, und ohne bestimmten
Zweck sich durch die Gänge und Säle der Universität drängte.
Als man endlich einzusehen begann, daß es hier nichts von
Belang zu thun gab, wälzte sich die Masse wieder hinaus,
und es geschah, daß ich mit wenigen, wie es schien gesetzteren
Leuten bei den unglücklichen Opfern des Tages zurückblieb.
Nach Aerzten war bereits geschickt worden, aber es dauerte
lange bis einer kam, den Tod der Gefallenen konstatierte,
und noch länger, bis geeignete Kräfte gefunden waren, die
Leichen fortzuschaffen. Wußte man doch nicht wohin, schien
es doch genug, sie hier ausgestellt zu haben! So kam der
Abend. Eine Laterne wurde gebracht, bei deren ungenügen-
dem Lichte Hunderte wieder ein und ausströmten, um die
Opfer zu betrachten. Ich verließ endlich den Hörsaal, und

ich mag nicht schildern, in welcher Stimmung der Nieder=
geschlagenheit, ja des Ekels! Am andern Morgen ging ich
wieder nach der Universität, lieferte meine Waffe ab, und
erklärte meinen Austritt aus dem fliegenden Korps. Das
hatten viele Andere vor mir auch schon gethan, überdrüssig
einer Rolle, die gar nichts bedeutete und in der man nichts
leisten konnte. Die bewaffnete akademische Schaar war von
diesem Tage an stillschweigend aufgelöst, bis auf jene „Rotte
Korah", deren rote Federbüchse überall noch zu sehen waren,
wo es Lärm gab. Zwei Monate lang hatte dieses Waffen=
spiel „im Dienste der Ordnung" gedauert, um bei mir eine
tiefe Mißstimmung über die verschwendete Zeit und eine
gewisse Zerfahrenheit und Unfähigkeit, mich zu einer Arbeit
zu sammeln, zurück zu lassen.

Berlin stand nun völlig unter der Herrschaft des Dema=
gogentums. Was ich in der nächsten Zeit gethan, um meine
Tage auszufüllen, ist mir völlig aus der Erinnerung ent=
schwunden. Doch sah ich Paul Heyse am häufigsten, sei's in der
Bibliothek, oder im Museum. Im Herbst verweilte ich einige
Wochen in Frankfurt a. d. O., wo ich alte Schulfreunde
wiederfand. Hier brachte mir Bardeleben eines Tages den
„Frühlingsalmanach". Daß niemand sich darum bekümmerte,
verstand sich von selbst. Ich habe das Büchlein auch Nie=
mand aus meiner Familie gezeigt. Gern wäre ich zum
Winter auf eine andere Universität gegangen, inzwischen
hoffte man von Berlin doch wieder Besseres, zumal ich Flem=
ming und Aubert dort zu erwarten hatte. So kehrte ich
für das Wintersemester dahin zurück.

Für's Erste schien es nun recht ernst werden zu sollen.
General Wrangel rückte im November mit bedeutender Truppen=
macht in Berlin ein, die Stadt wurde in Belagerungszu=
stand erklärt, und eine endliche Ordnung der Dinge stellte
sich ein. Freilich auch nicht eben angenehm. Denn die

Spannung zwischen Militär und Civil brachte viel Unzu=
träglichkeiten. Im Dezember wurde denn auch, da die kon=
stituierende Versammlung nicht fertig werden konnte, dieselbe
aufgelöst, und eine Verfassung „oktroyiert", welche Befrie=
digung und Mißstimmung nach verschiedenen Seiten hervor=
rief, aber doch eine Grundlage zu neuer staatlicher Ordnung
brachte. So war der Sturm denn gebannt, und schon das
Straßenleben zeigte wieder mehr den früheren Charakter
Berlins.

Die Vorlesungen auf der Universität begannen, die Hör=
säle waren wieder gefüllt. Viel hatte ich mir von dem Ver=
kehr mit Paul Heyse versprochen, da ich in ihm zum erstenmal
einen gleichstrebenden jungen Poeten gefunden, mitteilsam,
liebenswürdig und vielversprechend. Auf ihm lastete die Ver=
stimmung der Zeit nicht so schwer. Er lebte in seinem väter=
lichen Hause und dem gelehrten Kreise desselben, wo man
die öffentlichen Verhältnisse mehr von obenher betrachtete.
So war er glücklicher, als ich, der in Berlin zu keiner reinen
poetischen Stimmung gelangen konnte. Er las mir vor,
oder gab mir zu lesen, was er fertig hatte; so die aller=
liebsten Märchen eines fahrenden Schülers, welche er darauf
unter dem Titel „Jungbrunnen" veröffentlichte. Auch
einige seiner ersten Novellen lernte ich aus dem Manuskript
kennen. Und so ließ ich ihn denn auch meinen Ludolf von
Schwaben lesen. Er beurteilte die Arbeit sehr liebenswürdig,
aber bereits mit einer Kenntniß des Technischen, daß ich
große Augen machte. Obgleich um einige Jahre jünger als
ich, war er doch von einem bestimmten Bildungskreise besser
geschult, und ich erfuhr in Gesprächen mit ihm erst, worin
ich es in meinem Stücke hatte fehlen lassen. Die Vorteile
einer einheitlichen Erziehung gaben ihm eine viel frühere
Reise, und eine unter den Augen von Künstlern und Dich=
tern erwachsene Bildung für die Kunst machte ihn innerlich

frei und unbefangen zur Mitteilung geneigt. Ganz im Gegen=
satz zu mir, bei dem alles Künstlerische stets als etwas Ver=
pöntes gegolten, und jede dichterische Arbeit stets unter dem
Drucke ängstlicher Heimlichkeit stand. Paul Heyse durfte als
Student, in seiner Familie, im Franz Kugler'schen Hause,
in vielen Kreisen, bereits ein junger Dichter sein, und wurde
als sehr hoffnungsvoll anerkannt; ich mußte noch auf lange
hin darüber wachen, daß von meiner Poeterei nichts aus=
käme, um nicht Verstimmungen hervorzurufen.

Und ein gut Teil der Schuld trug ich jedenfalls selbst.
Hätte ich mehr Selbstgefühl besessen, hätte ich die Schüchtern=
heit überwunden, mich über meine poetischen Bestrebungen
auszusprechen, vielleicht wäre es mir gelungen, wenn schon kein
Vorurteil zu widerlegen, doch mich persönlich durchzusetzen.
Aber das Gefühl eigner Persönlichkeit, welches sich bei vielen
Jünglingen früh genug ausbildet, war bei mir vertreten
durch ein entschiedenes Mißtrauen gegen meine Persönlichkeit.
Bei früh gewonnenen gesellschaftlichen Formen, fehlte mir
doch der Drang, darum oder aus einem anderen Grunde
etwas zu gelten. Man imponierte mir durch irgend eine
Gewandtheit sehr leicht, und schreckte mich in das Gefühl
meiner eignen Unreife zurück. Die Erkenntniß dieser Unzu=
länglichkeit beherrschte mich damals in Berlin in hohem
Grade, gegenüber so vielen jungen Männern, deren Indi=
vidualität Zeit und Lebensumstände rasch zur Geltung ge=
bracht hatten, oder die wenigstens den Schein einer bestimmten
Form bereits darzustellen wußten. Aus diesen unerfreulichen
Zuständen, die in gradem Gegensatz standen zu der glück=
lichen Stimmung, welche mich das Jahr vorher in Heidel=
berg belebt hatte, konnte mich nur eine im Innersten fesselnde
Arbeit herausführen. Aber, obgleich ich niemals unthätig
war, stammt doch aus diesem Berliner Jahre kein einziges
poetisches Erinnerungsblatt, keine Tagebuchsaufzeichnung sagt

mir von einem Gedicht oder Entwurf, nichts wurde von
meinen angefangenen poetischen Arbeiten weitergeführt. Selbst
die Anregung, die ich im Verkehr mit Paul Heyse empfing,
führte zu keinem Wetteifer, obwohl ich die Beziehung zu ihm
wichtig genug nahm; wichtiger als er seinerseits es konnte,
oder sein Kreis es gestattete. Denn einen solchen hatte er
bereits, und die Geschlossenheit desselben wurde, wenn auch
nicht von ihm, streng überwacht, ja manche Ablehnung sagte
mir, daß ich mich zurück zu halten hätte. Mit Heyse blieb
ich darum doch im besten Vernehmen. Eggers sollte mir erst
späterhin näher treten.

Eine Weihnachtsreise nach Bromberg gab mir die Freude
des Wiedersehens meiner Familie. Man fand mich ernster
geworden. Ernster war auch mein Vater, nach manchen
bereits enttäuschten Hoffnungen, mit welchen er sich im Früh=
jahr getragen. Ernster, aber doch nicht so gesellig bunt und
lebhaft wie vor zwei Jahren, war auch der Zuschnitt des
Hauses. Immer noch brachte Jugend und Musik, besonders
durch meine Schwester Adelaide, welche inzwischen erwachsen
war und eine hübsche Stimme entwickelte, Bewegung in das
häusliche Leben. Daß ich mich in Berlin nicht zufrieden
fühlte, verschwieg ich nicht und wurde von meinem Vater
richtig verstanden. Er willigte ein, daß ich zu Ostern eine
kleinere Universität, welche Studien und Leben mehr konzen=
trierte, aufsuchen sollte, doch machten wir uns noch nicht
schlüssig, welche zu wählen sei. So ging ich schon getroster
nach Berlin zurück.

Aubert und Flemming, welche in diesem Winter eben=
falls in Berlin ihre Studien machten, hatte ich nicht aus
den Augen verloren. Wir verkehrten nach wie vor, nur den
veränderten Verhältnissen gemäß, nicht mehr so ausschließlich,
zumal sie mannigfache Familienbeziehungen in Berlin hatten.
Als grade und richtige Leute gingen sie, der Eine seinen

juristischen, der Andre seinen medizinischen Weg, und ließen sich durch keine innere Beunruhigung unstet und fahrig machen, wie das bei mir der Fall war. Wir vereinigten uns meist zu oder nach einer Vorstellung im Theater.

Wunderliche Stücke wurden damals im Schauspielhause gegeben. Denn wollte die Theaterleitung das Haus gefüllt sehen, so durften auch dramatische Arbeiten, in welchen einer Richtung auf die Zeit Rechnung getragen wurde, nicht ganz abgelehnt werden. Das Publikum aber mußte selbst Opern= texten eine Beziehung auf die Zeit abzugewinnen. Noch er= innere ich mich einer Aufführung des Don Juan, worin der Chor: „Hoch soll die Freiheit leben!" einen nie erlebten Beifallssturm hervorrief und wiederholt werden mußte. Daß nur die Maskenfreiheit in jener Scene gemeint war, wollte man vergessen oder nicht wissen. Im Fidelio hatten in der Arie Florestans die Worte: „Wahrheit wagt' ich kühn zu sagen, und die Kette ward mein Loos", eine noch fortreißendere Wirkung. Der um seiner Wahrheitsliebe von der Tyrannei in den Kerker gebrachte edle Mann wurde als Märtyrer der Freiheit aufgefaßt, und Beethovens Tonwerk als eine „poli= tische Oper" bezeichnet. Im Schauspielhause kamen die Ten= denzstücke aus den letzten Jahren nun häufiger auf die Bühne, unter ihnen mit dem dauerndsten Erfolge Gutzkows „Uriel Akosta". Auch dramatische Produkte, welche plötzlich da waren, gewaltigen Beifall fanden, um bald wieder zu ver= schwinden, sahen wir an uns vorübergehn. So die Schau= spiele von Langenschwarz, der als Improvisator um= herzureisen pflegte, und sich als Dichter Zwengjahn nannte. In der „Tiphonia" stellte er eine Fürstin von tyrannischem Charakter dar, welche, in Bluturteilen schwelgend, überwunden wird durch die Liebe zu einem Prinzen, der sich den Anschein gibt, noch tyrannischer und blutiger zu sein, insgeheim aber ihre Blutbefehle hintertreibt, und die Furie zur Beglückung

ihres Volkes bekehrt. Leider hatte Rötscher, der damals
an einer Zeitung die Theaterberichte schrieb, das Unglück,
dem Verfasser zu glauben, daß diese Tiphonia ein lange ver-
lorenes Stück von Shakespeare sei, und für die Bedeutung
des Werkes einzutreten. Sein Irrtum wurde ihm stärker
angerechnet, als dem Verfasser die Unverfrorenheit seiner
Marktschreierei. In einem Lustspiel desselben Dichters, „Peter
im Frack", bessert ein naiv tölpelhafter Junge vom Lande
einen ganzen verrotteten Fürstenhof, und wird zum Retter
des Staates. Und wenn dann auch Stücke wie „Moritz
von Sachsen" von Robert Prutz gegeben wurden, so hörte
man aus ihnen ein zwar gebildeteres Pathos, aber bei aller
dramatischen Berechnung keine recht tragische Gewalt.

Robert Prutz war in diesem Winter eine in Berlin
häufig gesehene Persönlichkeit. Ich hatte ihn als Redner im
„konstitutionellen Klubb" zuweilen gehört, und begann mich
mit seinen Werken, der „Geschichte des Journalismus" und
dem „Göttinger Dichterbund" bekannt zu machen. Da verbreitete sich durch die Zeitungen die Nachricht, das Ministerium
habe für ihn einen Lehrstuhl für Litteraturgeschichte in Halle
erschaffen, und er werde sein Amt schon im nächsten Semester
antreten. Mein Entschluß, ihm nach Halle zu folgen, war
plötzlich gefaßt, da sein Auftreten, wie ich es bisher kennen
gelernt, mir Vertrauen einflößte. Ohne ihm noch näher
getreten zu sein, sprach ich ihn eines Tages auf der Straße
an, stellte mich vor, und fragte, ob er im nächsten Sommer
bereits lesen werde. Da er es bejahte, erklärte ich mich ihm
als seinen ersten Schüler für Halle. Er nahm es sichtbar
erfreut auf, wir gingen ein Stück im Gespräch zusammen,
und als er mit einem: „Auf Wiedersehn in Halle!" mir
die Hand reichte, war eine Bekanntschaft geschlossen, die mir
für die nächsten Jahre von Bedeutung werden sollte. Ich
fühlte mich wie von einem Bann erlöst, und bald schrieb

mein Vater mir auch einverstanden mit meinem Entschluß,
in die Saalestadt über zu siedeln, wo auch er einst seine
Studien gemacht hatte.

Auch Paul Heyse rüstete sich zum Abschied von Berlin,
da er um Ostern nach Bonn gehen wollte. Vorher aber
warb er noch unter Bekannten für einen „Musen=Almanach",
welchen Professor O. Gruppe herausgeben, und worin er
auch jüngere, noch unbekannte Poeten vorführen wollte. Ich
war in diesen Tagen vor dem Abschied häufig mit Heyse
zusammen, und überreichte ihm ein Häuflein lyrischer Ge=
dichte, die er von mir verlangt hatte, und wir verabredeten
einen brieflichen Verkehr zwischen Bonn und Halle. Die
Trennung von Berlin wurde mir sehr leicht. Die Ostertage
brachte ich in Frankfurt a. d. O. zu. Hier fand ich meine
Schwester Manon Scheffler, die sich mit ihrem Kinde unter
den Schutz der großelterlichen Familie begeben hatte. Mein
Schwager stand in Westpreußen, den polnischen Insurgenten
an der Grenze gegenüber. Eine Verlegung seines Regiments
stand in Aussicht, und so hatte die junge Frau vorgezogen
die Entwickelung der Dinge in Frankfurt abzuwarten. Bald
erschien auch meine Mutter zum Besuch. Ich wohnte wieder
bei meinen Patriarchen, die immer dieselben waren, in ihren
Gewohnheiten und jetzt in jedem Gewährenlassen, wenn nur
die ruhigen Kreise ihres Hauses und ihrer Lebensfassung
unberührt blieben.

Siebzehntes Kapitel.

In Halle traf ich bei noch ziemlich rauher Jahreszeit
ein, die nicht geeignet war, den ersten Eindruck zu erhöhen.
Wer die Musenstadt vom Jahre 1849 in der Erinnerung
hat, wird sich, wenn er schon in den krummen Straßen, den

altertümlichen Bauwerken, dem ganzen von Braunkohlendunst
verräucherten Aussehen, viel Bekanntes wieder begrüßen mag,
in den neuen Umgebungen von Althalle schwerlich zurecht
finden. Der Bahnhof lag in freiem Felde. Die alte Leipziger Vorstadt von dort aus bis zum Zwinger bestand aus
geringen, ackerbürgerlichen Häuschen, meist aus Lehm, höchstens
aus Fachwerk. In Scheunen an der Straße wurde ge-
droschen. Am dicken Turm, einem starken Rest ehemaliger
Befestigung, begann der Zwinger, damals ein wüster, wenn
auch breiter Weg, den man gern vermied, sowohl in der
brennenden Sonne, wie auch bei feuchtem Wetter; ein Wall-
graben, aus welchem die Mauermassen der Stadt recht eigentlich emporwuchsen. Hier geht es mit Dächern, Türmen,
rätselhaftem Hintergemäuer, kraus durcheinander und bietet
ein Bild nicht ohne malerische Wirkung dar. Ich sollte diesen
Anblick lange Zeit haben. Denn nachdem ich meinen Frankfurter Schulfreund M. Bardeleben, welcher von Gießen nach
Halle gegangen war, aufgesucht hatte, und wir uns auf-
machten, um ein Unterkommen für mich zu finden, langten
wir an der bezeichneten Stelle wieder an. Hier war am
Zwinger, gegenüber der Altstadt und nahe am dicken Turm,
die sogenannte „Mitreuterei", in welcher ich, ohne weiter zu
suchen, haften blieb. Man sah das Haus erst wenn man
durch das Gartenthor geschritten war. Es lag, von Bäumen
umgeben, mitten in einem großen Gemüsegarten, auf dem
Zwingergemäuer; ein sehr bescheidenes, hinfällig aussehendes
Häuschen, im Innern dürftig ausgestattet, mit Studenten-
stübchen, wie ich sie nur in Halle angetroffen habe. Es gehörte einem Handelsgärtner Namens Mitreuter, der mit
Frau und Tochter einen Teil des unteren Geschosses be-
wohnte, alles Uebrige aber (sechs Wohnungen, immer Stube
und Kammer) für die akademische Jugend eingerichtet hatte.
Ich war einer von den Sechsen, welche seit Generationen her,

in jedem Semester unter Dach gebracht werden konnten. Mehrere der älteren Professoren der Universität hatten hier auch schon als Studenten gewohnt. Da ich früh genug kam, hatte ich unter den Räumen noch das Aussuchen. Ich wählte ein Eckzimmer mit zwei Fenstern nach verschiedenen Seiten. Es lag eigentlich in einem Anbau (in welchem aber auch die Wirtsleute wohnten) mit einer besonderen Hausthür und Treppe, so daß man durch Geräusch nicht gestört wurde. Der einzige Mitbewohner meines Stockwerks war ein stiller, fleißiger junger Mann, der sich erst spät und bereits in kauf= männischer Stellung zum Studium entschlossen hatte, und auf der Universität noch die Vorbereitung zu seinem Abi= turientenexamen betrieb. Unter ihm wohnte Horst Keſer= ſtein, der Philolog und spätere pädagogische Schriftsteller. Wir wurden gute Nachbarn, traten aber wenig in Verkehr mit einander. Mein Stübchen war sehr beschränkt und winzig. Zwischen den Fenstern stand ein Arbeitspult. Ein Sopha, mit bedrucktem blauen Kattun bezogen, für zwei neben ein= ander Sitzende nur grade ausreichend, ein Tisch davor und zwei Stühle, dazu ein großer eiserner Ofen, füllten den Raum vollständig aus. Noch enger war es in der daneben liegen= den Schlafkammer. Aber die Fenster boten den Ausblick rings umher in die Bäume, durch deren zur Zeit noch kahles Gezweig fürs erste das architektonische Profil der jenseits des Zwingers sich erhebenden Dächer und Türme entschädigte. Meine Freunde nannten das Zimmer später „die Laterne". Ich habe in dieser Laterne vier der glücklichsten und reichsten Jahre meines Lebens zugebracht, und eine ganze Reihe meiner Dichtungen ist von ihr ausgegangen.

Ich hatte weder Empfehlungen noch Beziehungen in Halle. Der Einzige, dem ich mich selbst empfohlen hatte, war Prutz, und so suchte ich ihn schon am Tage nach meiner Ankunft auf. Er war mit Frau und Kindern bereits wohn=

lich eingerichtet, empfing mich freundlich und führte mich gleich
zu seiner Familie. Und da ich der Erste gewesen, der sich
als seinen Schüler gemeldet, so gab mir das in seinem Hause
von Anfang an eine gewisse Bevorzugung. Ich fand überdies in ihm zum erstenmal auf der Universität einen Lehrer
der, so oft ich es wünschte, bereit war, mir bei meinen Studien
mit Rat und That zu Hülfe zu kommen. So verdanke ich
ihm viel, wenngleich mir sein ästhetisches Urteil oft sehr auf-
fallend erschien. Er, der sich unter politisch-litterarischen
Kämpfen gebildet hatte, und dessen Dichtungen und Arbeiten ganz von diesem Pathos durchdrungen waren, betrachtete Alles von einem Parteistandpunkte aus. Er rühmte
Schriftsteller und Dichter, zu welchen ich gar kein Verhältniß
finden, deren Bedeutung ich nicht eingestehen konnte; da wurde
Anderes verkleinert und herabgezogen, was mir ehrwürdig
und unantastbar galt. Vor Allem war es Goethe, welchen
ich, eigentlich ohne jede Anleitung, als ein Höchstes zu betrachten mich gewöhnt hatte, für den ich mich lebhaft zur
Wehr setzte. Längst wußte ich, daß Goethe der ganzen jung-
deutschen Schule im Wege war, ich kannte die Nichtsnutzig-
keiten, die von ihr ausgegangen waren, hatte gelesen wie
Börne, Laube, Gutzkow und Andre ihm am Zeuge zu flicken
suchten, war auch gebührend empört über die Auslassungen
Wolfgang Menzels, der trotz seiner Wut gegen die jung-
deutsche Schule, in dem Haß gegen Goethe mit ihr übereinstimmte. Die ganze Tendenzlitteratur jener Tage, welche
vor Allem doch destruktiv verfuhr, ärgerte sich an dem höchst
Positiven in Goethe, und in allen Tonarten ließen die Führer
ziemlich ruhmredig hören, daß seine Wege nicht die ihrigen
wären. Das letzte konnte man gelten lassen, wenn sie nicht
das, was sie nicht umzureißen vermochten, mit unsaubren
Händen zu besudeln versucht hätten. So weit ging nun
Prutz keineswegs, aber es fehlte gleich zu Anfang unsrer Be-

kanntschaft, wie in diesem, so in andern Punkten nicht an Gegensätzen, die ihn stutzig machten. Es war ihm nicht lieb, gleich in seinem ersten Schüler Einiges fertig ausgebildet zu finden, was ihn hinderte, seine tendenziösen Bestrebungen weiter zu verpflanzen. Es sammelte sich bald ein Kreis von Jüngern um ihn, bei welchen er auch poetische Versuche, teils bereits kannte, zum Teil witterte. Es ist ihm nicht gelungen, sich auch nur Einen für seine Gesinnung zu erziehen. Denn obgleich die Zeitereignisse uns noch auf lange zu schaffen machten, so hatte die Tendenzlitteratur alten Stils sich doch so gut wie ausgelebt, und es wuchs ein neues Geschlecht heran, welches an positivem Schaffen eine größere Freude hatte. Er aber begann, uns einzuschärfen, die Poesie ganz aus den Augen zu lassen, und, wenn es uns denn doch drängte, etwas zu sagen, uns der Journalistik zuzuwenden. Hier sollte man von der Pike herauf dienen, ganz klein an= fangen, und sich so in die Höhe arbeiten. Er wies dabei immer auf die französischen und englischen Schriftsteller hin, vor Allen auf Dickens, der sich gleichsam vom litterarischen „Groschenjungen" zu einer Weltbedeutung heraufgearbeitet hatte. Nun hatten wir aber dazu wenig Lust, die Journalistik zog uns nicht an, vor allem hatte noch keiner von uns an das Schriftstellerwerden gedacht. Was wir in jugendlich blindem Drange geschaffen hatten, war eben entstanden, man wußte nicht wie, und man knüpfte nicht gleich an eine litterarische Zukunft an. Eher schon leuchtete uns das Klein= anfangen ein, freilich mehr auf unsre eigne Art. Bei der Lyrik verstand sich das von selbst, aber auch im Drama ver= suchten wir uns mit der Zeit in einaktigen Stücken.

Doch entwickelte sich das nur langsam und nebenbei. Denn wir sollten und wollten auf der Universität unsre Studien machen, und dazu fand sich reichliche Gelegenheit. Freilich, die ersten Vorträge von Prutz hielten uns in seinem

17*

eigenſten Kreiſe wieder feſt, ſo die „Geſchichte des Jahres 1848“, und die „Geſchichte der politiſchen Poeſie in Deutſch=land“. Mehr auf dem Lerngebiete befanden wir uns in ſeiner „Allgemeinen Geſchichte des achtzehnten Jahrhunderts“, darin er einen Ueberblick nebſt reichlichem Quellenmaterial gab. Auch eine „Litterarhiſtoriſche Geſellſchaft“ richtete er ein, etwa wie andre Profeſſoren ihr Kolleg ein Seminar nennen, in welcher er Aufgaben ſtellte, oft gar nicht geringe, die wir nach Wahl zu löſen hatten. Die Ausarbeitungen wurden von den Verfaſſern vorgeleſen, und gemeinſam kriti=ſiert. Dergleichen war anregend und unterhaltend genug, gleichwohl ſollten uns über mancherlei Mißſtände die Augen aufgehen. Daß Prutz darauf ausging, ſich eine Schule zu gründen, lag auf der Hand, und war an ſich nicht zu ſchelten, allein der Hinweis auf das Journaliſtiſche trat auch da zu Tage. Er gab damals das „Deutſche Muſeum“ heraus, und deutete öfter darauf hin, daß unſre Arbeiten unter dem Geſichtspunkt abgefaßt ſein ſollten, auch einmal in ſeiner Zeitſchrift eine Stelle zu finden. Daher denn alle ſeine Auf=gaben nur aus der neueren Litteratur genommen waren. Nun lag mir und einigen Anderen aber daran, grade mit der älteren vertrauter zu werden, denn wir waren darin nur mangelhaft unterrichtet, und im Altdeutſchen taſteten wir un=ſicher umher. Das mußte offen eingeſtanden werden. Er wollte uns entgegen kommen, und begann mit uns den „Gregorius vom Stein“ zu leſen. Nun aber fühlten wir unſre Mängel erſt recht, und es blieb uns nichts übrig, als uns an Prutz' erbittertſten Gegner zu werden. Ueberhaupt war uns klar geworden, daß wir beim Suchen nach poſitiven Kenntniſſen an dieſem nicht vorüber gehen durften.

Dieſer Gegner war der Hiſtoriker Heinrich Leo, ein leidenſchaftlicher Eiferer gegen die liberale politiſche Bewegung, der es nicht verſchmähte, im Halleſchen Wochenblatte mit

aller Bosheit gewürzte Artikel gegen Ereignisse und Personen
zu veröffentlichen, aus welchen manche Kraftausdrücke zu ge=
flügelten Worten geworden sind; sonst ein gründlicher Ge=
lehrter, und Historiker von Bedeutung. Ich hörte bei ihm
Geschichte des Mittelalters mit großer Befriedigung. Auch
sein berühmtestes und immer bis zum Erdrücken besetztes
Kolleg über französische Revolution, welches vorwiegend von
Solchen besucht wurde, welche sich an seiner Wut gegen alles
Revolutionäre und seiner virtuosen Phraseologie des Schimp=
pfens erlustigen wollten, durfte nicht verabsäumt werden.
Allein er las auch über „Altdeutsche Sprache", und da er
der Einzige in Halle war, der sich damit abgab, so mußte
man sich durch ihn in die Grammatik und Lautverschiebung
einweihen lassen. Er wußte uns übrigens nicht nur mit
Ernst, sondern auch mit einigem Humor auf diesem Gebiete
festzuhalten. Fühlten wir uns durch sein politisch=pamphle=
tistisches Gebahren abgestoßen, so wußte uns seine Lehrmethode
und sein Geistreichtum doch wieder anzuziehen.

Wurde mir durch Leo die altdeutsche Grammatik auf=
gethan, so ließ ich mich in die italienische durch L. Blanc
einführen. Dieser alte Herr war einer der würdigsten und
liebenswürdigsten Lehrer die ich gehabt, dazu einer der viel=
seitigsten Gelehrten, die ich kennen gelernt habe. Von Hause
aus Theolog, war er Domprediger in Halle und zugleich
Professor der romanischen Sprachen an der Universität. Er
war Autorität im Bereiche der Geographie, wie denn sein
„Handbuch des Wissenswürdigsten" Alles in sich vereinigte,
was an der Hand der Erd= und Länderbeschreibung, historisch,
litterarisch, kultur= und kunsthistorisch mit Gegenden und
Orten zusammenhängt. Die Bände dieses Werkes hatte ich
schon früh im elterlichen Hause als Nachschlagebücher kennen
gelernt. Blanc war nicht minder Autorität in der italieni=
schen Litteratur, und wurde, neben dem ebenfalls in Halle

lebenden Juristen Karl Witte, zu den ersten Dante-Kennern gerechnet. Seine Vorträge über italienische Litteratur, und die Stunden, da er mit seinen Schülern Dantes Inferno las, gehören zu meinen liebsten Erinnerungen von der akademischen Schulbank.

Nicht so einverstanden waren wir mit Ulricis Vorlesungen über Shakespeare. Das Hineintragen oder Herausklauben von Ideen aus seinen Stücken, setzte uns in Verwunderung, erregte oft unsern Widerspruch. Zu gleicher Zeit begann das große Werk von Gervinus über Shakespeare zu erscheinen. Wir verschlangen die Bände, wie sie auseinander erschienen, konnten uns aber auch hier nicht darein finden, daß überall ein bestimmter Gedanke herauserklärt werden mußte. Was mich betrifft, so war ich all diesen Grübeleien gegenüber sehr ketzerisch gesinnt, und ich verfehlte nicht, mich darüber lustig zu machen, oft ohne die Zustimmung meiner Kameraden. Wäre, anstatt der philosophisch-ästhetischen, in jener Zeit schon die historische Betrachtungsweise der Werke Shakespeares aufgetreten, ich glaube, sie würde mich damals schon zu ihren Anhängern gezählt haben.

Ich war nur erst ein paar Monate in Halle, als ich die überraschende Nachricht empfing, daß mein Schwager Scheffler eben dahin kommandiert sei. Er selbst stand noch an der polnischen Grenze, aber meine Schwester kam voraus, sehr froh, an mir eine Hülfe für die Einrichtung zu finden. Als dann auch mein Schwager eingetroffen war, wurden Leutnantszulage und Studentenwechsel zum Teil zusammengeworfen und ein gemeinsamer Mittagstisch, nicht ohne manche Genialität, eingerichtet. Auch meine Schwester Emilie kam zum Besuch nach Halle, und es gab für mich mit den Geschwistern ein lange entbehrtes Familienleben. Mein Garten war ein erwünschtes Ziel für die Frauen und Kinder, und oft geschah es, daß ohne mein Wissen und ohne meine Be-

wirtung, ein ganzer Kreis von jungen Offiziersfrauen mit
Kinderwagen sich im Garten ansiedelte. Er war sehr groß,
bot einige schattige Plätze, und blickte man mehr auf Ge=
müsebeete als auf Blumen, so war er immer ein Zufluchts=
ort aus dem Braunkohlenstaube der Stadt. Aber es boten
sich auch außerhalb Zufluchtsorte und Spaziergänge dar, die
wir gemeinsam aufsuchten. Da war Burg Giebichenstein
und Wittekind, da waren die Ufer der Saale, die Raben=
insel, Wiesen und Wälder, die man in fröhlicher Gesellschaft
aufsuchte. Sogar der Kaffeegarten in Trotha, obgleich er
reizlos an langer Chaussee lag, wurde nicht verschmäht.
Dieser Familienverkehr bedingte in der ersten Zeit in Halle
meine geselligen Beziehungen. Junge Offiziere und Töchter
von Militärs bildeten unsern Kreis. Wir waren alle jung,
mein Schwager nur drei Jahre älter, meine Schwestern
jünger als ich, und es ging vergnügt genug zu, um so ver=
gnügter, als die Mittel nur schmal, die Ansprüche aber auch
nicht unbescheiden waren. Dieses Familienleben dauerte doch
nur kurze Zeit. Noch vor Ablauf eines Jahres wurde mein
Schwager nach Altenburg kommandiert. Ich füge hier gleich
hinzu, daß er von da nach Mainz, dann nach Stettin, nach
Breslau, wieder nach Posen, nach Braunsberg in Ostpreußen,
zurück nach Altenburg, nach Erfurt versetzt wurde, und bis
zu seiner Stellung als Divisionsgeneral in Freiburg i. B.
ein wechselvolles militärisches Leben zu führen hatte, und
aus drei Kriegen noch leidlich genug davonkam. Mein eignes
Wanderleben hat mich, wenn nicht an allen, doch an den
meisten dieser Orte mit ihm und meiner Schwester wieder
zusammengebracht.

Im Herbst meines ersten Jahres in Halle besuchte mich
Freund Aubert, von Berlin kommend. Wir hatten brieflich
eine gemeinsame Ferienreise durch Thüringen und den Harz
besprochen, die denn auch fröhlichen Mutes unternommen

wurde. Man rüstete in diesen Tagen durch ganz Deutsch=
land zur Feier von Goethes hundertjährigem Geburtstage.
Ich wußte, daß man auch in Bromberg dergleichen vorhatte,
daß mein Vater noch einmal den Schauspieldirektor machte,
um im Theater kleine Stücke von Goethe einzuüben, und daß
meine Schwester Emilie in „Jery und Bätely" auftreten
würde. Etwas Goethefeier wünschte ich mir auch, und leicht
wußte ich Aubert zu überreden, den 28. August zur Be=
steigung des Brockens zu wählen, und unsere Goethe=
begeisterung auf seinem Gipfel zu begehen. Wirklich waren
die Wettergeister des Harzgebirges gestimmt, uns zum Ge=
burtstage des Dichters, eine Blocksbergfahrt zu bereiten,
welche an die Walpurgisnacht im Faust erinnerte. Es hatten
sich unterwegs noch Genossen von andern Universitäten zu
uns gefunden, und die übermütige Schaar verschmähte den
breiten Weg auf den Brocken, um auf Nebenwegen sich der
eignen Führung anzuvertrauen. Es versteht sich, daß die
Wege bald verloren waren, und wir auf den gefährlichsten
Kletterpfaden über Gesteine und Felsen mußten, ohne Aus=
sicht diesem Labyrinth von Blöcken zu entkommen. Der
Nebel überfiel uns, um uns völlig in die Irre zu führen.
Ein Gewitter mit Regen und unerhörtem Sturm ließ uns
festhalten wo wir nur irgend Fuß fassen konnten, und wir
bestrebten uns, einander nur nicht aus den Augen zu ver=
lieren. Der Regen dauerte den ganzen Tag, und den ganzen
Tag klommen wir umher, durchnäßt, erschöpft von Hunger
und Müdigkeit. So überkam uns die Dunkelheit, aber um
uns Rettung zu bringen. Denn wir erkannten in der Ferne
Lichter, die aus den Fenstern des Brockenhauses kommen
mußten. Freilich war es noch weit, und in einer Richtung,
wo wir es nicht gesucht hätten. Daß wir in der Finsterniß
wirklich dahin gelangten, war als eine besondere Gunst der
Vorsehung zu betrachten. Obgleich zerschunden und abge=

riſſen, lahm und ermattet, zogen wir doch mit lautem Freuden=
geſchrei in das erſehnte Aſyl. Aber wir fanden das Haus
ſo voll von Gäſten, die ohne große Beſchwerde herauf gelangt
waren, daß wir nur mit Not und Mühe noch ein Unter=
kommen fanden. Die Tafel war beſetzt von Herren und
Damen, allein man nahm uns trotz unſeres Zuſtandes noch
gut genug auf, und es wurde bei ſehr vielem Punſch Goethes
Geburtstag gefeiert. Der nächſte Morgen brachte aber keine
Fernſicht, da ein dichter Nebel Alles verhüllte. Wir aber
wußten uns doch etwas darauf, das Feſt ſo ausgeſucht ſchön
begangen zu haben. Ich konnte Aubert nicht lange darauf
ein Lied nach Berlin ſchicken, darin ich unſre Brockenfahrt
beſungen hatte.

Ich will nun von einigen dichteriſchen Beſtrebungen
ſprechen, welche in dieſe Zeit fallen. Schon im Laufe des
Sommers hatte ich den „Gevatter Tod" wieder vorgenommen,
und aus dem kleinen Heidelberger Taſchenbuche herausge=
ſchrieben, eigentlich von neuem zu machen angefangen. Ich
überwand meine Scheu, und erzählte Prutz eines Tages da=
von. Er aber wollte von einem ſo phantaſtiſchen Stoffe
nichts wiſſen. Man ſollte praktiſch für das Theater arbeiten,
und zwar mit kleinen Dingen anfangen. Wäre ein Stückchen
nicht gleich brauchbar, ſo hätte man ſich mit einem oder ein
paar Schauſpielern zuſammen zu ſetzen, dieſe würden dann
an Rollen für ſich denken, und die Sache brauchbar machen.
Er wußte mir den „Gevatter Tod" ſtofflich ſo zu verleiden,
daß ich ihn, wiewohl mit Betrübniß, für längere Zeit bei
Seite legte.

Da kam zu Anfang des Winters ein Brief von meiner
inzwiſchen heimgekehrten Schweſter Emilie. Es ſollte in der
Bromberger Geſellſchaft Komödie geſpielt werden, wobei man
auch auf ſie rechnete, ich möchte mich nach einigen hübſchen
Stückchen umſehen, oder — wo möglich ſelbſt eins für ſie

schreiben! Das letzte war nur ein Scherz, aber er fing bei
mir Feuer. Und eingedenk des wiederholten Rates, klein
anzufangen, sann ich ein Stückchen aus, welches mich in den
nächsten Tagen beschäftigte. Es bestand aus viel gebrauchten
Motiven und Situationen, aber durch Gruppierung leidlich
verwertet. Ich nannte es „Waldeinsamkeit", und nach
Verlauf einer Woche konnte ich meiner Schwester das Manu=
skript übersenden. Daß es in der Bromberger Gesellschaft,
unter den Augen meiner Eltern, nicht gespielt werden würde,
wußte ich ja voraus, es war mir auch nur um den Scherz
zu thun gewesen. Nun aber sollte ich von anderer Seite
her Ueberraschungen erleben.

Einer meiner Studiengenossen, er hieß August Förster,
war über meine Arbeit gekommen, und bat mich, das Manu=
skript mit nach Hause nehmen zu dürfen. Es dauerte lange,
bis ich es zurück erhielt. In der zweiten Hälfte des Winters
aber erhalte ich ein Schreiben von der Direktion des neuen
Friedrich=Wilhelmstädtischen Theaters in Berlin mit der Nach=
richt, daß die „Waldeinsamkeit" gewählt sei (nebst zwei andren
neuen Stückchen) um zur Eröffnung des Hauses gespielt zu
werden. Es gab eine Korrespondenz, in welcher ich mein
Erstaunen nicht zurück hielt, und es gab Unterredungen mit
Förster, der allein um die Existenz des Stückes gewußt hatte.
Es stellte sich heraus, daß Förster, der schon damals viel
mit Schauspielern verkehrte das Stück an ein Mitglied des
halleschen Theaters weiter gegeben, daß dieser, der bereits
nach Berlin engagiert war, eine Abschrift davon genommen,
um in einer Rolle, die ihm gefiel, dort zuerst aufzutreten.
Es war ihm gelungen, damit durchzudringen. Ich machte
denn gute Miene und ließ die Sache laufen. Die „Wald=
einsamkeit" wurde wirklich am 17. Mai 1850 bei der Er=
öffnung des Theaters gespielt. Und als ich darauf den
Heinrichschen Theateralmanach erhielt, das Stück darin ab-

gedruckt, ja sogar einen doppelten Friedrichsd'or als Honorar
darin fand, da fühlte ich mich durch diesen unerhörten Er=
werb so bestürzt und zugleich gehoben, daß ich nicht müde
wurde das Goldstück zu betrachten — und doch mit dem
Gefühl einer unerlaubten Einnahme. Ich mußte meinem
Vater eine Meldung über die Sache thun, da er durch die
Zeitungen über die Aufführung unterrichtet sein konnte, doch
erinnere ich mich nicht, wie er es aufgenommen hat. Das
Goldstück habe ich viele Jahre als Heckgroschen aufbewahrt.
Die Waldeinsamkeit aber wurde bald auf den meisten deutschen
Theatern gespielt, doch nur zufällig erfuhr ich ab und zu
davon, und habe mich nicht weiter darum gekümmert. Auf
einer öffentlichen Bühne habe ich das Stück damals nicht
gesehen, dagegen im Laufe der nächsten Jahre auf Familien=
theatern alle vier männlichen Rollen desselben selbst durch=
gespielt. Erst vierzig Jahre später, (1889) bei einem ge=
legentlichen Besuche in Ems, führte mich der Zufall in das
Kursaaltheater, wo ich die „Waldeinsamkeit" zum erstenmal
öffentlich dargestellt sah.

Hatte ich aber mit einem bloßen Scherz die Bühne
schnell genug gewonnen, so knüpften sich daran Bestrebungen,
die mir einige sonderbare Erfahrungen bringen sollten. Ich
lebte nun schon in einem Kreise von akademischen Genossen,
gleich mir poetisch angeregt, aber zur Mitteilung geneigter,
als ich es war. Durch das Manuskript der „Waldeinsam=
keit" war ich entdeckt, und wir schlossen uns enger zusammen.

Das Theater in Halle, worin im Winter gespielt wurde,
erregte unsere große Teilnahme. Unter den Schauspielern
befanden sich einige, welche den Universitätsstudien entlaufen
und zur Bühne gegangen waren. Eine Anknüpfung mit
ihnen fand sich bald. Sie erfuhren von unsren dramatischen
Versuchen, und drängten zur Mitteilung. Es war wieder
Freund Förster, der mich als den Verfasser eines „Ludolf

von Schwaben" verriet, und mir die Gefahr einer Aufführung
desselben in Halle nahe brachte. Der Direktor versprach sich
Anlockung genug von einem Stücke, geschrieben von einem
anwesenden Studenten, und hoffte wenigstens des akademischen
Publikums sicher zu sein. Die Freunde redeten zu, und ich
stand einen Augenblick halb wehrlos der Versuchung gegenüber. Ich eilte zu Prutz, ihn um Rat zu fragen. Denn
er kannte das Stück schon, hatte es nicht grade ungünstig
beurteilt, aber auch keinen sonderlichen Wert darauf gelegt.
Eigentlich erwartete ich, er werde ein ernstes Nein aussprechen.
Aber ihm schien, trotz einiger Verwunderung und mancher
Bedenken, das Unternehmen doch nicht unbedingt abweisbar.
War meine Arbeit kein reifes Werk, so würde es mir auch
wohl keine Gefahr von der Bühne her bereiten, meinte er.
Man lerne viel von einer Aufführung. Aber er traute den
Schauspielern, den Mitteln des halleschen Theaters nicht, er
wog die Dinge hin und her, bis mir Angst wurde, und ich
aus freien Stücken mein Nein ausrief, womit er denn einverstanden war. Und als ich mein Manuskript wieder in
Händen hatte, malte ich mir erst das Entsetzen eines Miß-
erfolgs vor dem akademischen Publikum aus, und verschloß
das Schriftstück für immer.

Dagegen regten uns die Freunde vom Theater wieder
zu kleineren Arbeiten an, sehr einverstanden mit der Ansicht,
daß man sich mit ihnen zusammen setzen und unter ihrer
Mitwirkung schaffen solle. Wir machten also gemeinschaft-
liche Versuche. Ich entwarf ein kleines Stück, welches nur
auf einen Akt angelegt war, aber doch in deren zwei geteilt
werden mußte, und nannte es, „die Probepredigt". Ein
Kandidat der Theologie zieht sich auf das Dorf zurück, in
welchem er seine Probepredigt halten soll, um dieselbe in der
Stille auszuarbeiten. Aber er ist mit seinem Beruf bereits
halb zerfallen, und am Vorabende seiner Kanzelrede soll ein

von ihm geschriebenes Lustspiel in der Stadt aufgeführt
werden. Er kann dem Drange nicht widerstehen, der Vor=
stellung heimlich beizuwohnen. Sein Stück hat günstigen
Erfolg, und vor Tagesanbruch ist er wieder im Dorfe. Daß
einige Stunden darauf die Probepredigt des Zerstreuten nicht
so günstig aufgenommen wird, kann ihn nicht wundern, er
muß sich sogar selbst sagen, daß er damit durchgefallen sei.
Nun aber besuchen ihn einige Künstler, welche Abends zuvor
in seinem Stücke beschäftigt gewesen, wünschen ihm Glück,
und bieten ihm die Stellung eines Dramaturgen an, welche
er annimmt, da er sich zum Kanzelredner doch nicht geschickt
fühlt. Dies der wesentliche Inhalt des durch Nebenhand=
lungen etwas krausen Stückes, dessen Fassung und leicht=
fertigen Ton ich nicht verteidigen will. Die Zuhörer aber
waren sehr vergnügt bei der Vorlesung. Sie beredeten mich,
es auf eigne Hand drucken zu lassen, und einer der kundigen
Theaterfreunde übernahm die Versendung an die Bühnen.
Nicht lange darauf wurde mir eine Zeitung aus Dresden
gebracht, mit einer Theaterbesprechung, welche mit den Worten
begann: „Herr R. ist mit seiner Probepredigt durchgefallen“.
Das war nun leicht genug als Trumpf auszuspielen, da in
dem Stücke viel die Rede ist, der Kandidat werde durchfallen.
Die Anzeige rührte von dem damals anerkannt boshaftesten
Journalisten in Dresden her, Namens O. A. Banck, der,
da seine eigne Arbeiten keinen Anklang fanden, sich eine
Güte that, jeden Anfänger zu vernichten. Trotzdem wurde
das Stück, wie ich erfuhr, noch hier und da aufgeführt, so=
gar in Bromberg und in Anwesenheit meiner Familie. Ich
aber kümmerte mich nicht mehr darum. Auch war ich nicht
zu bewegen, die Probepredigt, eben so wenig wie die Wald=
einsamkeit in Halle aufführen zu lassen, denn es war mir
inzwischen doch bekannt geworden, daß man im akademischen

Lehrkörper die „Prutz'sche Schule" sehr mißbilligte. Und
ihm selbst war es lieb, daß ich damit zurückhielt.

Nun aber muß ich von einer meiner tiefsten dramatischen
Bekümmernisse erzählen, welche auch noch in diesen ersten
Halleschen Winter traf. Ich hatte ein bürgerliches Trauer=
spiel geschrieben, sehr knapp gefaßt, betitelt, „Walpurgis",
nach dem Namen der Heldin. Es ist die Geschichte eines
Mädchens, welches sich von einem vornehmen jungen Manne
entführen läßt. Sie leben in dem Waldhause eines Försters
einige glückliche Wochen, bis der Liebende, der den festen Willen
zu haben glaubt, sie trotz der ungleichen Verhältnisse zu seiner
Gattin zu machen, sich für kurze Zeit von ihr verabschiedet,
um seine Angelegenheiten zu ordnen. Aber er vertraut sich
einem Freunde, der, wie er selbst der Gesandtschaft zuge=
hörig, ihm das Thörichte seines Vorhabens darstellt, und ihn
zu seiner Weltrolle wachruft. Ihm steht die Hand einer
der ersten und glänzendsten Damen, die er bereits umworben
hatte, in Aussicht, und der schwache junge Mann läßt sich
in die Enge schwatzen und folgt dem Rate des weltklugen
Freundes. Inzwischen hat Walpurgis einen Helfer gefunden
in einem jungen Maler, der sie liebt, aber wohl erkennt,
daß er auf Gegenliebe nicht hoffen darf. Er führt sie end=
lich in die Stadt, wo sie von der Vermählung des Treulosen
erfahren. Nun aber kommt ein bedenklicher Bruch in der
Komposition, da der dritte Akt um mehrere Jahre später
beginnt. Walpurgis ist Schauspielerin geworden, wird als
Künstlerin gefeiert, und zwar in der Residenz, wo auch der
Treulose lebt. Dieser aber ist unglücklich, liebt sie immer
noch und strebt nach einer Wiederbegegnung. Aber er wird
überwacht und jede Annäherung soll hintertrieben werden.
Sie gelingt dennoch, und Walpurgis, trotz aller Qualen,
alles leidenschaftlichen Hasses, in welchem sie sich Jahre lang
verzehrt hat, fühlt, daß die alte Neigung in ihr nicht er=

loschen ist. Da tritt die Gattin des Ungetreuen dazwischen, nicht als Feindin, sondern als Hülfeflehende. Walpurgis erkennt in ihr ein liebendes Herz, eine Unglückliche, und be= schließt, durch Gift zu sterben. Eine Schlußscene, welche die Beteiligten noch einmal sammelt, bringt dies zur Ausführung. Ich sage nichts zu Gunsten dieser Fabel, im Gegenteil bin ich geneigt, sie für eben so verbraucht als unangenehm zu erklären. Indessen hatte auch Prutz das Stück im Ganzen nicht mißbilligt, wenngleich er die Anlehnung an Gegebenes stark rügte. Einige seiner Winke machte ich mir noch zu Nutzen, allein der Mangel an Originalität war nicht mehr zu ersetzen. Aber uns Jüngeren gefiel das Stück auch so, und ich ließ mich überreden (ich weiß nicht mehr durch wen) es an einen Theateragenten in Berlin zu senden, welcher dergleichen bei den Bühnen zu vertreiben pflegte. Unbekannt mit dem Charakter des Mannes, so wie mit den Mitteln, mich für alle Fälle zu sichern, bot ich es ihm an. Er nahm es, bat sich aber aus, Einiges kürzer und Einiges ändern zu dürfen, was ich ihm zugestand. Bald schrieb er, es müßten doch durchgreifendere Aenderungen gemacht werden, ich solle ihm das nur überlassen, ich würde bald sehen, wie praktisch er es angefangen hätte. Ich bat mir einen Einblick in seine Aenderungen aus. Aber ich erhielt sie nicht zu Gesicht, sondern nur die Versicherung, daß er ein praktischer Mann sei, und recht wohl wisse, was auf der Bühne „ziehe". Er habe schon so vielen jungen Anfängern geholfen, daß ich ihm un= bedingt vertrauen dürfe. Meine Geduld begann zu wanken, ich verlangte mein Manuskript zurück. Briefe gingen hin und her, ich empfing immer nur die Versicherung, daß sich Alles recht gut machen werde. Da erfuhren unsre Theater= genossen von der Angelegenheit, und erklärten, daß ich in schauderhafte Hände gefallen sei. Wenn sie den Mann einen „Halsabschneider", einen „Seelenverkäufer" nannten, einen

„Seeräuber, Gauner und Leuteschinder", so lachten wir zwar, doch war mir nicht wohl dabei zu Mute. Und als eines Tages ein Päckchen von ihm ankam, darin zwei gedruckte Exemplare der Walpurgis, traute ich beim Durchblättern meinen Augen kaum, denn eine solche Vergewaltigung fremden Eigentums hatte ich nicht erwartet. Von meinem Stücke waren nur die ersten beiden Akte noch leidlich verschont geblieben, alles Uebrige verarbeitet, meist in ganz roher, ungebildeter Sprache, und im vierten und fünften Akte war eigentlich kein Wort mehr von mir. Eine weibliche Gestalt, die Gemahlin, fand sich gar nicht wieder, da der Bearbeiter sie gestrichen hatte. Der schwache Liebhaber war ins Jämmerliche gezogen. Und was hatte er aus der Heldin gemacht! Ein Weib wie Lady Macbeth, in deren Rolle sie auch erscheint — „Schwarze Sammtkleidung" in Parenthese! Sogar ein Kind hatte er ihr zugeteilt, welches zwar gestorben ist, mit welchen sie den Treulosen aber bis zum Schlusse zu ängstigen weiß. Sie stirbt auch nicht an Gift, sondern weil es in der Tragödie überhaupt so hergebracht ist, wenn der Vorhang fallen soll. — Meine Empörung über die Ungeheuerlichkeit, auf deren Titel mein Name gedruckt stand, war groß. Ich hätte diesen Fälscher in der That erwürgen mögen. Mein Schwager und meine Schwester, nahmen die Sache mehr humoristisch, und wünschten mich dafür zu gewinnen, ich aber und meine Genossen waren einig, daß gegen eine solche Verunstaltung aufgetreten werden müsse. Aber in welcher Weise? Einen Brief, den der Empfänger nicht umhergezeigt haben wird, hatte ich bald geschrieben und abgesendet. Aber das änderte nichts, an der gedruckten Thatsache. Gerichtlich gegen den Mann einzuschreiten, war mißlich, obgleich ich mein Manuskript zur Vergleichung noch vorlegen konnte. Die Beratungen mit Prutz gaben endlich den Ausschlag, die unangenehme Geschichte um Gotteswillen

totzuschweigen. Mein Name war noch unbekannt, er konnte
bekannt werden, wenn ich Lärm anfing, und durch den Kon=
flikt mit einem anerkannt unsaubren Patrone zuerst genannt
zu werden, wäre unangenehm gewesen. Ueberdies sei das
Stück nicht öffentlich erschienen, sondern werde als bloßes
„Theaterbuch“ kaum unter die Leute kommen. So unter=
blieb denn jede fernere Gegenwehr, aber einen Stachel behielt
ich doch im Herzen. Mein Exemplar zerriß ich in Fetzen
und warf sie in den Ofen. Das andre bekam ich später
aus dem Nachlaß meines Vaters wieder in die Hände, und
bewahrte es, weil er seinen Namen hinein geschrieben hatte.
Denn schicken mußte ich es ihm wohl, und zwar mit einem
Briefe, darin ich ihm das erfahrene Unrecht auseinander setzte.
Aber zu meinem erhöhten Leidwesen, ging er darauf gar
nicht ein, sondern beschränkte sich, einige Unmöglichkeiten der
Handlung zu kritisieren, worin er ja wohl recht hatte. Noch
heut, nach mehr als vierzig Jahren, erregt mir der Anblick
dieses gedruckten Heftes unangenehme Empfindungen. — Ich
erfuhr aber in jener, und auch in späterer Zeit nicht, daß
daß das Stück irgendwo eine Aufführung erlebt hätte, was
denn immer eine tröstliche Genugthuung war. Uebrigens
blieb die Kenntniß von diesem Stücke auf den engsten Kreis
beschränkt, und da ich es niemals, ebensowenig, wie die vor=
hergehenden kleineren, veröffentlichte, mögen auch später ge=
wonnene Freunde vor einem Einblick bewahrt worden sein.
Alles das war noch dramatische Schularbeit, unter dem Ein=
fluß damaliger Bekanntschaften und im Verlauf eines ein=
zigen Winters abgefaßt. —

Ich hatte nach Ablauf des ersten Jahres in Halle nun
schon einen Kreis von Genossen gefunden, mit welchen das
freundschaftliche Verhältniß für die Zukunft dauernd erhalten
bleiben sollte. Wir standen Alle dem akademischen Treiben
ferner, und waren nur durch geistige Beziehungen mit ein=

ander verbunden. Einige von ihnen haben später durch ihre
Bedeutung eine hervorragende Lebensstellung gewonnen, andre
ihren Namen auf künstlerischem Gebiete berühmt gemacht.
Mit jedem von ihnen stand ich eigentlich in einem besonderen
Verkehr, da die Mehrzahl von ihnen nur in einem losen
Zusammenhalt unter sich blieb.

So kam Rudolph Kögel, der Theolog, aus den streng=
gläubigen Kreisen Tholucks, der an der Universität eine zahl=
reiche Jüngerschaar um sich sah. Seine religiösen Gesin=
nungen verhehlte Kögel nicht. Ich stellte mich nicht in schroffen
Gegensatz dazu, sondern ließ gelten was er glaubte und dachte.
Denn ich lernte in ihm einen der geistvollsten, gebildetsten
und liebenswürdigsten jungen Männer kennen. Eine große
schlanke Gestalt, ein formgewandtes, fast weltmännisches Wesen,
große Unterhaltungsgabe und ein lebhaftes Verständniß für
das Humoristische. Wir konnten Thränen lachen bei gemein=
samer Betrachtung und Ausmalung oft geringfügiger Dinge.
Er hatte auch in Versen viel Formgewandtheit. Doch war
er mit solchen Mitteilungen nicht sehr freigebig. Andrerseits
verstand er den Knüttelvers in einer Weise zu handhaben,
daß schon die Waghalsigkeit der Reime unwiderstehlich wirkte.
So geschah es etwa bei gelegentlichen Zusendungen, oder auf
Zetteln, die er in meinem Zimmer schrieb, wenn er mich
darin vergeblich erwartet hatte. Ich zweifle, daß ich ihn in
meine kleinen dramatischen Freuden und Leiden eingeweiht
habe. Ein Stück wie die „Probepredigt“ hätte ihn verletzen
müssen. Unsre Bekanntschaft fing erst an, als diese Uebungen
bei Seite gelegt waren, und die Lyrik wieder für einige Zeit
in den Vordergrund zu treten begann. Und es war nicht ohne
Folge für mich, daß durch Kögel und einige Andre auch
meinen Versuchen auf diesem Gebiete einige Teilnahme ge=
schenkt wurde. Aus der Heidelberger Zeit war eine große
Anzahl von Liedern vorhanden, die ich bisher noch Niemand

vorgezeigt hatte, und die ich, als gar zu jugendliche Pro=
dukte, kaum noch beachtete. Daß die plötzlich zu Beifall ge=
langen sollten, hatte ich nicht erwartet. Ehe ich davon weiter
rede, habe ich noch von einigen anderen Freunden zu er=
zählen.

Aus den juristischen Hörsälen trat mir Julius Grosse
entgegen, schon damals unter der akademischen Jugend eine
auffallende Gestalt, mit merkwürdig charakteristischen Zügen,
und einem immer angeregten, fast nervös pulsierenden inneren
Leben. Jünger als ich, hatte er doch schon eine andre Lauf=
bahn verlassen, da er eine Zeitlang Feldmesser gewesen, um
sie mit den Universitätsstudien zu vertauschen. Er besuchte
die juristischen Vorträge fleißig, aber seine eigentliche Teil=
nahme war nicht dabei. Es ist mir niemals eine leiden=
schaftlichere Begeisterungsfähigkeit vorgekommen, als bei ihm;
niemals eine gewaltiger ausgreifende Phantasie, niemals eine
solche Leichtigkeit des Hervorbringens, auch bei den stärksten
Aufgaben. Sein Talent machte uns erstaunen, die Schnel=
ligkeit seines Producierens war uns unbegreiflich. Wenn
wir uns in unsrem Poetenkreise eine Aufgabe stellten, etwa
eine Ballade zu machen, und wir Andern uns ziemlich knapp
faßten, so brachte er sicher die längste, der wir unsern Bei=
fall nicht versagten, die aber auch, ihres ausschweifenden
Bilderschmuckes entkleidet, besser auf ein Viertel ihres Um=
fangs gebracht worden wäre. Beschlossen wir für das nächste=
mal ein Märchen oder eine Erzählung, so brachte er ein
so umfangreiches Manuskript, daß das Lesen desselben nicht
in Einer Sitzung bewältigt werden konnte; gaben wir uns
den Plan und Umriß eines Dramas auf, so brachte er eine
fast fertige Tragödie. Und wir wußten, daß er dies Alles
am häuslichen Familientische, umgeben von lärmenden jüngeren
Geschwistern, niederschrieb. Konnten wir sein Uebermaß im
Geben und manche Verstöße gegen die geschlossene Form zu=

18*

weilen nicht billigen, so mußte man andrerseits auf der Hut
sein, ihm zu viel drein zu reden. Denn, jedem Einwurf zu=
gänglich, ging er sofort an eine durchgreifende Umarbeitung,
versaß ganze Nächte darüber, und brachte sich dadurch in
einen so nervösen Zustand, daß mir bange um ihn wurde.
Aber seine Gesundheit war dauerhaft, und die Zeit hat be=
wiesen, daß er sich etwas zumuten durfte. Damals war die
Poesie nur Eine Richtung seines künstlerischen Dranges, denn
er zeichnete und malte eben so fleißig, als er in Versen und
Prosa niederschrieb. Er hatte Geschick zum Porträtzeichnen,
entwarf Landschaften rasch und naturgetreu, auch in Oelge=
mälden hatte er sich bereits versucht. Trotz dieser Verschwen=
dung in all seinem Entwerfen gelangen ihm doch auch da=
mals schon kleinere Sachen, besonders Lieder, ganz vortreff=
lich. Wenn andere Talente mit ihren Mitteln haushalten
und sparen müssen, um sich genügend zum Ausdruck zu
bringen, so hatte sein dichterisches Naturell in der Jugend
mehr als Andre zu ringen, um den Ueberschuß seines inneren
Reichtums zu bewältigen. Auch hat er es an redlicher Arbeit
an sich selbst schon damals nicht fehlen lassen. Wie ver=
schieden nun auch unsre Anschauungs= und Darstellungsweise,
unser Geschmack und unsre Neigungen oft waren, ich ver=
stand mich mit ihm immer gut, wo sich aber in unsrem
Schaffen die Gebiete etwa trennten, da that das freundschaft=
liche Gefühl Alles, uns zu verbinden. Wir sahen uns täg=
lich, und er war mir ein guter Genosse in allen Dingen.
Viel Anregung habe ich ihm zu danken durch seine immer
geschäftige Phantasie, welche in mir weckte und zum Aus=
druck brachte, was ich sonst gewohnt war schüchtern zu ver=
bergen, oder auch gar nicht aufkommen zu lassen. Bei seiner
Bescheidenheit in äußeren Lebensforderungen, seiner unbe=
grenzten Gutmütigkeit, war der Verkehr mit ihm der be=
quemste, und nicht zu verschweigen ist die tiefe Innerlichkeit

mit der er Vertrauen zu empfangen verstand. Als später
leidenschaftlicher bewegte Tage für uns beide kamen, haben
wir viel mit einander getragen.

Wenn nun keiner der Genannten mein eigentliches Studium
teilte, sollte ich auf der akademischen Bank bei Prutz doch
Einen finden, der nicht lange Zeit brauchte, um zu meinen
liebsten Kameraden zu gehören. Als ich August Förster
kennen lernte, war er ein allerliebster dicker Junge, mit
rundem Knabengesicht, braunem glänzendem Haar, lustigen
und sehr klugen Augen. Hinter diesem jugendlichen Gesicht
steckte aber bereits viel mehr, als bloß die Gedanken eines
fröhlichen Burschen. Er war auf der Schulpforta vorge=
bildet, und galt in dem Kreise, der sich um den gelehrten
Bernhardy sammelte, für den besten Philologen. In der
That war sein Wissen ebenso gründlich, als das meine lücken=
haft, und ich habe dem Verkehr mit ihm mehr zu danken,
als mancher akademischen Vorlesung. Diese vorzügliche Grund=
lage machte sich aber bei ihm in keiner Weise vorgreifend.
Selbstbewußtsein hatte er, und konnte, wo Halbwisser stritten,
und er besser unterrichtet war, gründlich dreinfahren, im
Verkehr hatte man es doch nur mit dem gebildeten und
liebenswürdigen Gesellen zu thun. Verstand er es auch,
sich in Versen auszusprechen, so gehörte er doch mehr zu den
Empfangenden und Urteilenden. Sein Urteil, oft sehr treffend,
war das wohlthuendste und am meisten fördernde. Denn
seine Empfänglichkeit, seine innere Teilnahme, waren so warm,
daß man verstand, er wollte das Getadelte immer besser,
immer schöner haben, damit es ihm so recht gefallen könne.
Er stammte aus engen bürgerlichen Verhältnissen in Halle
her, daher waren seine äußeren Ansprüche bescheiden. Er
fühlte sich gern behaglich, aber es gehörten geringe Mittel
dazu, ihn in diese Lage zu bringen. Die Harmlosigkeit, mit
welcher wir uns damals Feste bereiteten, würde heut den

Meisten unglaublich erscheinen. Ich lernte unter diesen
Freunden eine größere Anspruchslosigkeit, als ich sie noch
gekannt hatte, und fühlte mich mit ihnen sehr glücklich darin.
Förster, Grosse und ich, waren die drei, welche sich am meisten
auf einander angewiesen wußten. Hielten uns unsre Studien
und die Hörsäle getrennt, so war meine Laterne der Sammel=
platz und Mittelpunkt unsres gemeinsamen Treibens.

Aus ihren Fenstern sah ich nun die Bäume des Gartens
zum zweitenmale sich begrünen. Zu Pfingsten machte ich
mit Förster einen Ausflug nach Jena und in das reizende
Saalethal. Wir genossen Gastfreundschaft bei Kommilitonen,
durchzogen die Umgegend, versuchten das Ziegenhainer Ge=
bräu, bestiegen den Fuchsturm, erklärten die Kunitzburger
Pfannkuchen für ihres Ruhmes würdig, und besuchten Prutz,
der sich seiner Gesundheit wegen für dieses Semester nach
Jena zurückgezogen hatte. Dann wanderten wir über Dorn=
burg, Kamburg, Rudelsburg und Naumburg, in unsern
mehr von Dampf geschwärzten, mir aber doch sehr lieben
halleschen Musenwinkel zurück.

Kurze Zeit darauf, in den ersten Junitagen, erschien
meine Mutter in Halle. Meine Geschwister wußte sie nicht
mehr am Orte, da mein Schwager inzwischen nach Alten=
burg versetzt worden war, aber sie hatte sich auf ihrer Reise
nach Franzensbad bei mir angekündigt, um meine „Laterne",
meine Freunde und unser Treiben kennen zu lernen. Sie
brachte ihre ganze Liebenswürdigkeit mit, die Freunde waren
hingerissen von dieser Frau, und ihr selbst gefiel es so gut
unter uns, daß sie anstatt zweier Tage eine ganze Woche
in Halle blieb. Sie wohnte im „Kronprinzen", woher ich
sie täglich, auch in Gesellschaft von Förster und Grosse, zu
Spaziergängen oder weiteren Ausflügen abholte. Da sie,
obgleich einer Badekur entgegen gehend, sich in diesen Tagen
frisch genug unter uns fühlte, so wetteiferte ihr Humor mit

der studentischen guten Laune. Wir überredeten sie sogar,
die Hausmannstürme, um der Aussicht willen zu ersteigen,
jene beiden Türme auf dem Markte, welche oben von Gale=
rieen umgeben und durch eine Ueberbrückung mit einander
verbunden sind. Es gelang auch recht gut, sie freute sich
über die häusliche Einrichtung des Türmers, und war er=
staunt, daß in dieser Höhe sogar Erfrischungen zu haben
waren. Die Tage ihres Besuches in Halle gestalteten sich
zu lauter Festtagen. Meine Wohnung fand sie ganz an=
sprechend, wunderte sich aber über die Einfachheit derselben,
die nicht in diesem Grade notwendig gewesen wäre. Ich
konnte ihr nur lachend entgegnen, daß man nach einer elegan=
teren in dem guten Halle vergeblich suchen würde. Nach
acht Tagen reiste meine Mutter ab, und ich begleitete sie
bis nach Leipzig. Im letzten Augenblick noch steckte ich ihr
ein Papier in die Hand. Da sie sah, daß Verse darauf
geschrieben waren, nickte sie nur und schob es in die Tasche.
Ich hatte es vermieden, mit ihr über meine derartigen Be=
schäftigungen zu sprechen, trotzdem wollte ich sie nicht abreisen
lassen, ohne ihr wenigstens eine Andeutung zu geben. Es
war das „Märchengruß" überschriebene Einleitungsgedicht zu
„Waldmeisters Brautfahrt".

Und hier nehme ich Gelegenheit, auf die fernere Ent=
stehungsgeschichte dieses Gedichtes zurück zu kommen. Schon
einige Zeit vor dem Besuche meiner Mutter hatte ich Förster
ein Bruchstück davon vorgelesen, und zwar mit derjenigen
Laune, in der man etwas Abgethanes einmal wieder hervor=
zieht. Denn ich fühlte mich nach zwei Jahren, sowohl meinem
Lebensalter nach, so wie in meiner inneren Fassung, diesen
Dingen · entwachsen. Es gefiel dem Zuhörer doch, und er
wollte mehr davon vernehmen. Aber da aus dem Taschen=
büchelchen und der mit Bleistift gekritzelten Schrift schlecht
Vorlesen war, nahm er mir das Versprechen ab, ein ordent=

liches Manuskript zu machen. Ich that es, und als ich es
ihm zeigte, bat er mich, es ihm auf kurze Zeit zu überlassen.
Leichtfertig, wie ich damals mit Manuskripten umging, gab ich
es ihm und forderte es längere Zeit nicht zurück. Er machte
einen Ausflug zu Verwandten nach Dresden, wohin er es
mitnahm, und nach seiner Rückkehr erfuhr ich, daß er es
auch in Halle hier und da mitgeteilt hatte. Daß Grosse
nun auch davon erfuhr, verstand sich von selbst, aber ich
mußte den Freund doch tadeln, daß er etwas zu freigebig
damit gewesen sei. Er aber behauptete, er habe nur seine
Pflicht gethan, denn es sei unrecht, diese Arbeit zu verstecken.
Kögel wurde denn auch eingeweiht, und sein Beifall ging
sogar bis zu der Behauptung, das Gedicht müsse gedruckt
werden. Davor schauderte ich zurück, denn die Schicksale
meiner dramatischen Schularbeiten waren mir noch in zu
frischer Erinnerung.

Inzwischen näherten sich mir einige jüngere Leute, welche
durch Förster von einem gewissen „Gedichte" Wind bekommen
hatten, unter ihnen ein noch sehr jugendlicher Student, Namens
Alfred Gräfe, der auch unter die schüchternen Poeten zählte.
Bald wurde ich durch ihn in das Haus seiner Schwester und
seines Schwagers, des Assessor Thümmel, eingeführt. In
wenigen Wochen lernte ich noch mehrere Mitglieder seiner
in Weißenfels lebenden Familie kennen, dazu eine Cousine,
Wanda von Gräfe, die zum Besuche aus Berlin gekommen
war. Jugend, Liebenswürdigkeit und gute Laune fand ich
hier beisammen, und sah mich in einen geistig bevorzugten
Familienkreis aufgenommen. Hier rückte man nun mit dem
Wunsche hervor, mein „Gedicht" von mir vorgelesen zu hören.
Dergleichen in Gesellschaft zu thun, war mir noch etwas
Neues, und der Wunsch machte mich verlegen. Doch ließ
ich mich überreden, und hatte an einem dafür anberaumten
Familienabende einen sehr entgegen kommenden Zuhörerkreis.

Es war damals noch ein dünnes Heftchen, kaum zwei Drittel
der späteren Ausdehnung umfassend. Nun aber hieß es auch
hier, das Gedicht müsse veröffentlicht werden. Thümmel griff
nach dem ersten besten Buche und schlug den Titel auf. Es
waren Schillers Gedichte, und unten stand: „Stuttgart und
Tübingen, J. G. Cottasche Buchhandlung". Dahin sollte
ich das Gedicht unverzüglich schicken. Ich mußte lachen und
bat um Aufschub. Zur Veröffentlichung schien mir der Scherz
nicht geeignet, zumal ich mich der leichtblütigen Stimmung
darin zu entfremdet fühlte, um noch Gewicht darauf zu legen.
Mein Manuskript durfte ich zur Strafe nicht mit nach Hause
nehmen. Und als einige Tage darauf die Damen für einige
Zeit nach Weißenfels fuhren, da hieß es: „Ihr Märchen
entführen wir Ihnen. Sie mögen es sich in Weißenfels
selbst abholen!" Es erfolgte eine freundliche Einladung dahin,
der ich schon in den nächsten Tagen nachzukommen versprach.

Ich mußte den Besuch doch noch aufschieben. Denn
ich erhielt einen Brief von meinem Vater, der sich mit meiner
Schwester Adelaide auf einer Rheinreise befand. Er meldete
mir, daß er für Halle nur Einen Tag übrig habe, mich
daher schon in Kösen zu treffen wünschte, wo wir die ihm
von Alters her lieb gebliebene Rudelsburg besuchen wollten.
Ich machte mich rechtzeitig auf, ging von Naumburg zu Fuß
über Schulpforte, und traf noch vor den Meinigen in Kösen
ein. Meine Schwester Adelaide setzte mich in Verwunderung.
Sie war schlank aufgeschossen, voll Geist und Leben, und
wenn sie mir nicht als eine Schönheit erschien, für welche sie
Andern galt, so war sie doch auch in meinen Augen eine
sehr anziehende Erscheinung. Auch wußte sie den Vater
durch unverwüstliche gute Laune zu unterhalten. Gemeinsam
fuhren wir nach Halle. Bei dem jungen Mädchen fand
meine Laterne nicht ganz die gewünschte Anerkennung. Besonders lachte und schalt sie, daß kein Platz zum Sitzen da

war, denn die Stühle standen bepackt mit Büchern, die ich zum Behuf meiner Promotionsarbeit, auf die ich mich rüstete, zusammen getragen hatte. Der Vater aber fand die „Bude" ganz in der Ordnung, sie erinnerte ihn an seine eigne Studienzeit in Halle. Es machte ihm Freude, die alten Straßen, in welchen er im Wesentlichen nicht viel verändert fand, wieder zu durchschreiten. Er wünschte auch eine uralte Bäckerei zu besuchen, in welcher seit Menschenaltern der be= rühmte Hallorenkuchen gebacken wurde, den wir dann in einer tiefgemauerten Fensternische der Wirtsstube versuchten. Mein Schwesterlein erklärte ihn für das einzige Geschmackvolle, was dieses gelehrte und verräucherte Halle aufzuweisen hätte.

Noch ehe ich meinen Besuch in Weißenfels antrat, brachte mir Alfred Gräfe mein Manuskript zurück, welches man mir doch nicht länger vorenthalten wollte. Er und Thümmel drangen von Neuem in mich, dasselbe drucken zu lassen, und ich sollte ein Versprechen ablegen, es abzuschicken, bevor ich nach Weißenfels käme. Gern hätte ich mich mit Prutz darüber beraten, der aber war verreist, ich wußte nicht wohin. Ich hätte die Sache bis zu seiner Rückkehr können liegen lassen, aber nun sprachen auch andre Freunde zu, und so, auf gut Glück, packte ich eines Tages das Heft ein, und schickte es an die Cottasche Buchhandlung, eigentlich überzeugt, daß ich es bald genug mit einer Ablehnung zurück erhalten würde.

Achtzehntes Kapitel.

Mitte August machte ich meinen ersten Besuch in Weißen= fels, und zwar in Thümmels Begleitung, der, bei der Nähe der beiden Städte, den Weg häufig zurücklegte. Seine Gattin erwartete uns bereits im Hause ihrer Mutter, und wir wurden von einem großen und fröhlichen Familienkreise empfangen.

Der Vater lebte nicht mehr, an der Spitze des umfassenden Hauswesens stand die Mutter. Sie lebte nur für ihre Kinder, sorgsam, heiter, das bunteste Treiben derselben gewähren lassend, mit leiser Hand dem Uebermut steuernd. Drei Töchter waren um sie, davon die älteste die noch jugendliche Frau Mathilde Thümmel; und drei Söhne, der älteste Student, die beiden andern noch Knaben. Als glänzender Mittelpunkt des Hauses wurde von der Familie Fräulein Wanda von Gräfe betrachtet, welche als Gast mit herüber gekommen war, damals erst achtzehnjährig, aber lebhaftes geistiges Leben mit vollkommener gesellschaftlicher Bildung in sich vereinigend. Das Haus lag außerhalb der Stadt auf einem Hügel. Hinter ihm stieg die Berglehne höher hinauf, mit einem kleinen Park, genannt das „Wäldchen". Nach der Stadt hinunter senkte sich in einer Reihe von Terrassenstufen der Hausgarten mit Weinspalieren, Blumen und Gemüsepflanzungen. Dieser Besitz vereinigte Landleben mit den Vorteilen der Stadt. Trotz der zahlreichen Familie konnte das Haus viele Gäste beherbergen. Dabei war es mit einer gewissen Raumverschwendung gebaut. Große Korridore, eine mächtige Treppe, die Stuben groß und hoch. Die Einrichtung war nicht modisch glänzend zu nennen, es zeigte sich im Ganzen ein schlichter Sinn, und bei aller Reichlichkeit ein Abweisen alles Prunkhaften. Der Versammlungsort war im Sommer der Saal, wo das Pianoforte stand, und die beiden geöffneten Nebenstuben, so daß auch ein zahlreicher Kreis hier genügenden Raum fand. Und Besuch war immer im Hause. Neffen und Nichten, eine viel verzweigte Verwandtschaft von benachbarten Gütern oder Städten, fanden sich gern ein, und studentische Vettern oder Freunde waren an der Tagesordnung.

Unter so viel jungem Volk fand ich mich leicht zurecht, und schon ein Tag genügte, um das Leben hier von der

reizendsten Seite zu zeigen. Schwärmten wir von früh auf
im Freien umher, wobei im Garten oder im Wäldchen auch
wohl vorgelesen wurde, dann forderte an den schon längeren
Augustabenden der Versammlungssaal zu allerhand geselligem
Scherz heraus. Nachmittags beschloß man einen Masken=
ball, um Abends zu tanzen. Die Vorbereitungen dazu waren
nicht groß. Kränze, Blumen, Ranken, sogar Kohlblätter,
genügten den Damen zum Schmuck, in was für Kostümen
aber die Tänzer erschienen, ist gar nicht zu sagen! Aber
harmlos genug waren sie auch. Man tanzte nicht bis Mitter=
nacht, denn schon war für morgen früh ein Ausflug be=
schlossen. So nach der Schönburg, wo die Jugend sich im
Freien selbst den Kaffe kochen wollte. Schon waren wir um
sechs Uhr Morgens gerüstet, aber zu unsrem Leidwesen ließen
sich Frau Mathilde und Wanda entschuldigen, da sie nicht
wohl wären. Trotzdem rückten wir aus. Unterwegs fuhr
ein leerer Wagen an uns vorüber, den wir nicht beachteten.
Mit Gesang langten wir an unsrem Zielpunkte an, und zu
unsrem Erstaunen sahen wir Frau Mathilde und Wanda,
mit Kränzen geschmückt, an dem Aussichtspunkte unsrer be=
reits harren. Der Wagen hatte sie hergeführt, um uns aber
zu überraschen, waren sie unter das Pritschleder gekrochen
und uns wirklich entgangen. Die Mama aber, welche unsern
Kochkünsten nicht traute, hatte den fertigen Kaffee mitgeschickt,
so daß wir nur Feuer zu zünden brauchten.

Mitten unter solchem Umherstreifen in der anmutigen
Saalgegend, und allerlei lustiger Thorheit, beschloß man,
die „Waldeinsamkeit“ aufzuführen. Es wurden uns aber
nur drei Tage zur Einübung gegeben, da anwesende Ver=
wandte dem Spiel beiwohnen wollten. Die weiblichen Rollen
waren gut zu besetzen, und von den vier männlichen kamen
drei auf Thümmel, Alfred Gräfe und mich, aber eine blieb
übrig, sei es daß keiner der anwesenden jungen Männer dafür

taugte, oder dafür zu gewinnen war. So wurde die zweite
Tochter des Hauses überredet, den zärtlichen Vater darzu=
stellen. Nach einigem Sträuben wurde sie wirklich dafür
gewonnen, und in Männerkleidern, mit aufgeklebtem Backen=
bart, gab sie einen Präsidenten — ach, schon um dieser
Leistung willen mußte diese Vorstellung Allen, die das Glück
hatten, ihr beizuwohnen, unvergeßlich bleiben!

Wurden so die Tage und Abende von dem jungen Volk
unter Freuden durchlebt, so sollte zuweilen die Nacht auch
noch keine Ruhe bringen. Thümmel, die drei Söhne des
Hauses und ich, schliefen in einem geräumigen Zimmer, welches
auch noch mehr Genossen hätte aufnehmen können. In diesem
stand eine alte Spieluhr, von der Gestalt eines Schrankes,
oder vielmehr, da eine Uhr nicht in Verbindung damit war,
ein urväterliches Spielmöbel. Man hatte es aus der Hand
gesetzt, da ihm von den Tönen manche abhanden gekommen
waren, es überdies die Fähigkeit verloren hatte, zwischen den
einzelnen Stücken abzusetzen. Einmal losgelassen, spielte es
seine sechs Melodien in der verwahrlosesten und lächerlichsten
Weise unbarmherzig herunter. Und zwar durchdringend ge=
nug, um sich auch in den angrenzenden Räumen vernehm=
lich zu machen. Dieses Instrument wurde zu den boshaftesten
Possen benutzt, indem, wenn die Stücke endlich abgeleiert
waren, immer wieder Einer heimlich den Aufzug in Be=
wegung setzte, zum Aerger und Gelächter der Uebrigen. Dann
fing man in den Umgebungen an, sich zu regen, Schelten,
Lachen und Bitten erhoben sich draußen. Endlich hoffte man
Ruhe zu haben — aber nein, nein, eine heimtückische Hand
hatte im Finstern das Ding nochmals aufgezogen! Bis man
schließlich unter dem Geklimper einschlief. —

Gern las die Gesellschaft auch mit verteilten Rollen,
und dafür lagen uns selbstverständlich Schillers Dichtungen
am nächsten. Einmal hatten wir uns grade auf „Kabale

und Liebe" gerüstet, als eine Erscheinung unter uns trat, die wir zwar schon kannten, deren Gegenwart uns aber, in ihrer geistigen Ueberlegenheit, bei unsrem Vorhaben etwas einschüchterte. Es war Fräulein Louise von François. Obgleich an Jahren nicht mehr die Jüngste, war sie doch noch eine wahrhaft strahlende Schönheit, dabei von einer ungewöhnlichen geistigen Bildung. Sie lebte mit ihrem Vater, einem pensionierten Offizier in Weißenfels. Verstand und Witz, Geistreichtum, treffendes Urteil, standen ihr in hohem Grade zu Gebote. Sie übersah uns weit, und wir Studenten kamen schön an, wenn wir uns in eine Disputation mit ihr einließen, denn gegen ihr geistiges Uebergewicht war nicht aufzukommen. Zwar wollte sie uns das nicht fühlen lassen, mischte sich auch nicht in den Kreis der Jüngeren, aber daß sie sich über unser Treiben im Stillen belustigt fühlte, merkten wir ihrer lächelnden Vornehmheit doch an, und darum war uns ihre Gegenwart nicht bequem. Daß sie noch immer schön sei, gaben auch die jungen Männer zu, daß sie aber so verwünscht klug und gescheit war, ärgerte uns an ihr. Wer hätte gedacht, daß Louise von François einst (viele Jahre später) als eine Romandichterin von höchster Bedeutung auftreten würde? Wer hätte ahnen können, daß ich, der Jüngere, ihrem ersten größeren Werke („Die letzte Reckenburgerin") die Bahn in die Oeffentlichkeit ebnen sollte? Und wem von uns hätte einfallen können, daß Wanda von Gräfe einst in der Novellendichtung (unter dem Namen Walter Schwarz) die Litteratur mit formvollendeten und reizenden Gaben beschenken würde? Ja, wer wäre darauf gekommen, daß Thümmel, der damals ganz der Musik lebte, später als Dramatiker auftreten würde — kurz, daß wir Alle auf dem Wege waren, einmal von uns reden zu machen? Damals waren wir eben junges Volk, konnten uns zwar recht ernst-

haft unterhalten, trieben aber Possen von früh bis spät, die
uns auch nicht reuten.

Noch eine andre, aber gesetztere Persönlichkeit trat in
unseren Kreis. Wandas ältere Schwester, Frau Ottilie
von Thiele (Gattin des preußischen Gesandten in Athen,
späteren Unterstaatssekretärs in Berlin) traf zum Besuch bei
den Verwandten in Weißenfels ein. Sie entzückte uns durch
ihren Gesang, eine großartige Altstimme, in der besten Schule
gebildet. Und da sie nur ernste und bedeutende Stücke vortrug, sehr gern unbekannter gebliebene hymnenartige Gesänge
von Schubert, so wußte sie uns in die weihevollste Stimmung zu versetzen, die wir uns nicht gern abkürzen ließen.
Auch Thümmel sang sehr gut, einen angenehmen Bariton,
welchen der treffliche Meister Robert Franz sich für seine
Konzerte in Halle nicht entgehen ließ, und war in seiner
Geschmacksrichtung dem Großen und Stylvollen zugewendet.

Und nun war beim gemeinsamen Singen im Freien
auch meine Stimme entdeckt worden. Ich mußte am Klavier
meinen Vorrat von Liedern auskramen, und wagte mich langsam auch mit den Melodien heraus, die ich zu meinen eignen
Liedern zu machen pflegte. Aber hier ließ man sich nichts
aufbinden. Man erkannte gleich, daß das nicht wirkliche
Volkslieder waren, und meine Pfuscherei kam heraus. Allein
ein empfänglicheres Publikum, als ich hier dafür gewann,
ist nicht wohl zu denken, und so, nach all dem Erhabenen,
was die beiden geschulten Sänger vortrugen, mußte mein
leichtfertiger Singsang immer wieder klingen. Thümmel war
es, der, da mir selbst nicht einfiel, dergleichen auf Noten zu
setzen, mir die Melodieen abhörte, und ohne mein Wissen
musikalisch aufschrieb, ja sogar bald darauf sie in zwei Heften
veröffentlichte. Diese „Lieder im Volkston" (zu welchen er einige
eigne Kompositionen fügte) tragen zwar meinen Namen mit
auf dem Titel, aber kein ferner Stehender kam darauf, daß

mehr als die Worte von mir herrühren könnte. Und da
ich, als ich zu meiner Ueberraschung diese Dinge gedruckt sah,
mich ihrer schämte, hütete ich mich wohl, den Schleier zu
lüften. Hier aber, wo es gilt Bekenntnisse zu thun, mag
auch diese Beichte abgelegt sein. — Man wollte nun aber
nicht gelten lassen, daß ich dergleichen vernachlässigte, man
suchte mich zu bestimmen, mir ein Instrument anzuschaffen.
Da ich nicht nachgab, that man mir liebenswürdige Gewalt
an. Ein Tafelpianoforte, welches, kaum noch benutzt, in einem
andern Raume stand, wurde aufgepackt und mir zur Be=
nutzung nach Halle geschickt. Hier hat es über Jahr und
Tag in meiner Laterne gestanden, und manche gute Stunde
verschönern helfen.

Meinen Besuch in der Familie Gräfe wollte ich doch
nicht zu lange ausdehnen, und so verabschiedete ich mich nach
Verlauf einer Woche. Man wendete mir ein, daß ich ja
Ferien hätte, aber ich fühlte doch, daß ich nicht säumen durfte,
denn ich wollte arbeiten. Ich hatte mein Triennium bereits
überschritten, war aus der akademischen Gemeinschaft getreten,
und wünschte so bald als möglich zu promovieren. Das
Material für meine Arbeit war beisammen, ich brauchte nur
anzufangen. Aber die Nähe von Weißenfels wurde für die
nächste Zeit doch gar zu verführerisch. Kaum war ich acht
Tage in Halle, als die Einladung zu einem Balle kam, und
zwar nach dem Gute Wöhlitz, welches Verwandten der Fa=
milie Gräfe gehörte. Ein Gesammtbrief aus Weißenfels er=
klärte mir, ich dürfte nicht ablehnen, wenn ich nicht der un=
erhörtesten Strafen gewärtig sein wollte. Diese mochte ich
mir nicht zuziehen. So wurde denn auf dem Lande getanzt,
darauf ein paar Stunden auf einer Streu (für ein Dutzend
Tänzer) geschlafen, um am nächsten Morgen wieder rüstig
bei der Hand zu sein. Ein Teil der Gesellschaft, darunter
die Jugend aus Weißenfels und ich; wanderten durch den

Wald bis nach Merseburg, um einige junge Damen, die von Erfurt zum Feste gekommen waren, bis zum Bahnhof zu begleiten. Und, des Wanderns froh, ließen wir es uns nicht verdrießen, auch von da aus zu Fuße nach Weißenfels zurückzukehren.

Als wir Abends vergnügt ankamen, wurde mir ein Brief überreicht. Er war aus Stuttgart. Freund Grosse, der ihn in meiner Wohnung gefunden, hatte, in der Annahme, daß ich sobald nicht zurückkehren würde, ihn mir nach Weißen= fels geschickt. Der Brief besagte, daß die Cottasche Buch= handlung sich bereit erklärte, „Waldmeisters Brautfahrt" zu verlegen. Nun aber dieser Jubel in der liebenswürdigen Familie, welche mir Gastrecht gewährte! Als ob Allen ein Glück eingetroffen wäre, ließ jeder seinen Anteil in der freund= schaftlichsten Weise aus. Ich selbst war eigentlich mehr er= schrocken, und es stand sofort bei mir fest, das Gedicht in dieser Form nicht zu veröffentlichen. Und da es doch, wie man mir schrieb, erst um Ostern des nächsten Jahres aus= gegeben werden sollte, ließ ich mir nach meiner Rückkehr nach Halle das Manuskript aus Stuttgart zurückschicken, und begann die letzte Umgestaltung. Die Freunde in Halle, von gleicher Teilnahme erfüllt, konnten sich mit der neuen Form bald einverstanden erklären. Es kam nun erst die Episode von dem Jäger und dem Winzerkinde hinzu, und Grosse und Förster konnten nicht genug Lieder bekommen, deren Vorrat sie bei mir kannten.

Da erschien eines Tages Thümmel bei mir mit scherz= haften Vorwürfen, daß ich des Naumburger Weins nicht gedacht hätte. Ich ließ mir das gesagt sein, und machte nun erst jene Deputation des Grünebergers, Naumburgers und Pfälzers am Hofe des Königs. Ja, leider des Pfälzers auch! Die Geister jener gesegneten Gauen mögen mir verzeihen! Ich wußte nicht, was ich that. — Als ich nun aber zu einem end=

gültigen Abschluß gelangt war, trat mir das Planlose dieses
Flickwerks erst recht vor die Augen. Ueberdies war ich dieser
naiven Jugendstimmung entwachsen, und es erschien mir fast
unstatthaft, mich noch in solcher Weise öffentlich darzustellen.
Ueberdies gleichzeitig mit dem Werben um die Doktor= und
Magisterwürde! Ich wurde von den Freunden über diese
Bedenken ausgelacht, und ich ließ es denn laufen. Ich selbst
aber habe innerlich stets lachen müssen, wenn man später
das Gedicht „aus Einem Guß geschaffen" nannte, denn ich
wußte, aus wie viel Sorten und Güssen dieses Tränklein
gebraut war.

Aber bevor ich die Umarbeitung noch vollendet hatte,
war ich schon wieder unterwegs nach Weißenfels. Die Mama
Gräfe hatte ihren Kindern einen Ausflug von ein paar
Tagen nach einigen der anmutigsten Gegenden Thüringens,
besonders nach dem Schwarzathal versprochen, und ich sollte
von der Partie sein. Ich lehnte standhaft ab, um zu ar=
beiten. Die wackre Dame fand das ganz rechtschaffen, sah
mir aber mit etwas humoristischem Ausdruck ins Gesicht.
Thümmel war durch Berufsgeschäfte verhindert, Frau Mathilde
aber bereitete sich zur Fahrt. Als am andern Morgen die
Stunde herannahte, ballte ich die Fäuste gegen meine Bücher=
haufen, schnürte hastig mein Bündel, und eilte nach dem
Bahnhofe. Das Gelächter aber war groß, als der Zug in
Weißenfels hielt, die Gesellschaft einstig, und mich, zur Reise
gerüstet, nun dennoch darin vorfand. Bis Kösen ging es
auf der Eisenbahn. Dort wurde ein Wägelchen genommen,
welches neben, hinter oder vor den Wanderern herfahrend,
nur für das Gepäck oder gelegentliche Ermüdung dienen
sollte. Wir waren neun Personen, die Mama mit drei Töchtern
und drei Söhnen, dazu außer mir noch ein Student, welcher
unterwegs zum Anschluß erwartet wurde, so viel ich mich
erinnere, ein Vetter der Familie. Fröhlich wanderte die

Gesellschaft über die Rudelsburg, Kamburg, Dornburg, nach
Jena, wo wir uns im Gasthof zur Sonne einquartierten.
Ich konnte in Jena nicht unterlassen, anzufragen, ob Prutz
von seinem Ausflug zurückgekehrt sei, fand ihn und wurde
freundlich von ihm empfangen. Als ich nach einer Stunde
zurückkehrte, traten mir die jungen Damen mit einem Wunsch
entgegen, der mich verlegen machte. Die beiden Studenten
hatten bereits dagegen gesprochen, mich hoffte man gefügiger
zu finden. Es handelte sich um nichts Geringes. Bei einem
Gange durch die Straßen, hatten die Damen aus dem so=
genannten Burgkeller Gesang gehört, und brannten darauf,
einmal ein „Stückchen Kommers" mit anzusehen. Ich sollte
sie hinführen. Es war Samstag, die Burschenschaft hielt
ihren üblichen „Kneipabend", und durfte sich nach dem Her=
kommen für diesen Abend im Alleinrecht über den Saal
wissen. Die Damen aber, welche nicht begreifen konnten,
was dabei zu befahren sei, baten gar zu sehr, und so gab
ich nach, den Zug hinzuführen. Und doch war es ein miß=
liches Unternehmen, bei welchem ich eigentlich für Unannehm=
lichkeiten nicht einstehen konnte. Wir betraten den Saal,
und ich ging auf den Vorsitzenden zu, mit der Bitte, unsre
Gegenwart für einige Minuten zu gestatten, indem ich den
Wunsch der Damen betonte, das akademische Schauspiel ein=
mal zu betrachten. Er sah mich verwundert an, und auch
den Uebrigen erschien der Besuch gar befremdlich. Denn
meine Gesellschaft war bereits hinter mir drein in den Saal
geschlüpft, voran die Knaben, dann die jungen Damen, die
Mama, Alfred und der Vetter, und saßen in einer Ecke
gruppiert beisammen. Der Vorsitzende nahm die Sache, wie
sie war, und ließ sofort ein Lied anstimmen. Nachdem dieses
beendet war, stellte sich eine gewisse Stille ein, unterbrochen
von Gemurmel und schlecht verhaltenem Lachen, und ich
merkte daß sich Ungeduld an der Tafel geltend machte. Ich

dankte dem Vorsitzenden, winkte den Damen, daß es Zeit
sei, den Saal zu verlassen, und so bewegte sich unser Zug
wieder hinaus. Ich war heilfroh, als ich meine arglosen
Abenteuerinnen wieder auf der Straße hatte, und ließ mich
getrost schelten, die Sitzung so bald abgebrochen zu haben.
Ich erhielt den Namen „der Tyrann", und sogar ein Fürstentum Kuhschnappel wurde mir für meine Tyrannis zugelegt.
Wer die Welt Jean Pauls einigermaßen kennt, wird auch
wissen, wo das Fürstentum Kuhschnappel zu finden ist.

Am andern Morgen, noch im Nebel, wurde ausgerückt,
und in Lichtenhain der Geburtstag der jüngsten Tochter der
Familie gefeiert. Die Sonne brach durch, und begünstigte
alle Thorheiten, welche wir uns zu dieser Feier ausgedacht
hatten. Dann ging es über Kahla, Rudolstadt, dem Eingang in das Schwarzathal zu. Hier öffnete uns das bekannte
Wirtshaus, „Der Chrysopras" seinen Hafen. Die köstliche
grüne Waldschlucht, durch welche die Schwarza sich windet,
einen Weg welchen ich im Jahre zuvor mit Aubert zuerst
gemacht hatte, begrüßte ich mit neuer Freude. Der Abend
kam, der Mond trat aus den Wolken, und wir vollendeten
unter fröhlichem Gesang unsern Weg nach dem einsamen
Schwarzburg. Damals befand sich, außer dem Schlosse,
welches sich aus der waldigen Thalrunde erhebt, kein andres
Gebäude dort, als das Wirtshaus. Man wurde von einer
tiefen, wonnigen Stille empfangen. Am andern Morgen
sahen wir auf den tiefliegenden Wiesen Hirsche und Rehe
grasen, halb vom Frühnebel umschleiert, bis die Sonne uns
zu weiterer Wanderung leuchtete. Als letztes Ziel lockte uns
die Klosterruine Paulinzelle, wo zwischen freistehenden Pfeilern
und Bogen gerastet und die Wanderkost nicht verschmäht
wurde. Diese Tage waren voll der harmlosesten Freuden,
Blumensträußer und Lieder begleiteten die Schaar von Morgen
bis Abend. Wie berauscht von Uebermut kamen wir nach

fünf Tagen in Weißenfels wieder an. Es war damals eine liederreiche Zeit für mich, und wenn ich die Erinnerung an unsern Ausflug ebenfalls in einer Reihe von Liedern fest= hielt, so war das damals meinem Kreise zwar willkommen, aber der Kritik gegenüber hatte ich später zu bereuen, daß ich der Oeffentlichkeit preisgab, was nur der Gelegenheit und Geselligkeit angehörte.

Nach diesen glücklichen Zerstreuungen gab ich mich end= lich mit Ernst an meine Arbeit, und mußte allen Einladungen nach Weißenfels oder auf das Land zu widerstehen. Das Thema, welches ich mir gewählt, über die Entwickelung des Dramas in Deutschland, machte mir wenig Schwierigkeiten, und ich wurde früher fertig, als ich vermutet hatte. Mein Latein mußte ich freilich nicht eben ciceronianisch, daher war mir die Beihülfe Freund Försters, dessen Latinität für glänzend galt, sehr willkommen. Ich hoffte demnächst, etwa im December, promovieren zu können, aber leider wurde der Akt bis weit in das Frühjahr hinausgeschoben. Denn da ich einen litterarhistorischen Stoff gewählt hatte, so entstand die Verlegenheit, wer in der philosophischen Fakultät meine Arbeit beurteilen sollte. Pruß blieb außer Frage, da er nicht ordentlicher Professor war. Ulrici, der wohl über litterarische Themata las, weigerte sich, da er als Vertreter der Philosophie keine Verpflichtung dazu habe. Leo, als Historiker, wies die Zumutung mit Entrüstung von sich. Andere lehnten ihre Befugniß aus andern Gründen ab. Mit diesen Verhandlungen vergingen Monate, während die Arbeit immer wieder in die Hände des Dekans zurück kam. Endlich gab Leo „aus Gnade und Barmherzigkeit" nach, und ich wußte, daß sie damit an einen nicht eben wohlwollenden Mann gekommen war. Denn ich war ein Schüler von Pruß, den er als Liberalen auf's bitterste haßte. Unter diesen Miß= helligkeiten, bei welchen ich selbst den Boten zu machen hatte,

vom Dekan zu den Professoren, und wobei ich erfuhr, wie
die Herren einander unter sich allerlei Trumpfe auszuspielen
suchten, lernte ich manches über die schöne kollegialische Einig=
keit, in welcher man lebte. Und als meine Arbeit endlich
bei Leo untergebracht war, wurde es noch bunter, da ich mir
die Examinatoren zu meiner mündlichen Prüfung erst zu=
sammen zu betteln hatte. Der Eine rief mir zu: „Seit
zwanzig Jahren sitze ich hier als außerordentlicher Professor!
Man mache mich zum ordentlichen, und ich will die Sache
übernehmen!" Der Andre sagte: „Wenn der Herr Dekan
mich noch zuerst aufgefordert hätte! Da er sich meiner aber
erst erinnert, nachdem Herr Professor So und So abgelehnt
hat, werde ich mich nicht zum Lückenbüßer hergeben". Diese
unerwarteten Schwierigkeiten regten mich vielfach auf, und
obgleich sich die Freunde über die Darstellungen, welche ich
ihnen von diesen Possen machte, sehr belustigt zeigten, wurde
meine Geduld doch auf eine harte Probe gestellt.

Unfreiwillig hatte ich aber dadurch einen ganzen Winter
Zeit erlangt, mich poetischer Thätigkeit hinzugeben, soweit
die Stimmung zwischen allen diesen Unannehmlichkeiten es
zuließ. Mein „Rhein=Wein= und Wandermärchen" war in
letzter Fassung nach Stuttgart abgegangen. Da fand ich eines
Tages das Manuskript des schon in Frankfurt angefangenen
Romans, welches ich eigentlich als überwunden bei Seite
gelegt hatte. Einiges darin erschien mir beim Lesen noch
brauchbar. Die Freunde ertappten mich dabei, und mir war
es denn recht, ihnen davon vorzulesen, was bereits ausge=
führt war. Ihr Beifall überraschte mich, und noch mehr
ihr Dringen, nicht viel daran zu ändern, sondern die Geschichte
zu Ende zu schreiben und drucken zu lassen. So trat mir
die Arbeit wieder näher. Aber zu ändern gab es dennoch,
und bald immer mehr, da ich die Geschichte in die Rhein=
gegend verlegte, und die Naturschilderungen immer verlockender

wurden. Ja, es wurde nun noch hinein gestopft und geflickt, was noch hinein wollte, immer in der Ueberzeugung, daß das Neue dem Aelteren nur zum Vorteil gereichen könne. Und da es mir mit dem Gedichte vom Waldmeister gelungen, aus Bruchstücken ein Ganzes zu machen, so wiegte ich mich in der sichren Hoffnung, mich mit diesem Werke besser dar= zustellen, als mit dem Studentengedichte. Solche Täuschungen bereitet man sich in der Jugend nicht selten. Heut habe ich zu diesem „Orion" alle Fühlung verloren, ja er ist diejenige meiner Jugendarbeiten, gegen welche mir nur ein Wider= wille geblieben ist, als gegen Etwas, das man ernsthaft zu bereuen hat. Die Arbeit ist ein Durcheinander von bald Jean Pauls, bald Hoffmanns Manier, dazu kommt etwas „schwarzwälder Dorfgeschichte", Sentimentalität und eine Art von Komik, die sich in der Uebertreibung des Unbedeutenden gefällt. Die Charakteristik wird zur Unnatur, und was als Natur erscheinen soll, zu nichts Besserem. Das Gemisch von Unreise und nicht zu läugnender, sogar etwas vordringlicher Frühreise hat ein sehr unbehagliches Machwerk zustande gebracht. Aber so strenge dachten diejenigen, welche die Arbeit zuerst kennen lernten, und auch andere, besonders jüngere, Zeitgenossen, über dieselbe doch nicht. Ich schickte sie an einen jungen Verleger (Schlottmann) in Bremen, der damals durch seinen Unternehmungseifer von sich reden machte. Nicht vierzehn Tage waren vergangen, als er mich benachrichtigte, daß er den „Orion" verlegen wolle. Das Honorar von hundert Thalern, welches er mir bot, erschien mir als eine enorme Summe, um so überraschender, als mir für die erste Auflage des Waldmeister ein Honorar gar nicht zugestanden worden war. Nun ging es gleich an das Drucken, und in der zweiten Hälfte des Winters wechselten bei mir die Kor= rekturbogen von Stuttgart und Bremen.

Vorher schon war der Gruppesche Musenalmanach

auf das Jahr 1851 erschienen, für welchen Paul Heyse
Gedichte von mir verlangt hatte. Wir Jüngeren kamen bei
der Kritik schlecht weg gegen die „großen Propheten": Sim=
rock, Maßmann, Kopisch, Kugler, Geibel, gemäß der üblichen
Regel, daß man die jungen Leute nicht „aufkommen" lassen
dürfe. In diesem Almanach fanden sich auch Lieder von
Oscar von Redwitz, der durch seine Dichtung „Amaranth"
sich damals für viele Kreise zum glänzendsten Gestirn der
neuen Poesie gemacht hatte. Das frömmelnd weichliche,
räucherduftig gottselige Wesen seiner Manier traf günstig in
die Stimmung der herrschenden politisch=kirchlichen Reaktion.
Mir und meinen Freunden aber war diese Manier ganz
unausstehlich. Die lyrische Begabung, den Glanz seiner Dar=
stellung ließen wir gelten, der herausfordernde Ton aber rief
uns zur Gegenwehr. Das halb Kindische, halb Brutale in
der Charakterzeichnung seines Helden, das hochfahrend Thran=
nische seiner Rechtgläubigkeit forderte unsren Spott heraus,
und der edle Ritter, der denn genug Seiten bietet, seine
Hoheit in's Lächerliche zu ziehen, war häufig ein Gegenstand
unsrer Belustigung. Damit verstießen wir aber sehr gegen
die auch in Halle ziemlich verbreitete Richtung. Denn die
protestantische „Muckerei", wie man die Orthodoxie damals
nannte, sah in einer katholischen Tendenzdichtung etwas ihr
Verwandtes, und so wurde diese „Amaranth" auch in der
Saalestadt gepriesen und bewundert. Sogar meine Freun=
dinnen in Weißenfels waren von diesem Moschusduft etwas
benommen, zumal sie sich auch zu einigen der alten Roman=
tiker, besonders zu Novalis hingezogen fühlten. Von der
Amaranth wurden sie zwar bald abgebracht und konnten
mit mir darüber lachen, aber von der „blauen Blume" der
Novalisschen Dichtung mochten sie sich nicht trennen. Mir
war er innerlich fremd, ebenso fremd wie Brentano, dessen
Geschichten von „Gockel Hinkel und Gackeleia" bei den Damen

noch beliebt waren. Dagegen fanden wir uns einig in der
Freude an Eichendorfs Gedichten und an seinem liebens=
würdigen „Taugenichts". Auch vereinigten wir uns in dem
Beifall, den die Dichtungen von Max Waldau fanden.
Vorwiegend war es der Roman „Aus der Junkerwelt" der
uns damals fesselte, wenngleich das verschwenderische Ueber=
maß seiner Schilderungen zuweilen übersättigte.

Solche Gespräche, welche sich häufig an Vorlesungen
knüpften, wurden nicht selten in meiner Wohnung geführt.
Denn auch die Damen verschmähten es nicht, meine Laterne
durch ihre Gegenwart zu erhellen. Bei der Nähe von Weißen=
fels gab es immer Besuche von dort in Halle, und eine oder
die andre Schwester fand sich auf eine Weile bei Thümmels
ein. Auch die Mama Gräfe, deren jüngere Söhne auf dem
Pädagogium in Halle erzogen wurden, erschien nicht selten,
und unter ihrem Vorsitz gingen bei mir kleine Familien=
picknicks in Scene. Dann war es so beengt in der Laterne,
daß wer einmal saß, nicht daran denken durfte, den Platz
zu verlassen. Aber das erhöhte den Humor dieses geistig
belebten und dabei harmlos anspruchslosen Kreises. Das
Klavier aus Weißenfels stand jetzt bei mir, wurde hier als
alter Hausfreund wieder begrüßt, und der neuen Lebens=
stellung, in welche es wider Erwarten getreten, ward ge=
bührend Rechnung getragen. Auf diesem Klavier trommelte
ich mir Begleitungen zurecht zu allen möglichen Volksliedern,
auch italienischen und französischen, die ich mir zu verschaffen
wußte, selbst zu Gebirgsjodlern und musikalischem Unsinn
aller Art, womit ich bald aufwarten konnte. — Bei mir
auch war es, wo Julius Grosse seine Tragödie „Graf Mans=
feld" zuerst vorlas, ein Werk noch ganz durchwuchert von
der ungestümen Freigebigkeit seiner Jugend, aber voll von
glänzenden und genialen Zügen. Kurz vorher war sein
„Rienzi" bereits gedruckt erschienen. Damit hatte Grosse

sich), als Student, noch in den ersten Semestern, schnell be=
kannt gemacht.

Der Winter verging. Anfang April erschien mein
Roman „Orion", und in der Mitte des Monats erhielt ich
die beiden ersten Exemplare von „Waldmeisters Brautfahrt".
Das eine schickte ich meiner Mutter, das andre überreichte
ich Frau Mathilde Thümmel, deren Namen ich auf das
Widmungsblatt gesetzt hatte. Sie und Freund Thümmel,
die ganze befreundete Familie, hatte so viel Anteil daran
genommen, hatte eigentlich die letzte Veranlassung gegeben
mich doch noch damit heraus zu wagen, daß es mir ein
herzliches Bedürfniß war, von meiner Dankbarkeit und Freund=
schaft Zeugniß abzulegen.

Während nun die Freunde alle dem Eindruck meiner
beiden ersten Gaben fröhlich die Gemüter öffneten, und in
den Kreisen der Universität auch etwas davon ruchbar wurde,
sollte ich manches Unangenehme erfahren. Bei Gelehrten
tritt man meist in ein übles Licht, wenn man in den Ver=
dacht gerät, Novellen und Verse zu schreiben, und erst gar,
wenn man dergleichen Allotria vor dem Examen gedruckt
erscheinen läßt. Meine Schuld war es nicht, daß diese Ueber=
raschungen nicht nach der Prüfung kamen. Professor Leo
war es vorzüglich, der sich gegen Andre in der schroffsten
Weise gegen eine solche „Unverschämtheit" aussprach. Ja,
wär es noch eine gelehrte Arbeit gewesen, wenn auch mangel=
haft! Aber Gedichte! Es wäre ja vorauszusehen, so sagte
er, daß dieser Mensch in einigen Jahren irgend ein bellet=
ristisches Blättchen, wer weiß, wohl gar eine liberale politische
Zeitung redigieren werde! So ein Mensch dürfte eigentlich
zur Promotion gar nicht zugelassen werden. — All der=
gleichen wurde mir getreulich hinterbracht, und regte mich
nun erst recht an, auf die Beschleunigung des Aktes zu bringen.
Der Dekan der philosophischen Fakultät, Professor Schweigger,

war ein sehr alter Herr, dabei Sonderling, vielredend und
verzweifelt umständlich, aber mir wohlgewogen. Ich mußte
nochmals umherlaufen und mir die Examinatoren für das
„Mündliche" auf einen nun bestimmten Tag einladen, bis
ich denn endlich am 27. Mai mit einer Gruppe sehr be=
jahrter Herren (unter ihnen mein höchst verehrter Professor
Blanc) an dem rigorosen grünen Tische saß. Dem malitiösen
Tone, welchen Professor Leo von vorn herein anstimmte, der
jedoch von einigen der übrigen Herren sichtlich mißbilligt
wurde, mußte ich alle Ruhe entgegen zu setzen suchen, und
so ging die ernsthafte Posse in ein paar Stunden vorüber.
Die Klingel wurde gerührt, der Pedell erschien mit einem
Präsentierbrett voll Gläsern schäumenden Bieres, von welchem
ich aber nichts ab bekam — obgleich ich es doch hatte be=
zahlen müssen. Ich wurde auf einige Minuten entlassen,
und als man mich nach kurzer Beratung zurück berufen ließ,
erteilte mir der Dekan mit einem Handschlag die akademische
Doktor= und Magisterwürde. Auf dem Heimwege nach meiner
Wohnung war mir zu Mute, als wär ich an einem ziemlich
abgeschmackten Vorgange beteiligt gewesen, und die langen
Umständlichkeiten, welche man mir vorher bereitet hatte, kamen
mir nun erst recht wunderlich vor.

Ich hatte den Freunden den Tag dieser akademischen
Thathandlung verschwiegen, und konnte sie nun mit dem Er=
folge und der Schilderung der Feierlichkeit überraschen. Prutz
gestand mir, daß alle die Schwierigkeiten eigentlich auf ihn
selbst gemünzt gewesen wären. „Den Sack schlug man, den
Esel meinte man", so sagte er. Denn da er als Poet und
Liberaler bei den konservativen Kollegen mißliebig, mein Zu=
sammenhang mit ihm aber bekannt war, so hätten Einige
mich gern entgelten lassen, was sie gegen ihn auf dem Herzen
hatten.

Während ich mich in den nächsten Tagen zu einem Be=

such bei meiner Familie rüstete, erschien im „Deutschen
Museum" eine von Prutz verfaßte Anzeige von „Wald=
meisters Brautfahrt", im wärmsten Tone der Anerkennung
geschrieben. Daß selbst er so viel Rühmens davon machen
konnte, überraschte mich. Um so befremdlicher war es mir,
seit fast sechs Wochen von meinen Eltern noch kein Wort
darüber empfangen zu haben. Ich hatte das Büchlein meiner
Mutter geschickt, es mußte zu ihrem Geburtstage zurecht ge=
kommen sein. Briefe waren inzwischen hin und her gegangen,
aber darin meiner Sendung auch nicht einmal Erwähnung
gethan. Meine Mutter erklärte mir später selbst den Grund.
Sie war bei Empfang des Buches so erschrocken, daß sie es
ungelesen in den Nähtisch verschloß, und Wochen lang darin
verborgen hielt, so daß weder der Vater noch die Geschwister
davon erfuhren. Denn die alten Vorurteile und Einflüsse
von Frankfurt her waren ihr beim Anblick des Buches wieder
mächtiger geworden, wonach die Dichterei nur ein Unglück
sein konnte, da ja doch nichts Gescheites dabei heraus käme.
Andrerseits fürchtete sie sich vor der Möglichkeit, das Buch
könnte schlecht sein, ihr Sohn in der Gesellschaft darum aus=
gelacht werden, und was nicht Alles! Diese Schwäche ge=
stand sie mir später selbst ein, mit der Versicherung, daß sie
es heimlich doch gelesen, und für sich allein davon befriedigt
gewesen sei. In jenen Tagen aber erfuhr mein Vater
auf dem Gericht von einem Kollegen, daß sein Sohn eine
Dichtung veröffentlicht habe, von welcher bereits in einigen
Blättern Anerkennendes zu lesen sei. Er kam mit der Nach=
richt zu meiner Mutter, und diese zog mit einem Seufzer
das Büchlein aus dem Nähtische, die Unterschlagung einge=
stehend. Er wurde ärgerlich, daß sie es ihm so lange vor=
enthalten, machte sich aber sogleich an das Lesen. Mit den
Worten: „Ich bin wie betrunken davon!" brachte er es ihr
Abends zurück. Er war von dieser Stunde an mit meinem

künstlerischen Schaffen einverstanden, und eigentlich mehr als meine Mutter, die sich, trotz alles Geistreichtums und aller Anregungsfähigkeit, doch niemals von dem Vorurteil trennen konnte, daß meine Lebensaufgabe eine verfehlte sei.

Im Juni reiste ich nach Bromberg. Der Vater zeigte sich sehr befriedigt. Die Doktorwürde seines Sohnes, die beiden Bücher, rasch aufeinander folgende günstige Anzeigen derselben (sogar des Orion!) stimmten ihn fröhlich. Bald geschah auch noch etwas ganz Ungewöhnliches. In der Bibliothèque universelle de Génève erschien eine eingehende Besprechung des Waldmeister, mit der noch ein Hauptschlag ausgeführt werden konnte. Sie wurde, nebst dem Büchlein an den Großvater nach Frankfurt geschickt. Der würdige Patriarch hat zwar das Gedicht selbst nie angesehen, aber über ein Buch seines Enkels so viel umständlichen Lobes in französischer Sprache zu lesen, machte ihm doch Spaß, und er wird sein Käppchen mit lachendem Gesicht oft hin und hergeschoben haben, wie er pflegte, wenn ihm eine elegante französische Wendung besonders behagte. —

Nach einigen im Familienkreise froh verlebten Wochen kehrte ich nach Halle zurück. Ich hoffte, mich zum Privat-docenten vorzubereiten, freilich nicht an der Universität der Saalestadt, in diesem Sommer aber noch einiges Poetische zu vollenden.

Neunzehntes Kapitel.

Es folgte nun eine sehr schöne, innerlich reiche, und, trotz mancher Stürme, bildende und beglückende Zeit für mich. Durch meine Fenster sah ich dieselben Bäume nun schon zum drittenmal im Sommerschmuck. Sie waren ge-wachsen, und auch ich fühlte Gemüt und Kraft zu neuem

Wachstum gediehen. Zugleich durfte ich die erste Süßigkeit des Berühmtwerdens durchkosten, wiewohl mir in Halle nur ein bescheidenes Maß davon zu Teil ward. Denn eine Universitätsstadt mit herrschender akademischer Gesellschaft ist nicht der Ort, einen jungen Poeten Mode werden zu lassen. Ein junger Gelehrter, der danach strebt, wird es eher dahin bringen. Da ich aber gar nicht den Ehrgeiz hatte, mich geltend zu machen, ließ ich den Kreis der Professoren ganz bei Seite, und befand mich befriedigt in einem engeren Verkehr, dessen Mittelpunkt das Thümmelsche Haus bildete. Daß aber außerhalb der Universität mein Gedicht in größeren Kreisen durch die Welt zog, konnte mir nicht verborgen bleiben. Schon die drei Auflagen, welche im Laufe des Sommers einander folgten, belehrten mich darüber, aber es belehrten mich auch Briefe von Verlegern und litterarischen Unternehmern, daß ich im Umsehn ein Gegenstand der Spekulation geworden. Da wünschten Buchhändler ich möchte ihnen „auch so etwas“ oder „etwas Aehnliches“ wie Waldmeisters Brautfahrt dichten — zwar wären ihre Mittel nur beschränkt, und ich müßte überdies bedenken — ich weiß nicht mehr was. Andern sollte ich einen Almanach von Gedichten lebender Poeten zusammenstellen; sie wären zwar noch junge Anfänger, und sie könnten für den Augenblick nicht eben viel — und so weiter. Und dann ging die Jagd der illustrierten Albums in Scene, welche etwas zu Bildern verlangten, kurz, alle wollten etwas geschenkt haben, denn die Kosten wären bedeutend, und ich würde ja wohl einsehen — bald den schönen Zweck, bald etwas Andres, wodurch wir uns belustigt fühlten. —

Die Arbeit welche ich mir für den Sommer zurecht gelegt hatte, war der „Gevatter Tod“. Eigentlich fing ich das Gedicht noch einmal von vorn an, und es gelang mir, es ein gut Stück vorwärts zu bringen. Was mich doch wieder darin unterbrach oder mir die Stimmung dafür raubte, ist mir nicht mehr erinnerlich. Ich brach ab, und, um ein für allemal mit dem Stoffe abzuschließen, machte ich eine Ballade daraus, oder vielmehr ein erzählendes Gedicht von nicht einem Dutzend Strophen. So glaubte ich mit dem Ge= vatter Tod fertig zu sein, und für eine Zeitlang war das wirklich der Fall. Das Gedicht ist mir abhanden gekommen. Zwar erinnere ich mich, es später sogar einmal abgedruckt gefunden zu haben, weiß aber nicht mehr wo, noch könnte ich es aus dem Gedächtniß wiederherstellen. Die Ausarbeitungen und Bruchstücke der ersten dramatischen Fassung blieben mir aber übrig, und brachten mir nach vielen Jahren den Stoff doch wieder näher.

In dieser Zeit fiel mir ein englisches Buch in die Hände, eine Gesammtausgabe der erzählenden Dichtungen von Walter Scott. Diese historisch=romantische Welt — The lady of the lake, Marmion, The lord of the isles, Rokeby, Harold — mit ihrem Glanz der Schilderungen, ihrem Liederklang und bunten Leben, nahm mich eine Zeitlang ganz und gar ein. Eine meiner angefangenen Arbeiten, noch aus der Frankfurter Zeit, welche zuerst dramatisch gefaßt worden war, gestaltete sich nun mit einemmal zu epischer Form. Es war die Jugendgeschichte Kaiser Heinrichs des Ersten, mit der ich das Märchen von der schönen Harznixe Prinzessin Ilse verflochten hatte. Das Gedicht wurde in einigen Monaten beinahe vollendet, erschien aber erst später, unter dem Titel „Herr Heinrich" in der Oeffentlichkeit. Den Abschluß verhinderte damals ein andrer Stoff, der sich fürs Erste in den Vordergrund stellte. Bei den Vorbereitungen zu einer Reise nach der Schweiz, die ich mit Thümmels plante, war·mir der Heldenkampf der Eidgenossen bei St. Jakob großartig und fesselnd erschienen. Es gab damals noch keinen „Bädeker" als Reiseführer, und wer sich über Historisches

unterrichten wollte, mußte sich in Zschockes Schweizergeschichten
oder in Johannes von Müllers Geschichten der schweizerischen
Eidgenossenschaft Rat holen. Durch diese Werke war ich bald
für mein Thema bestens vorbereitet. Die ganze Reise trat mir
jetzt unter einem neuen Gesichtspunkt auf, denn der Grund=
riß zu meinem Gedicht war bereits fertig. Ich hatte mir das
Reisegeld selbst verdient und erspart, was mich um so ver=
gnügter stimmte, und so stellten wir unsern Plan fest, und
machten unsre kleinen Vorbereitungen in der besten Laune.

Anfang August fuhren wir von Halle ab, Thümmel,
Frau Mathilde, ein juristischer Kollege Thümmels als Dritter,
und ich. Als fünften erwarteten wir Alfred Gräfe zum An=
schluß in Heidelberg. Dort sollte unser erster Aufenthalt
sein. Auch mein Bruder hatte seit Ostern die Universität
in der Neckarstadt bezogen, dazu noch zwei junge Vettern,
die Brüder Nötel. So begrüßte uns bei unsrer Ankunft
ein vierfacher Studentenjubel, der uns die beiden Tage, die
wir in Heidelberg verweilten, auch gesellt blieb. Viele Er=
innerungen wurden erneuert, manche Stätte wieder aufge=
sucht, die ich in der Haft einst hatte verlassen müssen, und
im Zuge wanderten wir nach Handschuchsheim. Die Felix
war immer dieselbe, munter, unbefangen, zuthulich, und schritt
mit Frau Mathilde schon Arm in Arm durch den Garten.
— In der Schloßruine fand ich bereits einige Sicherungs=
maßregeln gegen das freie Umherklettern. Mir machte es
Spaß, sagen zu können: Da oben in den Fenstern des Otto=
Heinrichsbaues, wo jetzt keiner mehr allein hinauf darf, habe
ich oft gesessen, und sogar Verse gemacht! Diese ganze Gegend
am Neckar war mir so lieb, daß ich beschloß, auf der Rück=
reise einen längeren Aufenthalt hier zu nehmen.

Eine Reise nach der Schweiz wird heutzutage von vielen
Tausenden gemacht, und so denke ich nicht daran, Allbekanntes
hier ausführlich zu schildern, wie neu und ergreifend mir jene

erſten Eindrücke der Alpen auch ſein mochten. Ueberdies
habe ich einige dieſer Gegenden mit den Jahren wiedergeſehn.
Nur den allgemeinſten Umriß will ich, an der Hand meines
Tagebuchs, geben, Perſönliches erzählen, und dasjenige an=
führen, wodurch ſich unſre Fahrt unterſchied von dem Reiſen
des heutigen bequemeren Geſchlechts. Denn manchen Genuß
mußte man ſich noch hart erkämpfen, ohne am Ziel diejenigen
Bequemlichkeiten zu finden, welche die neue Generation be=
reits als ihr Recht beanſprucht. — Wir fuhren von Heidel=
berg nach Freiburg i. B., wo wir das Münſter betrachteten,
und ich vom „Schweizer“ hinausgewieſen wurde, da ich, mit
dem Ränzel auf dem Rücken, mich zu nahe an den Hoch=
altar gewagt hatte, wo die Meſſe begonnen hatte. — Von
Baſel aus ſchritten wir gleich tapfer zu Fuß, über das
Schlachtfeld von St. Jakob, der franzöſiſchen Schweiz ent=
gegen. Wir wanderten durch das Felſenthal, die Gorge
de Moutières, über Péry nach Neuſchatel, fuhren auf dem
See nach Jverdun, und wendeten uns dem Genſer See zu.
Lauſanne, Vevey, Montreux, Chillon, herrliche Geſtade,
wurden beſucht, und Kahnfahrten auf der blauen Flut wollten
uns länger feſſeln, als der Reiſeplan es geſtattete. Dann
ging es über Freiburg, Bern, dem Thuner See, nach Inter=
laken. Hier, im Hotel zur Jungfrau hatte Paul Heyſe,
wie er geſchrieben, mit ſeinen Eltern Wohnung genommen,
ſehr beſchäftigt mit einer poetiſchen Arbeit. Wir kehrten für
ein paar Stunden ebenfalls dort ein, ich ſuchte ihn auf,
und holte ihn zu meinen Reiſegefährten. Wir ſaßen unter
den Nußbäumen vor der Thür, den Blick auf die Schnee=
gipfel der Jungfrau gerichtet. Ich ging auf einen Augen=
blick in den Saal, um irgend etwas aus meinem Ränzel zu
holen. Da ſaß am Fortepiano eine Dame, und begleitete
ſich eins der bekannteſten Duette von Mendelsſohn, deſſen
Oberſtimme ſie halblaut allein ſang. Während ich an meinem

Ränzel kramte, fing ich unwillkürlich an die zweite Stimme dazu zu summen. Die Dame sah sich um, und ohne sich zu unterbrechen, gab sie mir ein Zeichen, näher zu treten. Jetzt erhoben wir unsern Zwiegesang lauter, und sangen das ganze Lied durch. Als wir geendet hatten, erhob sich starkes Händeklatschen hinter uns. Meine Reisegefährten und Heyse waren eingetreten, denn Thümmel hatte meine Stimme erkannt, ganz erstaunt über die Bekanntschaft, die ich bereits angeknüpft. Die Sängerin aber verneigte sich flüchtig gegen mich und verließ mit Anstand den Saal. Wir hatten kein Wort gewechselt, und ich habe nie erfahren, wer die Dame gewesen, mit der ich gesungen: „Ich wollt', meine Liebe ergösse sich all in ein einzig Wort!"

Wir mußten uns von Interlaken nur zu schnell trennen, denn wir waren Fußreißende, und wollten Abends im Lauterbrunner Thal sein. Auf der Wengernalp, die wir im Regen erstiegen, belohnte alle Alpenherrlichkeit unsre Mühen. Sonnenschein, blauer Himmel, und hineinragend die Riesengipfel von Schnee und Eis — Jungfrau, Eiger und Mönch in strahlender Glorie! Wir standen überwältigt und verstummend vor der Großheit dieses Gebildes. — Ueber die Scheidek zogen wir darauf nach Grindelwald, unter neuem, unaufhörlichem Regen. Obgleich bis auf die Haut durchnäßt, betraten wir doch die grünen Höhlen des Gletschers, und machten uns an die Ersteigung des Faulhorns. Je höher wir gelangten, desto mehr wurde der Regen zum Schnee und in bald fußhohem Schnee mußten wir die letzte halbe Stunde klimmen und waten. Dazu fast undurchdringlicher Nebel, nichts zu sehen als Schnee und Schneefall auf kahlen Höhen. Da stieß unser Führer einen Jauchzer aus, der aus der Ferne mehrfach beantwortet wurde. Durch den Nebel kamen uns Gestalten entgegen, die uns bewillkommneten. Es waren französische Künstler, auch unter ihnen eine Dame, die schon seit zwei Tagen in dem Häuschen auf dem Gipfel eingeschneit saßen, und sich freuten, wieder Menschen zu erblicken. Eine betende weibliche Figur aus Schnee, auf hohem Sockel, zeigte die Beschäftigung, mit welcher die Künstler ihre Zeit aus= gefüllt hatten. Das Fremdenhaus auf dem Faulhorn war nicht viel mehr als eine Sennhütte, mit breitem, von Steinen beschwertem Dache, das fast bis auf den Boden herab reichte. Kost und Nachtquartier demgemäß sehr einfach, und für an= spruchsvollere Reisende nicht eingerichtet. Wir aber begrüßten den warmen Ofen mit Freude, und bis spät Abends wechselten französische und deutsche Lieder. Gleichwohl war es eine furchtbare Nacht, der Sturm rüttelte an unsrer Hütte, als sollten wir von dem Schneegipfel hinunter gefegt werden. Dafür aber hatten wir Morgens einen Sonnenaufgang ohne Gleichen über dem Gebirge. Und auch wir in unsrem Auf= zuge waren sehenswert. Dann um sich gegen die Kälte zu schützen, hatte jeder um sich gegriffen, und mit Decken, Betten, Säcken bekleidet, mußten wir uns bekennen, daß wir dem Morgen eine Maskerade eigner Art darboten. Die Franzosen besonders waren außer sich vor Vergnügen und Lachen, und zogen schnell ihre Skizzenbücher hervor, um einige Karikaturen festzuhalten. Darauf, in aller Frühe, noch durch tiefen Schnee, über kahle Bergrücken, zog die ganze Gesellschaft weiter. Ungeheuer lag das Wetterhorn vor uns, gewaltig die Engelhörner und das Wellhorn. Bei Rosenlaui bestiegen wir den Gletscher in schönstem Sonnenschein, und wendeten uns, an den Reichenbachfällen vorüber, nach Mayringen. Von da ging es hinauf nach dem Grimsel=Hospiz und dem Totensee. Herrlich war die Wanderung an der Maienwand, mit ihrer Fülle von Alpenblumen. Ueber den Rhonegletscher stiegen wir nach dem Furka=Paß. Auch hier befand sich nur erst eine einfache Hütte für Vorüberziehende. Ueber Realp und Hospenthal kamen wir durch das Felsenthor, Urner

Loch genannt, in die Felseneinsamkeit des Reußthals, an den
Vierwaldstädter See. Luzern wurde besucht, der Rigi er=
stiegen, wo wir bald in Wolken spazierten, bald im Sonnen=
schein gingen. Damit hatten wir unsere letzte Bergfahrt
gethan. Wir besuchten noch Zürich, Schaffhausen, den Rhein=
fall, und über Stuttgart gelangten wir nach Heilbronn. Von
hier aus brachte uns das Dampfschifflein auf dem Neckar
nach Heidelberg zurück. Wir hatten drei Wochen auf diese
Reise verwendet, und waren voll von schönen Eindrücken,
aber unsre Kleidung war bei den Wanderungen durch alle
Wetter in üblen Zustand geraten. Meine halleschen Gefährten
beeilten daher ihre Heimkehr, während ich noch für einige
Zeit in Heidelberg blieb.

Ich hatte noch einen besonderen Zweck dabei. Mein Reise=
geld begann auf die Neige zu gehen, und da es mir unstatthaft
däuchte, mich an meinen Vater zu wenden, beschloß ich den Ver=
such zu machen, mir schnell etwas zu verdienen. Ein älterer Stoff
war mir plötzlich wieder aufgetaucht und schien mir reif für die
Bearbeitung. Ich bezog eine Studentenstube über dem Neckar,
in der sogenannten „Hecklerei" — jetzt in den Ferien konnte
ich diese sonst vielgesuchte, mit der Aussicht auf das Schloß
leicht haben — und richtete mich zur Arbeit ein. In dem=
selben Zimmer, so erzählte mir Gräfe, hatte bis vor einigen
Wochen ein poetischer Studiosus gewohnt, und ein erzählen=
des Gedicht „Dornröschen" geschrieben. Später sollte mir
der Dichter unter dem Namen Julius Rodenberg auch
bekannt werden und freundschaftlich näher treten. Ich fing
also hier auch ein Gedicht an, und in Zeit von acht Tagen
war es beendet. Ich nannte es „Sturmvogel". Wie ich zu
diesem Stoffe hier am Neckar die Stimmung fand, ist mir
heut kaum erklärlich. Aus den Alpen kam ich, hatte eigent=
lich die heroischen Kämpfe meiner Leute von St. Jakob im
Kopfe, und schrieb ein schauerliches Seestück voll Sturmnacht,

Herzenstrübsal, und mit einem schließlichen Zugrundegehen
aller auftretenden Personen! Aber was gefällt uns nicht
Alles in der Jugend! Ich schickte mein Manuskript an die
Cottasche Buchhandlung, indem ich es ihr für das „Morgen=
blatt" anbot, und ganz aufrichtig hinzufügte, daß mir das
Reisegeld ausgegangen, und meine Rückkehr nach Halle von
einer baldigen Honorarsendung abhänge. Einige Tage da=
rauf erhielt ich eine recht freundliche Antwort, welche mir
eine Reisekasse von fünfzig Thalern mitbrachte. Damit war
dieser Sturmvogel reichlich bezahlt. Die Verse sind nur hin=
geworfen, die Form umgelenk, Figuren und Charaktere ver=
zeichnet, das ganze um so unerquicklicher, als man sieht, daß
etwas daraus zu machen gewesen wäre. Als ich es gedruckt
sah, fand ich das Gedicht scheußlich! Nebenbei ärgerte ich
mich, daß die Redaktion, jedenfalls in der Absicht zu bessern,
allerlei Aenderungen vorgenommen hatte, die ich dann auch
nicht nach meinem Sinne fand. Durch Umarbeitung konnte
ich dem Verfehlten erst dreißig Jahre später beikommen,
trotzdem ließ ich es als Jugendsünde auch in der neuen
Fassung liegen. — Ich blieb noch einige Tage in Heidelberg,
da ich zu meiner Freude eines Tages Freund Kögel be=
gegnete. Er war in Oberitalien gewesen, und über den
Moro=Paß am Monte Rosa gekommen, und wußte beson=
ders Macugnaga, das höchste Alpenthal zu rühmen. Wir
hatten einige schöne Tage zusammen, und ließen uns nach
alter Art gehen, unterhielten uns in Hexametern, redeten die
Kellner in Distichen an, sprachen die gewöhnlichsten Dinge
in Reimen, und langten auch bei Gaselen an, welche dann
unter Gelächter zu Grunde gingen. Kögel war gebunden
nach Halle zurück zu kehren, ich aber trieb mich noch am
Rhein umher, und als endlich andauerndes Regenwetter ein=
trat, eilte auch ich, mit einem kurzen Aufenthalte in Nürn=

berg, in meine Wohnung am Zwinger zurück, wo ich am ersten Oktober anlangte.

Ich traf bereits in geselligen Wirrwarr hinein, zu welchem man mich längst erwartet hatte. Der Winter sollte endlose Zerstreuungen bringen. Zunächst galt es, eine Hochzeit, die der zweiten Tochter des Hauses Gräfe, zu feiern, und auf uns Poeten kamen die Festspiele des Vorabends. Grosse war mit seinem Beitrage längst fertig, man hielt bereits die Proben. Von mir verlangte man jetzt schnell noch eine Scene für drei Damen, welche als Poesie, Zukunft und die Penatin des Hauses auftreten sollten. Ich hatte sie bald vollendet, da sie knapp zu halten war. Denn das Haupt= stück des Abends war ein von Grosse verfaßtes phantastisches Drama „Rübezahl", welches uns nicht geringe Aufgaben stellte, sowohl dem Umfang, als den Schwierigkeiten der Dar= stellung nach. Ich denke noch an meinen Schreck, als ich bei meiner Ankunft in Halle die Abschrift der Rolle empfing, die ich in dem Stücke zu spielen hatte (einen possenhaften Diener des Berggeistes) ein dickes Manuskript, welches in acht Tagen auswendig zu lernen und einzuüben war!

Noch von einer zweiten Hochzeit will ich erzählen, welche im November stattfand, wozu ich jedoch etwas weiter zurück greifen muß. Daß Grosse und Förster mit ihren Berufs= studien zerfallen waren, und mit einem Wechsel ihres Lebens= plans umgingen, wußte ich längst. In meiner Laterne war schon mancher Seufzer gehört, manche Beratung in diesem Sinne gepflogen worden. Leidenschaften machten sich geltend, jeder von uns hatte innerlich mit sich zu thun. Grosse wollte Maler werden, was man nicht unbedingt begrüßen konnte. Er zögerte mit einem Entschlusse länger als Förster. Dieser hatte seither viel im Kreise der Schauspieler gelebt, und sich ferner von mir gehalten. Da machte er mir eines Tages das Bekenntniß, er würde zum Theater gehn, und noch vor

Abgang der Truppe von Halle sich mit einer Schauspielerin
verheiraten, die wir Alle von der Bühne her kannten. Das
hatte ich nicht erwartet! Mir stand die Tragweite dieses Ent=
schlusses bedrohlich vor Augen, und ich konnte meine Be=
denken, vorwiegend im Punkte der Heirat, nicht zurückhalten.
Aber ich traf auf festen Entschluß und durchaus fertigen
Plan. Da er mich damit nicht einverstanden sah, mußte er
mich wochenlang zu vermeiden, und selbstverständlich rief die
allgemeine Mißbilligung die er erfuhr, einen schweigenden
Trotz gegen seine früheren Beziehungen hervor. Und wie
hätte man es in Halle gutheißen sollen, wenn ein Student,
von der Universität weg, eine Schauspielerin heiratete, und
ihrem Berufe folgend mit der Truppe in die Welt ging?
Hier war es noch dazu einer der besten Philologen, welchem
seine Kenntnisse und seine Bildung Ansehn gaben, und in
der Annahme Aller eine bedeutende Gelehrtenstellung gesichert
hätten. Die Sache machte mir innerlich viel zu schaffen, da
ich, als sein Freund, überall darauf hin angeredet wurde,
und, noch mehr, seine Mutter mich mehrmals aufsuchte, und
mich beschwor, das Unheil abzuwenden, da sie selbst nichts
mehr über ihn vermöge. Endlich hielt ich die Entfremdung
nicht mehr aus. Eines Tages, da Förster auf der Straße
mit stummem Gruß an mir vorüber wollte, hielt ich ihn
fest, und es kam zu einem längeren Aussprechen zwischen
uns, welches uns wieder auf den alten freundschaftlichen Fuß
brachte. Kurz darauf war ich bei seiner Trauung gegen=
wärtig (von seiner Familie freilich niemand!) und über ge=
packten Kisten tranken wir auf das Wohl der Vermählten.
Eine Stunde darauf verließen sie mit der Gesellschaft die
Stadt. Försters Lebenslauf hat gezeigt, daß er sich in seinem
künstlerischen Berufe nicht getäuscht hatte, und in seinem
Rechte war, den Vorurteilen zu trotzen, die seinen Schritt
bemängelten. Sein Weg brachte ihn schon in jungen Jahren

zu Bedeutung und Ruhm. Anfangs galt es noch einiges Umherziehen, so nach Posen und Bromberg. Hier hatte ich ihn meinen Eltern bestens empfohlen, und er wurde in ihrem Hause nebst seiner Frau gern gesehen. Bald aber langte er im Hofburgtheater in Wien an, wo er, zu den ersten Künstlern gezählt, eine ehrenvolle Stellung einnahm.

In der ersten Hälfte des Winters machte ich mich eifrig an die Ausarbeitung des Gedichtes „der Tag von St. Jakob", und gegen Neujahr war es fertig. Als ich es im Sommer darauf gedruckt sah, mißfiel es mir sehr, und auch Andere hat es nicht so angesprochen, wie das Rheingedicht. Vor Allem ist die Komposition verfehlt. Der Mißklang der beiden Liebenden, an und für sich auf mangelhafte Charakterzeich-nung gegründet, konnte auch bei jedem andern historischen Ereigniß stattfinden, paßte gar nicht in das vorliegende, wäre aber am besten ganz ohne historischen Hintergrund ge-blieben. Das Historische aber kam durch diesen Einschub nicht zu seinem Rechte, und so gab es zwei Handlungen, die einander schädigten. In der öffentlichen Kritik kam das Gedicht eigentlich nicht so übel weg. Nur Prutz nahm mich in seiner Zeitschrift gründlich dafür herum. Einiges von dem, was er tadelte, suchte ich in der bald darauf erscheinen-den zweiten Auflage, zu ändern. So ließ ich das aus Liedern bestehende Vorspiel weg. Nun machte ich die komische Er-fahrung, daß diejenigen, welche dasselbe getadelt hatten, mich jetzt schalten, daß es von mir gestrichen worden war. Hätte ich es bei der dritten wiedergebracht, so wäre ich vermutlich wieder gescholten worden, und so hätte es noch lange fort-gehen können. Trotzdem das Gedicht Auflagen erlebte, waren meine Freunde doch aufrichtig gegen mich, und ich konnte nur mit ihnen übereinstimmen*. Ging es mir doch mit

---

* Erst siebenundzwanzig Jahre später (1879, 4. Aufl.) fand ich die Stimmung, dieses Gedicht umzuarbeiten, und, wennschon die Kom-

allen meinen Arbeiten ähnlich, indem mir, wenn sie endlich gedruckt vorlagen, auch diejenigen mißfielen, welche von Andern mit Beifall aufgenommen wurden. Das künstlerische Schaffen beglückte mich, das fertige Werk war mir unbehaglich und bald gleichgültig. Nur an wenigen blieb meine Neigung haften, und zwar an solchen, welche nur die Teilnahme von Wenigen erreicht haben.

In den Dezember dieses Jahres fiel noch eine Festlich= keit, bei welcher mir und einigen Andern nicht ganz wohl zu Mute war. Freund Thümmel hatte sämtliche Lieder und sonst noch einige Stücke von Waldmeisters Brautfahrt für Männer= chöre in Musik gesetzt. Es waren entsprechende Weisen, im Ganzen doch dilettantisch in der musikalischen Behandlung. Man machte den Plan einer Aufführung derselben durch den Männergesangverein, und zwar so, daß das ganze Gedicht, gesprochen, mit zum Vortrag kommen sollte. Mir selbst hatte man die Rolle des Deklamators zugedacht, und war unangenehm enttäuscht, als ich mich entschieden weigerte, in eigner Person mit meiner Dichtung öffentlich aufzutreten. Es gab ein langes Verhandeln, bis zu Verstimmungen, und ich hätte viel darum gegeben, das ganze Unternehmen hindern zu können. Endlich, da ich um keinen Preis zu gewinnen war, wußte man einen andern Vorleser zu finden, für den ich denn das Gedicht, um die Sache nicht in die Länge zu ziehen, stark zusammenstrich. Die Aufführung kam denn „Auf dem Berg" (d. h. in der Loge) wirklich zustande — freilich saß man bei Tische, und Gesang und Recitation wechselten zwischen einzelnen Gerichten, während das Laufen der Kellner dabei nicht abzustellen war — aber die Gesellschaft schien im Ganzen befriedigt. Mir aber ist jener Abend als ein recht unbehaglicher in der Erinnerung geblieben, zumal das

position nicht zu retten war, doch die Charaktere lebensfähiger zu machen, und dem Ganzen eine bessere Form zu geben.

öffentliche Urteil nicht eben günstig ausfiel, und ich davon nicht ganz ausgeschlossen blieb.

Der zweite Teil des Winters, bis weit in das Frühjahr hinein, war durch Lustbarkeiten sehr bewegt. Der gesellige Kreis hatte sich erweitert, junge Frauen und Mädchen, jüngere Beamte und Studenten waren zahlreich beisammen, die sich, das Tanzen bei Seite, auch an einer geistig gehobenen Unterhaltung erfreuen wollten. Bald hatte man ein Lieb=habertheater eingerichtet, und in Freund Thümmel einen Direktor dafür gefunden. Günstig traf es sich, daß eine zu unsrem Kreise gehörige Familie auf ihrem umfangreichen Besitztum einen Gartensaal besaß, welcher, wenig benutzt, zum Schauspielhause hergegeben wurde. Er war ein im Garten frei stehendes, mit dem Wohnhause nicht in Ver=bindung stehendes Gebäude. Das Theater konnte, einmal eingerichtet, Sommer und Winter stehen bleiben. „Zimmer=manns Garten" wurde jetzt der Mittelpunkt der Geselligkeit. Die wohlhabende Besitzerin, Mutter liebenswürdiger Töchter und stattlicher Söhne, stellte uns das nötigste zur Verfügung, die Häupter der übrigen Familien vereinbarten sich über Einladungen und die Bewirtung, welche als Picknick des engeren Kreises gefaßt wurde. Auf die Jüngeren kamen die Darstellungen auf der Bühne. An kleinen Stücken war kein Mangel, das Vergnügen an der Darstellung groß, es konnte häufig, im Durchschnitt alle drei Wochen gespielt werden. Und da sich in unserem Kreise mehrere wohlgeschulte Gesang=stimmen fanden, so wollte man sich auch im Singspiel ver=suchen. Was wir darauf hin prüften, erschien uns doch zu opernhaft und anspruchsvoll, und endlich forderte man mich auf, etwas unserem Theater Angemessenes herzustellen. Ich war bereit, und, um eines Komponisten nicht benötigt zu sein, stellte ich den musikalischen Teil (welcher umfangreich sein mußte) aus lauter Volksliedern zusammen, deren ich

einen genügenden Vorrat hatte, welche von einer, von zwei,
drei und vier Stimmen, so wie vom Chor gesungen werden
konnten. Neue Worte wurden dafür freilich bei den meisten
notwendig. Ein musikalischer Freund machte sich dann seine
Partitur zurecht, um als Orchester die Gesänge am Klavier
zu begleiten. So entstand das Singspiel „die kranke
Kuh", idyllisch, harmlos und burlesk zugleich. Die Rolle
der Kuh, welche nicht persönlich auftrat, aber gegen den
Schluß durch dreimaliges Brüllen ihre Genesung verkündete,
wurde durch einen Sohn des Hauses vertreten, und hatte
eine große Wirkung. Darsteller und Publikum waren von
dem Stücke sehr befriedigt. Nach diesem gelungenen Wurfe
wurde denn ein zweites begehrt, welches ich in derselben Weise
machte, mit Berücksichtigung gewisser Veränderungen im Personal. Auch dieses, „die Nachbarinnen" benannt, wurde
mit Vergnügen gespielt und aufgenommen. Da ich in beiden
Stücken mitwirken und singen sollte, das Quartett aber voll-
zählig war, so machte ich mir besondere possenhafte Rollen
zurecht, in dem ersten einen Müllerburschen, in dem andern
einen Lehrjungen aus der Schreinerwerkstatt, und stattete sie
mit ein paar komischen Volksliedern aus. Zu einem dritten
Singspiel brachte ich es nicht, trotz alles Dringens. Dafür
wurde, schon im schönsten Frühling, „die kranke Kuh" wiederholt. Ein fröhliches Gartenfest, bis in die Nacht hinein,
schloß sich daran und beendigte die erste Theatersaison. Das
Manuskript zu den „Nachbarinnen" ist verloren gegangen,
das der „kranken Kuh" habe ich mir aufbewahrt, zum Andenken an eine glückliche Zeit. Oeffentlich wird es sich nicht
mitteilen lassen. Denn wer könnte sich beim Lesen in die
Stimmung eines Kreises versetzen, dessen Zusammengehörigkeit allein manches erklärte und verschönte, eines Kreises, der
überdies nur Einmal und für eine gewisse Zeit die Harmlosigkeit dieser Stücke, die vorwiegend auf den Volksmelodieen

beruhen, ermöglichte. Freilich kann in jeder Zeit und überall bei einer glücklichen Jugend eine solche Stimmung sich wieder=finden. Und so fand zwölf Jahre später, in Berlin, die „kranke Kuh" noch einmal, bei andern Darstellern und vor anderen Zuhörern, eine fröhliche Aufnahme.

Jener gesellig bunte Winter in Halle ging aber nicht unter lauter Zerstreuungen hin. Es hatte sich ein andrer Kreis strebsamer junger Männer zusammen gefunden, welche teils als Lehrer am Gymnasium ihr Probejahr durchmachten, teils sich für den akademischen Katheder rüsteten. Ich nenne hier nur Paul Delagarde und Gustav Herzberg. Letz=terer schrieb damals an seiner Biographie des Alkibiades. Wir kamen alle vierzehn Tage zusammen, und mindestens Einer hatte durch einen Vortrag Bericht zu erstatten über irgend ein neues Werk, war es historisch, philologisch, oder was sonst auf gelehrtem Gebiete. Die Verschiedenartigkeit der vertretenen Fächer gab eine reichliche Abwechselung der Stoffgebiete, die wir einander näher brachten, und neben gegenseitiger Belehrung lief manche übermütige Unterhaltung.

Da nun die gelehrte Gruppe nicht allein durch meine Person mit der Theatergeselligkeit in Beziehung stand, wie=wohl keiner aus ihr auf den Brettern mitwirkte, so gab es allerlei geheime Fäden, welche zu ernsthaften Herzensange=legenheiten führten. Ich hatte das eigenartige Glück in's Vertrauen gezogen, wohl gar zur Hülfe aufgefordert zu werden, und meine Laterne schien immer der geeignetste Ort für beängstigende Mitteilungen, Beratungen, ja zum Fassen bestimmter Entschlüsse. Wenn dieser und jener aus solchen Herzenswirren als glücklicher Bräutigam hervorging, so fehlte es auch nicht an Erfahrungen, welche starke Fassung bean=spruchten. Es war für Alle, die wir damals beisammen waren, eine an inneren Erlebnissen reiche Zeit, es war ein geistig gehobener Kreis, von welchem Bildung und edler

Wille alles Niedrige ausschloß, und dessen Glieder auch später auf der Bahn nach dem Würdigen sich bewährten.

Freund Grosse, der den wissenschaftlichen Abenden fern geblieben war, sich aber an der Aufführung der „kranken Kuh“ (als alter Schäfer) beteiligt hatte, fing in dieser Zeit an, sich etwas zu vereinsamen. Bei dem Kampfe, den er in sich durchzumachen hatte, war ihm nicht zu helfen. Aeußerlich noch der Universität angehörig, war er innerlich durch nichts mehr mit ihr verbunden. Er saß zu Hause und entwarf Cartons für künftige Gemälde, wobei ihn seine immer rege Phantasie weiter führte, als seine Technik nachzukommen vermochte. Konnte ich ihm auf diesem Wege nicht mit ganzer Teilnahme folgen, so gab es zwischen uns Beziehungen genug, uns auch nach zeitweiliger Trennung der Wege wieder zu einander zu bringen. Leider konnten zwei Persönlichkeiten wie Grosse und Kögel kein Verhältniß zu einander finden. Und grade mit Kögel verkehrte ich in diesem meinem vierten Sommer in Halle sehr viel. Er, der weder der Geselligkeit in Zimmermanns Garten, noch dem wissenschaftlichen Kränzchen angehörte, sprach doch gern bei mir vor, besonders um in meinen poetischen Raritätenkasten zu blicken. Da mußte ihm freilich manches in Versen entgegen treten, was ihn sehr ernst stimmte. Er gewann einen Blick in den Zustand meines Gemütes, ohne daß ich ihm nähere Erklärungen darüber zu geben vermochte.

Was für mich verhängnißvoll zu werden drohte, war eine Neigung, für die es kein Bekenntniß gab, die niedergekämpft werden mußte, wenn das Heiligtum der Freundschaft gewahrt bleiben sollte. Diese innere Verwirrung, halb beglückend, halb bitter anklägerisch, hatte bei Spiel und Gesang in dem Mummenschanze des vergangenen Winters, in einem familienhaften Gesellschaftstreiben, ja in einem fast täglichen Verkehr, darin man der Jugend so viele Rechte

gestattete, sich nur noch gesteigert, trotz aller Gegenwehr. Ich
hielt mich so ziemlich in der Gewalt, ich wußte, wie ich nicht
allein vor mir selbst auf der Hut sein, sondern jedem, auch nur
scheinbaren Entgegenkommen auszuweichen hatte. Ja, es galt
sogar, zuweilen unfreundschaftlich zu erscheinen, um keinen
Argwohn aufkommen zu lassen. Denn immer sind spähende
Augen offen, auch solche, die mehr zu sehen wissen, als zu
verbergen ist. Vorzuwerfen hatte ich mir nichts, und ich
wüßte nicht, daß von irgendwelcher Seite ein Vorwurf erhoben worden wäre. Aber dieses hoffnungslose, völlig verlorene Gemütswirrsaal war ein Druck, den ich nur dadurch
abzulenken verstand, daß ich mich absichtlich in das Gegenteil
warf, und Possen vor den Leuten trieb, wobei ich mich denn
auch nicht sonderlich wohl fühlte. Daß ich damit verstanden
wurde, wo ich nicht verstanden werden durfte, machte meine
Lage noch schlimmer. Das einzige Mittel dieselbe auszusprechen waren Strophen und Reime, ein Selbstverkehr, den
ich mir nicht zu versagen brauchte. Und die Anzahl solcher
Gedichte wuchs heran, noch in der Zeit, da Kögel einige
davon kennen lernte. Ueber den Anlaß dazu sprachen wir
wenig, was er mir aber als Freund dagegen sagte, war mir
ganz aus dem Herzen gesprochen.

Was die Gedichte selbst betraf, so wollte er manche
davon gelten lassen, indem er sie, ohne nach persönlichen
Beziehungen zu fragen, rein nach ihrer Stimmung und Form
beurteilte. Mehr aber nahm er die kleinen leichtblütigen
und älteren Lieder unter seinen Schutz, und sprach den
Wunsch aus, die bunte Reihe geordnet und veröffentlicht zu
sehen. Der Wunsch war mir auch sonst schon entgegen getreten. Denn da ich aus diesen Dingen jetzt kein Geheimniß
mehr gemacht hatte, waren viele davon bekannt geworden
und liefen bereits in Abschriften umher.

Aber eine solche Sammlung war ein mißliches Unternehmen. Von dem besseren dieser Art hatte ich manches bereits in das Rheingedicht verteilt, und wenn sich unter dem Vorrat noch Einiges von gleichem Klange fand, so blieb doch die Mehrzahl dieser Kleinigkeiten dahinter zurück, zumal das Meiste aus noch jugendlichen Jahren herstammte. Von den Gedichten aber, die in der letzten Zeit entstanden waren, konnte ich die besten gar nicht veröffentlichen, oder scheute mich, sie als Ausdruck innerer Erfahrungen schon den Blicken Anderer preis zu geben.

Ueber den Vorrat von älteren Liedern dachte ich freilich damals noch nicht ganz so nüchtern, aber gegen ganze Gruppen hatte ich doch noch Bedenken. Diese wollten dann wieder Andre, wie Thümmel und die Seinen, nicht missen, weil sie zu den von mir am meisten gesungenen gehörten. Viel wurde beraten, und schließlich blieb ich doch allein mit meiner Thorheit. Unter dem Titel „Liederbuch" stellte ich Altes und Neues, das sich durchaus nicht vertragen wollte, zusammen, und versah es zum Ueberfluß mit einer langatmigen Vorrede in Versen. Die Urteile über dieses Liederbuch, welches gegen Ende des Jahres erschien, waren sehr verschieden. Manche hielten sich an das dem Rheingedicht Verwandten, bedeckten das Uebrige mit nachsichtigem Schweigen, und hießen es im Ganzen willkommen. Andre, wie das deutsche Museum, wiesen es streng, sogar mit Hohn zurück. Noch Andre fällten ganz wunderliche Urteile, indem sie behaupteten, ernsthafte Dichtungen gehörten sich nicht für mich, meine Sache sei es, mit Juchhe! in die Welt zu singen.

Diese Verkehrtheit ist mir seither immer wieder entgegen getreten. Weil ich einmal in meiner Jugend in der Stimmung war, heiter zu singen, und man sich davon angesprochen fühlte, sollte ich nur dies Eine können, wollte man nichts andres hören, behauptete man, daß ich nichts andres können könne, stellte man fest, daß ich nichts andres können dürfe! Ich machte früh die Erfahrung, daß das Publikum die Einseitigkeit des eignen Urteils zum Maßstab für jede sich entwickelnde Befähigung macht. Was Lessing ernsthaft zurückgewiesen, was Goethe bei fast jedem neuen Werke anzumerken hat, was Jeder erlebt, der in seinem Schaffen nicht stehen bleiben kann, sondern sich der Lebensfassung und Gemütslage gemäß, in verschiedener Weise aussprechen muß, und die Dichtungsformen und Gattungen dafür frei zu wählen hat, das wurde mir im Urteil der Leute schon früh gradezu verhängnißvoll. Es erweckte oft meinen erbitterten Trotz, und noch später, wenn mir Jemand etwas recht Süßes sagen wollte, und sich wunderte, nicht den „lustigen Bruder" in mir zu finden, den er sich vorgestellt hatte, konnte ich sehr grob werden, und seine Vorstellung dadurch berichtigen. Und so, wie man mich mit dem Trank, von dem ich gesungen, in den ersten Jahren überall quälte, und ich Maibowle trinken mußte, bis er mich als ein ganz entsetzliches Gebräu anwiderte; so wurde mir auch das Gedicht, dessen Ton meine Specialität und bleibende Richtung sein sollte, durchaus verleidet, unbequem, ja gradezu hinderlich. Und wenn es sich dabei nur um die nächstfolgenden Jugendwerke, die ja sehr unbedeutend und fehlerhaft waren, handelte! Nein, diese Ansicht, einmal ausgesprochen, pflanzte sich durch die Jahre fort. Wird in einer Zeitschrift ein Urteil mit einem gewissen epigrammatischen Geschick hingestellt, so steht es morgen in hundert Zeitschriften, und tausend Leser merken es sich, und sprechen es nach, ohne den Gegenstand, den es betrifft, zu kennen, oder zu untersuchen, ob es richtig sei. Wenn mich dergleichen in der Jugend aufbrachte, so diente es mir später zu immer neuer Belustigung, und lehrte mich, das Urteil der Leute, selbst solcher, die sich gebildete Leute fühlten, zu würdigen. Wenn ein Schauspiel von mir unläugbar von

Wirkung gewesen, und selbst von einer höheren Kritik nicht abgethan werden konnte; wenn etwas Novellistisches von ernster Fassung und mit tragischem Ausgang denn doch nicht als nichtsnutzig bezeichnet werden konnte, so gab es trotzdem bedenkliches Kopfschütteln, daß der Verfasser von Waldmeisters Brautfahrt sich auf solchen Wegen befinde, daß ihm etwas gelungen sein sollte, denn eigentlich — könne es dabei nicht mit rechten Dingen zugegangen sein. Das Publikum thut selbst Alles, um einem Dichter einen glücklichen Wurf zu verleiden. Wenn man Kindern einen Scherz vormacht, so rufen sie lachend: Noch einmal! und immer noch einmal! Ganz dasselbe ruft das Publikum dem Dichter zu. Aber wehe dem Tropf, der sich dadurch verleiten läßt, dasselbe immer wieder zu bringen, denn womit er einmal willkommen war, damit wird er bald als lästig betrachtet. Das sind alte Erfahrungen, die schon von sehr Vielen gemacht worden sind, die aber immer wieder einmal ausgesprochen werden dürfen. Glücklicherweise kümmerte ich mich niemals um das Publikum, und trieb was mir inneres Bedürfniß war, das Werk mochte gut oder schlecht ausfallen. In letzterem Falle war ich der Erste, es zu verurteilen. Sehr viel habe ich, wenn es fertig war, in den Ofen gesteckt und verbrannt, bei sehr viel Anderem ist mir freilich die Unzulänglichkeit erst klar geworden, als es gedruckt vorlag, und durch ein Brand= opfer nichts mehr zu bessern war.

Zwanzigstes Kapitel.

Doch ich habe aus dem Sommer 1852 noch Einiges zu erzählen. Schon im Winter vorher hatte ich von unbe= kannter Hand einen Brief aus Sachsen erhalten, worin ich als Poet begrüßt wurde. Der Absender zugleich als Mathe=

matiker wie als Dichter bekannt, war Professor an der Schule
von St. Afra in Meißen, in welcher einst auch Gellert und
Lessing erzogen worden waren. Eine Begrüßung in so dithy=
rambisch gehobener Sprache, so voll — ich mußte bekennen,
beschämenden Lobes, machte mich stutzen, forderte mich heraus,
wenn nicht zu einem gleichen Tone, doch zu einer Entgeg=
nung wärmsten und freundlichsten Dankes. Daraus ent=
wickelte sich ein Briefwechsel zwischen Halle und Meißen, und
es kam die Einladung zu einem recht baldigen Besuche in
St. Afra. Es wurde mir aber geflissentlich verschwiegen,
ob ich dort eine Familie oder einen Junggesellen finden
würde, alle persönlichen Verhältnisse waren in den Briefen
geheimnißvoll verschleiert worden. Zu Pfingsten (bald nach
der zweiten Aufführung der „kranken Kuh“) bekam ich Lust
einen kleinen Ausflug nach der sächsischen Schweiz zu machen,
und da die Einladung aus Meißen sich wiederholte, sagte
ich zu, und es wurde ein Tag für mein Eintreffen brieflich
verabredet. Nachdem ich ein paar Tage in den wunderlichen
Felsgebilden umhergestreift, auch den Kunstschätzen in Dresden
einen flüchtigen Besuch gemacht hatte, fuhr ich die Elbe hinab
auf dem Dampfschiffe nach Meißen. Am Landungsplatze
angelangt, fragte ich nach dem Wege hinauf nach St. Afra.
Ein Knabe trat auf mich zu, und fragte, ob ich zu dem
Professor P. wollte? Als ich es bejahte, bekannte er sich als
den Sohn desselben, und abgeschickt, um einen Gast aus
Halle hinauf zu geleiten. Es war also ein Sohn da, und
ich sollte in eine Familie eintreten. Mir schien es nötig,
mein Gepäck, bestehend aus einem Wandertäschchen, das ich
um die Schultern trug, im Wirtshause zu lassen, wurde aber
von meinem jungen Führer daran gehindert, denn der Papa
würde es doch herauf holen lassen, da oben ein Zimmer für
mich bereit stehe. Ich gab denn nach, und nicht gering war
auf dem Wege der Eindruck des Domes und des Schlosses

auf dem Felsen über der Elbe, und dazu, durch eine über=
brückte Schlucht von dem Schlosse getrennt, über der Stadt
die klösterliche Schulburg von St. Afra. Durch dunkle Gänge
kam ich hinauf, wie in eine fremde Welt. In einem Flügel
des Gebäudes angelangt, durchschritt ich große helle Räume
eines Neubaus, der doch mit niedrigen, gewölbten Wohn=
zimmern in Verbindung stand. Ich wurde sehr freundlich
empfangen von dem Professor und seiner liebenswürdigen
Frau, während zwei junge Mädchen sich etwas scheuer zurück=
hielten, beide in weißen Kleidern und schwarzen Taffetschürzchen
Die Eine, mit starkem blonden Gelock und blauen Augen,
ganz und gar eine deutsche Jungfrau, war die einzige Tochter
des Hauses, die Andre, dunkler und schlicht gescheitelt, eine
Nichte aus Hannover, woher auch der Professor und seine
Gattin stammten. Wenn mich nun dieses gewölbte Wohn=
zimmer mit dem mächtig breiten Fenster, welches nach dem
Schulhofe ging, tief in das Gemäuer eingeschnitten, mit Sitzen
für mehrere Personen, wenn mich dieser altertümlich behag=
liche Raum ganz eigen berührte, so wirkte der von dem
Hausherrn ausgehende Geist und Ton noch viel eigenartiger.
Denn ein größerer Idealismus, eine idealere Welt= und
Lebensfassung war mir nie begegnet. Seine Jugend hatte
er unter der Einwirkung der romantischen Schule verlebt,
in Dresden mit Tieck in Beziehung gestanden. Sein ganzes
Wesen war poetisch durchdrungen, und in Gesprächen über Poesie
erschien er in seinem eigentlichen Elemente. Er hielt dabei
länger aus als ich, der ich schon am ersten Tage bei der Un=
ermeßlichkeit von Lyrik, in der er schwelgen konnte, etwas
ermüdete. Seine Tochter sprach wenig, aber ihr Wesen sagte,
daß sie ganz in den Anschauungen ihres Vaters lebte. Die
Hausfrau war es, welche geschickt und mit heiterer Rede die
Lüftefahrer aus der phantastischen Welt wieder zurück zu
lenken verstand, und sich dem Scherz, ja dem Humor zu=

21*

gänglich zeigte. — Es brauchte nicht vieler Bitten, mich ein
paar Tage in dieser liebenswürdigen Familie festhalten zu
lassen. Wir machten kleine Ausflüge, von welchen der Haus=
herr, der auch Botaniker war, Sträußer nach Hause brachte,
die Namen der Pflanzen nannte und einprägen ließ, und
den neu geordneten Strauß als Schmuckstück im Zimmer
aufstellte. Wir schritten durch die Felder, und pflückten
Kornblumen, welche die jungen Mädchen zu Kränze wanden.
Kamen wir an eine Stelle, wo sich ausruhen ließ, etwa auf
eine Anhöhe, oder zu einem Baum am Flusse, dann zog der
Professor einen Band Gedichte aus der Tasche, wie er deren
stets bei sich trug, und liebte es, daraus vorzulesen. Einmal
sollte ich seine Stelle vertreten, aber ich lehnte es ab mit
der Bemerkung, der Ort und Augenblick sei an sich so poetisch,
daß man ihn auch mit seinen eignen Empfindungen genießen
könne. Die Tochter schlug plötzlich die Augen gegen mich
auf, senkte sie aber schnell wieder zu Boden. Ob sie meiner
Ansicht war, oder ob sie mißbilligte, daß ich den Wunsch
ihres Vaters abgelehnt hatte? Die Frage beschäftigte mich
eine Weile lebhafter. — Die wenigen Tage in diesem glück=
lichen Familienkreise verliefen schnell genug. Der Gastfreund
verabredete mit mir einen nun noch lebhafteren brieflichen
Verkehr, und, wenn möglich, eine baldige Wiederholung
meines Besuches. Als ich mich verabschiedete, nahm ich einen
— wie ich glaubte, nur flüchtigen — Eindruck von blauen
Augen und blonden Locken mit mir. Die Zeit sollte mich
anders belehren. —

In diesem Sommer fällt ein Briefwechsel mit meinem
Vater, der für den Charakter des Mannes zu bezeichnend ist,
als daß ich ihn übergehen sollte. Trotzdem ich nun schon
Einnahmen hatte, von welchen ich selbständig leben konnte,
ließ er sich nicht abhalten, mir immer noch vierteljährlich
meinen Studentenwechsel zu schicken. Gegen Ostern hatte ich

ihn gebeten, damit einzuhalten, da ich seiner Hülfe und Güte
nicht mehr benötigt sei. Diese Bitte wirkte auf ihn gradezu
verstimmend. Er nannte meinen Verzicht „falsche Delikatesse"
und „sanguinische Ueberschätzung meiner Umstände", und kurz,
wenn ich ihn nicht erzürnen wollte, mußte ich meine hundert
Thaler noch einmal annehmen. Aber ich versprach mir, daß
es das letztemal sein sollte. Denn mein Bruder war auch
auf der Universität zu erhalten, ich wußte überdies, daß
mein Vater damit umging, ein Haus zu bauen. Endlich
fühlte ich mich alt genug, mich auf mich selbst zu stützen.
Inzwischen kamen mir neue Auflagen und Honorare, die,
wenn sie auch nicht groß waren, mir doch eine Einnahme
brachten, doppelt so groß, als die mir von meinem Vater
ausgesetzte. So sprach ich mich nochmals darüber aus, und
mußte es über mich ergehen lassen, nochmals seine Miß=
billigung zu erfahren. Erst als ich ihm eine Berechnung
meiner Besitztümer und voraussichtlichen Einnahmen vorlegte,
ihm bewies, daß ich nicht nur für den Sommer sicher ge=
stellt sei, sondern auch noch eine große Herbstreise machen
könne, und weiter hinaus die Hälfte des Winters gedeckt sei,
ferner noch ein Manuskript aufzuweisen hätte, für welches
ich die Riesensumme von zweihundert Thalern fordern würde
— zu geschweigen der Dinge, die ich noch im Kopfe und
bald auf dem Papiere haben würde — erst da gab er nach,
aber nicht ohne die Mahnung, mich in allen Fällen nur an
ihn allein zu wenden. Es schien ihm ordentlich einen Kampf
zu kosten, mich meinen eignen Kräften zu überlassen. Und
es war doch hohe Zeit dazu! Hernach empfand er dennoch
eine Genugthuung, rühmte sich dessen gegen seine Kollegen,
und wurde von einigen beneidet.

Die Reise, welche ich vorhatte, sollte in Macugnaga,
dem höchsten Alpenthale am Monte Rosa, ihren Zielpunkt
haben, einer Gegend, welche zu preisen Freund Kögel nicht

müde wurde. Andrerseits stand mein Sinn danach, Venedig
kennen zu lernen — vor Allem, ich wollte weit hinweg von
Halle, wollte lange entfernt sein. Und so beschloß ich, Venedig
mit dem Monte Rosa, und womöglich mit dem Montblanc,
auf meiner Ausfahrt in Einen Kreis zu ziehen. Ich reiste
gegen Ende des Juli ab, zuerst auf einen Seitensprung nach
Jena, um den Geburtstag meines Bruders, der die Universität
daselbst besuchte, mit zu feiern. Ueber Leipzig ging es dann
nach München, wo ich einige Tage verweilte, um seine Kunst=
schätze kennen zu lernen. Ich fand die Gesellschaft zweier
älterer Offiziere unterhaltend genug, um ihren Vorschlag an=
zunehmen, mich an ihrem Wagen zu beteiligen, der uns über
Tegernsee, Kreuth, den Achensee, nach Innsbruck führte. Von
hier, wo ich die Wunder der Alpenlandschaft schon begrüßte,
fuhr ich auf der Post nach Meran und Botzen. Ich meinte,
es könne nicht schöner kommen, und stand doch kaum auf
den ersten Stufen. Ueber Roveredo und Salurn kam ich
nach Riva am Gardasee, und auf diesem tiefblauen Gewässer
fuhr ich drei glückliche Stunden nach Peschiera, von wo mich
auf höchstem Sitze Schwebenden der Omnibus nach Verona
brachte. Hundertmal sind diese entzückenden Gegenden ge=
schildert worden, während Reiseberichte doch eigentlich nicht
beliebt sind, ich mache es daher kurz, zumal all die Augen=
weide mit Worten nicht zu beschreiben ist. Endlich über
Vicenza und Padua gelangte ich an das erste Ziel meiner
Wünsche, nach Venedig. Es war Abend, als ich in die
Barke stieg und mich durch die Kanäle rudern ließ, nach
dem kleinen mir von Kögel empfohlenen Gasthose, der „Lubaria“.
Er lag in einem Gäßchen, welches auf den großen Kanal
mündete, gegenüber von Santa Maria della Saluta. Noch
zu guter Zeit kam ich auf dem Markusplatze zurecht zu dem
blendenden Lichtermeer, der österreichischen Miliärmusik, dem
glänzenden Gewühl, darin die Vertreter aller Nationen sich

bewegten, in Gruppen saßen, Sorbetto schlürften, um dann
nach der Pinzzetta zu schlendern, und Lichter und Sterne
über dem Meeresspiegel zu betrachten. Hier konnte ich so
bald nicht fort, das wußte ich! Die Tage waren von früh
bis spät ein einziges Genießen. Hatte ich Gebäude, Gale=
rieen und historische Altertümer gesehen, dann lockte es mich,
in der Barke (die schwarzen, geschlossenen Gondeln behagten
mir nicht) nach dem Lido zu fahren, und in der Adria zu
baden. Auf dieser langen Inseldüne befand sich damals noch
kein einziges Gebäude, außer der offnen Bretterbude, für das
Unterkommen der Badelustigen. Ich war stets allein auf
dem Lido, wenn ich mich in die Wellen warf und ihnen
entstieg. Denn der Barkenführer blieb in der Entfernung
in seinem Boote. Dieser, Luighi genannt, wurde mein täg=
licher Gefährte. Erschien ich Morgens auf der Pinzzetta,
so wartete er bereits auf mich, und rief mich „Signor Ottone"
an. Er ruderte mich auch in das Gewirr der Kanäle, und
deutete mir Merkwürdigkeiten auf kleinen höchst malerischen
Plätzen. Eines Abends erlebte ich auf einer der Brücken
an der Riva de' Schiavoni eine aufregende Scene, ein förm=
liches Messergefecht von Gondolieren unter einander. Luighi
gab mir am andern Morgen die Erklärung. Unter den
Barkenführern hatte seit kurzem ein degradierter (man sagte
österreichischer) Offizier Dienste genommen — im Betragen
noch ganz der Kavalier mit Schnurrbart, und herausfordern=
der Miene, war er mir bereits aufgefallen. Eine Partei
Ruderer wollte den Hochfahrenden nicht unter sich dulden,
die andre war für ihn eingetreten. So kam es eines Abends
zu Streit, Handgemenge und Messerstichen, wobei es viele
Verwundungen gab. In einer ziemlich frech auftretenden
Gestalt mit mehrfach bepflastertem Gesichte, zeigte mir Luighi
nach einigen Tagen den Gegenstand des Streites, der, wie
es schien, ungehindert sein Geschäft fortführte. — Und als

ich nach zehn Tagen das meiste in der Lagunenstadt gesehen und wieder gesehen hatte, und mich auf den Weg nach Mailand machte, da bereute ich, mich von diesem einzigen Orte der Welt schon getrennt zu haben, und wäre am liebsten wieder umgekehrt, um alles Uebrige im Stiche zu lassen. In Mailand war denn freilich das Wunderwerk des Domes von weißem Marmor eine Entschädigung, aber der Platz vor dem Portale, wo die einheimische und fremde Welt spazierte, oder vor den Thüren der verschiedenen Cafés saß, konnte mit dem abendlichen Leben auf dem Markusplatze kaum in Vergleich kommen. Ich hatte mir Briefe von der Post geholt, ein ganzes Päckchen: Von meiner Mutter, von den halleschen Freunden, aus Stuttgart, wählte mir einen Platz, dem Dom gegenüber, und begann zu lesen. Meine Mutter teilte allerlei Erfreuliches aus der Familie mit, mahnte mich zu Vorsicht in dem fremden Lande, und ich möchte darauf sehen, daß mein Koffer nicht verloren ginge, wie das zuweilen geschehen sollte. Mein Koffer! Gute Mama! Du wußtest nicht, daß dein Sohn ohne Koffer in die Welt gegangen war. Mein ganzes Reisegepäck trug ich auf dem Leibe, den einzigen Anzug, und im Ränzel etwas Wäsche, einen Kamm und ein Notizbuch; so war ich auch zur Fuß= reise immer gerüstet. — Grosse schrieb, er sei nun ganz ent= schlossen, in kürzester Zeit nach München zu gehn und die Malerakademie zu besuchen. Auch Kögel wollte Halle ver= lassen, so teilte er mit, um eine Lehrerstellung in Dresden zu übernehmen. Thümmel aber hoffte, ich würde ein vene= tianisches Singspiel mit Gondelliedern und Guitarrenbeglei= tung zurück bringen.

Ich blieb nur ein paar Tage in Mailand, um dann über Monza nach Como zu fahren. Eine Fahrt auf dem Schiffe über den Comer See bis Bellaggio gehört zu dem Allerschönsten, was dem Auge bereitet ist. Und nun gar

dort umherzuschweifen, hinauf zu steigen zu den Gärten der
Villa Serbelloni, wo Lorbeer und von Blüten bedeckte Myrten,
von der Größe unsrer Eichen, Orangenbäume und Rosen in
der üppigsten Fülle stehen — man begreift, daß Ariost die
Zaubergärten Armidens nicht zu erfinden brauchte! Drunten
in Bellaggio, hart am Ufer, erhielt ich ein kleines Zimmer
mit einem Balkon nach dem See. Welch eine Nacht! Welcher
Duft von den Bergen! Dazu Gesang aus den Nachen über
der Flut, und Sternenglanz auf dem Wasserspiegel. Und
dann der Morgen, da ich nach der Villa Melzi wanderte!
Eine Prozession stieg den Weg von einer Kapelle herab;
Geistliche mit Fahnen, Mönche, bunt gekleidetes Landvolk.
Dann die Kahnfahrt hinüber nach Cadenabbia! Zur Villa
Sommariva, wo ich an den Wänden Thorwaldsens Alexander=
zug betrachtete. Der Gärtner, ein Deutscher, schenkte mir
einen Strauß Orangenblüten, den ich, um ihn unterzubringen,
auf meinen Hut steckte. Dann aber schnallte ich mein Ränzel
auf den Rücken, und begann die Fußwanderung über das
Gebirge nach dem Luganer See. Damals sang ich auf meinem
Wege das Lied:

> „Ach, in dieser Sonntagsfrühe,
> Die mir flügelt Herz und Fuß,
> Blüh' im Herzen mir, erblühe,
> Sangeslust, zum Liebesgruß!
> Wie vom Thal die Glocken klingen
> Aus dem goldnen Nebelduft,
> Soll mein Sang sich aufwärts schwingen
> Durch die reine Morgenluft!
>
> Und als ob mir Antwort riefe
> Dort der Firnen Silberschnee,
> Dort der blauen Himmelstiefe
> Feuchtes Wiederspiel im See:
> Hör' ich Worte wiedertönen,
> Holde Namen im Gesang,
> Die mit seligem Gewöhnen
> Ich zu Lied und Reimen schlang.

Alle Musen zum Geleite
Gabt ihr mir auf meine Fahrt,
Und so bleibt auch in der Weite
Herz und Sinn mir wohlbewahrt.
Will zu lang der Weg mir werden,
Weiß ich treu mir zugesellt
Meinen Himmel schon auf Erden,
Und im Herzen meine Welt!

Ist in dem Gedichte gleich so viel wie gar nichts gesagt, so gibt es doch die allgemeine Stimmung eines jungen Menschen wieder, der in dieser paradiesischen Einsamkeit des Wanderns das Leben so schön und beglückend findet.

Der erste Anblick des Luganer Sees von der Höhe aus, war überwältigend! Schon zogen violett gefärbte Schatten um die Ufer. Ich schritt hinunter nach Porlezza. Ein Kahn war bald gefunden. Zwei Mädchen, welche Körbe mit Aprikosen trugen, stiegen mit in den Kahn. Sie wollten davon nicht verkaufen, beschenkten mich und die Ruderer aber mit einigen Früchten. Nach einer prächtigen aber bald sehr windkühlen Ueberfahrt, sah ich Abends um zehn Uhr die Lichter von Lugano sich im See spiegeln. Das Wirtshaus war abscheulich, die Nacht durch die bekannte italienische Gasthofsplage zum Verzweifeln, der Morgen eine Erlösung und Erquickung. Ich wanderte getrost in das gesegnete Land hinaus, dem Lago Maggiore zugewendet. In Ponte Tresa begann noch eine langweilige Paßscheererei. Ich hatte mir meinen Reisepaß in ein Büchlein binden lassen, da die Dutzende von „Visa" nicht auf dem einen Blatte Platz hatten. Der Paßbeamte, welcher ein Wanderbuch zu empfangen glaubte, wies mich unter die Handwerksburschen, deren schon mehrere vor der Thür warteten. Ein Schneidergesell machte sich an mich, redete mich wiederholt in fremder Sprache an, die ich für keine wirkliche Sprache Europas erkennen konnte, und langte endlich beim Deutschen, und zwar in stark sächsischer Mund-

art an, welche ich denn verstand. Nun wurde seine Zunge
geläufig, er gab Auskunft über seine Erfahrungen in dem
„schlechten Lande", und da er mich vermutlich für Seines=
gleichen hielt, machte er mir den Vorschlag, mit ihm ge=
meinsam zu wandern. Allein der Weg in die Alpen hinein
behagte ihm nicht, er suchte mir meine Absicht auszureden.
Die Verhandlung wurde unterbrochen durch den Paßrevisor,
welcher heraustrat, seinen Irrtum entschuldigte, mir mein
Büchlein überreichte und mich höflich entließ. Mein Schneider
mußte noch warten, ich nickte ihm zu und wanderte allein
weiter. Durch eine großartige Gebirgseinsamkeit schritt ich
fort nach Luino, und ließ mich in einer Barke über den
Lago Maggiore setzen, um in Baveno anzulangen.

Den folgenden Teil der Reise habe ich bald nach der
Heimkehr ausführlich beschrieben unter dem Titel „Macugnaga
und der Monte Rosa", um von einer Alpenwanderung zu
erzählen, voll halsbrecherischer Abenteuer und unter Unbe=
quemlichkeiten, die das lebende Geschlecht nicht mehr durch=
machen kann. Sie wurde veröffentlicht in der Leipziger
Zeitung (1853) und später in die erste Sammlung meiner
„Erzählungen" aufgenommen (1859). Da sie zu umfang=
reich ist, um hier eingefügt zu werden, verweise ich nur auf
dieselbe hin, um meinen Wandergang hier in Kürze zu ver=
vollständigen.

Vom Lago Maggiore, dessen berühmte Inseln ich be=
suchte, schritt ich, über Vogogna, den Alpen entgegen, die ich
bei Piu di Muléra erreichte, um durch die prachtvolle An=
zasca=Schlucht empor zu bringen. Immer allein, ohne Führer,
auf oft fürchterlichem Wege (man denke nicht an die schöne
Kunststraße, die in neuerer Zeit da hinauf gebaut ist!) und
unter nicht geringen Fährlichkeiten, welche mir das Verfehlen
des Hauptweges brachte. Ich gelangte wirklich nach Macu=
gnaga, das höchste Alpenthal, die Grenze italischer und

deutscher Zunge, in der Nähe der unermeßlichen Eis= und
Schneewelt des Monte Rosa. Ein eigentliches Wirtshaus
gab es dort nicht, doch konnte ich in einem bescheidenen
Bauernhause übernachten. Und in diesem sollte ich drei Tage
und Nächte eingeschneit werden, um Sturm und Wasser=
fluten, die das Thal fortreißend überschwemmten, Gefahren
und Aengste, und die dürftigste Kost, bestehend aus hartem,
schimmligen Käse und dünner Kaffeebrühe, mit meinen
Wirten zu teilen. Aber es gelang mir doch, nach einer un=
erhörten Sturmnacht, am vierten Morgen das ganze Gipfel=
reich des Monte Rosa in unbeschreiblicher Pracht zu erblicken,
und in allen Farbenabstufungen von Purpur, Rosenlicht,
bis zu blendendem Weiß und bläulichem Schatten sich ent=
wickeln zu sehen. Mein junger Wirt begleitete mich dann
als Führer über die ehemalige Römerstraße des Monte Moro,
auf welcher wir zehn Stunden durch tiefen Schnee zu waten
und über mehrere Gletscher zu steigen hatten, bis wir er=
schöpft aber heil im Wallis anlangten. Hier war nun ein
Ruhetag nötig, um die überangestrengten Glieder gleichsam
wieder einzurenken. Dann fuhr ich auf der Post über Martigny
nach Chamounix, und nachdem ich einige Höhen und Gletscher
am Mont Blanc besucht hatte, nach Genf, um mich an und
auf dem See ein paar Tage umher zu treiben. Ueber Bern
und Schaffhausen gelangte ich nach Heidelberg, als nach einem
immer geliebten Haltepunkte. In Handschuchsheim wurde
ich von dem Ochsenwirt und seiner Familie mit alter Herz=
lichkeit empfangen.

Auch Briefe holte ich mir von der Post ab. Was in
denjenigen aus Halle stand, bewegte mich eigen. Die Be=
sorgniß, daß ich nicht zu dauerndem Bleiben zurückkehren
würde, war mir, mehr in Form von Frage und Ueberlegung,
auf einsamen Wanderungen auch schon durch den Kopf ge=
gangen. Der alte Kreis in Halle schien seiner Auflösung

oder einer Umbildung entgegen zu gehn. Förster hatte sich zuerst entfernt, Kögel und Grosse standen auf dem Sprunge, von den übrigen schien nur Herzberg in seiner Vaterstadt verharren zu wollen. An der Halleschen Universität wollte ich mich nicht niederlassen, es war in jedem Sinne ratsam eine andre zu wählen. Aber die Wahl war schwierig. Eine ganz kleine zu wählen, widerstrebte mir. Wollte ich Halle denn doch verlassen, dann standen meine Wünsche noch nach Anregung in einem größeren Kreise. Und doch war mir Halle lieb geworden. Ich wünschte, noch eine Zeitlang dort fleißig zu sein. Aber würde das möglich sein? Thümmel hatte geschrieben, daß ein Winter voll neuer Zerstreuungen in Aussicht stehe, mit Theatervergnügen und Eingsang, einer Geselligkeit, die mir wohl auch Freude gemacht hatte, deren Wiederholung mich aber, zumal unter neuen Menschen, nicht mehr verlockte. Vorerst mußte ich aber jedenfalls nach Halle zurück. So verließ ich Heidelberg, und traf nach sechswöchentlicher Abwesenheit, zu Anfang September in der Saalestadt wieder ein.

Als ich durch das Gartenthor zu meiner Wohnung schritt, nickten mir aus den Fenstern lachende Frauen- und Mädchengesichter entgegen, über welche Grosse und Thümmel mir Willkommen entgegen riefen. Die Harmlosigkeit des geselligen Verkehrs rechtfertigte einen solchen Empfang. Ich aber schämte mich meines Aufzuges vor den weiblichen Augen, denn ich pflegte in jener Zeit von meinen Reisen in wahrer Abgerissenheit heimzukehren. Meine unvorgesehenen Gäste lachten über den Vagabunden, um ihn dann bald mit Freund Grosse allein zu lassen.

Wir beide hatten einander in der ersten Stunde viel zu sagen. Seine Schwingen hoben sich bereits sehnsuchtsvoll zum Fluge, einer neuen Lebensaufgabe in der Ferne entgegen, während er sich äußerlich wie innerlich an Halle noch gefeffelt fand. Ich aber geftand ihm, daß meines Bleibens in dem fonft fo befreundeten Kreife nicht mehr fein könne. Wäre ich in diefer Stunde nicht fchon entfchloffen gewefen, die nächften Tage hätten mich zu dem Entfchluß eines fchnellen Abfchieds bringen müffen.

Da kam mir ein Brief meiner Mutter zu Hülfe. Sie ließ in ihren Zeilen den Wunfch durchblicken, daß fie mich nach meiner Reife gern einmal wieder im Kreife der Familie fehen möchte — wenn ich es möglich machen könnte! — Ja, ich konnte es möglich machen! Schon nach zwei Tagen befand ich mich wieder unterwegs, und zwar nach Bromberg.

In Berlin hatte ich einen halbtägigen Aufenthalt. Als ich unter den Linden dahinging, hörte ich mich von einem Vorübergehenden bei Namen gerufen. Ich erkannte Fried= rich Eggers. Unfre Bekanntfchaft war feit jenen gemein= famen Reimftudien in der Wachtftube des Schloffes nur eine flüchtige gewefen, er aber hatte während vier Jahren meine dichterifchen Erftlinge verfolgt, und begrüßte mich fehr freundlich. Das Gefpräch kam bald auf meine Abficht, Halle zu verlaffen, und er legte mir dringend ans Herz, nach Berlin überzufiedeln. Ich müffe fofort Mitarbeiter an feinem „Deutfchen Kunftblatt" werden. Er wurde nicht müde, mir das umfaffende Studienmaterial, die Anregung, welche Berlin bot, zu entwickeln, stellte mir den fchönften Verkehr, darunter das Kuglerfche Haus, in Ausficht und wollte mir das Verfprechen abnehmen, den Winter in Berlin zu verleben. Glaubte ich das augenblicklich noch nicht zu können, fo zog ich den Plan während meines Befuches in Bromberg mehr in Ueberlegung. Und da auch mein Bruder zur Fortfetzung feiner Studien nach Berlin gehen follte, fo ent= fchloß ich mich gleichfalls dazu. Auf der Rückreife ficherte ich mir in Berlin eine Wohnung zum erften Oktober, und eilte dann nach Halle, um meine Ueberfiedelung ins Werk zu fetzen.

Es ist hier der Ort, noch des Ausgangs meiner Be=
ziehung zu Prutz zu gedenken. Es war manches geschehen,
dieselbe zu lockern, wenn ich gleich bestrebt war in einem an=
ständigen Verkehr mit ihm zu bleiben. Seine äußere Lage
war mißlich. Die Anzahl seiner Zuhörer verringerte sich,
bald blieben dieselben gänzlich aus, da er seine Vorlesungen
zu häufig und für zu lange Zeiten wegen Kränklichkeit unter=
brechen mußte. Mit seinen Schülern der ersten Jahre war
er unzufrieden. Förster und Grosse hatten die Universitäts=
studien aufgegeben, ich war auch nicht geworden, wie er er=
wartet hatte. Im Kreise der Gelehrten gab es Spötteleien
über seine „Schule". Unter seinen Kollegen hatte er nie=
mals recht Fuß fassen können. Dies Alles wirkte dahin,
daß er seine Stellung aufgab, und sich nach Stettin zurück
zog. Das Unbehagen seiner Lage brachte in der letzten Zeit
in Halle Stimmungen bei ihm hervor, in welchen er eigent=
lich unnahbar war. Seine scharfe Zunge, seine Kampflust,
seine Fähigkeit jedem unversehens die malitiösesten Wendungen
ins Gesicht zu werfen, waren bekannt. Ich wurde einmal
bei ihm nicht vorgelassen, weil er, so hieß es, „wie der Tiger
in seiner Höhle" sitze. Ich ließ mir manches von ihm ge=
fallen, denn ich war ihm Dank schuldig, schätzte das Gute an
ihm aufrichtig, und fand ihn auch, wenn ich ihn kurze Zeit
gemieden hatte, wozu sich mancher Grund fand, entgegen=
kommend und im Ganzen wohlwollend. Nun begann da=
mals seine Zeit, da er, nur um der Subsistenzmittel willen,
seine Romanschriftstellerei begann (zuerst „Das Engelchen")
zu der man schwer eine rechte Neigung fassen konnte. Die
gebildete Gesellschaft in Halle nahm diese Sachen mißmutig,
mit Kopfschütteln, auch wohl mit Spott auf. Es gibt immer
und überall Leute, die dergleichen dem Betroffenen zu hinter=
bringen wissen, und das trug bei, seine „tigerhaften" Stim=
mungen zu erneuen. Als ich ihn zuletzt in Halle besuchte,

und ihm mitteilte, daß ich nach Berlin übersiedeln würde, goß er eine solche Schale von Bosheiten über mich aus, daß ich stark an mich halten mußte. Ich erhob mich, sprach mein Bedauern aus, ihm noch beim Abschied so viel Veranlassung zum Verdrusse geben zu müssen, und wollte mich entfernen. Da kam er mir nach bis zur Thür, bot mir die Hand und drückte sie herzlich. Wir schieden ohne ein Wort weiter. —

Der Abschied von den übrigen zurückbleibenden Freunden war auch nicht ohne Verstimmung. Mit meinem Fortgehn war man nicht einverstanden, betrachtete es unter falschem Gesichtspunkt, und ich durfte niemand bekennen, wie hart mir das Scheiden ankam. Darum beschleunigte ich dasselbe, gab mir nur ein paar Tage Frist, und — um mein Bündel zu schnüren bedurfte es keines langen Einpackens. Und als ich Abschied genommen von Allen, sagte ich auch meiner Laterne Lebewohl, durch deren Fenster ich die Bäume vier Frühlinge hinter einander hatte grün werden sehen, und in deren Enge mir eine unvergeßliche Zeit meines Lebens vergangen war.